LA RELÈVE
DE
TIGER WOODS

DANS LA MÊME COLLECTION

2016

Juan Pablo Meneses
La traque des enfants footballeurs

2015

Djibril Cissé
Un lion ne meurt jamais

Kodjovi Obilalé
Un destin foudroyé

Pierre Salviac
Merci pour ces moments

Michael Jordan
The Life

Marc Madiot
Parlons vélo

Guga
Un Brésilien, une passion française

Neymar, mon histoire
Conversation avec mon père

2014

Alex Ferguson - Mon autobiographie

Phil Jackson - Un coach, onze titres NBA
Les secrets du succès

Sept péchés capitaux - À la poursuite de Lance Armstrong

David Epstein - Le gène du sport

Michael Schumacher - Sa vie - Ses victoires - Ses rêves

Franck Ribéry - L'incompris

2013

The Big Miss - Mes années avec Tiger Woods
Par son coach Hank Haney

Collection disponible en version numérique

Retrouvez-nous sur www.talentsport.fr
Facebook et Twitter

LA RELÈVE DE TIGER WOODS

SHANE RYAN

Traduit de l'américain
par Emmanuel Surun

Talent Sport

Ouvrage publié aux Etats-Unis par Ballantine Books,
sous le titre *Slaying the Tiger : a year inside
the ropes on the new PGA tour.*

Editions TALENT SPORT,
115 rue de l'Abbé Groult, 75015 Paris

ISBN : 979-10-93463-34-6
Couverture : Eric Brognard
Photographie : © Presse Sports

SOMMAIRE

SEPTEMBRE - Un dernier petit effort

OCTOBRE ET TOUT CE QUI S'ENSUIT

Introduction

Mon année sur le PGA Tour a commencé en novembre 2013 sur les îles barrières de Géorgie, au Sea Island Golf Club – un parcours construit près d'une plantation typique du Vieux Sud, au milieu des marais salants et de majestueux chênes parés de mousse espagnole. J'y ai observé Chris Kirk se frayer un chemin vers la victoire lors du dernier tour du McGladrey Classic. L'homme qu'il a devancé au dernier trou, Briny Baird, a pour signe distinctif d'être le joueur ayant remporté le plus d'argent sur le PGA Tour sans jamais avoir gagné de tournoi, et c'était sa dernière vraie chance de brandir un trophée.

A ce moment-là, la victoire de Chris Kirk m'a rempli d'optimisme pour ce livre. Car j'avais une théorie : la saison 2014, qui commençait cet automne-là, amènerait un changement de génération dans le golf professionnel. Les vieilles stars – y compris Tiger Woods - s'éteindraient et une nouvelle vague de champions émergerait. Ce serait une année, pensais-je, qui changerait la face de ce sport. Voir un nouveau venu comme Chris Kirk, âgé de 28 ans, battre un vétéran comme Briny Baird, 41 ans, semblait être un signe positif : je tenais le bon bout.

Cet espoir coexistait bien entendu avec la peur : et si la vieille garde livrait un dernier combat épique ? Et si Tiger remportait deux tournois du Grand Chelem, Phil Mickelson et Jim Furyk les deux autres, Ernie Els le Players Championship et la FedEx Cup ? Tout mon projet tomberait à l'eau et rétrospectivement, je regarderais la victoire de Chris Kirk avec amertume.

J'ai entrepris un périple d'une année qui m'a vu assister à 30 tournois, y compris les quatre majeurs et la Ryder Cup. J'ai fait ce chemin en voiture dans la mesure du possible - d'un bout à l'autre de la Pacific Coast Highway, par-dessus le fleuve du Colorado et dans le désert de Sonora en Arizona, en passant par des stations balnéaires embouteillées de Floride, depuis l'Ohio dans la Rust Belt jusqu'à la chaleur étouffante du Kentucky, à travers le sud profond, d'Augusta à Hilton Head et la région des Sandhills en Caroline du Nord, à l'ouest, par les indispensables bayous de Louisiane, et vers le cœur du Texas – et pris l'avion quand ça ne l'était pas, vers Liverpool et enfin l'Ecosse, où le golf est né et la saison s'est achevée.

Lors de ces voyages, je m'étais donné pour but d'apprendre – vraiment apprendre – tout ce que je pouvais au sujet de cette génération montante. Les journalistes ont pris l'habitude de traiter le golf comme une religion, avec ses terres sacrées et ses héros mythiques. Ils ont sans doute raison au sujet de la richesse du passé de ce sport, mais je savais dès le départ qu'ils se trompaient à propos des golfeurs. Les joueurs professionnels sont des êtres humains, avec leurs vulnérabilités et leurs défauts. Je savais que ce qui leur arrivait sur le parcours – que ce soient des succès ou des échecs – reflétait leurs personnalités en dehors. J'avais besoin de savoir d'où ils venaient, ce qui les motivait et comment ils se comportaient quand les caméras de télévision s'éteignaient.

Ce livre est un récit subjectif de ce que j'ai vu pendant cette année : un mélange de journalisme et d'opinion. Tout ce que vous allez lire est empreint de mon expérience personnelle, et si ce style vous offense – comme il semble, par moments, avoir offensé les traditionalistes de ce sport – vous pouvez au moins considérer que vous avez été prévenu.

En ce qui concerne ces jeunes golfeurs sur le point de connaître la gloire, je les ai trouvés aussi différents et intéressants que l'on pouvait s'y attendre. Certains m'ont fasciné, d'autres m'ont amusé et quelques-uns étaient à peine sortis de l'enfance. Déterminer leurs vraies natures a souvent été difficile car les athlètes riches voyagent aujourd'hui avec des entourages conçus pour les protéger de gens comme moi. J'ai commencé à avoir l'impression d'être un espion, infiltrant des couches d'agents, de coaches et de caddies dans l'espoir de glaner des bribes de vérité. Quand j'ai obtenu cette vérité, je l'ai présentée sans artifices car je ne souhaitais pas transformer qui que ce soit en héros ou démon, mais à être honnête.

Au milieu de l'été, une anxiété avait disparu pour de bon : ma théorie sur l'ascension des jeunes stars s'était réalisée – ils gagnaient beaucoup de tournois, des petits mais aussi des majeurs. Avec une rapidité et une soif dont je n'aurais même pas osé rêver, ils avaient commencé à s'approprier ce sport.

Avec chaque nouveau succès, ils portaient un coup à l'icône qui avait dominé le golf pendant deux décennies, et dont la légende semblait pouvoir le dominer encore deux décennies de plus. Avec chaque victoire, et chaque cri de révolte, ils terrassaient le Tigre.

« Les gens demandent souvent ce qui fait un champion. C'est l'accumulation de plein de choses. Le talent ? C'est plus que le talent. Cela n'arrive pas par hasard. C'est le fruit du travail. C'est une éthique professionnelle, c'est un gros sacrifice. La patience est très importante. Il faut avoir les nerfs solides. C'est comme un puzzle plein de petites pièces… L'autre chose, c'est que si nous le savions tous, tout le monde serait un champion. Il y a quelque chose, un truc que personne n'a encore été capable de décrire. »

GARY PLAYER.

11 NOVEMBRE 2013

LE MYSTÉRIEUX FRANÇAIS

1

ANTALYA, TURQUIE

Le dimanche de Victor

Quand Victor Dubuisson a ouvert les yeux ce matin-là à Antalya, en Turquie – à plus de 1 500 kilomètres de l'endroit où il avait grandi, mais au bord de la même Mer Méditerranée -, il appelait de ses vœux une victoire qui pourrait changer sa carrière. Il s'est levé dans l'obscurité, sans imaginer la saison qui l'attendait – la façon dont il découvrirait les plus grandes scènes, avec des géants, et devrait non seulement marcher à côté d'eux mais aussi gagner. Il ignorait aussi la façon dont les prochaines 24 heures présageraient l'année à venir, quand une génération pétrie de talent qui en avait assez d'attendre allait lancer le golf dans une nouvelle ère.

Seuls les fans de golf les plus avertis avaient déjà entendu son nom, et même eux ne pouvaient pas prédire ce que nous réservait cette journée. En tête après 54 trous pour la première fois de sa carrière – de cinq coups -, l'anonyme « frenchie » allait devoir affronter des joueurs comme Ian Poulter, Justin Rose et son idole : celui qui lui avait soi-disant donné envie de se mettre au golf en 1997 en remportant l'une des victoires les plus historiques dans l'histoire de ce sport. Celui qui était devenu l'icône ultime du golf, et avait déclenché la grande marée sur laquelle le golf avait surfé depuis plus d'une décennie. Celui qui jetait une ombre sur le jeu, même quand il était amoindri, même quand il était absent. Celui qui prendrait en chasse le jeune Français lors du dernier tour : Tiger Woods...

Je ne connaissais pas encore Victor, et je ne pouvais pas savoir à quel point son histoire me fascinerait en 2014. Dire du discret Français qu'il était impénétrable, c'était peu dire : c'était un sphinx et assembler les pièces du puzzle de sa vie allait constituer un énorme défi. Il était difficile d'obtenir la moindre information et dans les rares occasions où une pépite passait à travers les mailles du filet, on ne pouvait pas s'y fier. Toutes les citations et tous les détails de sa biographie ne faisaient qu'épaissir le mystère.

Par exemple, un journaliste français m'avait prévenu qu'il aimait exagérer et j'aurais dû m'en souvenir quand j'ai parlé avec Dubuisson plus tard dans la saison. Au resort de Doral, en Floride, le joueur de 23 ans - avec ses cheveux longs, sa barbiche ébouriffée et ses yeux à moitié ouverts – a dit à une salle remplie de reporters qu'il avait plus ou moins arrêté l'école à 10 ans et passé le plus clair de son temps au golf. Quand un journaliste perplexe lui a demandé ce qu'en pensaient ses parents, il a répondu qu'ils n'étaient pas dans les parages puis refusé d'en dire plus.

Ce récit nous a choqués, et si j'avais pris du recul cela aurait peut-être déclenché mon détecteur de foutaises. Après tout, il venait de France – qui aux dernières nouvelles faisait encore partie du monde moderne, pas un pays où un vagabond de 10 ans peut quitter l'école, habiter seul et se consacrer à l'exercice solitaire du golf. Mais mon scepticisme m'a fait faux bond et j'ai noté ses mots dans mon calepin sans sourciller, tout content d'avoir un précieux détail biographique.

A ce moment-là, je croyais encore que tout golfeur ne s'appelant pas Tiger Woods était un gamin ennuyeux provenant d'un club privé, sans personnalité. Je n'étais pas le seul. C'est une image tenace, et elle est même cultivée par les instances dirigeantes du golf mondial. Le golf n'a pas besoin d'être cool. Les personnes chargées de veiller sur le jeu désirent une petite pointe d'irresponsabilité et d'imprudence pour attirer de nouveaux fans, mais pas plus pour ne pas faire fuir les plus anciens.

La prudence est de mise, primordiale même. Cela étant dit, vous ne pouvez pas me blâmer d'avoir supposé que les joueurs eux-mêmes suivent la même stratégie : excentriques par plein d'aspects, peut-être, mais sans danger et ennuyeux par ceux qui comptent. Je me trompais.

La vérité, c'est que le golf professionnel, qui exerce une pression psychologique plus importante que n'importe quel autre sport, attire un groupe éclectique de névrosés. Le paysage humain du PGA Tour est jonché d'égocentriques, de personnalités obsessionnelles compulsives, de maniaco-dépressifs, de gens atteints du trouble du déficit de l'attention, de personnes narcissiques et de fanatiques.

La question, c'est de savoir comment ils sont devenus comme ça. Est-ce que les joueurs ont toujours été détraqués ? Est-ce que leurs maladies les ont parfaitement préparés pour un sport qui récompense un certain niveau de déséquilibre mental ? Ou étaient-ils des jeunes pleins d'avenir, dont les cerveaux ont pris des formes étranges suite aux tortures prolongées d'un jeu impitoyable ?

Quoi qu'il en soit, comme tout le monde j'ai cru à l'histoire d'enfant livré à lui-même de Dubuisson. C'était étrange, il est vrai, mais personne n'a remis en question sa vérité essentielle. L'honnêteté est au cœur de l'image du golf, et qui aurait pu imaginer que ce timide Français n'était pas scrupuleusement honnête ? Quiconque l'a vu en face d'un micro – rougissant, marmonnant chaque réponse, les yeux rivés sur le sol – le pensait incapable d'inventer ne serait-ce qu'un brin d'enthousiasme et encore moins toute une enfance. Clairement, le jeune Victor n'essayait pas de romancer sa vie. Il souhaitait surtout quitter la scène au plus vite.

Pourquoi aurait-il dit quelque chose d'aussi provocateur sur son enfance, puis refusé d'en dire plus, si ce n'était pas la vérité ? Ce que je ne savais pas – ce que je mettrais un an à découvrir -, c'est qu'au sujet de Victor Dubuisson, les explications simples ne marchent pas. Il était honnête par moments, mais il était aussi capable de dissimuler ou déformer la vérité, et les feux des projecteurs le faisaient réagir de façon étrange.

Il aimait et haïssait à la fois cette attention nouvelle, et plus il devenait connu plus la balance penchait vers la haine. J'ai vu la balance commencer à pencher quand je lui ai demandé ce qu'il aimait faire pour s'amuser.

« Comme tous les jeunes hommes, je vais au cinéma. Je ne sais pas », m'a-t-il répondu avec une petite esquisse de sourire, secret et crispé.

« Quel est votre film préféré ? », lui ai-je demandé.

« Je ne sais pas », a-t-il répété, son sourire se crispant encore. J'ai souri aussi, me demandant si nous venions de partager une private joke. Je n'arrivais pas à comprendre. J'allais devoir attendre des mois avant d'apprendre que le sourire de Victor n'avait rien d'amical. C'était l'expression de la peur – d'un gamin pudique qui sent quelqu'un en train d'explorer une vie privée qu'il veut désespérément garder pour lui. Ce qui pour moi était une question inoffensive sur les films, dont le but était de rompre la glace, était pour lui une déclaration de guerre.

Son sourire était à moitié de la défiance – « comment osez-vous me poser une question personnelle ! » - et à moitié une demande – « pourquoi ne me laissez-vous pas tranquille ? »

C'est le sourire de quelqu'un qui est acculé. Je n'ai pas réussi à le comprendre avant qu'un autre journaliste français, que Dubuisson tolérait quand il avait bien joué et méprisait quand il avait mal joué, me l'explique. « Victor vous a souri ? », m'a-t-il demandé.

J'ai acquiescé.

« Cela veut dire qu'il ne vous aime pas. »

Une image plus fidèle de Dubuisson mettrait des mois à émerger mais en attendant, nous avons écrit ce qui nous semblait être la vérité : Excentrique Jeune Ermite Golfique Français a Arrêté L'Ecole à Dix Ans, Vécu Seul, Déteste les Médias, Surtout Français, Pourrait Etre Maladivement Parano. Dans le monde du golf, cela faisait figure d'article licencieux.

Même si son nom n'était pas encore très connu, le palmarès de Dubuisson en faisait l'une des futures stars en Europe. Depuis son passage en professionnel en 2010, après avoir atteint le rang de numéro un mondial amateur, il avait enregistré douze top 10 sur le circuit européen. Pendant cette rapide ascension, il avait établi un nouveau score record à St. Andrews, le parcours le plus connu au monde, avec un score de 62, et en novembre 2013 il avait gagné plus d'un million d'euros dans la saison. Son curriculum vitae s'allongeait et tout ce qui manquait, c'était une victoire.

Tandis qu'il approchait du putting green à Antalya avant le dernier tour cet automne-là – Dubuisson marche lentement, en trainant des pieds -, il vit devant lui toutes ses idoles : Tiger, Justin Rose, Henrik Stenson, Ian Poulter. Il savait déjà que c'était le plus grand jour de sa carrière, mais leur présence enfonça le clou. Si ses nerfs se manifestèrent au départ du 1, la confiance était sous-jacente. Son jeu avait été affûté toute la semaine et il avait une avance énorme. Avec un bon score – et même un score moyen – personne ne pourrait le rattraper.

Tandis qu'il se préparait à taper son premier coup, il espéra simplement ne pas faire d'erreurs sur les premiers trous. Neuf trous plus tard, il n'avait pas encore réalisé de birdie.

C'était la mauvaise nouvelle. Le pire, c'est que son partenaire d'un jour, Poulter, en avait enregistré trois pour se hisser à -19, le même score que Justin Rose qui en avait signé quatre et un eagle.

Tiger Woods en avait réussi trois, mais avec un bogey il se situait à -17, une longueur devant Jamie Donaldson. La bonne nouvelle, c'est que Dubuisson n'avait pas concédé de bogey et qu'il avait conservé deux longueurs d'avance sur le champ à -21.

Ce n'était pas le début de partie qu'il avait imaginé, mais il entamait le retour en tête. Au 10, un court par 4, son drive trouva le bord d'un bunker de green et il rentra presque sa sortie alors qu'il était mal placé. Un petit putt lui procura son premier birdie et un peu de soulagement. Mais le champ continuait d'insister.

Poulter fit birdie au 11 pour revenir à deux coups, et quand il concéda un bogey au 12 pour en rendre un, Rose prit sa place grâce à un birdie au 13. Pendant ce temps-là, Jamie Donaldson avait aligné quatre birdies pour revenir à trois longueurs du leader.

Le moment tant redouté arriva au par 3 du 14. Dubuisson rata le green, trouva sa balle dans un lie affreux et dut se contenter de limiter la casse. Alors qu'il se préparait à putter pour le par, à environ quatre mètres soixante du trou, un grondement se fit entendre plus loin sur le parcours. Victor ne le savait pas, mais Jamie Donaldson avait réussi un trou en un au 16.

Deux putts plus tard, il avait officiellement épuisé toute son avance. Avant même qu'il ne retrouve son souffle, Justin Rose enregistra un nouveau birdie au 16 et les trois joueurs se retrouvèrent à égalité à -21. Il restait quatre trous à jouer.

Perdre sa confortable avance eut un effet paradoxal sur Dubuisson : cela le calma. Le fardeau qu'il avait porté toute la journée n'était plus sur ses épaules, et maintenant il pouvait jouer.

Sa seconde vie commença au 15, un par 4 de 308 mètres. Après avoir regardé Poulter envoyer son drive devant le green, il sortit son driver et lança une bombe toute droite de son cru. Il fit ainsi preuve d'un grand sang-froid à un moment crucial, et avec son coup suivant, un chip qui s'arrêta à moins d'un mètre du trou, il fit aussi montre du petit jeu chirurgical qui le rendrait fameux un peu plus tard. Il rentra son putt pour birdie avant de se mettre à trois mètres du drapeau au 16. Deux putts et un dernier birdie de Donaldson au 18 (pour un score de 63) plus tard, ils partageaient la tête à -22.

Avec deux trous à jouer, Tiger et Poulter avaient disparu de la circulation et Justin Rose avait conclu sa partie sur un bogey. Le Gallois était le dernier adversaire en lice et Dubuisson avait juste besoin d'un birdie pour obtenir sa première victoire – un bogey, en revanche, serait synonyme d'échec retentissant. Son approche au 17 termina à plus de 10 mètres du trou, c'est-à-dire hors de portée de birdie car même les meilleurs putters au monde ne rentrent pas plus de 10% de leurs putts à plus de 8 mètres.

Tandis que la balle roula vers le trou, il put voir que la vitesse était parfaite. Il eut l'impression de l'avoir embarquée un poil à gauche, mais en se rapprochant du trou elle cassa doucement vers la droite. Dubuisson regarda la trajectoire du putt et au dernier moment, il tourna de quelques centimètres, accrocha le bord extérieur du trou et tomba dedans.

Il envoya son poing frénétiquement vers le bas, comme s'il tapait dans une table invisible.

« La clé c'est le 17, me dit-il plus tard, comme vous pouvez probablement le dire à ma réaction. Je rigole quand je regarde ça à nouveau mais c'était vraiment énorme. »

En réalité, sa réaction était bien moins prononcée que celle que s'autoriseraient la plupart des joueurs avec un enjeu bien moindre. Pour le timide Français, cependant, c'était comme de la jubilation. Il amena son énergie au 18, où il avait un coup d'avance sur Donaldson et besoin d'un par seulement pour l'emporter. Il garda la balle en jeu sur les deux premiers coups de son dernier trou, avec un petit chip à jouer vers le drapeau.

Le par était pratiquement assuré mais au moment de jouer son troisième coup, il se sentit plus nerveux qu'il ne l'avait jamais été au cours de sa carrière. C'était un coup facile, c'est sûr, mais cette facilité voulait aussi dire qu'il y avait beaucoup à perdre. Il se releva et recula, fit deux nouveaux swings dans le vide, se remit en place et visa. La balle s'éleva légèrement par-dessus un bunker, atterrit sur le green et roula vers le drapeau pour s'arrêter à moins de trois mètres.

Même le joueur professionnel le plus anxieux ne pouvait pas faire plus de deux putts dans cette situation. Il n'aurait pas besoin de deux putts : il rentra le premier pour birdie et s'imposa de deux coups. Dubuisson enleva sa visière noire Titleist, serra la main de Poulter, s'essuya le front et fuit, terrifié par trois copains qui voulaient l'asperger de champagne.

Dubuisson allait laisser une empreinte indélébile sur le jeu, nous intriguant, nous déconcertant et nous impressionnant tout au long de l'année suivante. Pour l'instant, il menait ses interviews télévisées dans son style énigmatique – un sourcil levé, un haussement d'épaules gaulois -, qui laissait à penser qu'il serait bien content de cacher son mystère à jamais.

Ce qu'aucun d'entre nous ne savait, tandis que l'année 2013 s'achevait, c'est qu'il était à l'avant-garde d'un mouvement qui transformerait le golf. Il y aurait bientôt d'autres joueurs comme Victor, jeunes et intrépides, qui engageraient le combat avec leurs idoles. La plupart avaient moins de trente ans et même ceux qui étaient plus âgés, comme Bubba Watson et Sergio Garcia, appartenaient en esprit à l'électrique, excentrique nouvelle génération.

Ils incarnaient tous la passion que Tiger Woods avait introduite dans le golf presque 20 ans plus tôt. Ce n'était pas un accident : Tiger était leur modèle, l'homme qu'ils vénéraient quand ils étaient enfants. Il était plus costaud, plus agressif et plus méchant que ses adversaires, et il a inspiré toute une vague de joueurs qui se sont façonnés à son image. Quand j'ai discuté avec Jim Furyk au Masters, il m'a raconté qu'il avait essayé de cacher le fait qu'il jouait au golf quand il était au lycée.

« C'était un sport bizarre, d'intello, et beaucoup de gamins qui n'étaient pas athlétiques jouaient au golf, m'a-t-il dit. Cela me gênait. » Ce qu'a réussi à faire Tiger, à une échelle internationale, c'est rendre le golf plus attirant pour une nouvelle génération. Il a introduit la puissance et le style dans ce sport, et ébloui les gamins qui l'ont vu au meilleur de sa forme.

Ces gamins ont grandi et ils lui ont emboîté le pas. Au moment où Tiger a enfilé sa première veste verte, il a désigné ses successeurs : ces mêmes enfants, qui un jour seraient en lice sur le même champ de bataille mais avec un avantage décisif : leur jeunesse.

Début 2014, le corps vieillissant de Tiger a pris le dessus sur lui, et ses semblables comme Phil Mickelson étaient trop usés pour prendre la relève. Dans le vide qu'il a laissé, c'est vers les jeunes que la balance du pouvoir a penché. Cela a donné une saison d'évolution dont les moments-clés, de génie ou de honte, ont été l'œuvre de joueurs comme Rory McIlroy et Rickie Fowler, Jordan Spieth et Martin Kaymer, Patrick Reed et Bubba Watson, Dustin Johnson et Jason Day. La saison la plus intéressante depuis l'avènement de Tiger était imminente, et présagée par la victoire d'un insaisissable Français sur la côte méditerranéenne ce dimanche du mois de novembre.

FEVRIER

LE WEST COAST SWING

2

PACIFIC PALISADES, CALIFORNIE

Les deux Bubba, Riviera et l'arrivée de la deuxième vague

« Je dois juste me réjouir. C'est mon but cette année, essayer de me réjouir... Je pense à une citation de la Bible. Je crois que c'est Philippiens 4:11 qui dit "Ce n'est pas en vue de mes besoins que je dis cela, car j'ai appris à être content de l'état où je me trouve". »

Bubba Watson, le 30 janvier 2014 après avoir joué 64 lors du premier tour du Phoenix Open

Avant le dernier tour du Phoenix Open de 2014, disputé le dimanche du Super Bowl (finale du Championnat de football américain, ndt), Bubba Watson avait une toute petite avance sur Kevin Stadler. Il n'avait remporté aucun tournoi en deux ans, et il avait très envie de mettre fin à cette période de disette. Bubba est cependant un homme compliqué, et la seule chose qui était sûre c'est que la journée du 2 février serait compliquée. Elle s'est conclue pour lui sur un putt pour le par raté au 18, et pour Stadler sur sa première victoire professionnelle. La série noire de Bubba a continué et le circuit s'est déplacé à Pebble Beach, où Jimmy Walker a remporté son troisième tournoi de la saison le long des falaises de la péninsule de Monterey. Sa domination surprise – avant la saison, le joueur de 35 ans ne s'était jamais imposé sur le PGA Tour – le propulsa à la première place du classement de la FedEx Cup avant que les joueurs descendent vers le Riviera Country Club, à la périphérie de Los Angeles.

« Quand vous gagnez votre premier tournoi, les médias vous demandent "où est votre deuxième victoire" ? Quand vous gagnez votre premier tournoi majeur, "où est votre second" ? Quand vous gagnez votre deuxième tournoi majeur, "où est votre prochaine victoire" ? Donc c'est une histoire sans fin et la seule chose dont personne ne parle c'est que sur votre pierre tombale on ne mentionne jamais le nombre de victoires et de défaites sur le circuit. Si vous regardez de plus près, j'ai été un loser toute ma vie : j'ai gagné cinq tournois et perdu à peu près quatre cents fois. » ***Bubba***

L'odeur d'eucalyptus provenant du sommet des immenses arbres du Riviera Country Club qui dominent des palmiers, magnolias et sycomores noueux couleur cendre – accompagnée de celles de menthe fraîche et de miel, que l'on sent mieux quand le vent souffle depuis le Pacifique – flottait dans l'air. C'est une senteur stimulante, pendant que vous montez et descendez les collines de l'adorable parcours situé dans le canyon de Santa Monica, à deux pas de l'océan.

Vous y avez droit à quelques innovations architecturales comme le bunker au beau milieu du green du 6 ou le 10, qui malgré son green étroit entouré de sable est le par 4 le plus facile à driver du PGA Tour. Partout, les joueurs doivent lutter contre le vent, les collines, le barranca (ravin) profond et bordé de pierres qui serpente à travers les fairways. Le voyage se termine avec un coup de départ à l'aveugle en montée et une approche délicate vers un green menant vers l'imposant club-house de style renouveau colonial espagnol, aux murs de stuc couleur blanc coquillage et au toit en tuiles en terre cuite, forment un amphithéâtre naturel.

Bubba Watson avait mis les deux premiers jours du Northern Trust Open à décoder le parcours, finissant à un coup en-dessous du par et au milieu de la meute le vendredi. Puis il avait sorti son obusier le samedi, jouant 64 pour s'immiscer dans l'avant-dernier groupe lors du dernier tour. Les trois joueurs devant lui - William McGirt (- 12), Charlie Beljan (- 10) et George McNeill (- 10) – n'avaient aucune expérience de la victoire à ce niveau, et cela se vit : aucun ne joua moins que 70. Lors d'une journée ensoleillée avec peu de vent, cela n'aurait jamais suffi pour s'imposer. Les leaders vacillants ouvrirent une porte et Bubba n'en demandait pas tant pour prendre les rênes, enquillant deux putts de cinq mètres et un autre du double au cours d'un aller bouclé en 30 coups. Neuf trous le séparaient d'un titre fuyant mais aussi alléchante la victoire fut-elle, il y avait d'autres personnes – beaucoup d'autres – qui espéraient qu'il s'effondre.

Il y a des anti-Bubba depuis aussi longtemps que Bubba est apparu, mais jusqu'en 2014 le frémissement n'avait pas atteint la surface. Il y a quelques hors-la-loi dans le golf, et les joueurs profitent de certaines protections contre les médias, surtout côté télévision. Les spectateurs gobent ce que leur disent les commentateurs et les ont suivi à la lettre en fabriquant des saints à partir de la matière première que sont de simples athlètes. Ce n'est pas facile de perdre ce filet de sécurité et de se retrouver à découvert devant une presse très arrangeante habituellement.

Pour bien comprendre l'itinéraire de Bubba au fil des ans, il faut faire un saut dans le temps, après Riviera jusqu'à la fin 2014 et le Championnat US PGA. C'est là que c'est arrivé : le moment où la marée a fini par changer et où une presse amicale est devenue hostile.

Pendant la journée d'entraînement du mardi, la PGA américaine avait décidé de ressusciter le concours de drive qui était un élément incontournable du tournoi dans les années cinquante et soixante. Les organisateurs avaient mis en place un panneau d'affichage électronique au départ du par 5 du 10 et le concours avait immédiatement été très bien accueilli par les joueurs et les spectateurs. Padraig Harrington avait commencé les hostilités avec son nouveau swing, style *Happy Gilmore* (comédie golfique avec Adam Sandler, ndt). Phil Mickelson, Keegan Bradley et Rickie Fowler, qui partageaient la même partie, avaient joué avec le public. Rory McIlroy n'avait même pas prévu de jouer le 10, mais il s'y était rendu après son aller afin de taper un drive pour les spectateurs… et quand sa balle était allée hors limite, il en avait tapé une autre juste pour le plaisir. Globalement, c'était une exhibition inoffensive, amusante pour tous ceux qui avaient une place et une santé à l'épreuve de l'humidité écrasante du Kentucky à la fin de l'été.

On aurait pu penser que Bubba apprécierait le spectacle davantage que la plupart des joueurs. Il est très long – il a terminé premier en distance moyenne sur le PGA Tour plusieurs fois – et il est connu pour avoir encouragé les spectateurs à la Ryder Cup de 2012, à Medinah, à l'acclamer pendant son swing au départ. Bubba avait savouré l'attention, et même si par la suite il avait affirmé que le but de ce coup était de « développer le golf », la taille de son égo était difficile à nier.

Le concours de drive était une autre manière de développer le golf, mais quand Bubba arriva au départ du 10 il n'était pas d'humeur.

« C'est ridicule », marmonna-t-il, maudissant le personnel de la PGA présent autour du trou. Il déclara qu'il jouerait son driver tous les autres jours, mais pas celui-là.

Après que son partenaire du jour, Chesson Hadley, eut joué son coup de départ, il eut à peine le temps de ramasser son tee et de s'écarter avant que Bubba joue un fer 3. Sa balle était en l'air et il marchait déjà quand le présentateur finit de dire les mots « Bubba Watson. »

Plus tard, je demandai à deux des enfants qui s'occupaient de la tente au départ du 10 de nommer leur joueur favori. Ils hésitèrent entre Mickelson, Bradley et Fowler. Mais aucune hésitation au moment de citer celui qu'ils détestaient le plus.

« Bubba », répondirent-ils en chœur.

« C'est un connard », dit le premier.

« Qu'il n'ait pas eu envie de le faire, c'est une chose, ajouta son copain. Mais ça ne devrait pas l'empêcher de se comporter en homme. »

Après-coup, l'intéressé n'offrit aucune explication si ce n'est qu'il essayait « d'apprendre » le parcours, comme si lui demander de taper son driver sur un trou où il le taperait sans doute de toute façon était une entrave inexcusable à ce processus. Il insista qu'il n'avait rien à faire de ce que les gens pensaient de lui, et se souciait seulement de la façon dont il était perçu par Dieu[1].

Cette histoire est encore plus étrange quand on sait que le vainqueur allait gagner 25000 dollars à donner à une association caritative de son choix. Bubba se sert de la charité et de la religion comme d'une épée et d'un bouclier, alors pourquoi diantre ne pas sauter sur l'occasion de gagner de l'argent pour la bonne cause ?

Au fil de la semaine, l'image de Bubba ne s'améliora pas. Le vendredi matin, tandis qu'une pluie fine tombait et que son jeu s'étiolait, il fit des crises de nerf. Il commença sa partie par le retour, et dès le 16 il pleurnichait déjà alors que Rory McIlroy était en train de le corriger.

« Je n'arrive pas à jouer au golf, mec », dit-il à Ted Scott, son caddie qui est l'un des plus respectés au monde. « Je n'ai rien. »

1. Un commentaire intéressant, compte tenu du fait qu'il avait enlevé tous les navigateurs Internet de son téléphone plus tôt dans l'année parce qu'il n'arrivait pas à gérer les choses négatives écrites à son propos.

Son langage empira au 18, quand il commença à se plaindre de son jeu. « Peu importe ce que je fais, mec. Peu importe. C'est de la putain de merde. » A l'aller, il jeta un club, puis accusa la mauvaise météo. « De l'eau sur la face de club, mon pote, aboya-t-il à son caddie. De l'eau sur la face de club, « j'ai aucune chance. »

Il avait réussi à passer entre les gouttes pour le concours de drive, mais cette fois la coupe était pleine : la réponse, des médias comme des spectateurs, fut instantanée. Bubba refusa de sortir pour donner une interview après sa partie, mais le journaliste de Golf Channel Jason Sobel l'attendit pendant une heure et demie. Il reçut quelques citations livrées à contrecœur pour toute récompense, et le démolit le jour-même à l'antenne. Dave Kindred fit de même dans *Golf Digest*, plaçant la barre plus haut au niveau du sarcasme :

« Il a dû jouer avec des gouttes de pluie sur la face de son driver. Nous savons tous que c'est l'œuvre de Satan, car assurément le prince des ténèbres a détourné les gouttes de tous les autres joueurs pour qu'elles atterrissent seulement sur les clubs de Bubba. Des gouttes d'eau partout, toute la matinée, à partir de six heures et ne s'arrêtant pas après le départ de Bubba à 8h35. Pendant des heures, des gouttes n'ont cessé de tomber sur la coupe de cheveux de Bubba, causant, je pense, des dégâts dans les vastes espaces vides en dessous. »

Les blogs furent encore moins tendres et Twitter fut inondé d'un flot de spectateurs débitant des discours anti-Watson, sous l'impulsion de deux hashtags qui s'avérèrent terriblement efficaces. Le premier, #YearOfRejoicing, renvoya à la philosophie qu'il avait répétée toute la saison, un rappel à lui-même qu'il devait être reconnaissant pour la vie de millionnaire qu'il menait. Ces mots marchent très bien comme arme de dérision massive, associés à des citations comme « de l'eau sur la face de club, mon pote. » Le second hashtag, #PrayForTedScott, fit référence à son caddie et ne nécessite pas d'explication supplémentaire.

Bubba fit des excuses symboliques sur Twitter à la fin de la même journée, et son acte de contrition pour le tournoi du Barclays deux semaines plus tard. Tout ce fiasco laissa cependant une question plus importante sans réponse : mais qui est ce mec ?

Il y a deux Bubba et ils coexistent, engagés dans une lutte sans fin pour le pouvoir.

Le premier Bubba est un bon gars avec un côté déjanté - un franc-tireur avec une approche intrépide du jeu. C'est le visage qu'il présente au public, et pris pour argent comptant c'est un remède bienvenu à l'atmosphère renfermée du golf. Il ressemble à un jeune Randy Quaid, parle avec le rythme animé et assuré de George W. Bush et swingue comme s'il essayait de décoller de ses chaussures. Il parle souvent de lui-même à la troisième personne - « Si vous avez déjà entendu parler de la carrière de Bubba Watson, vous savez que je suis souvent en difficulté » - et a l'un des meilleurs sourires satisfaits de son sport. Même son prénom – à la fois fort et du sud, folklo et historique, et aussi super amusant pour les spectateurs à crier – lui donne l'aura d'un champion du peuple.

Il fait sans cesse la promotion de son propre altruisme et par moments, il est possible d'y croire. Quand Ping a lancé une campagne pour recueillir des fonds pour l'hôpital pour enfants de Phoenix, il a payé les 110 000 dollars qui manquaient à la fin. Une fois, il a donné 35 000 dollars à son lycée et a détourné l'attention de son geste en parlant aux étudiants de ses problèmes scolaires. Il donne de l'argent à des familles qui adoptent des enfants, à des enfants malades et à des victimes de tremblements de terre, incitant souvent ses sponsors à mettre la main à la poche. Et même si la nature ultra publique de ce procédé peut nous faire tiquer – il n'est pas le seul golfeur charitable mais il obtient bien plus de retombées médiatiques –, il n'en reste pas moins qu'il est généreux.

Et puis, il y a le début de sa relation avec sa future femme, Angie Ball. Leur premier rendez-vous a eu lieu sur un parcours de golf – elle ne savait pas que Bubba jouait, donc vous pouvez imaginer son choc quand il a envoyé son premier drive. Dans la voiture, après la partie, elle lui a dit qu'elle ne pourrait jamais donner naissance à des enfants. Bubba lui a dit que ce n'était pas grave et qu'il voulait en adopter.

Ces moments-là sont les rares occasions de voir ses croyances chrétiennes à l'œuvre et c'est pour cela que son entourage le défend aussi vigoureusement, même dans les moments difficiles.

« Je pense que quand Bubba Watson devient trop sérieux à propos du golf ou de la vie, c'est là qu'il montre un autre visage », explique Webb Simpson, un collègue de foi chrétienne et l'un des plus gros défenseurs de Bubba. « Son langage passionné vous donne du fil à retordre, et s'il vous donne du fil à retordre cela veut dire qu'il vous aime bien. »

L'Amérique a pu voir la « bonne » version de Bubba en 2012, quand il s'est retrouvé au milieu des pins au deuxième trou de play-off du Masters. Bloqué par les arbres, il n'avait pas de ligne de jeu possible alors il en a inventé une : un « snap hook » défiant les règles de la physique avec un gap wedge de 52 degrés qui a vogué vers le côté le plus éloigné du fairway avant de revenir vers la droite comme un boomerang et, chose invraisemblable, de s'arrêter sur le green à trois mètres du trou.

Quand il sortit des arbres, tout de blanc vêtu, avec ses longs cheveux s'échappant par l'arrière de sa visière, il eut l'air d'être le vrai messie du golf. Le public rugit un mot à l'unisson – Bubba ! – et s'approcha pour le toucher au passage. Louis Oosthuizen rata son approche-putt depuis le devant du green et Bubba prit deux putts pour remporter la veste verte. Ce n'est pas exagéré de dire que son approche était l'un des coups les plus mémorables dans l'histoire du golf et quoiqu'il arrive dans sa carrière, Bubba Watson laisse derrière lui un souvenir qui durera aussi longtemps que les gens pratiqueront ce sport.

Qui plus est, c'était typique du « Bubba Golf », un style de jeu particulier qui est à la fois imprudent et impressionnant. Quelques instants avant ce coup, sur la chaîne américaine CBS Nick Faldo résuma sa magie chaotique en commentant que Bubba « réécrit le manuel d'enseignement à chaque fois qu'il tape un coup. »

En prêchant les vertus de son approche, Bubba devient son propre promoteur. « Tout mon jeu est basé sur le fait que je joue au golf, que je fabrique quelque chose, dit-il. Vous me verrez parfois slicer mon drive de 50 mètres juste pour être en jeu. Parfois, vous me verrez envoyer une bombe et la mettre dans le rough pour avoir une approche plus facile. Tout ce que j'essaye de faire, c'est scorer. Peu importe comment je le fais. Il n'y a aucun dessin sur les cartes de score. »

Le Bubba Golf est un spectacle explosif qui vous maintient rivé à votre fauteuil et produit aussi bien des triomphes que des tragédies. Il est dû à l'individualité impénitente de celui qui le pratique, et serait impossible à imiter par n'importe qui d'autre. Et s'il est inconcevable qu'un autre golfeur puisse ne serait-ce qu'imaginer le coup qu'il a réussi, et encore moins le réaliser, il est tout aussi impossible d'imaginer Bubba remporter son premier tournoi majeur dans un mode qualifiable de routinier. C'est un homme qui marche à plusieurs vitesses, mais pas à l'« ordinaire. »

« Je n'ai jamais vu un rêve aller aussi loin donc je ne peux pas vraiment dire si c'est un rêve qui se réalise », commenta-t-il face aux caméras à Augusta, faisant ainsi preuve du sens poétique et dramatique qui allait définir son personnage public. Il s'effondra en larmes dans les bras de sa mère et pensa à son fils, Caleb, le bébé d'un mois qu'il avait adopté deux semaines auparavant avec sa femme Angie. A l'âge de 33 ans, il était enfin père et vainqueur en Grand Chelem. Avec un nouveau regard, il sembla que sa trajectoire professionnelle ne pouvait que l'emmener plus haut. Nous étions sous sa coupe.

Le deuxième Bubba peut faire preuve d'injustice et d'ingratitude.

En 2013, Bubba n'arrivait pas à s'imposer. Il avait bien enregistré quelques top 10, mais n'était pas arrivé à sortir les bons coups au bon moment. Il allait bientôt être trop tard pour capitaliser sur l'élan de la saison passée, au moment du Travelers Championship, disputé fin juin sur le même parcours (River Highlands) sur lequel il avait remporté son premier titre. Celui-ci lui convient bien et à trois coups du dénouement final il avait un coup d'avance sur le reste du champ.

Au départ du 16, un par 3 de 156 mètres, il était embêté par le vent et hésitait entre deux clubs. Il consulta Ted Scott, qui le convainquit de prendre le fer 9 et non le fer 8. Bubba l'écouta et sa balle toucha la berge mais revint en arrière vers la pièce d'eau, peut-être à cause d'une rafale ou simplement parce que ce n'était pas le bon club.

Bubba se retourna vers son caddie, l'air indigné. « Eau, dit-il, mangeant ses mots. Elle est dans l'eau. Ce club. » Ils se rendirent à la dropping zone, où Bubba prit sa pénalité et envoya son coup suivant par-dessus le green. « Tu me dis que c'est la distance ? », demanda-t-il à Ted Scott.

Il se retourna, dégoûté. Quelques instants plus tard, après avoir raté son putt pour double bogey, il se retourna à nouveau vers lui et gémit « Cela ne sert à rien que je vienne. »

Les caméras de CBS filmèrent tout et l'incident devint tristement célèbre, avec plus d'un million de vues sur YouTube avant que la vidéo n'en soit retirée. Pendant la retransmission, David Feherty résuma la réaction générale : « Une minute, mon pote… C'est toi qui as tapé le coup ! »

Bubba Watson concéda un triple bogey sur le trou et perdit le tournoi. Quand le journaliste Brian Wacker, du site pgatour.com, lui demanda de parler de cette conversation avec Ted Scott, il explosa.

« N'essayez pas de me donner le mauvais rôle, dit-il. C'est ce que vous faites toujours. Ne faites pas ça. Ne faites pas ça. Nous arrêtons là. »

Cet incident dépeint Bubba sous un jour peu favorable et ce ne fut pas un cas isolé. En 2011, il se rendit en Europe pour participer à l'Open de France. Il rata le cut sur deux cartes de 74, mais c'est son comportement en dehors du parcours qui fit des étincelles et amena des échanges comme celui qui suit :

Question : J'ai entendu dire que vous étiez allé à Paris hier ?

Bubba Watson : Oui, hier.

Question : Est-ce que vous avez aimé ? Qu'avez-vous vu ?

Bubba Watson : Je ne connais pas le nom des choses, la grande tour, ah oui la Tour Eiffel, une arche ou quoi dont on a fait le tour (l'Arc de triomphe). Et puis c'est quoi ce grand bâtiment qui commence avec un L, Louvre ou quelque chose comme ça. Un de ces trucs. »

L'ignorance est une chose, mais Bubba s'est aussi distingué en France par son côté « diva » : il ne donna pas d'interviews aux journalistes étrangers, exigea sa propre voiture quand quelqu'un eut l'audace de suggérer qu'il la partage avec un joueur européen, se plaignit du manque de cordes pour tenir le public à distance, et râla à propos des spectateurs munis d' appareils photo et de téléphones.

Il incarna la caricature de l'affreux Américain, et incita son collègue australien Stuart Appleby à écrire sur Twitter « Je ne suis pas parfait tout le temps mais ce n'est pas acceptable d'aller jouer sur un autre circuit et de faire preuve d'un manque de respect à plusieurs reprises. »

Le pire, c'est son manque de tact quand il dit à des reporters qu'il ne retournerait probablement jamais en Europe, sauf pour le British Open parce que c'est un majeur.

Le concours de drive de Valhalla n'était donc que le dernier épisode de la série de Bubba, et ce n'était même pas une surprise. Plus tôt cette même semaine, avant que tout cela n'arrive, Doug Ferguson de l'agence Associated Press avait avancé l'idée que même si une victoire de Bubba était donnée à 33 contre 1, « sa cote serait bien meilleure si on pouvait parier sur le fait qu'il irrite quelqu'un. »

Mais nous n'avons pas répondu à la question : qui est-il vraiment ? Car s'il cherche toujours à attirer l'attention, Bubba Watson rechigne à révéler son passé. Karen Crouse, du *New York Times*, est l'une des rares journalistes qui a obtenu libre accès à Bubba. Dans un excellent article intitulé Growing up Bubba (L'ascension de Bubba), elle raconte comment son père, Gerry (le prénom de Bubba est également Gerry), un béret vert qui a combattu au Vietnam, a commencé par emmener son fils à un practice dans la ville côtière de Bagdad, en Floride. Le garçon avait six ans, et c'est là qu'il a commencé à jouer avec un fer 9 coupé. Gerry était son seul professeur et selon Bubba, il n'avait jamais pris de cours.

Scott Michaux, de l'Augusta Chronicle, a déterré un autre détail qui en dit long : le père de Bubba voulait qu'il joue au baseball mais personne ne sera surpris de savoir qu'il était un coéquipier irritable qui s'attendait à ce que tous les autres soient parfaits. Il s'énervait quand ils ne l'étaient pas, et une fois il a enguirlandé un coach dont le fils avait commis quatre erreurs dans le même match.

Cela n'allait pas poser de problème au golf : il serait le seul sur lequel il allait pouvoir s'appuyer, et le seul à blâmer (même s'il a réussi à être créatif malgré ces limites). Son style inventif, fait de hooks et de slices, s'est développé en partie parce qu'il passait des journées à taper dans des balles en plastique perforées – les faisant tourner dans toutes les directions – et en partie en raison de la topographie variée et des fairways étroits des parcours de Pensacola, qui demandaient de la créativité.

Dans une interview accordée à David Feherty sur Golf Channel, Bubba a évoqué la difficulté qu'avait éprouvé son père pour s'adapter à la vie civile quand il était revenu du Vietnam. Il s'exprimait dans son style décousu, les bras croisés, oubliant les pronoms et réduisant le récit autant que possible. Cela ne lui permettait cependant pas de cacher son émotion.

« Ils habitaient sur Pensacola Beach, dit-il. C'était avant que les propriétés sur la mer deviennent un must donc il était l'homme de la plage. Est allé en prison à plusieurs reprises, nous ne dirons pas combien mais est allé en prison à plusieurs reprises parce qu'il s'était battu. Ne savait simplement pas comment faire face à ça, beaucoup de gars ne savent pas comment faire face à des trucs parce qu'ils n'ont pas été formés pour ça… Quand je suis né, ma mère a dit "plus jamais ça" donc il s'est repris, il a changé et est devenu un travailleur acharné, il a juste quitté cette vie-là en quelque sorte. »

Plus vous en apprenez sur Bubba, plus vous comprenez que c'est Gerry qui a eu le plus d'influence dans sa vie. Même son look flamboyant venait directement de son père, qui portait des mouchoirs colorés au travail et a inspiré les vêtements et le matériel voyants.

Chris Haack, son futur coach à l'Université de Géorgie, travaillait avec l'American Junior Golf Association (AJGA) quand Bubba a fait son apparition sur la scène golfique chez les juniors et il a pu voir l'un des joueurs les plus singuliers qu'il avait jamais rencontrés. « Il portait ces knickerbockers (pantalons bouffants maintenus au niveau des genoux) jaune canari ou des shorts de couleur rose vif, se souvient-il. Il sortait du lot : c'était le gars qui attirait l'attention, et je pense qu'il appréciait cette attention et voulait être reconnu. »

Il ne changea jamais. En 2011, Doug Ferguson lista dans un article les façons dont il cherchait les projecteurs : comment il a utilisé un manche rose en arrivant sur le PGA Tour, comment il s'assurait toujours que les gens le regardaient quand il drivait au practice et comment il a fait campagne sur Twitter pour être invité à l'émission de télévision animée par Ellen DeGeneres. « Et après, il essaie de nous faire croire qu'il ne joue au golf que par amour pour le jeu, pas pour attirer l'attention », écrivit-il.

C'était avant qu'il achète la voiture des cousins Luke et Bo Duke de la série *Shérif, fais-moi peur,* avant les vidéos loufoques tournées avec ses amis et diffusées sur YouTube, ou son million trois cent mille followers sur Twitter, mais l'idée s'était déjà installée : Bubba recherche l'attention et ne laisse aucun détail au hasard dans sa quête, jusqu'au couvre-bois de son driver : il a la forme d'un modèle de poupée Bubba torse-nu avec une salopette.

Dans l'article de Scott Michaux, il y a une vieille photo de Bubba portant des vêtements typiques de l'époque : des chaussures de golf bicolores, de longues chaussettes blanches, des knickers que lui avait faits sa grand-mère, une chemise au col blanc avec un motif reproduisant le drapeau américain et un grand Panama blanc avec un bandeau bleu étoilé.

« Il ne tapait que des gros hooks », se souvient Stephen Hamblin, le directeur exécutif de l'AJGA, qui l'a vu jouer quand il était jeune.

« Il a ajouté des balles coupées plus tard mais mon Dieu, il ne faisait que des hooks. »

Son sens du spectacle était aussi présent dans ses stades initiaux. Stephen Hamblin se rappelle très bien un moment de la Canon Cup de 1996, une épreuve de match-play mixte entre juniors de l'est et de l'ouest du pays qui se déroulait à Jackson Hole, dans le Wyoming. Bubba jouait avec Shauna Estes (qui coache l'équipe féminine de l'université d'Arkansas) en foursome lors de la deuxième journée de la compétition.

« C'est le dernier match, raconte-t-il. Tous les autres ont terminé et ils sont autour du green du 18, un par 4 en dogleg gauche. Le green penche naturellement de droite à gauche vers une crique.

Shauna a un long putt en descente qui va énormément casser. Elle le laisse trop court de plus de cinq mètres. Bubba doit jouer ce putt, qui va casser de deux bons mètres. Comme il est gaucher, il est dos aux autres joueurs, coaches et parents assis au bord du green. Et s'il le rentre, ils remportent la rencontre pour l'équipe représentant l'est. Il va putter et à la seconde même où il tape la balle, il se retourne, les bras en l'air, et marche vers ses coéquipiers. Il ne regarde même pas son coup. Pas du tout ! Tout le monde regarde et lui, il lève les bras. Et la balle rentre dans le trou !

J'en ai eu la chair de poule. Et bien entendu, tout le monde est devenu fou. J'ai vu ça et je me suis dit "ce type est vraiment différent". Je n'arrivais pas à y croire, je n'avais jamais rien vu de tel. Je me suis dit "il ne peut pas être aussi bon que ça. C'est n'importe quoi". Mais il est aussi bon que ça. »

C'est sans doute Chris Haack qui a la meilleure vision de Bubba, puisqu'il l'a vu jouer alors qu'il était un enfant et un adolescent. Même lui n'arrive pas à expliquer quel esprit contraire s'empare parfois de l'ancien Bulldog (mascotte de l'université de Géorgie). Sa théorie repose sur l'idée que malgré les efforts qu'il fait pour donner de lui une image cavalière au monde entier, au plus profond de lui-même Bubba ressent une pression intense. Il n'a pas encore complètement appris à faire face, et parfois quand quelque chose tourne mal il succombe plus rapidement que d'autres à la tendance naturelle qui consiste à s'en prendre aux autres et non à lui-même.

Cette attitude défensive semble provenir de son insécurité. Il a toujours été mauvais élève, ce qui le faisait douter de lui-même, tout comme le fait qu'il vient de la classe moyenne inférieure et le contraste que cela a créé avec les fils de riche du monde du golf. Il a aussi dû se sentir excentrique en raison de son swing étrange, une création téméraire par comparaison avec la précision mécanique qu'il voyait chez les autres.

Il compensa de différentes façons. Quand tout allait bien, il acceptait cette différence et la laissait regonfler son ego. Quand les choses tournaient mal, il cherchait quelqu'un d'autre à rendre responsable.

« Je suis prêt à parier qu'au plus profond de lui-même, il regrette d'avoir fait ça, dit Chris Haack au sujet du concours de drive. Mais à ce moment précis, quelque chose lui a paru incorrect et du coup il allait inévitablement faire l'inverse de ce que tout le monde voulait qu'il fasse. »

Quand Bubba vint étudier à l'université de Géorgie après avoir fréquenté un « junior college » (collège préuniversitaire) pour améliorer ses notes, il trouva une roulotte où il pourrait habiter à moindre coût près du campus. Il joua bien pour Chris Haack lors de sa première saison, remporta un tournoi et fut élu parmi les meilleurs joueurs du pays (All-American) au début de l'année suivante. Mais s'il y a une constante, d'après ceux qui se souviennent de l'enfance de Bubba, c'est le doute : le doute d'arriver à prendre le dessus sur sa propre attitude, de réussir, ne serait-ce qu'au niveau universitaire.

Comme pour répondre à ces attentes réduites, Bubba se brouilla avec Chris Haack, sans doute parce qu'il avait attaqué un par 5 en deux lors de la finale du Championnat national universitaire, violant ainsi un ordre direct de son coach. Ce n'est qu'une rumeur, mais l'année suivante il ne fut pas retenu par le coach et il regarda ses cinq coéquipiers, et notamment Erik Compton, devenir des All-Americans.

Après avoir quitté l'université sans diplôme (il se réconcilierait plus tard avec Chris Haack et obtiendrait son diplôme en 2008), Bubba peina sur les circuits satellites pendant des années avant de finalement obtenir le droit de jouer sur le PGA Tour en 2006. Il prouva ainsi à tous ses détracteurs qu'ils avaient tort, et ne regarda jamais en arrière.

La seule chose qu'il ne réussissait pas à faire à ce niveau, et qu'il n'avait pas réussi à faire sur le Nationwide Tour, c'était gagner. Ses nerfs, qu'il avait généralement maîtrisés contre toute attente, le gênaient encore quand il y avait un titre en jeu. A l'âge de 31 ans, il n'avait pas une seule victoire professionnelle à son actif. Son attitude sur le parcours se détériora et il devint tellement négatif que Ted Scott menaça de le laisser tomber. C'était audacieux : le caddie avait beaucoup à perdre. Mais cela devenait pénible pour tout le monde, particulièrement Bubba, et un changement s'imposait.

Bubba écouta. Il s'attela à rester calme et positif, et il en récolta les fruits avec une victoire au Travelers Championship en 2010. Il en pleura et évoqua son père, qui était aux prises avec le cancer de la gorge dont il décèderait moins de quatre mois plus tard. Lui et Ted Scott feraient des efforts considérables pour convertir Gerry au christianisme au cours des derniers jours de sa vie, et malgré la résistance du vieux béret vert il finit par céder après avoir lu une lettre que lui avait écrite le caddie dans laquelle il expliquait à quel point cela ferait plaisir à Bubba de pouvoir le voir au Paradis.

Il faillit remporter son premier tournoi majeur cet été-là après que Dustin Johnson eut perdu toute chance de remporter le trophée Wanamaker en posant son club dans un obstacle déguisé. Il finit en tête, à égalité avec Martin Kaymer, mais s'inclina devant l'Allemand en play-off.

Après avoir gagné deux autres tournois en 2011, il arriva à l'Augusta National sans savoir que sa vie allait changer.

Même après avoir remporté la veste verte, il avait un comportement froid avec les étrangers. Et pour Bubba Watson, pratiquement tout le monde est un étranger. Cela inclut les autres anciens de l'université de Géorgie sur le circuit, dont cinq ont gagné des tournois en 2014. Leurs rapports avec Bubba sont tendus, au point de susciter leur antipathie. Quand j'ai demandé à Brian Harman si Bubba avait des relations avec les autres Bulldogs, il a ri.

« Pas du tout, a-t-il dit en secouant la tête. C'est dommage parce que nous venons tous de la même famille. A un moment donné, Bubba et Haacker ont eu des différends et ils se sont éloignés. »

Brian Harman a continué d'appeler de ses vœux une vraie réconciliation mais Brendon Todd, qui est pourtant l'une des personnes les plus prévenantes et sans prétentions sur le circuit, est moins diplomate : après avoir remporté le Byron Nelson en mai, un reporter lui a demandé s'il avait été félicité par Bubba et sa réponse fut anormalement laconique. « Non, je ne suis pas proche de Bubba, dit-il. Je ne m'attends pas à avoir de ses nouvelles. »

« Bubba n'a jamais été amical avec les joueurs de l'université de Géorgie et aucun d'entre nous n'a de bonne relation avec lui, me dit-il plus tard. Je ne sais pas pourquoi. Il semble qu'il a vraiment son groupe ici, il s'y cantonne et il ne socialise pas avec d'autres gens. »

Au début de sa carrière, Brendon Todd a eu son lot de déchirements et de doute, et quand il était en difficulté au cours de sa première saison (il finit par perdre sa carte), il pensa que cela pourrait aider d'avoir comme ami un joueur emblématique tel que Bubba. Il fut cependant déçu quand il tenta de l'approcher et de se présenter à lui, avec pour seule réponse un vent glacial.

Il en fut de même en 2012, quand Bubba remporta le Masters et que Todd essaya de le féliciter au practice : rien à faire. Il décida de retenter sa chance en 2015. Il venait de remporter le Byron Nelson, et il alla voir Bubba au practice du Memorial, dans l'Ohio. Là encore, il le félicita pour sa saison, espérant un mot gentil en retour.

« Merci », lui dit Bubba en regardant à peine Todd tandis qu'il s'éloignait.

« J'ai joué avec lui pour la première fois au Greenbrier pendant deux jours, m'a-t-il raconté. C'était agréable de jouer avec lui, dans le sens où nous avons tous les deux joué notre jeu. J'ai eu l'impression qu'il voulait qu'on soit copains, mais le sentiment qu'il m'avait laissé les cinq années précédentes était tellement à l'opposé, j'en étais incapable. » A ce moment-là, Todd laissa échapper un petit sourire. « J'étais juste là pour faire mon travail et l'écouter se plaindre. »

Brendon Todd est l'un des rares anciens de l'université de Géorgie à exprimer son dédain publiquement, mais c'est un sentiment partagé, qui surgit à des moments où les joueurs oublient de se protéger. Quand, après sa meilleure saison, l'ancien Bulldog Chris Kirk n'a pas été retenu par le capitaine pour la Ryder Cup, son ancien coéquipier Kevin Kisner lui a envoyé un tweet de consolation.

« Ne t'inquiète pas @ChrisKirk, écrit-il. Ils t'auraient probablement aligné en double avec Bubba. »

Comme bon nombre de collègues, Brendon Todd est convaincu que Bubba se cache derrière sa foi sans vraiment mettre en application ses dogmes. Quand les choses prennent une mauvaise tournure pour Bubba, se retrancher derrière la Bible est devenu comme un réflexe. Au Championnat US PGA, quand on lui demanda s'il en avait quelque chose à faire de ce que les gens pensent de lui, il sortit sa défense habituelle :

« En vérité, non. Parce que la façon dont j'essaie de vivre ma vie, lire la Bible, suivre la Bible… Peu importe ce que je fais, même si je gagne tous les tournois la moitié du monde va m'adorer et l'autre moitié me détester quoiqu'il advienne. On ne peut pas impressionner tout le monde et on ne peut pas rendre tout le monde heureux. »

C'était du pur Bubba : se repliant sur la religion, frondant quiconque le remettait en question et se plaçant au-dessus de ceux assez téméraires pour critiquer un homme de foi. Ce qui amène une question familière : met-il en application ce qu'il prêche ?

Plus tard cet été, j'ai discuté avec Stephen Bunn, le vice-président du College Golf Fellowship, un groupe qui collabore aussi avec le PGA Tour Fellowship pour organiser des sessions d'étude biblique à chaque tournoi du PGA Tour, auxquelles Bubba Watson se rend régulièrement. Lors d'une longue conversation sur ses croyances et sa mission dans le golf – depuis 1998, il a joué un rôle clé dans le développement de l'organisation, au point qu'ils reçoivent maintenant plus d'un million de dollars en dons par an -, je lui ai demandé si la participation à ces séances avait augmenté depuis dix ans. Il a hésité avant de me répondre.

« Certains peuvent être empêchés de venir à cause des gens qu'il y a, m'a-t-il dit en pesant bien ses mots. Ils savent que dans ce groupe, il y aura à la fois des gens bien et des types immoraux. Je ne vois pas bien qui, je le dis comme ça »…

Stephen Bunn était trop diplomate pour citer quelqu'un, mais il est difficile de ne pas imaginer que l'un des joueurs empoisonnant la source est Bubba Watson. Dans sa foi, il y a quelque chose d'agressif et un sentiment de supériorité. On peut s'en rendre compte en regardant la façon dont il envoie des versets de la Bible à des amis, ou les décrit aux médias comme un prédicateur du haut de sa chaire. Bubba n'est pas simplement croyant, Bubba est spécial. Bubba est le meilleur chrétien.

Comme vous pouvez l'imaginer, mes tentatives de conversation avec lui se sont mal passées. Quelques rares journalistes sont capables de gagner sa confiance avec le temps et de l'acharnement, mais j'étais nouveau sur le PGA Tour et je n'avais pas ce luxe. Bubba est généralement peu enclin à parler avec la presse établie, et il l'était encore moins à s'ouvrir à quelqu'un qu'il ne connaissait pas.

Il fallait quand même que je tente ma chance. Après avoir posé ce que j'imaginais être des bases très correctes à des conférences de presse pendant la première moitié de l'année, je fis ma première tentative d'approche en solo fin juin au Travelers Championship. Il venait de terminer son pro-am[2] du mercredi, et j'avais attendu à l'intérieur des cordes sur le putting green tandis qu'il montait depuis le 18 en signant des autographes. Il avait l'air énervé, et après en avoir terminé il donna une balle signée à ses partenaires du jour et leur dit au revoir froidement. Il marcha vers moi et j'avais déjà l'impression de ne pas avoir un bon timing. Malheureusement, je ne pouvais plus reculer.

« Bubba », commençai-je mais j'avais à peine dit un mot qu'il lâcha « Je ne peux pas parler maintenant. »

J'avais déjà vu ce type de réaction auparavant, et j'en verrais encore plus au fil de la saison – son visage rougit, il devient tout tendu et se réfugie dans une posture défensive, comme si vous veniez d'insulter sa mère ou de lui demander de vous prêter de l'argent. J'avais été rejeté par d'autres joueurs de golf tellement de fois que c'était pratiquement devenu un passe-temps, mais c'est la première fois que je dus faire face à autant d'hostilité – comme si j'avais pris au piège un animal paniqué. Peut-être aurais-je dû m'éloigner, mais je ne le fis pas.

« Et bien », continuai-je, honteux de la docilité de ma voix, « je voulais juste me présenter. »

« Vous venez de le faire », aboya-t-il en me dépassant, « vous vous êtes présenté. »

J'avais quand même une idée, un truc qui pourrait plaire à son ego.

« J'écris un livre sur le circuit, ajoutai-je, et je pense que l'histoire de votre enfance et de vos origines n'a pas vraiment été racontée. »

Il me regarda de façon suspicieuse. « Vous écrivez un livre sur mon enfance ?. »

« Non, c'est sur le PGA Tour, tentai-je de clarifier, mais vous êtes un élément incontournable cette année. »

2. Un pro-am avec une cinquantaine des meilleurs joueurs du champ est organisé chaque mercredi sur les tournois du PGA Tour. Les amateurs sont des hommes d'affaire fortunés du coin qui sont prêts à payer une grosse somme pour avoir le privilège de jouer avec un « vrai » golfeur : en général autour de 10 000 dollars, même si les prix fluctuent. Au Deutsche Bank, dans le Massachusetts, j'ai entendu un participant raconter à ses amis qu'il avait négocié pour faire baisser le prix de 15 000 dollars à 10 000, et qu'on lui avait demandé de donner 5 000 dollars à l'œuvre caritative de Tiger Woods.

Pensant qu'une conversation légitime venait de débuter, je fis deux pas vers lui sur le green d'entraînement.

« Nous sommes en plein entraînement », hurla-t-il, et ensuite Ted Scott, l'homme qu'il humilie en public une ou deux fois par an, vint se mettre devant moi comme un agent des services secrets protégeant le président d'un fou brandissant un pistolet.

« Nous nous entraînons », répéta le caddie.

Je m'éloignai, vraiment abattu et humilié.

Je fis une autre tentative deux mois plus tard, au WGC-Bridgestone, et d'une certaine manière celle-ci semblait vouée à l'échec. J'allai encore le voir lors d'une journée d'entraînement, et cette fois-ci je m'assurai qu'il avait fini de travailler sur le putting green avant de l'approcher. Là encore, j'eus droit à un visage rougi et à des yeux paniqués quand je soulevai l'idée d'une courte interview.

« Je ne vais pas vous l'accorder », cria-t-il, à nouveau animé par cette surprenante colère. Je me demandai si je n'avais pas tué un membre de sa famille dans une autre vie.

« J'ai des propositions pour écrire mon propre livre, dit-il. Pourquoi parlerais-je avec vous ? »

J'examinai la logique de son raisonnement et trouvai son point de vue valable - même si j'aurais aimé qu'il arrête de penser que j'écrivais tout un livre sur lui.

Je ne voulais pas une répétition de la dernière confrontation, et j'avais à ce moment-là satisfait mon propre sens du devoir - je n'avais pas cédé à la lâcheté et ne l'avais pas évité à tout prix, comme j'avais eu désespérément envie de le faire – et je me préparai donc à partir. Malheureusement, nous allions dans la même direction.

« Je vais le faire pour moi-même », aboya-t-il. Il se rendit alors certainement compte qu'il avait oublié d'évoquer la foi ou la charité, et il se retourna donc avec un dernier : « Et mes œuvres de bienfaisance ! »

Ses agents n'étaient pas plus enthousiasmés par une interview que leur superstar, donc je lâchai l'affaire. Je dus me contenter de lui poser des questions aux conférences de presse auxquelles je lui sais gré d'avoir toujours répondu de manière intéressante. Il a un charisme indéniable, et il y a des moments où son énergie naturelle et son charme transparaissent. Dans ces moments-là, vous vous surprenez à l'apprécier, tout du moins jusqu'à ce qu'il dérape à nouveau, ce qui ne prend jamais très longtemps.

Voilà les deux Bubbas en lice sur les 9 derniers trous au Riviera en ce dimanche du mois de février, divisant le monde du golf tandis qu'ils cherchaient à mettre fin à une disette de deux ans.

Jason Allred et Brian Harman avaient tenté de prendre la tête quand les leaders avaient lâché prise, et ils se trouvaient deux coups derrière Bubba au début du retour.

Pour Jason Allred, dont le moment le plus célèbre était arrivé quand il avait gagné l'U.S. Junior Amateur en 1997, être aussi proche d'une vraie victoire revenait à être en territoire inconnu. L'éternel apprenti maigrelet avec le grand sourire s'était qualifié pour le tournoi par le biais des qualifications, et faillit bien établir un nouveau record du parcours avec un score de 64 le vendredi. Le timing n'aurait pas pu être meilleur pour ce joueur de 33 ans qui s'apprêtait à avoir un troisième enfant et dont la carrière était plutôt terne depuis qu'il avait perdu sa carte sur le PGA Tour pour la deuxième fois en 2008. En dehors de l'épreuve des cartes, il n'avait pas disputé un seul tournoi du circuit américain depuis l'US Open de 2010 et il avait besoin d'un bon résultat.

Il avait aussi réussi à attirer l'attention des médias grâce à son attitude en dehors du parcours – gracieux, émotif et débordant de gratitude pour cette chance inattendue. Il m'avait donné la frayeur de ma vie quand il m'avait approché derrière le départ du 11. Il se souvenait de m'avoir vu à la conférence de presse de la veille, et il essaya de me dire bonjour et de serrer ma main pendant que je tentai d'empêcher ma mâchoire de tomber par terre. J'ai vu des choses étranges sur le parcours, mais un joueur abordant un membre de la presse en pleine compétition c'est la moins naturelle de toutes. J'hésitai avant de lui serrer la main, sûr de violer au moins 30 règles du PGA Tour en ce faisant.

C'était impossible de ne pas aimer Jason Allred – il avait pleuré de joie après la journée du samedi et cela ne m'étonna pas quand Jill Painter, du *New York Daily News,* écrivit sur le contraste entre lui et Bubba :

« Bubba Watson – son ami et partenaire du jour - s'énervait sur son caddie après avoir égaré un coup. "Pas le bon club" !, s'exclama Bubba trois fois avant de taper dans le club… [Jason Allred] descendit simplement le fairway en discutant avec la personne qui portait le scoreboard tout du long.

"Ah oui, Keith, dit-il plus tard. Il était super. Il m'a tapé dans la main pendant toute la partie". »

Jason Allred ne concéda aucun bogey ce dimanche, mais il ne put produire les birdies dont il avait besoin pour l'emporter. Malgré cela, sa troisième place lui rapporta plus d'argent – 386 000 dollars – qu'il n'en avait remporté pendant toute sa carrière. Mieux encore, cela fit parler de lui, ouvrit la porte à des invitations et lui laissa une chance de gagner assez d'argent et de points pour la FedEx Cup - en tant que joueur n'ayant pas de carte - pour en récupérer une en 2015.

Brian Harman tenta sa chance lui aussi, mais il eut tout autant de réussite sur les neuf derniers trous avec sept pars d'affilée pour en terminer. Le seul à menacer Bubba fut Dustin Johnson, qui enregistra le deuxième meilleur score du jour : 66. Il conclut sur un par pour prendre la tête à -13, et quand il lança sa balle dans le public un homme obèse plongea devant un enfant pour l'attraper. Il se releva et sourit, très fier de lui pendant un instant, avant qu'un torrent de cris ne l'atteigne.

Passé en tête d'un coup, Bubba eut une occasion de boucler le tournoi au 17 mais rata de quelques centimètres seulement un putt de plus de huit mètres pour birdie. La seule chose qui pouvait vraiment l'empêcher de mettre fin à sa série noire, c'était le tee shot à l'aveugle du 18. Concentré sur sa balle, il regarda une dernière fois la colline et envoya son drive tout droit à 288 mètres.

« Joli coup », commenta Jason Allred, sincèrement content.

Bubba acquiesça à peine en remontant la colline. Avec 150 mètres à parcourir, il envoya sa balle à quatre mètres du trou et avec son caractéristique sens du spectacle, il enquilla le putt pour birdie et déclencha un tonnerre d'applaudissements. Il s'en imprégna après avoir donné un petit coup de poing dans le vide. Ce soir-là, sa femme Angie lui dit qu'il avait besoin de peaufiner son geste victorieux et que c'était sa seule erreur. Grâce à ce dernier birdie, il avait joué 64 et écarté tout le champ de son chemin. La disette était terminée.

Après la conférence de presse, pendant que Bubba signait les drapeaux qu'un représentant du PGA Tour plaçait devant lui, devant les journalistes, Brian Harman, un compétiteur féroce qui n'avait pas encore gagné sur le PGA Tour, ne décolérait pas. Quand un reporter lui demanda s'il était impressionné que Bubba l'ait emporté sans jouer de façon « spectaculaire », il lui jeta un regard incrédule.

« Vous ne devez pas regarder beaucoup le golf, si vous pensez que ce n'était pas spectaculaire. »

Quand je pense à Bubba maintenant, après une année à sa périphérie, deux pensées me reviennent. La première, c'est que même après avoir découvert les nuances et les complexités en-dessous de la surface mon instinct reste le même : c'est un hypocrite et un narcissiste dont les brefs instants d'humanité ont tendance à servir ses propres intérêts.

La deuxième, c'est que malgré tout je suis passionné par sa manière de jouer au golf et j'espère qu'il continuera longtemps. Tout ce qu'il fait, du sacré au profane, rend le jeu plus excitant. « Avez-vous vu ce que Bubba a fait ? », ai-je entendu sans arrêt en 2014, et chaque fois je savais que l'histoire serait bonne.

Nous nous souvenons tous d'un moment typique de la carrière de Bubba, et le mien date du Championnat US PGA, après son étrange performance au concours de drive. Quelques-uns d'entre nous l'avions arrêté à la porte de la tente de presse, et la courte histoire qu'il nous raconta met en lumière tout ce qui est important au sujet de Bubba : l'hypocrisie, l'ambition, l'attitude moralisatrice, mélangée avec un manque total de conscience de lui-même, et les réservoirs de générosité juste en-dessous de la surface.

« La nuit dernière, j'ai envoyé à Teddy et trois autres gars un verset, nous dit-il. Jacques 1:22. J'étudiais un peu à la maison… et cela dit “Ne vous bornez pas à l'écouter, en vous trompant vous-mêmes. Mettez en pratique la parole”. »

Rétrospectivement, on peut diviser la saison 2014 en vagues distinctes. Celle de Jimmy Walker avait commencé à l'automne et atteint sa crête avec sa troisième victoire à Pebble Beach. Elle s'était maintenant estompée et les conditions étaient remplies pour quelque chose de nouveau – une autre variation sur ce thème.

Le joueur de Bagdad, en Floride, attendait. La vague de Bubba avait commencé à prendre forme à Phoenix, elle avait grandi pour atteindre une hauteur impressionnante à Riviera, et maintenant elle se déplaçait vers l'est à la recherche d'un autre endroit pour casser.

3

TUCSON, ARIZONA

Jason Day et la montagne sans fin ; le Championnat du monde de match-play

Le circuit quitta la dense Cité des Anges, se dirigeant vers le sud et l'est, par-delà le Colorado pour revenir dans le désert de Sonora, en Arizona. Partout, la terre était dure et sèche, et seuls les rocailleux monts Tortolita ponctuaient les épineuses plaines sans fin. Ici, le paysage est une étude dans des tons progressifs de brun, du marron au brun ambré, avec des touches de couleur provenant ponctuellement de fleurs sauvages. Les crotales dorment encore en février mais on les imagine facilement tapis dans les fissures du sol désertique, se fondant dans le décor entre les cactus et les agaves, qui ressemblent à des ananas enfoncés dans le sol brûlé avec la tête à l'envers, attendant le faux-pas d'un golfeur…

Le peu de vert qui existe dans ce bout dépouillé de désert est atténué, réduit par l'impitoyable soleil à une couleur olive terne. L'esprit indolent du désert persiste jusqu'au moment où vous arrivez sur un parcours de golf. Là, les fairways verdoyants, vifs, vous plongent dans un état de choc écologique tandis que vous êtes aux prises avec la question évidente : « Une minute… Où ont-ils trouvé l'eau ? »[1]

1. Il se trouve qu'ils utilisent un système d'irrigation qui met à profit l'eau « effluente » recyclée, un euphémisme pour les eaux usées partiellement purifiées provenant de travaux d'assainissement ou d'usines. A chaque fois que vous tirez la chasse d'eau à Phoenix ou Tucson, vous soutenez le PGA Tour.

Sur ces parcours, les bunkers et le rough sont assez faciles à fabriquer : il faut juste laisser le désert agir à sa guise, comme il le fait depuis des siècles. Chaque endroit qui n'est pas régulièrement arrosé devient un « waste bunker », un terme dédaigneux qui ne tient pas compte de la beauté austère du terrain (waste signifie déchet en anglais, ndt). A la fin de l'hiver, les fleurs jaunes ressemblant à des tournesols de l'encelia farinosa et le rouge des buissons de Chuparosa contrastent vivement avec les plantes qui font saigner – les cactus Saguaro, les Opuntia basilaris et autres Chollas (Cylindropuntia).

C'est là que se terminait le « West Coast Swing » (la partie de la saison qui se déroule sur la côte ouest), et Marana allait accueillir son dernier Championnat du monde de match-play. Ce ne seraient pas des adieux chaleureux : le sponsor titre, Accenture, était en train de s'effondrer, les joueurs détestaient le parcours et l'avenir du tournoi était incertain. Un morne sens du devoir régnait : finissons-en et allons vers des pâturages plus verts.

Le Championnat du monde avait lieu au club portant le nom mal choisi de Dove Mountain (dove signifie colombe en anglais, ndt) depuis 2009. Avec 7 177 mètres, le parcours dessiné par Jack Nicklaus était le plus long dans l'histoire du PGA Tour mais ce n'est pas sa longueur qui rendait les joueurs fous, ce sont ses greens. Les pentes extrêmes leur valaient des critiques dures de joueurs comme Tiger Woods, Phil Mickelson ou Geoff Ogilvy, et la réponse de l'organisation – les rendre très lents de façon à atténuer la vitesse sur les putts en descente – rendait les putts en montée impossibles à lire. Une rénovation totale en 2010 n'avait pas résolu ces problèmes, et les meilleurs joueurs au monde avaient commencé à trouver des excuses pour rester chez eux.

Le creux de la vague fut atteint en 2014 quand Woods, Mickelson et Adam Scott ne firent pas le déplacement. C'était un désastre, pour un évènement du World Golf Championship (WGC) avec 64 joueurs en lice dans un tableau d'élimination directe. Un tournoi du WGC était censé attirer le plus gros champ qui existe, mais les trois plus grandes stars du jeu et les numéro un, deux et quatre mondiaux avaient fait faux bond. Woods et Mickelson ne pipèrent pas un mot mais Scott admit que si le tournoi avait eu lieu à un autre endroit il serait plus enclin à y participer. Le PGA Tour ne lâcha pas Dove Mountain avant plusieurs mois, mais son sort était scellé.

Le format était lui aussi voué à être jeté à la poubelle. La beauté du tableau d'élimination directe résidait dans l'excitation pure des premiers tours. Contrairement au tournoi de basketball universitaire américain, où une tête de série numéro 16 n'a jamais battu la tête de série numéro 1, il régnait au match-play un chaos total. En 2013, les têtes de série numéro un avaient un pourcentage de réussite au premier tour de 70%, les têtes de série numéro deux de 60%. Il y avait une profusion de surprises, et cette imprévisibilité faisait du mercredi (ce tournoi se disputait sur cinq jours) le premier jour de tournoi le plus excitant de toute la saison.

Le problème surgissait par la suite. S'il est fascinant de voir Tiger Woods et Rory McIlroy perdre contre des sans-grades le mercredi, cela peut donner lieu à des affiches peu attrayantes lors du week-end. Ce n'est pas toujours vrai : par le passé, des finales ont opposé des joueurs comme Woods, McIlroy, Henrik Stenson, Ian Poulter, Martin Kaymer et Hunter Mahan. Mais il y a eu quelques ratés, tels que la bataille entre Kevin Sutherland et Scott McCarron en 2002 ou un duel peu porteur entre Jeff Maggert et Andrew Magee en 1999. Tout le tournoi reposait sur un risque calculé, et un week-end ennuyant rendait les responsables de chaînes de télévision malheureux. Il s'avère que le meilleur premier jour de tournoi ne vaut pas le coût du pire dimanche.

Le concours de circonstances de 2014 marqua la fin d'une ère à trois titres : le sponsor, le lieu et le format. Cadillac devint sponsor titre pour 2015, le Championnat du Monde fut déplacé à TPC Harding Park, à San Francisco, et une nouvelle étape fut créée où les joueurs divisés en seize groupes de quatre s'affrontèrent en round-robin, de façon à ce que même si une star comme Rory se loupait il aurait au moins trois rencontres à jouer pour se refaire avant le début de la partie à élimination directe le samedi.

Le match-play génère des sentiments complexes chez les pros aussi. Certains, comme le dieu sauvage incarné du match-play, Ian Poulter, adorent l'affrontement direct. D'autres comme Phil Mickelson, qui avait lors de sa carrière remporté vingt-trois matches en simple pour vingt-et-une défaites et trois matches nuls et n'avait pas disputé l'épreuve depuis 2011, ont tendance à moins bien carburer. Les détracteurs du format ont un bon argument : le match-play peut s'avérer injuste. Comme McIlroy le soulignait avant que le tournoi ne commence, il est possible de jouer 65 et perdre, et de jouer 74 et gagner. La régularité est moins importante – jouer 10 sur un trou n'est pas pire que jouer 4, si votre adversaire joue 3 – et dans une formule à élimination directe le meilleur joueur n'est pas toujours récompensé. C'est pareil pour le tournoi de basketball universitaire ou les play-offs de la NFL (Championnat de football américain, ndt), mais les golfeurs n'y sont pas habitués et l'injustice en contrarie certains.

Tandis que les joueurs se rassemblaient au début de la semaine, un nuage noir obscurcit Dove Mountain et tout sembla augurer que le tournoi allait prendre un tour nouveau. De là, les joueurs rejoindraient la Floride en essayant d'oublier cette petite note en bas de page dans l'histoire du PGA Tour.

Au lieu de cela, contre toute attente le canard boiteux s'opposa à l'extinction des feux. La semaine commença sans autres désistements, sur son lit de mort le tournoi conserva une once de dignité et le parcours détesté fut le théâtre de moments golfiques parmi les plus spectaculaires de l'année.

Les surprises furent nombreuses le mercredi, à commencer par la victoire de Rickie Fowler, l'une des icônes du PGA Tour. A ce moment-là, il était plus connu pour sa tenue : la combinaison orange Puma et la casquette à visière plate. Ses sponsors et agents lui avaient soigneusement ciselé une image « skate-punk », et les spectateurs l'avaient avalée. A chaque tournoi, on voyait quelques gamins habillés en orange de la tête aux pieds et, plus inquiétant encore, au moins un adulte. Dans ses efforts pour séduire un public plus jeune, le PGA Tour avait trouvé en Fowler un sujet parfait et ils en assuraient la promotion sans relâche.

Ceci a fait grincer les dents de quelques joueurs. A une conférence de presse au Bay Hill un mois plus tard, Matt Every a parlé d'un groupe d'imposteurs sur le circuit et ajouté « ce n'est pas parce que vous portez des habits stupides que vous avez du style. Cela veut juste dire que vous portez des habits idiots. » Plus tard, il m'a précisé qu'il ne reprochait pas à certains joueurs d'avoir tiré profit du marketing, mais qu'on « leur accorde sans doute un peu trop d'attention à cause de ça, et que le PGA Tour promeut qui il veut promouvoir. »

Si cette critique visait au moins en partie Fowler, c'était logique : il réussissait bien, surtout pour quelqu'un qui a 25 ans, mais pas si bien que ça. Il avait gagné un tournoi, le Wells Fargo en 2012 en play-off face à Rory McIlroy, mais ce sont plus ses vêtements que ses résultats qui l'avaient rendu célèbre.

D'un autre côté, l'impression que Ricky Fowler était un dilettante suffisant – le pendant d'Anna Kournikova dans le golf – n'avait aucun sens. Il travaillait aussi dur que les autres, et fin 2013 il s'était associé au technicien légendaire Butch Harmon afin d'apporter un nouveau souffle à sa carrière. Cela prit du temps car les changements qu'il avait préconisés n'étaient pas faciles à effectuer, et en arrivant à Tucson il accusait un retard en termes de résultats par rapport aux efforts déployés. Ce qui explique le choc que cela fut quand il enregistra un eagle au 13 ce mercredi-là pour passer à trois up contre Ian Poulter[2].

Sur le papier, un Fowler à la peine n'avait aucune chance de l'emporter face à un joueur de Ryder Cup légendaire. Non seulement Poulter avait remporté le tournoi en 2010, et atteint les demi-finales en 2013, mais il avait la réputation d'être l'un des joueurs les plus intimidants au monde. En 2012, il avait essuyé insulte après insulte de la part des spectateurs américains pendant la Ryder Cup disputée à Medinah, avant de taper un grand coup pour l'Europe le samedi soir quand il conclut sa partie avec cinq birdies de rang et empêcha ainsi le score de s'envoler en faveur des Américains. Le dimanche, il battit Webb Simpson en simple et donna ainsi le ton pour le plus grand come-back dans l'histoire de l'épreuve – une défaite dévastatrice pour les Américains sur leur propre territoire. Et il le fit avec une énergie vicieuse, exprimée dans des cris de colère, des yeux exorbités et des poings serrés. Contrairement à de nombreux golfeurs aux manières raffinées, Poulter n'essaie jamais de cacher le conflit très personnel au cœur du match-play.

Il reprit un trou à son adversaire avec un birdie au 14, s'éloignant à grand pas tandis que Fowler ratait son putt pour birdie (Poulter est un grand adepte de ces tactiques classiques en matchplay) mais après deux pars au 15, un long par 4, l'Américain était encore 2-up avec trois trous à jouer. Poulter avait besoin de frapper rapidement sur le par 3 du 16, mais un bon chip força l'Anglais à rentrer un long putt pour birdie. Au moment où il commença son geste, un bébé dans les

2. Contrairement au stroke play, au match-play on compte en trous. Gagner un trou en y enregistrant un meilleur score que son adversaire fait passer le joueur 1 up et son adversaire 1 down. Si l'adversaire remporte le trou suivant, le match revient « square. » Il se termine quand l'un des joueurs est en avance de plus de trous qu'il n'en reste à jouer.

gradins commença à pleurer. Son putt termina bien à côté du trou et son visage se figea de rage. Il rangea violemment son putter dans son sac et se rendit au 17.

« Putain de connard », siffla-t-il. Je ne suis pas sûr qu'il parlait du bébé, mais ce n'est pas impossible. Un trou plus loin, Fowler l'emporta 2 et 1 et le visage de Poulter devint encore plus tendu que la corde d'un violon.

Fowler réagit sereinement à sa victoire : il s'attendait à ce que son jeu se mette en place à un moment ou à un autre, il swinguait bien, etc. Il aurait dû sauter de joie, compte tenu du joueur qu'il venait de scalper, mais son stoïcisme est légendaire et il n'allait pas changer de nature. Peut-être sentait-il aussi de grandes choses arriver. Comment aurions-nous pu savoir quelle sorte de tournoi, et quelle sorte d'année il allait vivre ?

Au cours de la même journée, Victor Dubuisson ne fit qu'une bouchée de Kevin Streelman, l'emportant 5 et 4 au 14, et un Australien du nom de Jason Day ne concéda aucun bogey pour battre Thorbjorn Olesen 2 up.

« Quelqu'un a dit un jour à propos de certains golfeurs qu'ils ont peur de gagner. Quand ils ont des bonnes semaines et une chance de se hisser dans le top 5, une chance de l'emporter, il y a quelque chose dans leur tête qui dit "je ne suis pas censé faire ça. Je ne suis pas assez bon pour ça. Je ne le mérite pas". »

Doug Ferguson, de l'Associated Press

Si vous pensez que le golf est un refuge pour les enfants gâtés et riches, Jason Day est le gamin misérable qui en a enfoncé les portes.

Agé de 26 ans, c'est l'un des meilleurs jeunes golfeurs qui soit puisqu'il est arrivé au Championnat du monde classé numéro 11 mondial. Parmi les joueurs ayant la vingtaine, seul Rory McIlroy est plus méritant. Il maîtrisait son jeu et était en train de devenir une idole dans son pays. Il y avait une seule tâche sur son CV, et elle était grosse : il n'avait gagné qu'un tournoi du PGA Tour.

C'est un total anormalement bas pour un joueur qui avait passé plus de trois ans dans le top 40 mondial, et pratiquement une année dans le top 10. Jason Day est jeune et il va falloir des décennies pour que son héritage prenne sa forme finale, mais qu'un golfeur aussi doué n'ait soulevé un trophée qu'une fois… Cela fait penser qu'il y a des problèmes plus en profondeur. Comparez-le par exemple à McIlroy, qui a un an de moins que lui mais une douzaine de victoires à son actif. Ou Dustin Johnson, qui a eu lui aussi du mal à boucler les tournois, mais a tout de même enregistré quatre victoires avant son vingt-septième anniversaire. Ou, loin de ces sommets, Patrick Reed, Harris English ou Keegan Bradley, qui ont tous gagné plusieurs tournois au début de leur carrière malgré des CV et des gains qui ne souffrent pas la comparaison avec ceux de Jason Day. Comme le jeune Australien serait le premier à l'admettre, c'est une question de développement. Il faut notamment apprendre à gagner.

Pendant une interview au Championnat du monde, il écouta tandis que le sujet revint inévitablement sur la table. Pourquoi n'arrivait-il pas à finir le travail ? « Je pense que j'ai fini par comprendre », commença-t-il, hésitant.

« Je vais être honnête, finit-il par ajouter après une pause. Je venais d'une famille très pauvre donc ce n'est pas vraiment gagner qui m'intéressait quand je suis arrivé sur le PGA Tour. C'était l'argent. Je voulais gagner de l'argent parce que je n'en avais jamais eu avant. »

Jason Day est né à Beaudesert, une ville nichée dans le sud-est du Queensland, environ 100 kilomètres au sud de Brisbane et à 60 kilomètres de la côte Pacifique de l'Australie. La ville s'est développée, depuis trente ans, mais en 1987 elle ne comptait qu'environ 3 000 habitants. Son nom est un euphémisme cachant un paysage épouvantable qui a terrorisé les premiers colons, qui ont tenté d'y cultiver du coton et d'y élever des moutons, vulnérables qu'ils étaient aux sécheresses et aux inondations dévastatrices dues aux crues des rivières voisines.

Alvin Day, un Australien de souche, avait échangé des lettres avec sa femme Dening et ne l'avait rencontrée que quand il était allé aux Philippines pour l'épouser. De retour au bercail, ils avaient eu deux filles et un fils. Ils travaillaient dans un abattoir, elle dans le bureau et lui dans la salle d'abattage, et luttaient ensemble contre la pauvreté qui n'avait de cesse de s'incruster.

Jason se souvient de sa première maison sur la rue Dunsinane comme « vieille, en ruines. » Ses parents n'avaient jamais assez d'argent pour acheter des jouets neufs et le clan Day, y compris ses sœurs Yanna et Kim, allait parfois faire les poubelles à la décharge municipale. Une fois, Alvin avait trouvé un vieux bois 3 que quelqu'un avait jeté.

Il avait plutôt bien joué au tennis dans sa jeunesse, mais un jouet était un jouet et il l'avait donc ramené pour son fils. Jason avait trois ans à l'époque, et il adopta immédiatement le club, l'utilisant pour écrabouiller les objets à sa portée. La première chose qu'il avait envoyée avec, c'est une balle de tennis et la légende familiale veut que son père ait tout de suite annoncé que son fils deviendrait un champion.

Son tempérament obsessionnel s'affirma vite, puisqu'il sillonnait l'arrière-cour concentré sur son club. Il n'avait pas la force d'envoyer les balles par-dessus le grillage alors il les envoyait d'un bout à l'autre, les ramassait et recommençait.

Il avait continué ainsi jusqu'à ses six ans, l'âge minimum pour jouer au Beaudesert Golf Club. Il commença par jouer six trois à chaque fois, et parfois son père le conduisait à des compétitions de jeunes le samedi. Il utilisait un mélange de clubs comprenant un bois 1,5 et tout ce qu'Alvin pouvait trouver pour pas cher. Assez vite, voyant les aptitudes de son fils il se rendit chez un prêteur sur gages pour avoir de l'argent. Il acheta une série de clubs PowerBilt 2000 d'occasion, et si Jason n'était pas encore accro il ne tarda pas à l'être.

Peu de temps après qu'il ait commencé à jouer sur un vrai parcours, son père trouva un nouvel emploi à l'abattoir de Rockhampton, une ville située tout près de la Capricorn Coast, dans le Queensland, et délocalisa la famille à sept heures de route au nord. Ce déménagement n'améliora par leur situation financière : cette année-là, Jason et ses sœurs achetèrent leurs uniformes pour l'école à la Société de Saint-Vincent-de-Paul, où ils mirent autant de vêtements qu'ils purent dans des sacs à cinq dollars. Ses nouveaux camarades de classe se moquèrent de ses habits usés, le traitèrent de « réfugié », et comme il était le seul élève avec du sang asiatique de l'école ils lui demandèrent s'il venait de descendre du bateau.

Mais cela changea son accès au golf. A Rockhampton, le gamin de huit ans se dépêchait de rentrer de l'école chaque jour à 15 heures et attendait le lycéen qui habitait à côté. Ensemble, ils se rendaient au Capricorn Country Club, qui ne possédait pas encore quinze trous. Les mots country club font penser à des pelouses manucurées et à des milieux sociaux favorisés aux Etats-Unis, mais le nom reflète seulement le fait qu'il était planté au beau milieu du bush. Un club, en quelque sorte, et dans la campagne (l'une des significations de country en anglais, ndt).

Pour 100 dollars par an seulement, Jason pouvait jouer autant qu'il voulait. Tant que vous aviez assez de balles et qu'il faisait jour, personne ne vous embêtait. Quand il n'avait plus de balles, Day se dirigeait vers le lac au 1 et plongeait pour les ramasser au fond. Les golfeurs jouaient par-dessus sa tête et quand il remontait pour respirer, il trouvait parfois une demi-douzaine de sangsues collées à son dos. Mais il avait aussi suffisamment de balles pour continuer à jouer.

Les golfeurs en Australie sont notés de D à A, et Jason Day gravit les échelons rapidement. Assez vite, il fut noté B ce qui lui permit de jouer 18 trous. Chaque week-end, les parents des enfants du club louaient un bus et les y mettaient à quatre heures du matin pour la longue route vers les compétitions, et Jason commença à en gagner. Il acquit une réputation, et devint de plus en plus accro.

Quand Jason Day avait onze ans, son père commença à avoir des maux d'estomac chroniques. Les médecins commencèrent par dire que ce n'était rien, mais les douleurs abdominales persistèrent. Moins d'un mois plus tard, on diagnostiqua à Alvin un cancer de l'estomac. Il mourut quatre mois plus tard.

De son propre aveu, Jason dérailla. Il n'avait que douze ans mais il se mit à boire, à se coucher tard et à se battre à l'école. Son père est celui qui lui avait permis de jouer au golf, du bois 3 au prêteur sur gages en passant par le putting green qu'il avait construit à Rockhampton, mais son rôle était plus profond.

« Mon père est celui qui était strict dans la famille, a-t-il expliqué. Ma mère a toujours été celle qui, après les coups de ceinture, nous prenait dans ses bras et nous rassurait. Mon père… Je me souviens avoir dit "tais-toi" une fois, et il m'en a beaucoup donné de la ceinture. Mais c'était comme ça. Il me rappelait à l'ordre, je veux dire. Et quand il est mort, vous savez, nous avons tous dépassé les bornes. »

Parce que Jason Day est amical, et bien plus ouvert que votre golfeur moyen, j'ai osé lui demander de quoi il se souvenait quand il pensait à son père.

« Je ne me souviens pas de lui, m'a-t-il dit. Je ne me souviens pas. C'est comme si j'avais bloqué la majeure partie de mon enfance. Je ne me rappelle pas de quoi que ce soit… Vous avez des fenêtres, et vous avez des petits souvenirs dans chacune, mais ce sont des images. Juste des images de mes souvenirs. »

L'avait-il bloqué exprès, ou est-ce parce que la mémoire s'efface avec le temps ? La question n'était pas nouvelle, pour lui. Sa femme, Ellie, lui avait suggéré de consulter un psychologue pour voir si cela pourrait l'aider. Mais ce n'est pas une chose à laquelle il pense sans qu'on lui en parle, et en vérité sa relation avec son père est bien plus complexe qu'il ne le prétend parfois. Il a admis à Alan Shipnuck, du magazine *Sports Illustrated*, qu'Alvin était alcoolique et d'une interview à l'autre il est capable soit de lui attribuer l'attention dont il avait besoin pour poursuivre une carrière professionnelle, soit d'insinuer qu'il ressentait une pression presque écrasante.

Après la mort de son père, la cellule familiale commença à se décomposer. L'une de ses sœurs s'enfuit pendant trois ans, et il but de plus en plus. Malgré son jeune âge, il devint alcoolique. Il se bagarrait à l'école et avait l'air sombre. Sa mère savait qu'il avait du potentiel en tant que golfeur, et elle fit un choix désespéré. En prenant une deuxième hypothèque sur sa maison et demandant l'aide de l'un de ses oncles, elle envoya Jason à Kooralbyn International, un pensionnat privé connu pour avoir produit des sportifs de premier rang comme la star de l'athlétisme et médaillée olympique Cathy Freeman ou le golfeur auquel il serait toujours comparé : Adam Scott[3].

Jason Day se souvient de la solitude qu'il avait éprouvée en descendant jusqu'à Kooralbyn, quand on l'y a laissé sans cérémonie et livré à lui-même. Sa nouvelle école se trouvait au milieu de nulle part – certains élèves y avaient été envoyés par des parents qui voulaient s'en débarrasser, d'autres étaient des athlètes prometteurs espérant devenir professionnels. La culture ambiante et l'absence de tentations aux alentours, firent qu'il n'eut aucun problème à arrêter de boire et à se concentrer.

3. Il convient de noter que certains détails de la biographie de Jason Day ont tendance à changer ou évoluer d'une année sur l'autre, d'un article à l'autre, en particulier en ce qui concerne le décès de son père et son départ pour Kooralbyn. En 2011, Steve DiMeglio a écrit dans USA Today que sa mère avait pris une deuxième hypothèque sur sa maison pour l'envoyer là-bas, et ce détail est apparu dans d'autres articles à cette période… Soit parce que les autres journalistes avaient lu son article, ou parce que Jason Day répétait ce détail dans d'autres interviews. Le jour où je l'ai interrogé, au Concession Golf Club, en Floride, il m'a juste dit que sa mère avait emprunté de l'argent à un oncle pour payer ses études. Alan Shipnuck, de Sports Illustrated, et Karen Crouse, du New York Times, l'ont interviewé le même jour pour écrire le même genre d'article, et ils ont écrit qu'elle avait vendu la maison. Ces divergences peuvent probablement être attribuées à l'ambiguïté avec laquelle il voit sa propre enfance, et l'effacement de nombreux détails dû au traumatisme… ou au moins leur obscurcissement dans sa mémoire.

Mais cela ne fut pas instantané : un des premiers jours, l'un des entraîneurs de golf s'approcha de Jason Day au practice. Il lui suggéra d'aller travailler son petit jeu, et il répondit qu'il préfèrerait jouer le compact. Le coach insista, mais depuis la mort de son père il n'écoutait plus personne. Son obstination et ses problèmes avec l'autorité transformèrent vite le dialogue en échange de cris. Ils élevèrent la voix jusqu'à s'insulter, et Jason Day partit vers le compact. Il ferait ce qu'il voulait et maudite soit l'autorité.

Une chose que l'on apprend rapidement en parlant avec lui, cependant, c'est que la vie de Jason Day est définie par des moments de remise en question. Celui-là fut le plus important de tous.

« Je me suis dis "mec, ce n'était pas bien de faire ça", raconta-t-il. "Je veux dire, ma famille est en train de sacrifier tellement pour me permettre d'être ici. Je devrais simplement écouter un peu ce qu'il a à dire". Et de là, j'y suis retourné et je me suis excusé. »

Le nom du coach est Colin Swatton, et il fut impressionné par l'expiation de Jason Day. Il devint pour lui une figure paternelle dont il avait désespérément besoin. Ils se serrèrent les coudes à Kooralbyn, et quand le joueur fut prêt à décoller pour les Etats-Unis, Colin Swatton était à ses côtés en tant que coach et caddie. Il porte encore son sac aujourd'hui, et le portera encore probablement très longtemps.

La Kooralbyn International School ferma en 2002, et Jason Day et ses camarades de classe furent transférés une soixantaine de kilomètres au nord, au Hills International College de Jimboomba. Agé de 14 ans, il emprunta à son compagnon de chambre un livre sur Tiger Woods. Dans les dernières pages, il lut les résultats détaillés de Tiger Woods à partir de l'âge de 13 ans. Ce qu'il vit l'effraya : là où Woods jouait 68 et 66, il était à 74 et 72.

« Je n'arrêtais pas de me demander pourquoi il jouait ces scores, "pourquoi il est bien meilleur que moi" ? »

Il comprit ce que Swatton avait essayé de lui inculquer depuis le début : il devait travailler sur son petit jeu. Il devait aussi travailler plus dur en général, et se concentrer sur le golf, et seulement le golf. Day savait qu'il avait en lui quelque part le tempérament obsessionnel qui lui permettrait de le faire. C'était là depuis l'âge de trois ans, quand il n'avait pas lâché son bois 3 pourri : l'envie secrète qui a animé presque tous les golfeurs qui ont jamais réussi. Là où d'autres commencent à s'ennuyer, ou à être distraits, le futur pro peut passer des heures au practice et sur le putting green, seul si nécessaire.

Cette prise de conscience changea sa vie. Il se mit à se lever à cinq heures du matin (il n'y a pas d'heure d'hiver dans le Queensland donc le soleil l'attendait) et à s'entraîner jusqu'à huit heures et demi. Après avoir englouti un petit-déjeuner, il allait à l'école de 9 à 13 heures, déjeunait en vitesse et remettait ça jusqu'à 18 heures. Après avoir dîné et fait ses devoirs, il se rendait au practice éclairé où il tapait jusqu'à ce que la fatigue le submerge.

Chaque jour et chaque semaine, il comparait ses progrès aux résultats de Tiger Woods. D'autres joueurs du collège essayèrent bien de suivre son rythme extrême, mais il est rare que l'un d'entre eux ait tenu plus d'une semaine avant que le besoin de sommeil n'ait raison de ses obsessions moindres.

Jason Day perça en 2004, alors qu'il était âgé de seize ans et que tous les aspects de son jeu s'agrégèrent d'un seul coup. Après ce déclic, tout alla très vite. Il remporta le championnat junior dans sa province du Queensland, puis celui du sud de l'Australie (South Australian Junior) et enfin l'épreuve nationale avant le Championnat de Nouvelle-Zélande des moins de 19 ans. Puis il participa au Queensland Amateur, où il affronta des joueurs de tous les âges et devient le plus jeune vainqueur en 104 ans.

Ces victoires lui permirent de se retrouver aux Etats-Unis, à Torrey Pines, pour le Championnat du monde junior. Sur un parcours incroyablement difficile, il affronta les meilleurs jeunes du monde de 15 à 17 ans. Seuls trois joueurs finirent sous le par, et à -7, Jason Day fut le meilleur d'entre eux. Un an plus tard, il se classa meilleur amateur à l'Australian Masters et l'Open d'Australie remportés par Robert Allenby. Le dernier tournoi amateur qu'il disputa fut l'Australian Master of the Amateurs, qu'il gagna en janvier 2006.

Day avait passé une enfance douloureuse à rêver d'argent, et la partie la plus difficile de sa vie était sur le point de s'achever. Les sponsors et leurs gros chèques en avaient assez vu. Jason Day, 18 ans, passa pro et signa un contrat avec TaylorMade et Adidas. A partir de ce moment-là, il ne serait plus jamais pauvre.

« Je pensais que les victoires viendraient facilement, me dit-il. Parce que je me disais "oh, tout est si naturel". »

Peut-être cela vient-il de sa mémoire courte. Rien n'avait été facile avant, mais les succès des deux dernières années avaient dû lui paraître simples. Tout évoluait de façon linéaire. Jason Day obtint des invitations pour sept tournois du PGA Tour – sa première chance de jouer avec les grands – et lui et son équipe furent assez optimistes (ou naïfs) pour espérer qu'il pourrait gagner sa carte pour 2007 avec une série de performances spectaculaires.

Ce ne fut pas un désastre – Jason Day passa cinq cuts sur sept et gagna presque 200 000 dollars – mais ce fut loin de suffire. Malgré la déception, il savait qu'il n'était pas passé loin et cela l'encouragea. En 2007, il entama sa carrière sur le Nationwide Tour en Australie avec une 31ème place au Jacob's Creek Open. Il suivit avec une sixième place ex-aequo en Nouvelle-Zélande la semaine suivante. Les gains n'étaient pas colossaux, mais suffisants pour retourner aux Etats-Unis en avril.

Ce printemps-là, il prit son premier cours en relations avec la presse quand il dit à un journaliste australien que son but à long terme était de ravir la place de numéro un mondial à Tiger Woods.

« Je suis sûr que je peux le descendre », dit-il, et les répercussions furent énormes. Peu importait le contexte dans lequel il l'avait dit, il parut effronté et présomptueux.

Deux années plus tôt, alors qu'il était à Twinsburg (Ohio) en tant qu'amateur, Jason Day avait accompagné Col Swatton, qui devait y voir un ami, dans un pub irlandais (Mavis Winkle). C'est là qu'il vit pour la première fois une serveuse appelée Ellie Harvey. Cette fille de la campagne avait 19 ans, soit deux années de plus que lui, et dans la journée elle suivait des cours pour devenir esthéticienne. Le comportement de Jason Day ce jour-là montre qu'il n'était pas un effronté : il était trop timide pour lui parler, et il revint au pub tous les après-midis avec Swatton. Après avoir quitté la ville, il se servit de lui pour obtenir son numéro de téléphone. Il commença à lui envoyer des SMS en 2006 et quand elle le repoussa cela ne le freina pas.

Il était maintenant revenu en Amérique en tant que joueur professionnel. Une semaine après son retour, le Nationwide Tour fit une pause à Highland Heights, à une trentaine de kilomètres de Twinsburg. Lui et Emily « se croisèrent » à nouveau cette semaine-là au pub, et Jason Day la convainquit qu'elle lui devait un dîner. Elle ne connaissait rien au golf, mais elle finit par le regarder jouer ce week-end là et le timing fut parfait : avec un score de -16, il gagna son premier tournoi professionnel, la somme de 94 500 dollars et devint le plus jeune joueur à avoir remporté un tournoi sur les trois circuits professionnels majeurs.

La semaine suivante, ils allèrent dîner pour la première fois à Columbus. Sa carrière et sa vie sentimentale avaient pris leur envol. Il finit la saison au cinquième rang du Nationwide Tour, gagnant ainsi sa carte pour 2008, et il épousa Ellie un an plus tard. Col Swatton était son témoin.

A ce moment-là, la question centrale dans la vie de Jason Day passa de « Comment devient-on un grand joueur ? » à « Comment reste-t-on un grand joueur ?. »

Les joueurs ont du mal à décrire la différence entre simplement exceller, et gagner réellement des tournois. La plupart des joueurs essaient sans succès, mais Jason Day, éloquent comme à son accoutumée, a donné la meilleure explication que j'aie entendu.

« Vous atteignez un stade où vous devez soit vous battre, soit fuir, me dit-il. Tout le monde l'atteint, ce stade où vous vous dites «Ah, je suis en dehors de ma zone de confort. Je vais me retirer un peu». Et c'est là que vous commencez à faire des bogeys, et une fois que vous en avez concédé quelques-uns, vous vous dites "OK, je suis de retour entre la dixième et la quinzième place, dans ma zone normale". »

C'est inhabituel pour un joueur d'admettre que perdre peut être confortable, mais on le voit tout le temps, surtout dans les tournois majeurs : ce coup d'arrêt qui ramène un joueur dans le groupe des suiveurs après avoir été isolé en tête. La première place peut être terrifiante et au moment critique, certains joueurs ressentent un besoin inconscient, pressant, d'échapper au stress. Le déchirement arrive plus tard.

« Ce qu'il faut faire, quand vous atteignez ce stade, poursuivit-il, que vous n'êtes plus dans votre zone de confort et que vous avez une chance de l'emporter, c'est de vous dire "Merde, il faut que je passe au travers, allez on y va". Et quand vous le faites, c'est ce qu'il y a de plus gratifiant parce vous avez franchi cette barrière. Et quand vous atteignez ce stade inconfortable, souvent vous savez exactement ce que vous devez faire et cela devient alors plus facile de gagner. »

Jason Day a obtenu sa première grosse victoire au Byron Nelson Classic en 2010, et il est rentré dans le top 10 mondial après avoir passé le cut au Masters et à l'U.S. Open en 2011. Mais c'est au Masters en 2013 qu'il a le plus ressenti la pression.

Day et Adam Scott sont inévitablement regroupés en tant qu'Australiens au sommet de leur art, mais à certains égards, ils sont diamétralement opposés. Quand Jason Day, avec son petit bouc encadrant son large visage amical, a l'air on ne peut plus accessible, Adam Scott est tellement beau qu'il a l'air distant, voire intimidant. Quand Day est sociable et raconte bien les histoires, Scott est timide et très secret. Quand Day a des origines improbables pour un golfeur professionnel, Scott a des parents aisés qui adorent le golf et a suivi une trajectoire plus classique.

Malgré ces différences, ils partagent un cheminement qui dépasse leur passage à Kooralbyn. En 2012, Adam Scott menait le British Open de quatre coups avec quatre trous à jouer avant qu'une série cauchemardesque de bogeys ne permette à Ernie Els de l'emporter d'un coup. Cet effondrement donna lieu à des comparaisons avec Greg Norman, et même s'il dissimula très bien sa douleur ce n'est pas un secret que cette défaite l'avait anéanti. N'était-il qu'un autre Australien avec un talent fou mais incapable de gérer la pression d'un tournoi majeur ?

Puis, il y eut le Masters de 2013… A la fin du dernier tour, on eut l'impression que le plus jeune des deux Australiens devancerait le plus âgé. Jason Day avait escaladé le classement mondial mais son problème récurrent s'était transformé en malédiction : en trois années d'excellent golf depuis sa victoire au Byron Nelson, il n'avait pas remporté un seul tournoi. A elle seule, la statistique était un peu ahurissante. Comment quelqu'un d'aussi bon, d'aussi régulier, pouvait-il ne jamais gagner ? Cela devint un sujet de discussion dès que le nom de Jason Day était cité – un grand joueur, humble mais qui n'arrivait pas à boucler les victoires.

La franchise même, Day admit qu'il avait été un peu distrait en 2012 par la naissance de son fils, Dash, et que c'était dur de voir un joueur comme Rory McIlroy être qualifié de « prochain grand joueur » quand lui pensait être tout aussi bon. Son attention baissant, son équipe dut intervenir. « Travaille plus dur », lui dirent-ils.

Il le fit, et remonta en trombe au classement mondial début 2013. Cela aboutit au dimanche à Augusta, où Jason Day réussit des birdies aux 13, 14 et 15 pour mener le tournoi avec trois trous à jouer. Il ne comptait pas tout à fait la même avance qu'Adam Scott au British, mais l'analogie était évidente. Il avait une chance non seulement de l'emporter, mais de gagner le plus gros de tous les tournois. Cela mettrait fin à toutes les questions et ce, clairement.

La raison pour laquelle Jason Day peut expliquer la peur de gagner, cependant, c'est qu'il a dû y faire face très souvent sur la plus grande des scènes. Elle l'a confronté en tête à tête ce dimanche-là, et il n'a pas pu passer au travers. Des bogeys au 16 et au 17 l'ont fait retomber à -7 – loin de cette terrifiante et solitaire place en haut du classement – et quand Adam Scott et Angel Cabrera ont signé des birdies au 18, il était relégué à la troisième place.

Il admit après la partie avoir cédé à la pression, et en 2014 il donna des détails. « Quand je suis arrivé au départ du 16, mon corps entier s'est figé, précisa-t-il. Il s'est bloqué comme jamais auparavant. »

Même battu, Jason Day espérait qu'un Australien l'emporte. Son vœu fut exaucé quelques minutes plus tard quand Adam Scott rentra un putt de plus de quatre mètres pour birdie, synonyme de première victoire dans le Masters pour son pays.

Cela n'a pas été facile pour Jason Day de gérer l'accès à l'argent. Ellie le taquine parce qu'il est près de ses sous, mais c'est plus fort que lui. Il m'a raconté que parfois, il allait consulter son compte sur Internet juste pour voir les chiffres, encore choqué par ce que la vie lui a donné, et s'attendant presque à ce que tout lui soit retiré d'un coup.

Tandis que les millions s'empilaient et que son jeu continuait à s'améliorer, il s'est forcé à se poser une nouvelle question : « Comment devenir un joueur si grand que je gagne des tournois ? »

Jason Day est un joueur de match-play redoutable, et il avait noté le Championnat du monde comme sa meilleure chance de la saison de mettre fin à la disette. Il était fait pour l'affrontement individuel, et avait déjà la réputation d'être un maître dans la manipulation mentale. Il est connu pour tout faire putter à ses adversaires (certains estiment que c'est impoli de ne pas donner les putts courts), et peu lui importe qui cela énerve. Russell Henley fut l'une de ses victimes en 2013 – Jason Day avait senti qu'il l'avait énervé en le forçant à rentrer une série de petits putts – mais cela avait failli se retourner contre lui quand il avait réussi un birdie au 18, synonyme de play-off, avant de perdre au trou suivant. Il avait fait la même chose à Paul Casey en 2011, lui faisant enchaîner les putts de moins de 50 centimètres, coup qu'il n'avait pas raté depuis 20 ans.

« Je savais qu'il allait le rentrer, dit-il après-coup. Cela n'a rien à voir avec ce trou, mais avec les trous d'après. Donc si je peux l'énerver un peu, si je peux, vous savez, le faire sortir un peu de son plan de jeu et le forcer à faire de mauvais choix, vous savez, cela fait évidemment partie de la guerre des nerfs que l'on se livre. »

En 2014, il entamait sa quatrième année de tournois sans victoire, ce qui n'était pas sans effets psychologiques, et il savait qu'il devait inverser la tendance en Arizona. Le jeudi, il faillit plonger rapidement quand il passa à 3 down face à Billy Horschel (l'un des rares joueurs avec lequel il partage des origines modestes) et dut livrer une bataille difficile pour passer ce tour. L'Américain eut une chance de passer à 4 up sur le green du 10 mais il prit trois putts et Jason Day tira parti de cette erreur en remportant le 11 et le 12 pour réduire son déficit à un trou. Le match se prolongea jusqu'au 22ème trou, où un dernier birdie l'envoya en huitièmes de finale.

Ricky Fowler, le visage du mouvement de jeunesse du PGA Tour, défia les pronostics pour mettre à bas un autre titan, Jimmy Walker. Et le match le plus attendu du deuxième tour entre Harris English et Rory McIlroy tint ses promesses, puisque ce dernier s'inclina sur la fin.

Tandis que l'Américain savourait sa victoire, le Nord-Irlandais vivait sa vie d'icône. Alors qu'il marchait vers les voitures, un groupe de filles préadolescentes l'attendaient en dehors des cordes. Elles crièrent son nom à son passage, comme si elles passaient une audition pour être figurantes dans un film sur les Beatles. Il leur envoya une balle sans regarder, et la fille qui l'attrapa commença à pousser des cris hystériques. Sa famille se moqua d'elle, ce qui la fit rire d'elle-même, mais ne suffit pas à arrêter ses cris.

Le vendredi, ni Victor Dubuisson ni Bubba Watson ne jouèrent particulièrement bien. Le Français compta deux trous d'avance assez vite, tint le coup sur l'aller et passa à trois up à quatre trous de la fin. Il gagna cinq de ses six trous sur des pars, Bubba concédant de multiples bogeys. Le vainqueur du Northern Trust finit par se réveiller au 15, pour revenir à 1 down avec un trou à jouer. Il ne put cependant pas faire mieux que le par, et l'impénétrable Dubuisson se hissa en quarts de finale.

Jordan Spieth, 20 ans, était une machine qui n'avait pas de bouton pause, se débarrassant de Matt Kuchar 2 up. Jason Day battit un Sud-Africain, George Coetzee, pour pouvoir en affronter un autre,

Louis Oosthuizen. Quant à Rickie Fowler, sa semaine n'était pas de plus en plus simple. Après Poulter et Walker, il se retrouva face à Sergio Garcia, un autre pur-sang de la sélection européenne de Ryder Cup. Imperturbable, il s'imposa 1 up au retour.

Graeme McDowell était revenu d'entre les morts lors de ses deux premiers matches, mais contre son vieil adversaire de Ryder Cup Hunter Mahan, il sembla voué à perdre une vie. Mené de deux coups à deux trous de la fin, la justice cosmique sembla sur le point de frapper – cette victoire n'avait pas autant d'importance que le match décisif que Mahan avait perdu face à McDowell en 2010, qui l'avait fait s'effondrer en larmes à la conférence de presse – mais compte tenu de leur histoire le match était sans aucun doute plus important pour l'Américain. Peut-être est-ce ce souvenir qui le fit se tendre au 17, ou bien était-ce juste un mauvais coup, mais son bogey permit à McDowell de rester en vie. Au 18, Mahan réussit le par sans problème. Il incombait au Nord-Irlandais d'enquiller son putt d'un mètre cinquante pour birdie afin de prolonger le match. C'est ce qu'il fit, avant de brandir le poing et de se rendre au tee du 1.

Le match devint cauchemardesque pour Mahan et trois trous plus tard, McDowell mit fin à ses souffrances en rentrant un putt de quatre mètres pour birdie. L'Américain fit de son mieux pour ne pas se laisser abattre tandis que McDowell laissait tomber son putter et plaçait ses mains sur son visage dans un mélange de fatigue et d'incrédulité. Les yeux de Mahan étaient vides. Il avait à nouveau perdu contre son grand bourreau, et après avoir enlevé ses lunettes et sa casquette Ping pour serrer la main de son adversaire, il remit son déguisement et alla au véhicule noir qui l'attendait. Alors que la voiture s'éloignait, on put le voir regarder à l'extérieur à travers les vitres teintées, en souffrance.

Huit joueurs revinrent le samedi, tous en lice pour une place en demi-finales. Cela commença mal pour Jordan Spieth, et cela finit de la même manière. Après avoir manqué un putt pour le par au 16, il enleva sa casquette et concéda la victoire à Ernie Els. En quittant le green, l'Américain se retourna pour regarder Els, qui jouait son putt pour le par pour s'entraîner. La balle fit une virgule et Spieth reprit son chemin, dégoûté.

« Je savais qu'il allait rater, putain », commenta-t-il.

Un journaliste radio lui demanda s'il avait le temps pour une interview rapide, mais il disparut dans une voiture. « J'étais un nain sur le parcours, mentalement, dit-il à la presse plus tard. En fait c'est gênant, rétrospectivement. Je laissai tomber mes clubs et je pleurnichai auprès de Michael [Greller, son caddie], et on ne peut tout simplement pas faire ça. »

C'est parfois difficile d'aller chercher au-delà des apparences avec Spieth, compte tenu de son immense capacité à se présenter comme un adulte mature, mais les deux clés qui permettent de comprendre le golfeur qu'il est étaient perceptibles lors de cette défaite contre Ernie Els : son impressionnante maturité, et une irascibilité contre-productive quand les choses deviennent difficiles. La saison 2014 du joueur de 21 ans allait être définie par ces deux traits de caractère contraires.

Jason Day ne dut quant à lui pas trop batailler dans son quart de finale, puisque Louis Oosthuizen fut très vite 3 down et lui laissa décrocher une victoire facile et une troisième demi-finale d'affilée.

Rickie Fowler laissa leur journée à ses couleurs vives et affronta Jim Furyk tout de noir vêtu. Depuis le lundi, il avait passé ses après-midis à marcher dans les collines autour de son hôtel. Il y alla seul le premier jour, et le mardi il y amena sa sœur et sa mère. Sa communion avec la nature payait, et il fut vite 3 up contre Furyk. Le vétéran riposta et survécut jusqu'au 18, mais son approche fut trop courte et redescendit dans la vallée désertique. Le haut de son corps bascula vers l'avant quand il réalisa ce qu'il venait de faire. Fowler envoya sa balle en sécurité sur le plateau du haut et Furyk, qui avait besoin de faire un super coup, essaya d'être trop parfait. Court à nouveau... Tandis que la balle revenait vers lui, un spectateur lui cria « toujours plus facile la deuxième fois, Jim ! » Deux putts plus tard, Fowler avait gagné.

Pour la première fois de la semaine, Graeme McDowell prit la tête avant le 18 dans son match contre Victor Dubuisson mais le Français ne se laissa pas faire et un superbe duel s'ensuivit. Au 9, Dubuisson joua un coup de pitch depuis le rough à gauche du green, et fit atterrir sa balle parfaitement au bord afin d'atténuer sa vitesse. C'était un coup exceptionnel avant même de rentrer dans le trou, et si quiconque y avait prêté attention ils auraient peut-être commencé à suspecter ce qui les attendait le dimanche. Il pointa son poing en l'air comme s'il ne l'avait jamais fait – comme quelqu'un secouant des dés nerveusement – et arriva 1 up au 18.

Contre McDowell, après les trois matches qu'il venait de gagner, cela ressemblait fort à une calamité et quand Dubuisson rata le green sur son approche, il sembla que le Nord-Irlandais allait à nouveau s'en tirer. Mais un spectateur encouragea Dubuisson avec une exhortation très américaine – « Allez Pépé ! » (sans doute en référence au personnage de dessin animé Pépé le putois, au fort accent français, ndt) - et son petit jeu magique le sauva. Un nouveau chip de génie s'arrêta à moins de 50 centimètres du trou, McDowell lui donna le putt pour le par et il avait éteint l'inextinguible McDowell.

Si Dubuisson ressentit de la joie, il la dissimula bien en salle de presse où il fut distant, détaché et presque renfrogné. Cela paraîtrait bientôt normal, mais pour des journalistes américains qui rencontraient Victor pour la première fois cela ajouta au mystère.

Il ne restait plus que quatre joueurs en course.

Le dimanche matin, les cactus Saguaro au pied des collines de Tortolitas ressemblaient à des croix solennelles marquant les tombes d'une race ancienne. Ricky Fowler amena un peu de couleur dans ce paysage, lâchant son ensemble funèbre pour un pantalon à carreaux orange et blanc et une casquette avec un puma orange en plein saut devant. Jason Day le malmena dès le début, menant 3 up après huit trous, et à nouveau après 11 trous, mais personne n'avait encore pu lui mettre le couteau sous la gorge. Fidèle à lui-même, il remporta le 12 et le 13 pour revenir dans le coup.

Mais c'est à ce moment-là qu'il s'essouffla. Un bogey au 15 donna à l'Australien une avance de deux trous avec trois trous à jouer, et au par 3 du 16 Fowler rata un putt de moins d'un mètre pour rester en vie. C'est le genre de putt sous pression qu'il avait rentré facilement toute la semaine, mais celui-ci fit une virgule et il en avait terminé.

Dans l'autre demi-finale, en salle de presse on eut l'impression que Victor Dubuisson était arrivé à la fin de son conte de fées. Comme le personnage de dessin animé Coyote, dont les pieds continuent de remuer quand il tombe du haut d'une falaise, le phénomène français n'était plus sur la terre ferme. Quand il fut mené 3 down par Ernie Els très vite dans sa partie, on se dit qu'il allait dégringoler.

Encore une fois, nous l'avions sous-estimé. Il se reprit du 5 au 7 puis fit un vrai carnage, avec des birdies sur trois des quatre trous suivants, pour prendre la tête d'un trou. Au 16, Els rentra un putt pour birdie de 10 mètres pour revenir à égalité. Après avoir partagé le 17, Els montra un signe de faiblesse le premier en manquant son putt pour le par au dernier trou. Le Sud-Africain donna le sien à Dubuisson, mettant ainsi fin au match.

Devant les caméras, Dubuisson parla tellement doucement que tout le monde se pencha pour l'entendre. Il dit qu'il n'avait pas bien dormi la veille. Au milieu de la mêlée, avec des vêtements ornés de sponsors étranges, inconnus des Américains - J. Lindeberg (vêtements), Audemars Piguet (montres de luxe), Robertet (le « roi des arômes ») et quelque chose du nom d'Exelia, dont je refuse de passer plus de temps à essayer de découvrir le but et les origines – il sembla reculer sans bouger d'un centimètre.

Les demi-finales et la finale sont jouées lors de la dernière journée, et Dubuisson et Jason Day allèrent immédiatement profiter de la douce après-midi pour décider du vainqueur. Encore une fois, l'Australien démarra sur les chapeaux de roue. 3 up très vite, il réussit de spectaculaires birdies au 11 et au 15 pour arriver 2 up au départ du 17. L'insubmersible Dubuisson, qui avait besoin de gagner les deux derniers trous alors que le soleil était en train de se coucher sur Tucson, le fit. Il réalisa un birdie au 17 et un par au 18 que Jason Day ne put égaler. Dans un tournoi aussi dramatique, le dernier match ne pouvait pas se conclure autrement qu'en mort soudaine. Ils s'en allèrent dans la lumière déclinante.

L'Australien était passé tout près de la victoire, et il sentit une envie familière se manifester - ça suffit, lâche du lest. L'inconfort l'avait hanté à la fin des 18 premiers trous, et maintenant il devait se détendre. Il parvint à se remotiver, à écarter les pensées négatives, et il sembla avoir gagné le tournoi dès le premier trou de prolongation quand Dubuisson envoya un missile par-dessus le green avec son fer 7.

La balle s'arrêta au pied d'un cactus, au milieu d'épines, couverte de branches coupantes et apparemment inaccessible. Le lie était misérable, et un parieur averti aurait misé sur cinq à sept branches incrustées dans le haut de son corps, et aucune balle sur le green. Le Français était cependant à court d'options, et il savait qu'il devait tenter le coup. Sans trop de préparation, il swingua soudainement, cassant une branche du cactus et touchant un câble de télévision. Miraculeusement, la balle décolla, rebondit sur le green et s'arrêta à un 1m50 du trou.

A la télévision américaine, le commentateur (Jim Nantz) n'avait pas encore fini de spéculer sur la possibilité qu'il déclare la balle injouable. Il s'interrompit lui-même en regardant le résultat. « Bon sang ! »

« J'aurai tout vu, ajouta David Feherty. A moins bien sûr qu'Arnold Palmer passe par là en scooter… »

Au grand dam de Jason Day, Dubuisson s'était idéalement placé pour sauver le par. Il rentra le putt et le match continua. Si cette échappée belle pouvait paraître cruellement injuste, imaginez l'état d'esprit de l'Australien quand cela arriva à nouveau sur le trou suivant. Cette fois-ci, la balle de Dubuisson alla se nicher sous un buisson d'encelia farinosa. Le lie sembla à nouveau complètement injouable. A nouveau, Dubuisson prit un stance inconfortable de côté et sembla porter un coup violent à la plante. La balle s'éleva au-dessus du sol désertique et atterrit avec une vitesse parfaite juste avant le green. S'opposant aux lois de la physique et de la logique, elle roula sur le green et s'arrêta à un peu plus de deux mètres du trou.

« C'est complètement surréaliste », commenta Jim Nantz.

« Je ne sais même plus quoi dire », ajouta David Feherty.

Après cela, on ne se demanda même pas s'il allait rentrer le putt. Il y avait de la magie vaudou du désert dans ses mains. Un nouveau par, un nouveau trou. Plus d'incrédulité chez Jason Day, cette fois-ci immortalisée à la télévision – bouche bée avec un grand sourire. Il décrivit plus tard ses sentiments : « Pourquoi ce gars ne lâche-t-il pas » ?

Cela se bouscula sur Twitter, des joueurs comme Graeme McDowell, Jason Dufner, Gary Player et Tom Watson exprimant leur stupéfaction. On parla beaucoup de la signification de la traduction de buisson en Anglais. Javier Ballesteros, le fils du légendaire Seve, exprima ce que beaucoup pensaient quand il écrit que « peu importe qui l'emporte, Victor Dubuisson est mon nouveau héros ! #magic. »

« Je n'ai pas vu un petit jeu aussi magique depuis Seve », ajouta Rory McIlroy.

John Peterson le formula ainsi : « Aucun tweet ne peut expliquer à quel point ces deux approche-putts étaient vilains. »

Quand Jason Day dut décrire ce qu'il avait ressenti en voyant Dubuisson taper ces coups incroyables dans le désert, sa réponse se doubla d'une métaphore de sa vie.

« C'est comme si vous finissiez de faire le tour d'une montagne et que vous voyiez une autre montagne, dit-il. Et Bon Dieu, vous arrivez au même endroit où vous sentez que vous n'en pouvez plus. Mais je me suis dit non. Je vais continuer jusqu'à ce que je n'en puisse plus. Si je dois jouer 36 trous de plus, si je dois revenir lundi, si je dois revenir mardi. Peu importe le temps que ça prendra. Je vais gagner, et je ne vais pas m'arrêter. »

Les deux trous suivants furent partagés, ce qui les ramena au 15, un par 4 à portée de drive. Les deux joueurs sortirent leur driver – il n'était plus question d'assurer depuis longtemps. Dubuisson joua en premier, sa balle atterrissant dans le rough à droite du green. Celle de Jason Day fit de même, mais suffisamment près pour avoir une approche raisonnable. Il l'arrêta près du trou, se laissant un vrai putt pour birdie. Jouée depuis un rough plus profond, la balle de Dubuisson avait fini sa course beaucoup plus loin. Son festival de petit jeu avait pris fin. Son long putt ne rentra pas, contrairement à celui de Day, et l'odyssée s'acheva.

Dans l'agitation qui suivit, David Feherty attrapa Dubuisson pour une interview. Il semblait s'attendre à un certain enthousiasme de la part du Français mais celui-ci était complètement lui-même, impénitent et incorrigible. Il marmonna quelques réponses, avoua qu'il avait tapé quelques coups affreux et parut ambivalent au sujet de ses incroyables sauvetages dans le désert. Feherty, qui est aussi drôle dans la vie qu'à l'écran, arrive en général à faire saigner une pierre. Avec Victor, il se heurta à un mur. L'interview fut un flop et quand la caméra s'arrêta de tourner il secoua la tête et soupira. « Descendez-moi maintenant », dit-il, à personne en particulier. « Descendez. Moi. Maintenant. »

Jason Day ne se fit pas prier, lui. Il lui avait fallu pratiquement quatre ans, mais il était de retour dans le cercle des vainqueurs et il y était revenu en survivant au plus grand duel – et le dernier – dans l'histoire de l'Accenture MatchPlay. A ce moment-là, tous les rêves étaient à sa portée.

MARS

UN MOIS EN FLORIDE

4

PALM BEACH GARDENS, FLORIDE

Russell Henley, Rory McIlory ; le Honda Classic

« Ce jeu… Il semble que plus je me donne du mal, plus j'ai du mal. »
Russell Henley

Au début du printemps, le PGA Tour quitte la côte ouest. Les vues à couper le souffle sur l'océan de Pebble Beach, le tumulte électrique de Los Angeles et la beauté violente du désert sont de l'histoire ancienne. A leur place, le « Florida swing », un périple d'un mois de Palm Beach Gardens à Miami, Tampa et Orlando en traversant un état sans âme. Parfois, je suis convaincu que ce bourbier est l'endroit exact où le rêve américain devient un cauchemar.

Traverser le pays m'a presque toujours permis d'apprécier davantage l'esprit et la diversité de mon pays natal, mais en Floride j'ai trouvé une exception. C'est le cœur des ténèbres national : une étendue sans fin d'autoroutes et de maisons homogènes se fondant dans une hallucination faite de stuc et de palmiers, seulement interrompue par des restaurants de chaînes et des grandes surfaces. Sans le savoir, j'avais entamé un voyage déprimant qui me rendit claustrophobe dès le début. Le mois entier se résuma à une vision prolongée d'uniformité et de commerces bon marché en pleine fuite en avant. Bientôt, je fus envahi par une sorte d'ennui et j'envisageai vaguement de me rendre dans les Everglades et d'y louer une villa au bord d'un marécage et un hydroglisseur, simplement pour me vider la tête. Dieu seul sait ce qui me serait arrivé là-bas, mais au moins dans la gueule d'un alligator de cinq mètres j'aurais ressenti autre chose que ce lugubre effroi floridien.

Paradoxalement, je commençai à apprécier le golf plus que jamais – c'était la seule échappatoire. J'étais donc au PGA National Resort & Spa le 1er mars quand, après avoir rendu une troisième carte de 68 au Honda Classic, Russell Henley répondit à des questions sur Rory McIlroy, assis sur un fauteuil de ministre entre deux plantes en pot dans la salle improvisée pour les interviews.

Agé de 24 ans, joueur de second plan, Henley était confronté à la dure réalité qui définit une grande majorité de la couverture médiatique du golf aux Etats-Unis. Il y a très peu de joueurs qui « font bouger les lignes », un terme insidieux décrivant la façon dont certains contenus peuvent amener du trafic sur un site web, vendre des journaux et magazines ou générer un profit d'une autre façon. Comme le golf est un sport de niche, les seuls joueurs capables de faire bouger les lignes sont des icônes comme Tiger, Rory et Phil, ou des bouffons comme John Daly.

Il ne faut pas être un génie pour voir que cela devient un cercle vicieux : si vous parlez seulement aux spectateurs occasionnels de Tiger, Rory et Phil, ils connaîtront - et s'intéresseront – seulement à Tiger, Rory et Phil.

Rien ne sert de résister. C'est dans la nature du business qu'est le golf que les médias grand public – des géants qui couvrent un large éventail de sports et ne sont pas spécialisés dans le golf – sacrifient la profondeur de traitement au profit de contenus sur un groupe select de joueurs, afin de faire monter l'audience. Ce n'est la faute de personne. Les journalistes reçoivent leurs ordres des éditeurs, qui reçoivent leurs ordres des données, qui dictent la satisfaction des annonceurs, qui est le but ultime. Des emplois sont en jeu, et prendre position d'un point de vue éthique n'est pas bon pour sa carrière. Plus que jamais auparavant, les journalistes peuvent être remplacés mais pas l'audience.

Dans ce cas précis, les questions sur Rory étaient justifiées : avant le dernier tour Russell Henley était deuxième, à deux coups du prochain Tiger Woods, et en le regardant de plus près on avait l'impression que moins de 24 heures plus tard il serait la victime impuissante d'un passage à tabac violent.

A première vue, il se dégage de lui les ondes mielleuses des country clubs : des cheveux blonds portés épais, de côté, et un rictus arrogant qui lui donne l'air du gamin riche maléfique des films pour ados des années 80. Regardez-le pendant plus d'une minute, cependant, et cette impression disparait tandis que vous commencez à remarquer deux autres bizarreries. Son regard, tout d'abord, immuablement stupéfait, qui le fait ressembler à un enfant rencontrant son héro pour la première fois ou, comme le dit son coach universitaire Chris Haack, « comme un cerf pris dans la lumière des phares. » Sa bouche, deuxièmement, dont la mâchoire qui pend lâchement, lui donne l'allure d'un malade mental s'aventurant à Times Square à l'heure de pointe.

Russell Henley a lui aussi été à l'université de Géorgie après avoir été l'un des meilleurs joueurs de basketball de l'état. Il avait commencé le golf sur le tard, pour ensuite devenir une star surprise dans son université. Bien guidé par Chris Haack, il avait remporté cinq rencontres en match-play sans en perdre aucune en deux années d'une carrière de golf universitaire bouclée sur une victoire en finale du Championnat national, aux dépens d'Henrik Norlander, d'Augusta State.

Alors que sa conférence de presse touchait à sa fin, une clameur se fit entendre dehors. Malgré la cacophonie, on put discerner les cris au nom de « Rory. » Juste après, comme si la scène avait été chorégraphiée afin de terrifier Henley, le son des cornemuses s'éleva au-dessus du vacarme.

L'explication était innocente, puisque Rory devait parler à la presse après Henley, mais de l'intérieur cela donna l'impression qu'il était un prétendant à la couronne, attendant avec appréhension que le véritable roi arrive aux portes du château avec son armée.

Personne ne savait à quoi s'attendre de la part de Rory non plus. Il avait renforcé son statut en tant que plus grand jeune joueur en remportant deux tournois majeurs avant d'avoir 24 ans, mais l'année 2013 n'avait pas réussi à l'enfant prodige. Au début de la saison, le dauphin ne ressemblait plus à la petite merveille de l'imagination populaire. Compte tenu de ses critères élevés, l'année passée avait été un peu désastreuse et ses détracteurs insistèrent sur ses soi-disant distractions. Un changement d'équipementier de Titleist à Nike en novembre 2012, ainsi qu'un procès imminent, auraient grippé les rouages d'une belle mécanique.

Le Honda Classic était seulement sa deuxième compétition américaine de 2014 après le Championnat du monde de match-play, dont il avait été éliminé le vendredi, et c'était la première vraie occasion de montrer le nouveau Rory amélioré aux Américains.

« Je suis en train de me reconstruire un peu, d'une certaine façon, affirma-t-il. Je me sens plus expérimenté, plus sage, assis ici à 24 ans. »

Il revint aussi sur le Masters de 2011, la plus grosse déception de sa jeune carrière. Après avoir compté quatre coups d'avance avant le dernier tour, il avait joué 80 pour terminer à la quinzième place. Depuis, il n'avait jamais lâché la tête après trois tours et ce n'était pas une coïncidence – il avait appris à ne pas jouer la sécurité en espérant la victoire, mais à la chercher agressivement, même à partir du sommet.

Pour Henley, qui accusait un retard de deux coups, la situation paraissait intenable. Il quitta l'interview, séparé par une nuit de sommeil de ce qui allait être le plus étrange dernier tour de la saison.

Si quiconque s'attendait à ce qu'Henley attaque, il avait gardé l'information pour lui. Au PGA National, avec ses innombrables palmiers et obstacles d'eau, le script du quatrième tour fut respecté pendant huit trous : Rory se tint à son approche « fais-les venir à toi », et après quelques birdies et bogeys chacun ils étaient revenus là où ils avaient commencé au départ du 9 : à -12 et -10, respectivement.

A ce moment-là, je remarquai une chose d'étrange : au-delà d'une salutation sommaire au départ du 1, les joueurs ne s'étaient pas dit un mot. C'était ma première expérience du style subtil et intimidant de Rory, et cela m'avait presque pris neuf trous pour le remarquer. Même après l'avoir vu évoluer toute une saison, je ne sais pas si ce qu'il fait est intentionnel ou relève de la domination inconsciente d'une superstar. Il parle quand cela l'arrange, se donne rarement la peine de regarder les coups de ses adversaires, et quand il porte son attention sur un autre être humain on dirait qu'il regarde au travers.

Tout est interne, chez Rory. Il tord la bouche en haut sur le côté quand il marche, les lèvres bien fermées, comme si dans sa tête il était en train de réprimer tout jugement, la bouclant et vous laissant deviner ce qu'il peut bien penser. Et alors que tout le monde est conscient de sa présence, il semble ne pas être conscient de celles des autres. Même la façon dont il marche donne une impression ambiguë : sa tête monte et descend, comme s'il faisait un signe de la tête à tous les gens sur son chemin, et son torse bouge à peine, si bien que si vous ne regardiez que le haut de son corps, vous pourriez penser qu'il monte à cheval.

On peut sentir la grandeur en lui, mais ce n'est pas la supériorité agressive de Tiger Woods ou le talent sauvage, téméraire de Phil Mickelson. C'est plutôt une croyance contenue et calme en résonance avec une confiance inébranlable. Cela transmet un seul message à ses adversaires : je vais vous faire réagir.

C'est différent en dehors du parcours, où Rory est amical, vif et facilement souriant. Sa transformation est étrange à voir, et peut mettre mal à l'aise dans un environnement compétitif.

On était encore à quelques mois du retour de Rory à sa gloire antérieure. Son jeu devint chancelant pratiquement sans crier gare au 7, et un mauvais chip au 9 le fit passer à +1 sur la journée. A ce moment-là, des téléphones commencèrent à sonner autour de moi et de nombreux autres journalistes qui avaient suivi le dernier groupe partirent en courant. La nouvelle se répandit rapidement dans un flot de murmures urgents : Tiger avait abandonné ! Des spasmes lombaires ! Au 13 ! Je me retrouvais soudain seul avec les deux hommes les plus susceptibles de remporter le tournoi.

Henley s'était rapproché à une longueur, mais une pénalité au 10 lui coûta un coup, et un trou plus tard Ryan Palmer et Russell Knox pointaient à -10. Quand Rory envoya son drive dans le rough au 12 et manqua son long putt pour le par, il avait accompli tout le contraire de ce qu'il voulait : il était rentré dans le rang.

Un photographe le mitrailla au 13, un son staccato qui l'énerva. « Vraiment ? », hurla-t-il. La magnifique approche de Russell Henley à trois mètres amena un birdie qui le replaça à -9, à un petit coup. Après être passé devant les modestes maisons longeant le fairway du 14 et une approche médiocre, Henley rentra un chip de 11 mètres. Il brandit le poing, et quatre hommes se trouvaient maintenant à égalité.

On entendit des cris d'encouragement propres aux Bulldogs de l'université de Géorgie « Go Dawgs ! » partout où Henley passa, et ils se firent plus forts au départ du 15, un par 3 de 164 mètres. C'était le début d'une série de trois trous connus sous le nom de « Bear Trap » (Piège à Ours), en référence à Jack Nicklaus qui avait redessiné le parcours en 1990. Le passage est étroit, de l'eau borde le côté droit de chaque trou et le vent omniprésent complique encore le jeu. La statue d'un ours sur ses pattes arrières vous accueille au 15, avec une plaque citant le Golden Bear : « C'est ici que l'on devrait gagner ou perdre. »

Ivre d'adrénaline après son approche rentrée et sentant l'odeur du sang, Henley joua le drapeau. Sa balle partit en fade et termina dans l'eau. Il ne put faire approche-putt depuis la dropping zone, et le double bogey qui en résulta sembla mettre fin à ses chances de l'emporter.

Mais la bizarrerie ne faisait que commencer. Au 16, le drive de Rory termina sa course dans un bunker de fairway à gauche. A 183 mètres du trou, son approche partit à droite et alla se loger dans la pièce d'eau. Comme Henley, Rory ne put faire approche-putt suite à son drop et après avoir eu le tournoi à portée de main, il se retrouva à -8.

C'est le score final de Russell Knox, suite à un double bogey au 14, et Ryan Palmer était maintenant seul en tête à -9. Quand Henley fit le par au 17, Rory concéda un bogey – quelqu'un avait crié « mets ça dans ton verre, Rory ! », provoquant quelques éclats de rire mais surtout des huées -, il ne restait plus à Palmer qu'à faire le par au 18. Il bafoua son golf mais se laissa un putt d'un mètre cinquante pour le par… et le rata.

Il ne restait plus qu'un groupe sur le parcours. Henley trouva son frère Adam dans le public entre deux trous, lui tapa dans la main et lui demanda s'il s'amusait. Il avait bu de l'eau de façon compulsive toute la journée dans l'humidité, et il engloutit une autre bouteille en attendant de taper son coup de départ. Les nuages étaient bas, la brise faisait bouger les palmiers derrière le green et dans le lac à droite, quatre fontaines crachaient de l'eau autour d'une voiture Honda qui semblait flotter sur l'eau.

Rory envoya une bombe sur le côté droit du fairway, se laissant 216 mètres jusqu'au trou, et Henley se donna une ligne encore meilleure côté gauche. Le 18 tourne beaucoup à droite au niveau du green, avec l'eau qui empiète sur le virage. Cela veut dire que la balle de Rory devrait voler pratiquement seulement au-dessus de l'eau, et quelques bunkers, pour atterrir sur le green. Malgré sa ligne, le second coup d'Henley resta sur la gauche et se retrouva dans le sac d'une spectatrice. Rory sortit ce qui, à ce moment-là, fit figure de coup de la semaine : un bois 5 spectaculaire qui survola tout et s'arrêta net à trois mètres du trou.

Henley mit difficilement son troisième coup sur le green, et s'estima heureux de faire le par après un bon putt de 17 mètres. L'attention du public se porta sur l'icône, qui malgré des désastres au 16 et au 17 avait un putt pour eagle inespéré pour remporter le tournoi.

Il le manqua – ce n'était tout simplement pas son jour. Le petit putt pour birdie compléta un score affreux de 74, mais il était toujours en tête à égalité avec Henley. Quand Rory traversa le tunnel en quittant le 18, ils passèrent devant le trophée, une clé de voiture géante, et sa fiancée, Caroline Wozniacki, qui portait un pantalon de yoga. Il la regarda de ses grands yeux écarquillés : « Content de te voir. » Des filles criaient son nom partout autour, mais il ne regarda pas. Henley alla aux toilettes sans que personne ne s'en aperçoive.

Alors que la nuit tombait sur Palm Beach Gardens, quatre joueurs — Rory, Henley, Knox et Palmer— se dirigèrent vers le départ du 18 pour un play-off. Le jeu ne fut pas de meilleure qualité. Le deuxième coup de McIlroy atterrit dans le bunker derrière le green et son troisième dépassa le green, tandis que Know tapa un mauvais putt de loin et Palmer rata son putt pour birdie. Seul joueur à avoir atteint le green en deux, Henley envoya son putt pour eagle à moins d'un mètre et rentra son birdie pour sceller sa victoire.

Ce faisant, le vieil adage avait était confirmé de manière incontestable : on n'a pas besoin d'être parfait pour gagner sur le PGA Tour. Il resta à côté de la tente des scoreurs avec une poignée de journalistes et d'amis pendant que Rory attirait une foule immense de l'autre côté du chemin, son visage pâle irlandais rayonnant dans les lumières brillantes.

Même dans la défaite, et même dans le doute, McIlroy garda son aura. Il resplendissait. Et même dans le triomphe, comparativement Russell Henley semblait comme diminué. Le vainqueur parti, je me demandai si ce fait essentiel changerait jamais. Un jour, me dis-je en le regardant partir, peut-être que tu feras aussi bouger les lignes. S'ils te laissent le faire.

5

LE MECHANT

Patrick Reed

Si vous vous demandez quel tournoi marque l'arrivée de la relève – la succession de Tiger par les enfants dont il a été l'idole, qui le poussent maintenant impitoyablement vers la sortie, le laissant impuissant face au temps qui passe et au destin - alors il fallait être au WGC-Cadillac Championship en 2014, où 69 des meilleurs joueurs de la planète étaient venus livrer bataille sur le parcours redessiné du Blue Monster au Doral.

C'était l'un des meilleurs champs de la saison, ce qui ne pouvait que satisfaire le Gray Monster lui-même : Donald Trump, auquel appartient le resort.

Ce dimanche-là, on put voir Tiger Woods prendre le départ du 1 dans l'avant-dernier groupe, à trois coups de la tête et se préparant au combat comme au bon vieux temps. Polo rouge, pantalon noir, mince et féroce. Et si vous regardiez à sa droite, vers le putting green à une vingtaine de mètres, vous pouviez voir Jason Dufner s'arrêter pour assister au spectacle. C'est difficile d'ignorer Tiger où que ce soit, mais le dimanche on le trouve dans son rôle le plus essentiel, dévalant comme un colosse les fairways dont il détient la clé depuis pratiquement 20 ans, avec dans son sillage une foule de spectateurs fascinés. Il a une énergie comme on n'en a jamais vu et on n'en verra peut-être jamais à nouveau dans le golf, et il se comporte comme s'il était né pour jouer ce rôle. Le présentateur au départ du 1 souligne son nom, les gens sont survoltés, puis le bruit se mue en murmure pendant qu'il adresse sa balle. Tous les yeux sont braqués sur lui.

A une exception près. Regardez derrière Dufner, sur le même putting green et voyez le gamin trapu portant un casque – il hurle *Radioactive* de Imagine Dragons – penché sur sa balle, tourné de l'autre côté par rapport à l'icône, comme par défiance. Il porte aussi du rouge et du noir, comme il le fait depuis qu'il a dix ans en hommage au joueur sur le tee. On pourrait imaginer que le moment est trop important pour lui, qu'il va s'étioler en présence de son héros. Mais ce serait mal connaître Patrick Reed.

Question : Est-ce que vous pensez que les médias font de vous un méchant ?

REED : Oui, c'est sûr.

Patrick Reed, 24 ans, avec son thorax en forme de tonneau qui vous fait penser « râblé » et « costaud » plutôt que « gros », qui a tendance à se mettre en colère facilement, même pour un joueur de golf professionnel, est né pour gagner.

Voilà ce à quoi on pense quand on étudie son CV et qu'on le regarde jouer. Il est récemment devenu le quatrième joueur en deux décennies seulement à remporter quatre tournois du PGA Tour avant son 25ème anniversaire. Les autres sont Tiger Woods, Rory McIlroy et Sergio Garcia, des noms qui montrent la noble lignée à laquelle il appartient.

Avec Reed, la réussite n'est cependant jamais simple. Il y a toujours eu quelque chose sonnant un peu faux sous la surface de son histoire - des rumeurs datant de sa carrière universitaire, quand il n'était resté qu'un an à l'université de Géorgie avant de défendre les couleurs d'Augusta State et d'affronter son ancienne école pour le titre national.

Plus Reed gagnait de tournois, plus cela devenait inévitable que son histoire compliquée revienne le hanter. Après la plus grosse victoire de sa carrière au Cadillac Championship en mars, le journaliste d'ESPN Ian O'Connor ressortit certains squelettes de son placard pendant la semaine du Masters dans un article intitulé « L'ascension mouvementée de Patrick Reed. » Ses recherches, qui l'avaient amené à interroger des greffiers, des entraîneurs, sa famille et d'anciens coéquipiers, levèrent un coin du voile, sur sa jeunesse. D'après l'article il était évident que ses pairs ne l'avaient jamais apprécié, surtout au niveau universitaire. Une nouvelle image de Reed émergea : casse-cou, arrogant, agressif, impénitent, habité. Il s'était mis à dos des amis, et peu semblaient lui importer les conséquences, ou en tout cas pas assez pour changer.

Ian O'Connor s'était pourtant heurté au mur de silence érigé par ceux-là mêmes qui semblaient détester Reed. Le procès verbal dans un tribunal d'Athens révéla qu'il avait été arrêté en état d'ébriété lors de sa première année universitaire, mais si c'est ça, être un méchant, la moitié du pays était maudit. La raison pour laquelle l'entraîneur de l'université de Géorgie, Chris Haack, s'était débarrassé de Reed demeurait un mystère, tout comme ses problèmes ultérieurs à Augusta State, dont le coach Josh Gregory et les anciens joueurs ne pipèrent mot.

Potentiellement dévastateur, cet article n'avait finalement pas fait trop de dégâts : il ne s'agissait que d'une soirée arrosée. Comme un autre représentant de la presse me le dit, « personne ne s'est jamais approché aussi près, et ils ne sont pas approchés tant que ça. »

Dès le début de mon année de PGA Tour, j'ai trouvé que Patrick Reed était l'un des jeunes golfeurs les plus attrayants et j'ai essayé de l'interviewer dès le mois de janvier. Il s'est avéré insaisissable, même avec un agent coopératif, mais j'ai fini par m'asseoir avec lui et Justine – sa femme et ancien caddie, qui venait de donner naissance à leur premier enfant – au Greenbrier Classic début juillet. J'ai attendu autant que possible avant de parler de sa période universitaire, mais j'ai fini par aborder le sujet. Cela a donné un échange pour le moins étrange :

Moi : Avez-vous lu l'article d'Ian O'Connor ?
Patrick : Non.
Moi : Je veux dire, beaucoup de gens veulent savoir…
Patrick : Je lui en ai parlé.
Moi : Vous lui avez parlé?
Patrick : Je crois, oui.
Justine : Oui, je l'ai lu.
Patrick : Oui. Oui, non, c'était à…
Justine : Tu l'as lu.

Patrick : Nous étions à Augusta, non ? Il m'a parlé avant de l'écrire.
Moi : Mais vous ne l'avez pas lu ?
Justine : Je pense qu'il l'a lu.
Patrick : Je crois, je ne sais pas. Il y a tellement d'articles… C'est tellement dur.
Justine : Il y a tellement d'articles. Mais je me souviens de celui-ci.

Après avoir dit le nom du journaliste, j'avais senti d'après son langage corporel que Reed savait exactement de quoi je parlais. Je ne pouvais pas lui reprocher sa réticence : il n'est pas de la responsabilité des joueurs de fournir des informations défavorables sur eux-mêmes. La plus grande sincérité peut avoir un effet néfaste, et il n'y avait aucune raison qu'il fasse mon travail à ma place.

Mais j'étais curieux de voir sa réaction à l'article, et le fait qu'il ait feint l'ignorance jusqu'à ce que sa femme le reprenne en disait long : cela l'avait touché, et cela l'inquiétait. Avant d'aller plus loin, je remarquai que l'article ne relatait rien de plus accablant que le fait qu'il ait, comme des hordes d'étudiants chaque année dont j'avais moi-même fait partie, bu de l'alcool alors qu'il n'avait pas encore l'âge légal pour le faire.

Moi : Ce qui était intéressant, pour moi… Je veux dire, quand j'étais à l'université, j'ai été arrêté pour avoir utilisé un extincteur... On a tous une histoire de ce genre à raconter. J'ai eu l'impression que l'anecdote de l'article était finalement très banale, donc j'ai pensé que tout n'était pas dans ce qu'il avait écrit. Je me suis dit « c'est tout ? »
Justine : Tout est là.
Patrick : Non, tout est dans l'article qu'il a écrit. Je veux dire, c'est…
Justine : Il n'y a rien d'autre.

Ces réponses arrivèrent rapidement et me rappelèrent une vieille image : le policier devant un horrible accident de la route qui dit « circulez, y'a rien à voir. »

Patrick Reed était pratiquement né avec un club dans les mains. Son père, Bill, était visiteur médical et il s'était rendu compte lors de sa carrière que mystérieusement, ses patrons nouaient des liens solides avec les employés qui jouaient moins de 80. Il commença à apprendre à jouer avec sa femme Jeannette, mère au foyer, et quand Patrick arriva dans leur vie ils placèrent des clubs en plastique dans son berceau.

La famille Reed faisait partie du Dominion Country Club à San Antonio, et Bill et Patrick disputèrent leur premier tournoi père et fils quand le gamin avait trois ans. Patrick aperçut Tiger Woods pour la première fois à un pro-am quand il avait six ans, et même s'il n'arriva pas à se frayer un chemin pour obtenir un autographe, une fascination était née : il idolâtrait le vainqueur patenté.

Malgré son âge, Reed devint accro à la sensation procurée par un super coup – ces moments de béatitude où l'on ne sent même pas la balle quitter la face du club. Il s'améliora rapidement, commença à participer à des tournois de jeunes et fit même des apparitions dans les programmes de télévision pour enfants du samedi matin pour y montrer ses aptitudes.

Après quelques années à Pittsburgh, les Reed revinrent à San Antonio où Patrick se dépêchait de rentrer de l'école en semaine pour pouvoir faire quelques trous. Même à un jeune âge, il faisait preuve d'une attention rare, jusque dans les plus petits détails. A dix ans, il arrêta de porter des shorts sur le parcours parce qu'il voyait bien que les pros devaient porter des pantalons. En tournoi, dans la chaleur torride de l'été, il était le seul gamin en pantalon.

Patrick commença à dominer le circuit jeunes au Texas, et son père le fit jouer dans une catégorie d'âge supérieure. Il avait quelques amis, mais son implication et le fait que la famille n'arrêtait pas de déménager, au gré des évolutions de carrière du père, en firent un solitaire naturel.

Son obsession ne fit que grandir. Ses parents l'amenèrent à des tournois junior dans le coin mais aussi dans le reste du pays, et avec les déplacements continuels Patrick apprit vite à s'adapter à de nouvelles circonstances. Il passa aussi une grande partie de sa jeunesse malade, les changements fréquents de climat et de température se traduisant par une litanie sans fin de rhumes et d'infections des sinus.

Deux de ses traits de personnalité dominants apparurent tôt, et tous deux inquiétèrent ses parents. Le premier était son incroyable capacité à enrager. Il attendait tellement de lui-même que quand il ne parvenait pas à jouer comme il le souhaitait, il se transformait en poudrière morose de frustration et de colère, au point que ses parents se demandaient s'il appréciait vraiment le golf. Patrick persistait à dire qu'il allait bien, mais les explosions brossaient un tableau assez différent.

Le deuxième problème, c'était la façon dont il extériorisait sa confiance, qui se traduisait un peu trop souvent au goût de son père par un ton arrogant. Il savait que la réussite de son fils reposait quelque peu sur cet aplomb, mais quand Patrick se présentait à des gens qu'il ne connaissait pas en disant des choses comme « je suis Patrick Reed et je vous mets une taule au golf quand vous voudrez », Bill savait qu'il y avait un hic. L'obsession de Patrick était dévorante : rien d'autre ne l'intéressait, et même si cela en faisait l'un des meilleurs jeunes du pays, son indéfectible confiance en lui, assortie d'une arrogance naturelle et d'un comportement de bête féroce, laissaient une mauvaise première impression.

Mais quelle était la solution ? La difficulté, selon ses parents, consistait à le faire rester humble alors que tout le monde autour d'eux leur disait à quel point il était génial. Les éloges permanents compliquèrent la régulation de son comportement en dehors du foyer. Ils eurent peur qu'il soit surmené, mais ces craintes ne se concrétisèrent jamais. Ils virent d'autres juniors de haut niveau arrêter ou atteindre leur meilleur niveau trop tôt pendant que Patrick les dépassait tous.

Avant d'avoir fêté ses quatorze ans, il voyageait seul pour disputer les tournois de l'AJGA et d'autres compétitions junior majeures, hébergé dans des familles d'accueil où qu'il aille. En rencontrant des gens qu'il ne connaissait pas dans ces foyers, il dompta le langage des adultes. Plus tard, son coach, Josh Gregory, rirait du fait que malgré tous ses problèmes, vous pouviez toujours le mettre dans une pièce remplie d'adultes et il serait parfaitement à l'aise et charmant[1].

Alors qu'il était en quatrième, Patrick Reed et Cody Gribble s'engagèrent à jouer pour l'Université du Texas et son head coach, John Fields, provoquant quelques remous. Même si c'était devenu courant dans les sports majeurs, ils étaient les premiers golfeurs à le faire à un si jeune âge. Bill et Jeannette ne savaient pas si c'était très malin, stratégiquement, mais encore une fois la volonté de Patrick s'était avérée

1. J'ai d'ailleurs pu remarquer la même chose : le tyran colérique que j'avais regardé sur le parcours, et le trouble-fête que j'avais imaginé, n'était pas le même dans le cadre d'un face à face. J'ai plus apprécié le temps que j'ai passé avec lui et Justine que la plupart de mes autres interviews de joueurs du PGA Tour, et j'ai trouvé qu'il racontait bien les histoires et qu'il avait plus de charisme que je ne l'imaginais.

indomptable. La famille avait déménagé à Baton Rouge un an plus tôt, et quand Patrick commença le lycée son engagement était beaucoup moins ferme.

University Laboratory School, une école préparatoire à l'université située sur le campus de LSU (Louisina State University), est généralement réservée à la progéniture de Louisianais nantis – sénateurs, gouverneurs, riches dirigeants et athlètes. Les Reed ne se faisaient aucune illusion sur les chances de Patrick d'y être accepté, mais ils entendirent dire qu'il vaudrait peut-être le coup de faire une demande. Chuck Winstead, l'entraîneur de l'équipe de golf de LSU, avait entendu parler de Patrick, qui venait de remporter le British Open chez les juniors à Liverpool, et bien que cela n'ait jamais été dit de manière explicite les Reed avaient compris qu'en faisant entrer Patrick dans ce lycée, LSU espérait avoir un avantage dans le processus de recrutement.

Pour faire leur demande, ils avaient besoin de deux lettres de recommandation alors qu'ils ne connaissaient personne d'important en Louisiane. Pas de problème : on leur dit que cela aussi avait été réglé. Patrick fut accepté et ce n'est que plus tard que les Reed apprirent pour les lettres. L'une d'entre elles avait été écrite par un ancien joueur de basketball professionnel, me dirent-ils, et l'autre par Nick Saban, l'entraîneur qui emmena cette même année l'équipe de football américain de LSU vers le titre national. Ils ne connaissaient ni l'un ni l'autre, et aucun d'entre eux ne connaissait Patrick…

A U-High, comme on l'appelait, il avait accès à d'excellentes installations golfiques. C'est également là qu'il rencontra Kris Karain, un autre élève qui devint un bon ami. Les Karain allaient jouer un rôle important dans sa vie : il rencontra par la suite la grande sœur de Kris, Justine, qui allait à LSU et à l'école Our Lady of the Lake (Notre Dame du Lac) dans le but d'obtenir un double diplôme (en soins infirmiers et gestion des services de santé). Elle deviendrait son caddie et sa femme, et quand elle tomba enceinte en 2013 un troisième membre de la famille – son jeune frère Kessler – caddeya Patrick.

Ce dernier remporta deux titres de l'état de Louisiane, et dans l'article d'ESPN l'un de ses coéquipiers illustre son comportement :

« Si jamais vous lui lanciez un défi, il le relevait à chaque fois », dit [Darren] Bahnsen. « Lors d'une partie d'entraînement j'ai tapé un drive en plein milieu, à peu près à 250 mètres, et j'étais plutôt content de moi.

Patrick m'a dit "bon drive" avant de s'agenouiller et d'envoyer sa balle dix mètres plus loin. A genoux. »

Les succès s'enchaînèrent et pendant une visite fortuite à Athens, en Géorgie, en revenant d'un tournoi, les coaches de l'université en profitèrent pour lui montrer les installations et lui faire leur pitch. Reed tomba sous le charme. Quelques semaines plus tard, il revint sur son engagement vis-à-vis de l'université du Texas, ignora complètement LSU et promit d'aller à l'université de Géorgie.

Ses parents se retrouvèrent à nouveau dans un casse-tête : allaient-ils le forcer à honorer son engagement pour lui donner une leçon sur le respect des promesses, ou le laisser poursuivre les études universitaires dont il avait envie ? Ils finirent par le laisser suivre son propre chemin. John Fields était plus qu'un peu fâché au Texas, mais il ne pouvait rien faire.

Patrick remporta le championnat de l'état de Louisiane alors qu'il était encore junior, et comme il avait déjà accumulé suffisamment de crédits au lycée pour jouer au golf en première division universitaire, Chris Haack l'encouragea à commencer l'université avec un an d'avance. Il y avait un grand nombre d'inconnues dans le lot des joueurs en première année, et le coach se dit qu'il aurait peut-être besoin de Reed plus tôt que prévu.

En fin de compte, ces inconnues s'appelaient Russell Henley, Harris English et Hudson Swafford, qui se révélèrent très vite. Il était trop tard pour que Reed change d'avis, cependant, et quand il arriva à l'université de Géorgie il se retrouva dans une équipe au complet avec les trois super révélations et la star de dernière année, Brian Harman.

L'entraîneur avait une règle selon laquelle tout joueur qui atteignait les demi-finales de l'US Amateur disputerait automatiquement le premier tournoi universitaire de la saison. Patrick se qualifia pour participer. Ceci, ajouté à sa tendance à se vanter, isola le joueur de 17 ans quand il arriva sur le campus. Le fait qu'il sortait un joueur plus âgé quand il se qualifiait pour un tournoi n'aida pas : Reed n'était pas le genre de gamin qui était équipé pour gérer la délicate situation avec le tact requis. En fait, cela fit penser à un joueur au talent inhabituel qui avait porté les mêmes couleurs et avait eu maille à partir avec ses coéquipiers et son coach dans l'espace d'une année. Comme Bubba Watson, Patrick Reed sortit rapidement du petit cercle interne des Bulldogs.

Quand il m'expliqua ce qui avait mal tourné lors de sa première année universitaire, Reed m'expliqua qu'il avait été dépassé par le nombre de personnes dans un si petit espace et que cela l'avait poussé à chercher un environnement plus confortable.

Cela ne fait pas toute la lumière sur l'histoire d'un golfeur qui a complètement déraillé pendant son année à l'université de Géorgie. Si l'arrogance avait été le seul problème, il aurait pu simplement demeurer une présence dérangeante. Cela ne l'était pas, et la situation empira.

Longtemps après avoir parlé avec Patrick Reed, je contactai des sources proches de l'équipe de l'université de Géorgie. Ce qu'ils me dirent me frappa : ses anciens coéquipiers ne se contentaient pas de le haïr, ils le suspectaient d'avoir triché lors d'un tournoi de qualification.

Après que j'eus présenté ces accusations dans un article paru avant la publication de ce livre, il passa sur Golf Channel et déclara qu'il n'avait jamais été suspendu pour avoir triché (ce que je n'ai jamais écrit). Il affirma qu'il avait une déclaration sur l'honneur de Chris Haack confirmant ses dires. Deux jours plus tard, la journaliste Stephanie Wei écrivit que la déclaration en question était très courte et disait simplement que pendant que Patrick Reed était à l'université de Géorgie, Haack « n'était pas au courant d'accusations de tricherie » à son encontre et que de telles accusations n'avaient joué « aucun rôle » dans son éviction de l'équipe. Dans son article, le coach confirma cependant qu'il avait entendu parler de ces accusations après son départ. « C'est comme si les avocats de Reed jouaient avec les mots, écrivit Wei, et espéraient que le public confonde le fait qu'il l'avait appris après avec le fait qu'il ne l'avait jamais appris, ce qui n'est pas le cas. »

Il s'avéra aussi que son arrestation en état d'ébriété – il avait été retrouvé ivre à deux heures et demie du matin sur le campus – était la première de deux infractions liées à la consommation d'alcool. La seconde était arrivée à l'occasion d'un match de l'équipe de football américain de l'université. Ce jour-là, Patrick Reed et un ami avaient bu avant de se rendre au match[2]. Plus tard, cette nuit-là, il fut à nouveau arrêté en état d'ébriété près d'Atlanta.

2. Pour Bill et Jeannette, c'était une nouvelle facette de Patrick : il n'avait pas eu trop de vie sociale au lycée et même en ayant quelques petites amies bizarres de ci-de là, boire n'avait jamais fait partie de l'ordre du jour. Leur théorie, aujourd'hui, c'est que Patrick essayait de s'intégrer sur un campus où il se sentait désespérément seul.

Cette fois-là, les Reed engagèrent un avocat et furent en mesure d'empêcher la nouvelle d'arriver jusqu'à l'équipe après qu'un juge eut rejeté l'affaire. Chris Haack le découvrit cependant avant le mois de février et organisa une réunion avec Patrick. D'après mes sources, Reed s'était rendu à la réunion avec sa mère et quand le coach avait parlé de la deuxième arrestation celle-ci avait réagi avec surprise : « Nous pensions que personne ne le savait », dit-elle.

A ce moment-là, d'après mes sources Chris Haack se rendit compte que l'affaire avait été étouffée et qu'il ne pouvait pas croire un mot provenant de Patrick ou des autres membres de sa famille. Découvrir que Reed lui avait caché sa deuxième infraction, c'est la goutte d'eau qui fit déborder le vase. Il commença à couper les ponts entre Reed et l'équipe de golf. Patrick conserva son accès aux installations pendant le reste de l'année universitaire, ainsi que son soutien scolaire, mais la relation avec l'équipe était terminée. Il était convenu qu'il changerait d'université pour sa deuxième année.

Il dut choisir entre les universités de Floride, de Wake Forest et d'Augusta State, et il ne mit pas beaucoup de temps à prendre sa décision compte tenu du fait que ses parents habitaient maintenant à Augusta. L'entraîneur en chef, Josh Gregory, lui avait vendu l'idée selon laquelle il avait déjà essayé les grandes écoles et qu'il était temps de voir comment cela marcherait pour lui dans un environnement plus restreint. Patrick y vit de la sagesse et il décida donc de passer les deux années suivantes à Augusta State, habitant chez ses parents lors de la deuxième.

L'équipe était une anomalie intéressante : le golf était le seul sport pratiqué en première division, et l'université en elle-même n'avait pas du tout le même attrait que les autres autour. Augusta State n'avait pas le même nombre d'élèves du tout, ni d'équipe de football de haut niveau ou encore de vaste campus. Le coach m'a raconté que quand Reed était au lycée, il n'avait même pas essayé de le faire venir parce que « Augusta State n'attire pas les Patrick Reed de ce monde. »

Recruter les mêmes joueurs que les universités de Géorgie et Georgia Tech était un rêve illusoire : après avoir visité les deux, aucun étudiant n'avait un désir pressant de s'installer à Augusta. Au lieu de cela, Josh Gregory recherchait dans le sud-est des joueurs moyennement talentueux, qui avaient un peu de cet esprit compétitif qu'il convoitait tant, des gars qu'il pouvait transformer en grands joueurs. Il recrutait aussi à l'étranger, où ses concurrents avaient une réputation moins solide que la sienne. Et quand il avait un peu de chance il prenait le drôle de rebut, l'étalon comme Reed qui, pour une raison quelconque ne s'en était pas sorti dans sa première école.

Il avait lui-même été un outsider toute sa vie, un golfeur de Southern Methodist University entraîné par Hank Haney qui n'avait jamais remporté un seul tournoi et avait su dès qu'il était devenu pro qu'il n'avait pas les qualités mentales suffisantes pour faire une carrière de joueur. Quand il regardait autour de lui, il voyait que ses amis qui prospéraient au plus haut niveau croyaient qu'ils étaient deux fois meilleurs qu'ils ne l'étaient vraiment. Il était tout le contraire : il avait toujours pensé qu'il était moins bon qu'il ne l'était vraiment, et le golf le rendit malheureux. Mais le cerveau analytique qui avait gâché sa carrière de joueur en fit un coach idéal. Il savait exactement quoi rechercher et il devint très fort, non seulement pour dénicher des diamants bruts, mais aussi pour leur permettre de battre des stars qui leur avaient fait de l'ombre toute leur vie.

Même pour lui, Patrick Reed constituait un tout nouveau challenge. Il comprenait qu'il avait besoin d'un joueur de son calibre pour amener Augusta State au sommet, mais il savait aussi qu'il n'était pas tout blanc. Et il n'avait aucune idée de la mauvaise tournure qu'allaient prendre les choses, et à quelle vitesse. Encore une fois, Reed fit une très mauvaise impression, énervant ses coéquipiers et rendant la vie de son entraîneur difficile. Il parlait trop de lui-même, refusait d'écouter les conseils et dégageait une image de profonde insécurité, tout en essayant de paraître infaillible.

Quand j'ai demandé à Josh Gregory quelle forme le comportement de Reed prenait, il décrivit un joueur tellement résolu à prouver qu'il était le meilleur – motivé par une peur intense d'échouer – qu'il n'arrivait pas à la boucler et à avoir des interactions sociales normales avec ses coéquipiers. Même si les adultes l'appréciaient, il n'avait qu'une chose en tête avec les gens de son âge et ses relations avec les golfeurs devinrent tendues et antagonistes. Il leur disait ouvertement qu'il était meilleur qu'eux, qu'il allait les battre etc. Ils n'appréciaient pas sa compagnie, et Reed sentait leur antipathie. Cela le fit souffrir, et exacerba son besoin de prouver son niveau sur le parcours de golf, de devenir

« Patrick Reed, le golfeur. » Le cercle contre-productif se perpétuait, creusant un fossé entre lui et le reste de l'équipe.

Des sources m'ont raconté que lors d'une soirée mémorable – l'une des rares fois où il était sorti avec ses coéquipiers dans un contexte social –, il était devenu tellement belliqueux envers l'un d'eux que la situation était devenue violente. Il fut également suspendu au début de la saison pour des raisons qui restèrent mystérieuses pendant longtemps, gardées secrètes par l'omerta du golf.

La nouvelle atteignit cependant son ancienne équipe et la raison de cette suspension – confirmée par plusieurs sources – n'étonna pas ceux qui l'avaient connu à l'université de Géorgie : des coéquipiers l'avaient accusé d'avoir truqué ses scores lors de deux compétitions de qualification.

Patrick Reed a rejeté ces accusations, et sur Golf Channel il a fait référence à une attestation sur l'honneur que ses avocats avaient obtenue de Josh Gregory pour le soutenir. Dans le document en question, le coach déclarait que sa suspension provenait d'une « erreur de comptage » et affirmait qu'il n'avait « aucune preuve qu'il avait triché. » Il précisait aussi que les rapports entre Reed et ses coéquipiers était « très tendus à ce moment-là. »

Après ce démenti sur Golf Channel, Stephanie Wei et Steve Eubanks contactèrent les anciens coéquipiers de Patrick et ils donnèrent des détails sur ce qui avait mené à sa suspension de l'équipe d'Augusta. Selon eux, il avait donné des scores incorrects dans deux tours de qualification d'affilée, ce qu'ils interprétèrent comme un signe évident de tricherie. Ils le confrontèrent lors d'une réunion d'équipe où il devint agressif et nia avoir amélioré ses scores exprès. Josh Gregory réunit l'équipe une deuxième fois sans la présence de Reed, et ils votèrent unanimement son exclusion de l'équipe. D'après Stephanie Wei, au début le coach était d'accord mais il changea d'avis et réduisit sa peine à deux matches de suspension. Les joueurs envisagèrent brièvement un boycott pour protester, mais finirent par accepter sa décision.

Cette suspension coûta à Patrick Reed les deux premiers tournois de la saison et son entraîneur lui dit qu'à moins de mûrir, et de mûrir vite, il ne parviendrait pas à ses fins ni au niveau universitaire, ni sur le PGA Tour. Il appela aussi Chris Haack, fâché par le degré de difficulté posé par son joueur, et les coéquipiers de Reed eurent plusieurs réunions cette année-là pour décider quoi faire au sujet du mouton noir. De plus, une source proche de l'équipe m'a raconté que Patrick avait des conversations téléphoniques tendues avec son père après des tournois qu'il n'avait pas remportés, et que celles-ci prenaient une tournure accusatoire et colérique, sombrant dans des échanges de cris intenses avant qu'il ne raccroche. On ne connaissait pas bien la nature exacte de leurs rapports, mais au sein de l'équipe on avait l'impression que Bill était excessivement dur avec son fils.

Les deux universités n'ont jamais fourni d'éléments officiels au sujet de ces allégations. Ces accusations de tricherie plombèrent néanmoins le début de la carrière de Patrick dans les deux équipes. C'est tentant d'écrire une histoire de rédemption : une ascension à partir des heures les plus sombres. Mais la personnalité de Reed n'a pas connu de bouleversement sismique à l'université. En 2011, il a complètement arrêté de sortir avec ses coéquipiers. Il était légèrement plus cordial avec eux, mais quand j'ai demandé à différentes sources si cela voulait dire qu'ils l'appréciaient, la réponse fut unanime : pas du tout !

En fait, quelque chose de bizarre a commencé à se dessiner avec ces équipes d'Augusta State. Alors que la plupart des entraîneurs prônent une bonne entente au sein d'un groupe, c'est l'inverse qui se mit en place entre Reed et ses coéquipiers. Ils se détestaient tellement que l'ambiance devint anormalement compétitive, particulièrement entre Reed et Henrik Norlander, deux mâles dominants qui voulaient tellement se battre mutuellement qu'ils jouaient même leurs parties d'entraînement avec une intensité désespérée. Ce n'est pas la façon de bâtir une équipe comme on l'apprend dans les manuels, et encore moins une façon qu'un entraîneur recommanderait, mais cela créa un côté dur chez les joueurs d'Augusta State qui leur fut très utile dans le championnat universitaire. L'idée d'être intimidé par un adversaire qu'ils ne connaissaient pas était risible : ils avaient affaire à Patrick Reed tous les jours.

Tous ceux à qui j'ai parlé étaient d'accord sur un point : sans les conseils et la foi que Josh Gregory avait en Patrick Reed, ce dernier aurait déraillé et quitté le golf universitaire en quelques mois seulement. Le fait qu'il se soit amélioré, ou du moins qu'il ait évité les problèmes, est dû aux règles établies par le coach et la façon astucieuse dont il a géré un joueur qui avait un problème avec l'autorité. L'attitude de ses coéquipiers n'a certainement jamais changé. Avant le dernier tour de sa carrière universitaire, lors de la finale nationale contre Harris English, certains d'entre eux allèrent voir son adversaire – l'un des joueurs de golf les plus faciles et appréciés – et lui transmirent un message fort : ils voulaient remporter le titre, mais ils espéraient qu'Harris botterait les fesses de Patrick Reed.

Le problème, c'est que personne ne bottait les fesses de Patrick Reed, surtout en match-play. En situation de duel, il était capable d'oublier complètement ce qui se passait autour de lui et de se concentrer exclusivement sur l'adversaire à battre. Lors de sa première année après sa suspension, il avait prouvé qu'il était un atout précieux pour l'équipe : son duo avec Henrik Norlander consolidait la force de frappe d'Augusta State.

En juin, au championnat national disputé à Ooltewah, dans le Tennessee, les Jaguars avaient suffisamment bien joué pour terminer en sixième place après les trois tours de stroke-play. L'année précédente, le format de la finale avait changé et les huit meilleures équipes en stroke-play se retrouvaient maintenant dans un tableau de match-play. La tête de série numéro six, Augusta State, affronta donc la tête de série numéro trois, Georgia Tech, au meilleur des cinq rencontres avec cinq joueurs de chaque équipe opposés en simple.

Patrick Reed joua contre Chesson Hadley, qui allait être sacré Rookie of the Year (meilleur nouveau joueur) sur le PGA Tour en 2014. Aucun des deux joueurs ne compta plus d'un trou d'avance mais Reed, qui avait prouvé sa valeur à l'US Amateur l'été avant de rejoindre l'université de Géorgie, arriva 1 up au 18. Son match était capital car Geogia Tech menait 2 à 1 avec deux rencontres encore en cours. L'approche de Chesson Hadley fut médiocre, atterrissant à plus de neuf mètres du trou et Reed, qui sentait l'odeur du sang, mit la sienne à moins de quatre mètres. A moins d'un miracle, deux putts suffiraient pour l'emporter. Mais contre toute attente, son adversaire rentra son putt. La pression se retrouva sur les épaules de Reed, qui réagit bien en enquillant son propre birdie avant de laisser échapper un cri primal.

Henrik Norlander remporta le match décisif au 18 et Augusta State créa la surprise pour se hisser en demi-finales. Ils se qualifièrent pour la finale aux dépens des Seminoles de Florida State, avec une nouvelle victoire de Reed, mais ils allaient devoir relever leur plus grand défi face à la tête de série numéro un, les Cowboys d'Oklahoma State.

Une équipe comptant dans ses rangs de futurs pros comme Morgan Hoffmann, Kevin Tway et Peter Uihlein— le fils de Wally Uihlein, le PDG de la société Acushnet, qui dirige Footjoy and Titleist, ce qui en fait l'une des personnes les plus puissantes dans le golf.

Peter Uihlein est ce qui se rapproche le plus de la royauté dans le golf et Patrick Reed, compte tenu de sa nature combative et du fait qu'il en veut à tout le monde, sembla prendre un plaisir particulier à l'affronter. Après qu'Uihlein eut remporté le premier trou, Reed gagna les trois suivants. Au 7, Uihlein lui donna un court putt pour le par et Reed refusa de lui rendre la pareille quand son putt pour birdie termina sa course près du trou. Agacé, il manqua son putt facile. Son agacement se transforma en rage quand il envoya sa balle dans l'obstacle d'eau et Reed, maintenant 4 up, sut qu'il avait gagné la guerre des nerfs. A partir de là, Patrick Reed se balada et s'imposa 4 et 2. Henrik Norlander et Mitch Krywulycz l'emportèrent également dans leurs matches, et la bande hétéroclite d'outsiders décrocha son premier titre national.

Après-coup, Patrick Reed vint trouver Josh Gregory avec la larme à l'œil et le remercia de ne pas l'avoir lâché. Il savait qu'il avait failli perdre sa deuxième équipe en deux ans, ce qui aurait terni son image auprès de toutes les autres équipes universitaires. Il avait failli se saborder et se priver à la fois d'un titre national et du socle stable dont il avait désespérément besoin avant de lancer sa carrière professionnelle. Seule la tolérance de son coach l'avait sauvé.

Le titre 2011 fut disputé à Karsten Creek, sur les terres d'Oklahoma State.

Les hôtes gagnèrent le match de quart de finale, et Augusta State – maintenant tête de série numéro sept – s'imposa face à Georgia Tech pour la deuxième année consécutive : les conditions d'une revanche étaient réunies.

L'année précédente, les joueurs d'Oklahoma State, qui considéraient leur équipe comme la meilleure, avaient eu des mots amers à propos de leur défaite. Ils étaient impatients à l'idée d'une nouvelle confrontation avec les parvenus d'Augusta State, dont ils n'avaient pas digéré la victoire.

Des milliers de fans vinrent assister à la demi-finale. Josh Gregory compara l'ambiance à une Ryder Cup : les spectateurs étaient en liesse quand l'un de leurs joueurs plaçait une approche à 10 mètres, mais restaient complètement silencieux quand un joueur d'Augusta State se mettait à un mètre. Il accompagna Henrik Norlander pendant son match contre Kevin Tway, et ils arrivaient au départ du 13 quand il décida de mettre de l'huile sur le feu.

« Le public est difficile aujourd'hui », dit-il haut et fort en tapant dans la main de son joueur.

« La ferme, connard », répondit quelqu'un dans la foule.

L'entraîneur adora, et l'ambiance fut aussi du goût de Patrick Reed. Il devait disputer le dernier match et savait que la victoire pourrait reposer sur lui, ce qui lui convenait : il voulait avoir la pression sur les épaules. Quand les joueurs furent désignés et qu'il vit qu'il affronterait Peter Uihlein pour cette année encore, il pensa « encore mieux »[3].

Peter Uihlein avait gagné l'U.S. Amateur, et en avril il avait disputé le Masters – un honneur rare pour un joueur universitaire – mais les distinctions ne faisaient apparemment qu'exciter l'esprit de compétition de Reed. Son adversaire n'avait pas la moindre chance.

Reed réalisa des birdies sur six des onze premiers trous, et au 10 Uihlein le regarda avec incrédulité.

« A chaque fois que je joue contre toi, c'est comme si je passais sous un rouleau compresseur », lui dit-il.

Reed s'imposa sur le score fleuve de 8 et 7 – il avait affronté le meilleur amateur au monde, le joueur que le *Wall Street Journal* avait qualifié de « prochain grand champion » deux mois plus tôt, et l'avait humilié sur son propre parcours.

Henrik Norlander gagna à nouveau, et dans un dernier match spectaculaire qui alla en prolongations l'équipe fut tributaire de son cinquième homme, Carter Newman. « C'était sans doute le plus nerveux de nous tous », me dit Reed à son sujet, ajoutant que quand il s'était rendu compte que leurs espoirs reposaient sur lui sa première pensée

3. Après m'avoir dit à quel point il était content quand il avait réalisé qui serait son adversaire, Patrick Reed ajouta rapidement qu'Uihlein était un « bon ami » - une manœuvre verbale typique de sa part, une que j'aurais peut-être même crue s'il ne l'utilisait pas souvent en référence à certains joueurs comme Harris English dont je savais qu'ils n'étaient pas ses amis. Plus tard, quand je dis à Henrik Stenson qu'il faisait partie de sa liste de « bons amis », il rit et réagit avec son humour sec typiquement suédois. « Je ne dirais pas que cela remonte à longtemps, dit-il, pince-sans-rire. J'ai partagé une partie d'entraînement avec lui au Wells Fargo il y a quelques années. Et… bien, c'est gentil de penser que tous ceux qu'il connaît un petit peu sont ses amis. C'est une manière de voir les choses. Mais si je devais m'exprimer de façon politiquement correcte, je crois que je dirais que c'est un personnage intéressant. » Plus tard, quand je demandai à Patrick Reed pourquoi il ne parlait à personne au practice, j'obtins une version plus véridique de la part de Justine : « Il a quelques bons amis sur le PGA Tour, mais son but n'est pas d'être le joueur le plus populaire. » Je le regardai lui, et il acquiesça. « Elle a mis le doigt dessus. »

avait été « Oh non. » Mais il sauva la situation, et envoya Augusta State en finale pour la deuxième année d'affilée. Dans l'autre moitié de tableau, les Bulldogs de l'Université de Géorgie les attendaient de pied ferme.

Josh Gregory eut peur que Patrick Reed soit trop survolté pour son match, compte tenu des circonstances, et il tenta de souligner que se focaliser sur son adversaire ne l'aiderait pas. Cela eut un effet limité : son joueur voulut gagner plus que jamais auparavant, et rien de ce que son coach lui dit ne le calma.

Ses coéquipiers transmirent leur message de soutien à Harris English, et la finale était lancée. Patrick eut ce qu'il désirait : Russell Henley battit Norlander, Hudson Swafford perdit et l'équipe partagea les points dans les deux autres matches, donc le dernier serait décisif.

« Si vous demandiez à Harris quel match il voudrait gagner s'il pouvait remonter le temps, me dit Chris Haack plus tard, il vous dirait celui-là. Non seulement cela nous aurait permis de remporter le titre national, notre but ultime à tous, mais beaucoup de… Mon Dieu, je ne sais pas, la façon dont les choses se passaient avec Patrick… Ce n'était tout simplement pas très. »

Il fit une pause avant de conclure : « Je veux rester noble. »

Reed fut 1 up assez vite et même si English revint à égalité avant le retour, son adversaire remporta le 10 et le 13 pour mener de deux trous. Le score était le même au départ du 17 et il n'avait besoin que de partager le trou pour l'emporter. Aucun des deux joueurs ne tapa un super drive, mais quand English envoya son approche dans l'eau, le match toucha à sa fin. Reed ne montra pas un jeu de grande qualité mais obtint deux putts à moins de deux mètres, qui le rapprochèrent de la victoire. Le premier arriva presque au trou et le deuxième fut donné.

Et c'est ainsi que Patrick Reed boucla le plus grand numéro d'outsider dans l'histoire du golf universitaire. Josh Gregory et Augusta State avaient remporté le titre national deux années de suite et ils l'avaient fait avec panache, en battant deux des plus gros poids lourds de la discipline.

Pour Reed, c'était la fin d'une courte mais brillante carrière universitaire et la cerise sur un gâteau composé de six victoires et aucune défaite en finale du championnat. Il maîtrisa ses émotions – au plus profond, il savait que Chris Haack n'avait pas tort de le laisser partir, mais malgré l'ardeur qu'il avait mise à gagner, savoir que sa carrière universitaire était terminée lui laissait un sentiment mitigé.

Pour les joueurs et les coaches de Georgia Tech – et même pour certains de ses propres coéquipiers – la victoire était tout sauf une conclusion heureuse : les sorts de Reed et English auraient dû être inversés. L'une des sources de Ian O'Connor évoqua une immense injustice.

Question : Vous sentez-vous jamais coupable, par exemple parce que votre femme est plutôt menue et qu'elle porte votre gros sac ?

Patrick Reed : Non, pas vraiment, parce que la première fois qu'elle l'a porté il faisait 41 degrés, un temps beau et humide, et après 18 trous elle m'a dit « Allez, je suis prête à continuer » alors que j'étais presque cuit. Je pouvais à peine bouger. Donc je n'ai pas de peine pour elle. Elle devrait avoir de la peine pour moi.

Cette même nuit, Patrick Reed était en voiture, en route d'Oklahoma City vers Memphis, où il avait été invité à disputer le FedEx St. Jude Classic. En l'espace d'une journée, il avait annoncé qu'il ne ferait pas sa dernière année universitaire et qu'il passerait pro. Il demanda sa main à Justine en janvier, et sa fiancée lui dit qu'elle aimerait essayer de caddeyer. Son endurance, ce premier jour à Houston dans une chaleur caniculaire – il avait mis des bouteilles d'eau en plus et des vêtements de pluie pour que ce soit le plus dur possible – scella leur union sur le parcours.

En 2012, ils décidèrent de se servir des invitations sur le PGA Tour quand ils en avaient et de disputer les qualifications du lundi, qui donnent aux joueurs qui n'ont pas leur carte une chance d'obtenir une place dans le champ. D'avril à août, leurs vies suivirent un rythme trépidant : ils se rendaient aux qualifications le lundi, jouaient le tournoi en cas de succès, finissaient le dimanche s'ils avaient passé le cut avant d'aller fissa aux qualifications suivantes. Ils passèrent plus d'une nuit blanche en traversant les Etats-Unis au pas de charge, déterminés mais épuisés.

Les résultats furent remarquables : six qualifications sur huit le lundi, dont deux in extremis grâce à des birdies au 18, et une poignée d'invitations. Il passa sept cuts en douze tournois et remporta un peu plus de 300 000 dollars. Un bon début, mais comme en 2011 cela ne suffit pas pour obtenir sa carte pour 2013.

Il tenta donc de la décrocher par le biais de l'épreuve des cartes pour la deuxième fois, et cette fois-ci il se qualifia pour la finale : six tours joués pour la dernière fois à La Quinta, en Californie. Seuls les 25 meilleurs (et joueurs à égalité) obtiendraient le précieux sésame et après avoir joué 75 lors du deuxième tour, il se retrouva au-delà de la 130ème place et prêt à jeter l'éponge. Il avait vérifié, et il savait que cela signifiait une année supplémentaire dans l'incertitude, sans carte. Cette pensée suffit à détruire le joueur le plus coriace, mais quand il le dit à Justine elle refusa de laisser tomber.

« C'est un autre lundi », lui dit-elle, et cela devint le mot d'ordre à chaque fois que Patrick avait besoin d'un grand tour. Il aligna une série de deux 67 et deux 68 pour terminer à la 22ème place. Il avait réussi un incroyable come-back, et il avait sa carte. Plus tard ce mois-là, il épousa Justine.

A Greensboro, en Caroline du Nord pour le Wyndham Championship au mois d'août suivant, Patrick Reed se retrouva en tête après trois tours pour la première fois de sa carrière sur le PGA Tour. Il s'enflamma le dimanche, rendant une carte de 66, mais devant lui Jordan Spieth avait joué un coup de moins (65) et les deux hommes se retrouvèrent au départ du 18 pour un play-off.

Si la rencontre entre Reed et English avait été un combat entre les forces du bien et celles du mal, cette affiche n'était pas très différente. Là où Reed, qui n'était pas encore connu sur le PGA Tour, avait la réputation d'être un dur, Spieth, qui venait d'avoir 20 ans, était l'image même de ce que le golf est censé représenter. Propre sur lui, respectueux, éloquent et professionnel, il était le fantasme de ce qu'un athlète devrait être. Il avait déjà gagné un tournoi, en plus : il avait rentré une approche pour partir en play-off au John Deere Classic, et survécu à cinq trous en prolongation pour s'imposer devant Zach Johnson et David Hearn.

Reed et Spieth étaient comme le feu et l'eau, et c'est peut-être la raison pour laquelle ils allaient former une paire aussi forte à la Ryder Cup l'année suivante. Après que Spieth ait miraculeusement sauvé la situation au premier trou, ils se rendirent au par 4 du 10. Les rôles y furent inversés : Spieth envoya un bon coup de bois 3 en plein fairway et Reed s'égara à droite, presque hors limite. Sa balle était tellement près des poteaux blancs qu'un volontaire signala hors limite, ce qui aurait signifié la fin du tournoi, et Reed baissa sa casquette pour que personne ne voie sa tête. Pendant ce temps-là, quatre autres volontaires se déplacèrent et annoncèrent que la balle était jouable – le premier avait commis une erreur.

Spieth lui braqua encore une arme sur la tempe en envoyant sa belle approche à moins de quatre mètres du trou. Pire, le drive de Reed s'était arrêté sous la branche d'un arbre, en dehors du fairway et même du rough, avec un lie en montée dans la terre et à côté de buissons. Il tenta d'éloigner deux câbles de télévision de sa balle, et faillit trébucher sur son sac en reculant.

La situation était impossible, mais l'excellent coup de Spieth ne lui laissait qu'une option : une spectaculaire balle basse à travers les arbres, droit devant avec un fer 7 joué à trois quart qu'il évalua à 149 mètres. Avec la balle au-dessus de ses pieds, Reed savait que s'il jouait un plein fer 8 la balle partirait à gauche. Même avec un club de plus, le coup n'était pas accueillant puisqu'un bunker de fairway et du rough l'empêchaient de profiter du roulement, le forçant à porter sa balle jusqu'au green en montée. Reed détestait aussi les lignes droites – il voyait des courbes à chaque fois qu'il visualisait un coup – mais les arbres l'empêchaient de jouer en draw.

Il donna un coup sec presque sans finish, et la balle partit bas avant de monter. Le coup improbable passa quelques dizaines de centimètres seulement au-dessus du sommet de la colline, et atterrit à moins de deux mètres du trou. Il avait retrouvé le sentiment de son enfance : la balle qui quitte la face du club comme dans un rêve, presque sans la sentir, et va exactement là où on veut qu'elle aille.

Spieth leva le pouce en l'air dans sa direction, depuis l'autre côté du fairway, et dit plus tard que c'était l'un des coups les plus incroyables qu'il avait jamais vu. Spieth putta pour birdie en premier, et surévalua la cassure d'un ou deux centimètres tout au plus. Reed avait un coup plus facile, plus court, plus droit et en montée. Il se pencha, tapa la balle et la regarda tourner vers le côté gauche du trou. Quand elle alla s'y engouffrer, il avait rejoint le cercle des vainqueurs de tournoi sur le PGA Tour.

« J'espère qu'un jour il aura l'honnêteté de parler de son passé. Ce serait une excellente thérapie pour lui, mais je ne sais pas s'il le fera jamais. J'aimerais bien qu'il le fasse parce que malheureusement, on lui posera toujours des questions sur son passé. Toujours des questions sur ce qui s'est passé à l'université de Géorgie, sur ce qui s'est passé à Augusta State, sur ce qui s'est passé avec ses parents. J'aimerais qu'il vide son sac, à un moment donné, parce que je pense que ça l'aiderait à devenir une meilleure personne. »

Josh Gregory

Il est difficile de savoir si un athlète perturbé change vraiment un jour, et si on peut même lui prêter une volonté de développement personnel, tellement ce concept semble surexploité par des experts omniprésents, payés pour façonner une certaine image des joueurs. Les éventuels changements sont-ils sincères, ou sont-ils seulement destinés à donner du grain à moudre aux journalistes ?

« Il a un grand cœur, dit de lui Bill Reed. Il a du mal à le montrer dans certaines circonstances parce qu'il doit rester sur ses gardes. Il est tellement déterminé, pour lui c'est un aveu de faiblesse. Et il faut aussi comprendre qu'il n'a que 24 ans, et qu'il s'est retrouvé dans le monde des adultes bien plus tôt que les enfants de son âge ne devraient l'être et n'ont besoin de l'être. »

Brian Harman dit les choses plus franchement : « Il faut se rappeler qu'il avait 17 ans, ajoute-t-il au sujet de sa première année à l'université de Géorgie. On fait tous beaucoup de choses stupides quand on a 17 ans. »

Patrick Reed a coupé les ponts avec sa famille après avoir obtenu son diplôme d'Augusta State et quitté le foyer en 2011, et cet éloignement est toujours d'actualité au moment où j'écris ce livre. Ni sa mère ni son père ne furent invités à son mariage en décembre 2012, et des indices contextuels indiquent que leur relation s'est aggravée à partir de là.

Mes sources m'ont raconté que quand l'*Augusta Chronicle* - pas au courant de cette rupture - a mis en ligne après sa victoire au Wyndham Championship une gentillette interview vidéo des parents et de la jeune sœur de Patrick, la Legacy Agency, qui le représentait à l'époque, a demandé qu'elle soit enlevée.

On n'en parla plus quand le journal refusa d'obtempérer, mais le geste montre à quel point leurs rapports doivent être tendus. De leur côté, ses parents refusèrent de parler de cette situation officiellement : « En tant que parent, peu importe notre douleur, notre philosophie à ce sujet consiste à dire que nous n'allons jamais salir la réputation de l'un de nos enfants, m'a expliqué Bill. Quelles que soient les souffrances qu'ils nous infligent, je ne vais pas les abandonner sur la place publique. » Mais il est sur Twitter, avec une photo de lui avec son fils à un tournoi de golf, et un tweet posté en décembre 2012, le jour du mariage de Patrick, semble le pointer du doigt : « Vous pouvez aimer quelqu'un de tout votre cœur, rien ne garantit qu'il vous aimera en retour ! »

Sa mère, Jeannette, est aussi présente sur les réseaux sociaux et son compte Twitter regorge de messages vagues qui évoquent une relation qui s'est dégradée, et alternent entre l'amertume, la tristesse et l'espoir d'une réconciliation. Le dernier exemple remonte au mois de décembre 2014 quand elle écrivit : « On pourrait imaginer que la pure joie de Noëls passés touche le cœur d'une personne d'une manière ou d'une autre #miracle #espoir. »

Un message en particulier semble faire référence à Justine : « Dans le monde, il y a des gens qui font des choses, d'autres qui en donnent et d'autres encore qui en prennent. Vous faites et donnez tout ce que vous avez par amour et par soutien, ceux qui prennent, arrivent et prennent ce qui ne leur appartient pas. »

Bill Reed n'a pas fait dans la subtilité en 2015 quand il s'est mis en colère parce que Patrick n'avait pas fait signe à Hannah pour son anniversaire.

« Très triste #PatrickReed n'a pas souhaité un joyeux anniversaire à sa petite sœur. Dieu a un plan, nous aimerions le connaître », écrivit-il, Jeannette et Hannah réagissant de la même manière.

En 2015, Alan Shipnuck écrivit dans *Sports Illustrated* que Justine était allée jusqu'à faire expulser Bill et Jeannette de l'US Open à Pinehurst par des policiers après les avoir vus en train de regarder Patrick. Le 19 décembre 2012, Hannah Reed avait twitté « C'est l'anniversaire du diable aujourd'hui. » Le Diable, en l'occurrence, c'est Justine.

Mais toute l'étendue des relations familiales est trop complexe pour être démêlée à partir de quelques mots sur les réseaux sociaux. Contentons-nous de dire que Patrick Reed livre une bataille sur deux fronts. Sur le parcours, il gagne avec style et c'est peut-être le jeune américain le plus coriace au sein d'une génération pétrie de talent. En dehors, il a été acculé au pied du mur par un passé compliqué et les choix discutables du présent.

Voilà les existences contradictoires qu'il l'amenèrent au Doral ce dimanche-là, quand il ignora Tiger Woods avec trois coups d'avance.

6

DORAL, FLORIDE

Le Cadillac Championship ; Tiger et le gamin du Top 5

Question : Le polo rouge, je sais que vous en portiez un lors de vos deux victoires précédentes. En portez-vous toujours un lors du dernier tour ?

Patrick Reed : Oui.

Question : Pourquoi ?

Patrick Reed : Eh bien, le meilleur joueur de tous les temps portait un pantalon noir et un polo rouge quand j'ai grandi.

Doral est une ville monotone, sans charme, qui se confond dans ma mémoire avec le reste de la Floride, mais le Blue Monster de Donald Trump n'est pas un mauvais parcours. Il est difficile, avec beaucoup d'eau et une grande variété d'arbres – des bischofias, des jameloniers, des chênes, des figuiers étrangleurs avec leurs troncs veinés entrelacés, et des palmiers partout – et quand vous êtes sur ses séduisants fairways vous pouvez presque oublier que vous êtes au milieu d'un paysage de l'enfer périurbain.

Il se trouve que Tiger avait de plus gros problèmes à gérer cet après-midi-là que son protégé non désiré : il arrivait à peine à se gérer lui-même.

Au tee du 1, il envoya son drive à droite et la balle atterrit en plein dans la tête d'un touriste allemand peu méfiant. On pouvait entendre des cris devant, et le temps que j'arrive sur la scène du carnage il était recouvert de sang : sa chemise blanche tâchée, des chiffons ensanglantés par terre autour de lui et aucun soigneur en vue. Il s'était recroquevillé sur lui-même et Tiger fit semblant de compatir tout en attendant le moment de pouvoir continuer à jouer et laisser les vrais professionnels qualifiés faire leur travail. « Je suis désolé », dit-il en gardant ses lunettes tandis que l'homme basculait de l'avant vers l'arrière, comme en transe. Tiger lui donna un gant autographié et passa à autre chose.

Cela peut sembler pratique à dire maintenant, mais je vous promets que je pouvais sentir la puissance de Tiger baisser au fil des trous. Après son abandon la semaine précédente, les fissures dans son armure paraissaient plus visibles, s'élargissant à une vitesse alarmante jusqu'à ce que vous le regardiez et ne voyiez plus que de la vulnérabilité. Il n'était pas seul.

Il y avait d'autres signes indiquant un changement de génération : le vendredi, Phil Mickelson avait concédé trois double bogeys de rang et après sa partie, quand le journaliste de Golf Channel Jason Sobel lui demanda quand il avait eu une série aussi mauvaise pour la dernière fois, il lui rétorqua sèchement « il y a quatre heures. » Même Jim Furyk, cette éternelle merveille, avait joué 78, 77 et 75 pour sombrer au fin fond du classement.

Je savais que je devais continuer de suivre Tiger, au moins pendant neuf trous, pour voir cette scène bizarre se jouer. Cela ne prit pas longtemps : au 3, il envoya son drive en hook dans le public et toucha un autre spectateur juste sous la mâchoire. Contrairement à l'Allemand saignant, cette victime – pas plus de vingt ans, Américain – n'aurait pas pu être plus satisfait par la bosse en formation dans son cou. Tiger, qui commençait à manquer de gants, lui en signa un autre et le lui donna. « Une photo, c'est possible ? », demanda le gamin mais c'était trop demander à Tiger. Il s'écarta des spectateurs, et se dépêcha de conclure cette mauvaise partie en envoyant sa balle dans l'eau.

Cela alla de mal en pis, même s'il arriva à éviter à ses fans tout traumatisme supplémentaire. Il aggrava à nouveau sa blessure au dos en sortant d'un bunker au 6, souffrit de spasmes musculaires pendant le reste de sa partie et s'en alla en boitant sur un score de 78, synonyme de 25ème place. Il quitta Doral le jour-même et passa les semaines suivantes à essayer de récupérer et d'être prêt pour le Masters. Mais au fur et à mesure, la douleur provenant du coincement du nerf empira :

il eut des sensations fulgurantes dans la jambe ainsi qu'un engourdissement aux extrémités, et à la fin il avait même du mal à sortir du lit.

Tiger est quelqu'un de têtu, mais même lui se rendit compte que son problème de dos n'allait pas disparaitre. Il n'avait plus le choix, et opta pour une microdiscectomie le dernier jour de mars. Graham DeLaet avait subi la même intervention en 2011, et il était bien plus jeune. Il n'avait pu se remettre à taper des balles que quatre mois plus tard, et il mit un an pour s'en remettre complètement. Tiger Woods, de son côté, ne put se résoudre à attendre trois mois avant de jouer en compétition, et il paya le prix pour son empressement : le reste de son année fut un désastre et jeta de sérieux doutes sur sa capacité à retrouver sa forme antérieure. Tiger reviendrait, et peut-être redécouvrirait-il sa grandeur un jour, mais ce dimanche-là au Trump National, nous eûmes l'impression d'assister au dernier acte d'une légende.

Tandis que Tiger Woods faisait la guerre aux spectateurs, qu'ils soient Allemands ou Américains, Patrick Reed commençait bien sa partie avec trois birdies sur les quatre premiers trous. Au 3 et au 4, il rentra des putts de sept et six mètres pour compter six coups d'avance - Jason Dufner et Hunter Mahan s'effaçaient presque aussi rapidement que Tiger Woods, et boucleraient le tour en 76 chacun – et creusa l'écart jusqu'au 14 en réalisant neuf pars consécutifs.

Pendant que ses rivaux dégringolaient, peu de joueurs jouaient sous le par. Jamie Donaldson avait trébuché tôt, ce qui laissait Bubba Watson à distance à -1. Comme au Humana Challenge, l'écart se réduirait bientôt. Bubba envoya son coup de départ au par 3 du 15 à moins de trois mètres et rentra son putt, puis choisit de survoler l'eau au par 4 du 16, atterrissant dans un bunker de green et réussissant l'approche-putt pour un deuxième birdie consécutif. Deux pars plus tard, il rendit une carte de 68 – la deuxième meilleure de la journée, après le 66 de Jonas Blixt – et occupa la tête du classement au club-house à -3. Deux groupes devant Reed, Donaldson se ressaisit rapidement avec des approches fatales aux 10, 14 et 17 qui résultèrent en des birdies. Avec un trou à jouer, il passa à -4.

Patrick Reed pouvait encore perdre le tournoi et son drive au 14 se retrouva dans le rough – pas nécessairement un rough épais, mais touffu et irrégulier, il manqua le green et rata son approche-putt pour concéder un bogey. Il se retrouvait à -5 et la situation commença à avoir l'air fragile quand son départ trouva un bunker de green au 15. A 13 mètres du trou, avec une avance mince, il sortit l'un de ses meilleurs coups du jour, une sortie de bunker tout en douceur qui faillit rentrer pour birdie. Après avoir poussé la balle dans le trou pour le par, il ne put s'empêcher d'avoir un sourire de contentement. Il tapa dans les mains de gamins près des cordes en allant au départ du 16, où il décida de jouer la sécurité sur le dangereux par 4. Au lieu de tenter par-dessus l'eau, il assura côté droit. Cette option n'était cependant pas beaucoup plus sûre, à cause du fairway étroit, et son drive atterrit à nouveau dans un bunker. En mode sauvetage, sauvant par après par, il réussit son approche-putt de sept mètres pour un nouveau par.

A l'intérieur d'une aire d'observation vitrée donnant sur le green du 16 et le départ du 17, il y avait de la musique salsa à fond. La plupart des spectateurs buvaient des cocktails et discutaient sans prêter la moindre attention à ce qui se passait sur le terrain – un bon résumé des fans sportifs de Miami. A l'entrée de cette zone VIP, des hommes désespérément seuls se faisaient prendre en photo avec deux belles et plantureuses femmes en robes blanches qui feignaient un large sourire pendant que des filles en chemise moulante leur donnaient des coupons-cadeaux gratuits pour de la bière Miller Lite.

Ce commerce flagrant de sexe n'est pas typique des tournois de golf professionnels – ils sont trop convenables pour cela – et c'est dans ces touches créatives que l'on pouvait voir la main collante et invisible de Donald Trump.

Justine, qui portait elle aussi une robe blanche mais un modèle de grossesse, suivait Patrick en dehors des cordes. Son accouchement était prévu fin mai, et son frère Kessler caddeyait.

Ils l'avaient mis à l'épreuve en décembre – « un mois éreintant », me dit-il – et cela avait déjà porté ses fruits avec la victoire au Humana Challenge. Mais tandis qu'ils arrivaient au 17, le scoreboard leur indiqua que Donaldson avait fait birdie sur le trou et pointait à un coup seulement.

Patrick sortit son driver sur ce long par 4, manqua le fairway pour la cinquième fois d'affilée et trouva un bunker pour la cinquième fois sur le retour. La veille, il avait qualifié son jeu dans les bunkers de fairway de faiblesse mais cette fois-ci il toucha le green. Son but devint de prendre deux putts à 16 mètres et de prier pour que Donaldson ne fasse pas birdie au 18 – une prière réaliste compte tenu du fait que c'était l'un des trous les plus difficiles du parcours. Encore une fois, alors qu'il était en difficulté il sortit un coup spécial : son long putt parcourut 16 mètres et s'arrêta à moins de 30 centimètres du trou pour un par facile.

Au 18, il regarda au loin vers le green. Le dernier test du Blue Monster est également son trou signature. Ce par 4 de 430 mètres tourne vers la gauche autour d'un lac. Le fairway est étroit et parsemé de petits palmiers, et quiconque prend un risque en jouant son driver au départ met l'eau en jeu à gauche et des bunkers côté droit. Ceux qui ne prennent pas ce risque peuvent quant à eux avoir une approche terriblement longue à jouer en direction d'un green qui tourne vers la gauche encore plus que le reste du trou, si bien qu'on risque de trouver l'eau devant et à gauche…

Sans oublier la zone d'atterrissage en forme de goulet d'étranglement devant le green, et les bunkers à sa droite.

Reed avait besoin de savoir où il en était, et les gémissements et applaudissements devant lui ne lui permettaient pas de savoir clairement ce que Donaldson endurait sur le green. Les spectateurs autour de lui spéculaient aveuglément avec la sorte d'assurance que seuls les gens les moins informés peuvent avoir. On parla aussi bien d'un birdie que d'un double bogey jusqu'à ce que l'homme portant le micro pour NBC ne reçoive l'info : Donaldson avait concédé un bogey.

Reed avait maintenant deux coups d'avance, sans personne sur le parcours pour le déranger, et il changea d'approche en conséquence : il était temps de jouer le bogey. Il envoya un coup de fer 3 en lieu sûr, dans le rough côté droit, là où il visait, loin de l'eau. De là, il assura côté droit, se plaçant à 70 mètres du trou avec une approche au-dessus de la terre ferme à jouer. Prudent, son coup de wedge en direction du drapeau placé au fond à gauche fut trop court de 10 mètres – son seul coup douteux – et un bon putt long lui laissa 50 centimètres pour le bogey et la victoire. Il rentra le putt, leva les yeux et son poing. Il venait de gagner le troisième tournoi de sa carrière, et le plus important.

« Aucun autre joueur, depuis qu'Ian Poulter a déclaré il y a quelques années que Tiger Woods serait bientôt son seul rival, n'a provoqué une telle sensation que l'Américain Patrick Reed. »

The Daily Mail, dans un article intitulé Meet the Yanks' Answer to Ian Poulter (La réponse des Américains à Ian Poulter).

Juste après avoir reçu un hommage des gros bonnets – Donald Trump, Ivanka et tous les enfants Trump parfaitement coiffés, le gouverneur de Floride Jeb Bush et le directeur exécutif du PGA Tour, Tim Finchem - Patrick Reed discuta avec Steve Sands, de la chaîne de télévision NBC et fit un commentaire en direct qui allait changer à jamais sa relation avec les médias.

Dans une interview qui était passée sur la chaîne la veille, Reed avait affirmé qu'il se considérait comme l'un des cinq meilleurs joueurs au monde. Il y avait eu peu de réactions et la vraie clameur – y compris un commentaire qui le suivrait toute l'année – ne commença que quand le journaliste en reparla tandis que Reed se prélassait sous les feux de la rampe.

« J'ai tellement travaillé, dit-il. J'ai beaucoup gagné quand j'étais junior, fait de grandes choses dans ma carrière amateur, gagné six matches sans en perdre un seul au niveau universitaire, gagné deux titres nationaux d'affilée, me suis classé troisième individuellement une année et maintenant j'ai trois victoires sur le PGA Tour.

Je ne vois pas beaucoup de joueurs qui l'ont fait en dehors de Tiger Woods, bien entendu, et d'autres légendes du golf. C'est juste que je crois en moi-même et – surtout compte tenu de tout le travail que j'ai effectué – je suis l'un des cinq meilleurs joueurs au monde. »

J'étais affairé en salle de presse quand les mots qui deviendraient tristement célèbres sortirent du grand écran disposé à l'avant de la salle. En vérité, je n'y avais pas prêté attention car j'étais devenu insensible aux déclarations ennuyeuses et superficielles que les interviews télévisées produisent en général. J'aurais peut-être tout raté si je n'avais pas entendu le tollé qui s'ensuivit parmi les reporters autour de moi.

Que se passait-il ? Ils n'arrivaient pas à croire son audace, et certains ne pouvaient pas non plus la digérer.

« Je n'ai même pas envie d'aller écouter ce branleur », râla un Australien à ma droite, menaçant de boycotter sa conférence de presse, ce qui aurait certainement anéanti Patrick Reed.

Avec cette victoire, la troisième depuis le mois d'août, ce dernier allait être classé 20ème joueur mondial et devenait un prétendant crédible pour le top 5. Son allégation n'était pas si folle – ce n'est pas comme si Bubba avait affirmé faire partie des cinq meilleurs chrétiens au monde – mais comme à son habitude, son arrogance irrita tout le monde.

Quand il arriva dans la salle d'interview, la meilleure question fut posée par Doug Ferguson.

« Si vous estimez faire partie des cinq meilleurs joueurs au monde, commença-t-il, qui sont les quatre autres ? Qui d'autres voyez-vous là-dedans » ?

Il mit ainsi Reed brillamment sur la sellette, qui sortit maladroitement les noms d'autres joueurs – Tiger Woods, Adam Scott, Phil Mickelson, Graeme McDowell et Dustin Johnson. Les médias savaient parfaitement tirer avantage de son côté effronté.

Reed soutint publiquement que rien de cela ne le perturbait, et il prépara une bonne défense pour son tournoi suivant – c'était simplement l'expression de sa confiance en lui-même, et une aspiration pour des succès futurs - mais quand je rencontrai Patrick et Justine en juillet, ils admirent avoir été surpris par la façon dont la chose avait été montée en épingle.

« Ils ont tout amplifié, dit Justine. Ils ont besoin d'un méchant et c'est triste qu'ils aient fait ce qu'ils ont fait avec ce qu'il a dit. Parce qu'en fin de compte, il croit juste en quelque chose, et oui il veut devenir l'un des cinq meilleurs joueurs du monde. »

Tous deux insistèrent auprès de moi sur le fait qu'aucun des joueurs ne s'intéressait à ce qu'il avait dit. Tout au plus, ils avaient trouvé ça drôle. Henrik Stenson s'était même moqué de Patrick au practice, disant de chaque coup s'il rentrait dans le top 5 ou non.

Matt Every le défendit deux semaines plus tard à Bay Hill, même s'il trouva critiquable sa façon de présenter son palmarès. Quant aux médias, Patrick me dit qu'ils ne le connaîtraient jamais vraiment, moi compris.

Si cela avait été vrai auparavant, cela le fut encore plus après Doral. La relation de confiance qui avait été construite s'effondra comme un château de cartes. Pour Reed, les médias devinrent comme tous ceux qui n'avaient pas réussi à le comprendre, et qui l'avaient isolé sur son chemin vers le PGA Tour. Et si cela devait être comme ça, et bien tant pis. Il avait son cercle intime loyal – Justine, Kessler, Janet (la matriarche de la famille Karain), ses agents et son coach, et bientôt une fille qui serait élevée sur le Tour.

C'était un millionnaire, arborant au poignet un tout nouveau bracelet signé du grand bijoutier David Yurman, et son ascension dans le classement mondial prouvait que le système fonctionnait. Il n'avait pas besoin d'être accepté, il n'en avait jamais eu besoin. Les médias, ainsi que tous ceux qui ne croyaient pas en lui, pouvaient aller au diable.

Il se retira encore plus dans l'ombre, se replia sur lui-même. Dans une culture qui déteste les zones d'ombre, Reed avait été catalogué avant de fêter ses 25 ans. Il était le méchant sans remords du golf, et une rare exception à la règle : il semble que tout le monde n'aime pas les vainqueurs.

7

ORLANDO, FLORIDE

Bay Hill où Matt Every transpire

« Vous vous souvenez du lycée, on nous réunissait pour écouter parler un athlète professionnel et il nous disait de toujours avoir un plan B ? "Seuls 0,02% d'entre vous deviendront professionnels dans leur sport". Je me souviens m'être dit "Qu'il aille se faire foutre". Si vous avez un plan B, c'est ce que vous finirez par faire. »

Matt Every

J'avais prévu de passer le mois entier en Floride, avec une brève parenthèse à Austin, au Texas, pour me détendre au festival culturel South-by-Southwest. Mais après la monotonie de Doral, l'asepsie d'Orlando menaçait de me mener à la dépression. Je tentai de m'accrocher…

J'assistai à une conférence de presse d'Arnold Palmer, je pris mon mal en patience pendant toute une interview hostile et finalement ennuyeuse de Keegan Bradley, et partis finalement à la recherche de nourriture digne de ce nom, ou du moins une place de parking, dans les centres commerciaux.

Mais après avoir sauté le premier tour le jeudi pour regarder le premier tour du tournoi de basketball universitaire, il devint impératif que je rentre en Caroline du Nord immédiatement. Je partis le samedi matin, et quand je fus abordé par une folle en pleines divagations dans un McDonald's près de la sortie pour Disney World – manifestement, une autre victime de son environnement – je sus que j'avais fait le bon choix.

Malheureusement, cela voulait aussi dire que je ne verrais pas le dernier tour du Bay Hill en personne où Adam Scott, bientôt numéro un mondial, semblait presque assuré de l'emporter. Mais quelque chose d'étrange était en train de se passer en Floride ce mois-là, et si Russell Henley pouvait refaire son retard de deux coups sur Rory McIlroy en jouant +2 le dimanche, il y avait de l'espoir pour les joueurs en seconde position à Bay Hill.

En l'occurrence, ils connurent eux aussi un début de partie difficile. Keegan Bradley concéda un double bogey au 2 puis un bogey au 3 pour se mettre hors course, mais Adam Scott ne fit guère mieux avec trois bogeys avant le 7.

Pendant qu'ils continuaient de chanceler à l'aller, un joueur sans aucune victoire à son actif du nom de Matt Every fit tout son possible pour leur ravir la tête avec trois birdies en quatre trous, et devancer Bradley de cinq coups et Scott de deux à -15. Avec cinq trous à jouer, Every avait rattrapé un retard conséquent et s'était mis dans une position privilégiée. S'il pouvait jouer dans le par jusqu'à la fin, il décrocherait sa première victoire.

Quand je me suis assis à une table à l'ombre au club-house du Colonial avec Matt Every fin mai, il avait déjà consolidé sa réputation de joueur professionnel le plus franc de l'univers. Nous nous étions rencontrés une seule fois auparavant, et n'avions pas parlé pendant plus de cinq minutes. Clairement, mon statut d'étranger – et un étranger armé d'un enregistreur – ne lui faisait pas peur.

Il ne lui fallut que quelques minutes pour se mettre à se vanter, se plaindre, plaisanter et donner son opinion sur le golf et lui-même – ses deux sujets préférés – avec une étonnante dose de perspicacité et d'intelligence. Je l'appréciai tout de suite. Si vous arrivez à encaisser ce flot de parole, il devient vite évident que la critique récurrente à son propos – son arrogance – est à côté de la plaque.

Il se comporte avec une assurance certaine et il a un sourire plutôt satisfait, mais on ne décèle pas de suffisance ou de sentiment de supériorité chez lui, ou en tout cas beaucoup moins que chez un joueur moyen.

Il s'intéresse au monde et il est ouvert aux éléments extérieurs. Il n'aimerait pas le mot que je vais utiliser, et on ne dirait pas avec sa carrure de bouledogue – un mètre 80 et costaud, avec une tête comme un bloc de béton – mais la vérité c'est qu'il est sensible, bien que dans la plus combative des façons.

Matt Every, alors âgé de trente ans, s'était fait balader sur le circuit, les spectateurs et les médias s'étaient moqués de lui, son passé avait été pris pour cible, mais contrairement à la grande majorité des joueurs américains il n'essaie jamais de dissimuler ses émotions ou de s'isoler dans sa bulle. Au lieu de cela, c'est le genre de gars qui vous laisse abandonner le code de conduite propre aux relations entre journalistes et athlètes.

Je n'ai jamais ressenti le besoin de faire montre de déférence avec lui, contrairement aux exigences des egos de tellement d'autres athlètes, et je n'ai jamais eu l'impression qu'il me baratinait.

L'espace d'un instant, et pour la première et seule fois dans mon année sur le PGA Tour, j'ai même envisagé que lui et moi, dans nos univers distincts, pourrions franchir le gouffre séparant nos deux modes de vie et – j'ai du mal à croire que je l'écris – devenir amis.

Mais bon, certaines choses qu'il m'a dites ne valent pas la peine qu'on les perde pour une amitié. Nous venions à peine de nous asseoir, par exemple, qu'il se plaignait déjà d'un autre journaliste.

« Il l'a déjà fait, dit-il intensément. Il me décrit comme un méchant parce je suis une proie facile. »

Le sujet de sa complainte était Geoff Shackelford, un blogueur qui couvre le golf avec un ton irrévérencieux. Mais comme on parle de golf, avec toute la convenance que cela suppose, Shackelford reste dans le rang, choisissant ses victimes de manière stratégique afin de n'offenser personne d'un tant soit peu influent.

Pour lui, Every est une cible parfaite : voilà un joueur qui n'avait aucun pouvoir. Plus tôt ce même mois, il avait suscité des remous en se plaignant de l'état du TPC Sawgrass.

Il l'avait qualifié de « parcours en moins bon état de Jacksonville » et comparé ses greens à ceux de « parcours municipaux de Miami » (cette diatribe lui valut une « conversation » avec les responsables du PGA Tour).

Il avait aussi pris soin d'endosser la responsabilité pour sa performance – des cartes de 76 et 77 synonymes de cut raté -, sans évoquer l'état du terrain. Mais Shackelford ignora cette dernière partie, et suggéra qu'Every se cherchait simplement des excuses. « Et pourquoi mon opinion est-elle aussi importante ? », continua-t-il, s'irritant encore, deux semaines plus tard, de ce qu'il percevait comme de la malhonnêteté.

« Je vous ai dit que je n'aime pas Geoff Shackelford et vous pouvez l'écrire dans votre livre. » Il abaissa sa tête à quelques centimètres de mon enregistreur et parla lentement et fort, comme pour mettre l'accent sur ce qu'il disait :

« Je t'emmerde, Geoff. » « Je le mettrai dans le livre », lui promis-je.

Il garda cette attitude tout au long de l'interview. Quand je lui demandai s'il se sentait chanceux au sens général du terme, clarifiant ensuite que je ne voulais pas dire chanceux comme les gens de l'extérieur l'utilisent – comme dans oh, il a tellement de chance d'être un golfeur professionnel -, cela le fit s'éloigner du sujet.

« Je suis content que vous ayez dit ça parce que ça me met en rogne quand des gens écrivent « Oh, ce mec, je n'arrive pas à croire qu'il ait dit quelque chose comme ça, il devrait s'estimer heureux de jouer sur le PGA Tour », me dit-il.

« Comme si j'avais gagné au putain de loto. Ce que je veux dire, c'est que j'en ai chié pour être ici. Ce n'est pas comme si on m'avait donné cette place, vous savez ? »

Cela nous amena au comportement des joueurs sur le parcours, et pourquoi il est si difficile pour les spectateurs de comprendre leur colère.

« C'est un boulot, poursuivit-il. Et il y a des gens qui disent «ils ont tous l'air si malheureux quand ils jouent. »

Et bien les hauts sont très hauts, ici, et les bas sont très bas. Je veux dire, vous ne gagnez pas d'argent du tout quand ça va mal et vous avez l'impression que ça va durer toute votre vie. C'est comme si vous ne saviez honnêtement pas quand vous allez bien jouer à nouveau. » Et comme les bas sont plus fréquents, c'est ce que le public verra la plupart du temps.

Matthew King Every a grandi au bord de l'eau, à Daytona Beach. Il est le fils de Kelly, un ouvrier du bâtiment qui avait tenté de devenir joueur de golf professionnel, et de Penny, secrétaire d'un avocat.

Il se mit au golf à six ans et grandit sur le parcours public de Riviera Country Club à Ormond Beach, qui appartenait à un ami de la famille et où il pouvait jouer pour pas cher. Depuis son enfance, il aimait le golf parce que la politique y entre moins en jeu pour décider qui est retenu dans une équipe, ou qui réussit, que dans d'autres sports. Il y avait quand même des choses qui le frustraient. Sa famille était de classe moyenne et il était rebuté par les frais d'inscription des meilleurs tournois junior.

Kelly fut amené à posséder une entreprise du bâtiment quand Matt était au lycée, mais la récession toucha durement son gagne-pain, tout comme les investissements de la famille dans l'immobilier.

« Si vous regardez ces gamins bûcher sur le terrain », me dit-il, cela ne veut rien dire. Vous ne voulez pas atteindre votre meilleur niveau quand vous avez quinze ans. C'est terrible. Je pense que c'est ce qui est arrivé à James Vargas à l'université de Floride [un coéquipier d'Every].

C'était un champion de classe internationale quand il était enfant, c'était un étalon et puis quand il est arrivé à l'université c'était comme s'il ne pouvait plus s'améliorer [1].

Quand Matt Every ne pouvait pas jouer au golf, il tirait des paniers sur la bande en béton à côté de sa maison, y passant tellement de temps que son père finissait par couper les lumières. Le basketball était son premier amour, et jusqu'à l'âge de douze ans il était persuadé de jouer un jour pour les Orlando Magic, suivant les traces de héros comme Scott Skiles, Dennis Scott et Nick Anderson.

Et puis ce fut le lycée, et alors que la plupart de ses amis allèrent à Seabreeze High, Every alla à Mainland High, à Daytona, où il se retrouva dans un groupe à la démographie très différente. Every parvint à peine à être retenu pour faire partie de l'équipe lors de sa première année, et il était loin d'être assez bon pour faire partie du cinq de départ. Il ne pouvait pas se mentir à lui-même, et quand l'école inversa la saison de golf et qu'elle se chevaucha avec celle de basket, son choix fut facile : le golf sinon rien.

Il s'améliora suffisamment lors des deux années suivantes pour recevoir des courriers de petites universités, mais il était décidé à jouer pour l'université de Floride. Le head coach, Buddy Alexander, l'aimait bien mais pas assez pour lui accorder une bourse.

« Matt aime bien raconter qu'il n'était pas prévu qu'il fasse partie de l'équipe, explique ce dernier. Mais ce n'est pas vrai. J'ai dû lui dire que je n'avais plus d'argent et il a décidé qu'il n'en avait rien à faire. Il

1. Cette aversion pour les éloges non mérités est encore d'actualité. Il n'a pas souhaité parler officiellement des aspects promotionnels du PGA Tour qui le dérangeaient, mais il a cité Jordan Spieth comme contre-exemple.

m'a dit « Je ne suis pas du nord de la Floride. Je viens à l'université de Floride. » Et si vous le connaissez, vous gloussez parce que vous savez comment ça sonne dans sa bouche. »

Matt Every était un petit peu anonyme quand il est arrivé, mais sa progression pendant sa première année fit tourner des têtes. Buddy Alexander envisagea d'en faire un remplaçant à l'automne, mais avant le printemps il s'en était tellement bien sorti que le coach, qui adorait sa confiance, prit un risque calculé et en fit son cinquième joueur pour la fin de la saison.

A partir de là, il finit parmi les dix meilleurs joueurs au championnat régional (SEC), les vingt meilleurs aux finales régionales et, encore plus surprenant, douzième aux finales nationales. A la fin, Every s'appelait lui-même « le meilleur cinquième homme dans l'histoire du golf universitaire. »

Every fut élu parmi les dix meilleurs joueurs du pays trois années d'affilée, et remporta le prix Ben Hogan couronnant le meilleur joueur universitaire en 2006. Il découvrit qu'un jeu en crise n'était pas la pire chose au monde, et qu'il pouvait parfois en sortir grâce au pouvoir de la pensée positive – ou, comme il le dit, au fait de se mentir à soi-même et de croire en ses mensonges.

Il acquit la réputation d'être un joueur « arrogant » et un anticonformiste véhément. A l'US Open en 2005, il dit à des reporters qu'il était au moins aussi bon si ce n'est meilleur que les autres joueurs dans le champ.

Après avoir disputé la Walker Cup un peu plus tard ce même été, il fit savoir au Orlando Sentinel qu'il détestait la Grande-Bretagne parce qu'il n'y avait « rien à faire, rien à manger », que même les frites étaient horribles. Socialement, Every passait le plus clair de son temps avec sa petite amie, Danielle, qu'il épousa en 2009. L'alcool ne l'attirait pas du tout car il avait travaillé dans un restaurant de poissons quand il était au lycée et l'odeur de la bière éventée à laquelle il avait droit à chaque fois qu'il sortait les poubelles suffisait à le dégoûter de la mousse.

« Je faisais la fête d'autres manières », me dit-il. Les études n'étaient pas non plus sa priorité, une vérité qu'il ne se donne pas beaucoup de mal à cacher.

« Les gens me demandaient dans quoi je me spécialiserais, se souvient-il. Eh bien, le domaine dans lequel il y a le moins de maths. Je m'en fiche. De toute façon, cela ne me servira à rien. J'ai un diplôme en animation des ventes. Je ne sais même pas ce que je pourrais faire avec ça. »

« Je déteste voir une interview d'un joueur du PGA Tour et qu'il n'ait absolument rien à dire, dit Every. Tout ces "un coup à la fois, rester dans le moment présent, jouer son propre jeu". C'est d'un ennui ! Bla bla bla. » Élu All-American à deux reprises, Every est un mélange attachant et animé de citations au vitriol, d'enthousiasme nerveux et à l'occasion, de suffisance odieuse.

Orlando Sentinel, 2005

Il ne fallut pas beaucoup de temps à Matt Every, après avoir obtenu son diplôme, pour se rendre compte que son prix Ben Hogan ne lui servirait à rien dans les rangs professionnels. Il rata les qualifications pour les cartes et n'arriva sur le PGA Tour qu'en 2010. Il rata aussi six semaines lors de sa première saison après s'être cassé un doigt en jouant avec son caddie à un jeu appelé « burnout », consistant à lancer et tenter de bloquer un ballon de football américain.

Ce n'était qu'un petit contretemps comparé à ce qui allait lui arriver. Deux semaines seulement après son retour, au John Deere Classic, Every fit une erreur qui définirait sa vie golfique pendant des années, ou en tout cas la façon dont il serait perçu par les médias et les spectateurs. A l'Isle Casino Hotel de Bettendorf, dans l'Iowa – juste de l'autre côté du Mississippi par rapport au TPC Deere Run course, dans l'Illinois – Every descendit de l'ascenseur et s'aventura dans une chambre où son caddie et deux de ses confrères étaient en train de fumer de la marijuana.

D'après lui, il n'y passa que quelques minutes avant que le personnel de sécurité de l'hôtel fasse irruption, alerté par quelqu'un qui avait senti l'odeur caractéristique à travers la porte.

« Si je faisais les choses un peu différemment, j'aurais sans doute pu m'éviter cette situation, raconta-t-il. Mais cela n'a plus aucune importance. »

Aucun des quatre ne bougea et Every soutient que les gardes violèrent leurs droits et ne furent pas très clairs sur le fait qu'ils n'étaient pas vraiment policiers. Ils les emmenèrent un par un dans la salle de bain, leur soutirèrent des aveux et finirent par les remettre aux vrais flics, qui les verbalisèrent et les arrêtèrent.

« Je ne sais pas si cela les fait bander, si cela leur donne l'impression de sauver la planète ou quoi », dit Every.

Par principe, le PGA Tour ne commente pas ses suspensions – un fait qui entrerait en jeu plus tard en 2014 – mais la société de relations publiques engagée par Every révéla en août qu'il avait écopé de trois mois de suspension pour « comportement inconvenant pour un professionnel. »

Il revint à temps pour les derniers tournois de la saison, mais n'arriva pas à conserver sa carte et retourna sur le Nationwide Tour en 2012 – une rétrogradation brutale, enlevant un zéro à sa fiche de paie. Il ne se laissa pas faire, finissant 18ème à l'ordre du mérite et récupérant sa carte en moins d'un an.

Every pense encore que remporter cette bataille est son plus grand accomplissement professionnel, et que cela valide son statut de « vrai golfeur », le genre qui mérite d'être sur le PGA Tour. Son arrestation et sa suspension le suivraient bien après qu'il fasse son retour sur la grande scène.

La marijuana ne pose aucun problème à Every, mais il ne s'identifie pas à un camé et cela le dérange que les gens qui connaissent son nom aient tendance à l'associer à la drogue.

« C'est loin de me résumer, dit-il. Mais c'est comme ça que ça va être, mec. On entend des trucs tout le temps dans le public. Surtout des conversations, mais parfois un gars va crier « 4 :20 » (référence à la consommation de marijuana, ndt) ou autre chose et je ne pense pas que ce soit une représentation juste de moi. Et maintenant qu'on a Twitter, tout le monde pense être un comique. Même les journalistes. Certains mettent en ligne les trucs les plus bêtes. S'il y a du brouillard, ils vont écrire "Matt Every doit jouer cette semaine". »

Cela aurait été très facile pour lui de faire des courbettes à la faction conservatrice et d'affirmer qu'il était un homme changé, que les drogues étaient l'œuvre du Diable, qu'il reconnaissait son erreur et qu'il s'était amendé pour devenir un père de famille respectueux de la loi. Au lieu de cela, il railla la punition et refusa de raconter à qui que ce soit, et surtout pas aux médias, la facile histoire de rédemption.

« Non, je fréquente toujours les mêmes personnes, dit-il à des reporters au Sony Open en 2012, son premier tournoi après son retour sur le PGA Tour. J'ai des super amis, mec. Si l'un deux aime fumer de la marijuana de temps en temps, je ne vais lui dire qu'il ne peut plus être mon ami. Franchement, mec, je connais plus de gens qui fument de la marijuana que de gens qui n'en fument pas. Je sais que ce n'est sans doute pas la chose politiquement correcte à dire, mais c'est la vérité. »

Après son deuxième tour, un 64, il s'assit avec la journaliste de Golf Channel Kelly Tilghman. Après avoir papoté de golf et de plongée, elle se mit à l'œuvre et sortit ce qui reste la transition la plus gauche dans l'histoire de la télévision :

« Je regarde cette île, dit-elle en se tournant vers des rochers et des palmiers dans l'eau derrière elle, et ça me fait un peu penser à cette série, *Lost*, qui est l'une de vos préférées. »

« Oui, je l'adore », répondit-il.

« Et je sais que le mot perdu ("lost" en Anglais, ndt) décrit peut-être bien votre état d'esprit et votre jeu il y a deux ans, poursuivit-elle tout en maladresse, quand vous avez été arrêté pour des infractions liées à la drogue et suspendu par le PGA Tour. Cela a dû être une expérience difficile à vivre pour vous. Ramenez-nous à cette période et dites-nous comment c'était. »

Every la regarda fixement pendant un moment, il sourit inconfortablement et s'affaissa encore plus bas dans sa chaise. Ses yeux étaient pratiquement cachés par l'ombre de la visière de sa casquette Bridgestone.

« Ah…, dit-il. Ça a été. Je veux dire, j'ai juste pris trois mois. »

L'interview alla de mal en pis. Every lui raconta qu'il n'avait rien fait de mal, qu'il est la même personne, avec les mêmes amis, et qu'il se passait des choses pires sans arrêt sur le PGA Tour. Pas prête à se satisfaire de quelque chose d'autre que la banale histoire faite pour la télévision d'un passage à l'âge adulte à laquelle elle s'attendait en posant la question, Tilghman suivit en lui demandant ce qu'il avait "appris". Quand je lui parlai de ce moment, Every eut un seul regret.

« Qu'en avez-vous tiré comme leçon ? », demanda-t-il de façon rhétorique.

« Mettez une serviette sous la porte. C'est ce que j'aurais dû dire. »

C'était semble-t-il une malédiction. Il était condamné à être incompris par tout le monde : soit vous pensiez qu'il était un camé chronique qui se baladait dans une stupeur induite par la drogue, soit vous vouliez le mettre dans la case du criminel amendé qui était sorti des profondeurs de la dépravation pour ressusciter sa vie et sa carrière. La vérité – qu'il avait été un peu stupide et un peu malchanceux – n'était pas agréable à entendre. Et il savait que la seule chose qui pourrait faire oublier son arrestation serait de gagner un tournoi. Sur une note positive, il avait enfin trouvé un bon médicament pour le trouble du déficit de l'attention après en avoir essayé différents pendant plusieurs années (il ne me dit pas lequel c'était) et cela fit une grosse différence pour lui sur le parcours.

Son jeu prit forme et après quatre top 10 pour commencer sa meilleure saison en date, il débuta le dernier tour du Arnold Palmer Invitational en troisième place, à quatre coups d'Adam Scott et trois de Keegan Bradley. Au 14, il était prêt à les battre tous les deux.

Lors de la dernière journée du « Florida Swing », l'Australien rendit sa tâche un peu plus facile en terminant avec des bogeys au 14 et au 17 qui le firent trébucher avec un 76.

Keegan Bradley n'avait cependant pas dit son dernier mot. Il s'était illustré comme l'un des vainqueurs de tournoi majeur les plus chanceux en survivant à un triple bogey désastreux au 15 du Championnat US PGA de 2011, et il savait donc mieux que quiconque que ses vilaines périodes au Bay Hill n'étaient pas nécessairement un arrêt de mort. Tout comme à l'US PGA, il réalisa des birdies aux 16 et 17 pour se hisser à -12.

Ce qui n'aurait pas dû inquiéter Every, ou en tout cas la version d'Every qui finirait sa partie avec des birdies ou des pars. Mais c'est là que ses nerfs se manifestèrent, et l'attention qui avait été la sienne pendant toute la partie commença à baisser. Au 16, il swingua son driver sur la pointe des pieds et envoya sa balle dans le rough à droite.

Quand il tenta de se replacer sur le fairway, il toucha le tronc d'un jeune arbre et la balle revint en arrière. Il devait maintenant faire un choix : soit tenter le green alors qu'il était encore gêné, soit se replacer et essayer de faire approche-putt pour le par. Les caméras de NBC se rapprochèrent d'Every tandis qu'il écoutait le conseil de Derek Mason. « Si on la met au bout du putain de fairway, on fait approche-putt 75% du temps », dit le caddie.

A l'antenne, Gary Koch s'excusa auprès des spectateurs mais dit qu'il était d'accord avec ce qu'il venait de dire. Every l'était aussi. Mais il ne réussit pas à sauver le par et le bogey le ramena à -14. Sur le par

3 du 15, il était crispé et transpirant. Il avait l'air tellement mal à l'aise que Johnny Miller se demanda à l'antenne s'il pourrait jouer. Son tee shot ne fit rien pour dissiper ces craintes, atterrissant dans un bunker à 45 mètres du trou.

Au bord du désastre, il sortit un coup brillant et sauva le par. Au 18, ayant seulement besoin d'un autre par pour l'emporter, il envoya son approche par-dessus l'eau un peu trop loin et dans l'herbe haute. Il avança avec un sourire stupéfait, tapa un chip parfait et le regarda dévaler vers le trou.

Quand sa balle s'arrêta, il lui restait un putt d'1m50 pour le par. Par chance, il avait échappé à cette distance délicate tout la journée : il avait manqué des putts deux à trois fois plus longs, mais personne ne s'attendait à ce qu'il les rentre, et il savait que manquer des putts plus courts aurait pu anéantir sa confiance en lui. Maintenant il fallait aborder le problème de front, avec une chance d'obtenir sa première victoire sur le PGA Tour à la clé.

La vague pression qu'il avait ressentie toute la journée se transforma en un bourdonnement intense dans tout son corps. Il savait très bien où il en était et il souhaitait ardemment réussir son putt afin de pouvoir célébrer son succès sur le green. Encadré par l'eau, avec Arnold Palmer en train de regarder, il se mit en place au-dessus de sa balle.

« La seule façon dont je peux le décrire, c'est de dire que c'est comme si quelqu'un vous pourchasse, commenta-t-il à propos du dernier tour. Ils vous courent après, et vous courez aussi vite que vous le pouvez. Et vous ne pouvez pas vous retourner pour voir où ils sont. Vous continuez juste de courir. C'est ça que j'ai ressenti. »

Son putt dépasse le trou d'un mètre. Je ne sais pas si j'ai jamais vu un gars tentant de s'imposer pour la première fois avec des émotions autant à fleur de peau », commenta Dan Hicks sur NBC.

Quand il rentra son putt pour bogey, il n'avait plus qu'un coup d'avance sur Keegan Bradley qui était en train de jouer le 18.

Every alla dans le bureau des scoreurs, qui avaient une petite télévision, et le regarda jouer. Son drive fut bon mais son approche moyenne, lui laissant neuf mètres pour le birdie dont il avait besoin pour partir en play-off. Every commença à faire les cents pas, se retournant vers le téléviseur tandis que Bradley lisait son putt, s'alignait et l'envoyait vers le trou. Il avait à peine contacté la balle qu'Every entendit un brouhaha puissant provenant du 18, et les acclamations de sa femme et de ses parents se réjouissant juste à l'extérieur. Il regarda l'image en décalé, vit la balle partir vers la gauche et il sut qu'après 93 tournois sur le PGA Tour il en avait enfin remporté un. Steve Sands, de Golf Channel, lui demanda une réaction et Every pleurait déjà.

« C'est dur, dit-il, la voix cassée. C'est difficile, mec. On ne sait simplement jamais si ça va arriver. Vous vous mettez en situation de l'emporter tellement de fois… Je n'ai pas arrêté de me dire que cela arriverait peut-être dans un endroit spécial. Je n'arrive pas encore à croire que j'ai gagné. »

La façade arrogante, la façon dont il grimaçait et soupirait et gémissait, les fanfaronnades et le brio… Tout cela avait volé en éclats quand le rêve s'était accompli.

Il ne fallut pas longtemps aux morceaux pour se remettre en place – Every ne pouvait pas arrêter d'être lui-même pendant très longtemps. Quand le journaliste de Golfweek Jim McCabe le réprimanda pour avoir sauté les tournois suivants afin de se préparer pour le Masters, il trouva son numéro de téléphone et l'appela pour le confronter. Il arriva trop tôt à Augusta et s'entraîna trop, joua 77 puis 78 et rata le cut.

Quand je lui parlai au Colonial, il mettait à profit l'exemption de deux ans qu'il avait acquise grâce à sa victoire pour faire des changements dans son swing. Je le vis ensuite au British Open, et même s'il était énervé parce qu'il « puttait comme de la merde », la confiance qui est sa marque de fabrique n'avait pas faibli.

« Mec, mon jeu est de mieux en mieux, dit-il. La fin de l'année sera bonne. Je suis excité. »

Après cette prédiction, il disputa 17 tours jusqu'à la fin de la saison. Il joua moins de 70 seulement trois fois, rata quelques cuts et toucha le fond quand il joua 86 lors du troisième tour du Deutsche Bank Championship. Rien de tout cela ne me surprit vraiment.

La carrière golfique de Matt Every était une montagne russe délirante bien avant Bay Hill, donc pourquoi le simple fait de gagner changerait-il quoi que ce soit ? Sa victoire lui valut un million cent mille dollars et une exemption de deux ans.

Mais aussi une place dans le tournoi que chaque pro – sain ou fou – convoite au plus profond de son être. Chaque saison, aux alentours de début mars, ils commencent à rêver du parcours le plus connu d'Amérique et leurs yeux regardent au loin, au-delà de la Floride et du Texas, en direction de la terre promise cachée au cœur d'Augusta, en Géorgie.

AVRIL

LA TERRE SAINTE

8

LE MASTERS

Jordan Spieth, le grand espoir blanc

Les vestiges de la splendeur passée d'Augusta sont visibles dans les vieux bâtiments le long de Broad Street et dans le centre historique au sud du fleuve Savannah : la bourse du coton avec la majesté de son style Queen Anne ; les maisons en briques rouges italianisantes ; les colonnes grecques de l'ancienne école de médecine. Le fantôme d'une ville du sud prospère et dynamique est partout, et vous rend immédiatement nostalgique de l'époque qui a précédé le déclin urbain des années 70 et bien avant cela, quand elle était un bastion du coton.

Malgré un effort de réhabilitation, le centre-ville est toujours délabré et dès que l'on quitte le vieux centre, c'est pire encore. Si lors de votre visite d'Augusta vous vous attendez à découvrir un paradis bucolique, comme c'était mon cas en avril, je préfère vous prévenir que cela n'arrivera qu'au moment précis où vous quitterez Washington Road pour entrer dans l'Augusta National Golf Club. Ceci n'est pas la puissante ville d'Atlanta, la pittoresque Athens ou l'élégante Savannah, c'est la partie de la Géorgie qui a été oubliée.

Augusta est à l'écart de la ville, comme il l'était dès le départ. On peut apercevoir un château d'eau depuis certaines parties du parcours, mais sinon on est isolé des réalités modernes, entourés par les grands pinus taeda qui vous accompagnent le long des fairways verdoyants –

plus escarpés qu'ils ne semblent l'être à la télévision – de l'un des plus beaux parcours de golf américains.

Lors de la semaine précédant le Masters 2014, tout le monde pensait à Fuzzy Zoeller. En 1979, il avait remporté la veste verte lors de son tout premier Masters. Personne n'avait réalisé cet exploit depuis. Augusta National, est un parcours qui récompense l'expérience, et le Masters met les joueurs dans un tel état de pression que tous, nouveaux-venus comme vétérans, peuvent être malmenés. Compte-tenu de la jeunesse et du statut de néophyte des joueurs présents à Augusta ce printemps-là - Spieth, Reed, English, DeLaet, Dubuisson, Horschel, Kirk, Stadler, Every, Walker et le jeune Suédois Jonas Blixt, entre autres – il semblait que la relève pourrait être mise à mal.

Deux petites choses firent les gros titres au début de la semaine du Masters. Adam Scott ferait servir des cigales raquette (une sorte de petit homard que l'on trouve dans l'océan en Australie) au dîner des champions, et le fameux arbre d'Eisenhower au 17 avait été irrémédiablement endommagé au cours d'une tempête de pluie verglaçante en février, et avait dû être abattu.

Et l'absence de Tiger Woods faisait la une. A la question qui lui était inévitablement posée à son sujet, chaque joueur a donné son sentiment, ce qui donne un pêle-mêle de réponses différentes : Tiger Woods est un joueur célèbre, Tiger Woods ne joue pas cette semaine, et les spectateurs semblent être intéressés par Tiger Woods. Le fait qu'il ne joue pas ce tournoi est soit fondamentalement sans importance, soit une déception mineure, soit carrément un désastre susceptible de gâcher toute la semaine.

Les messieurs qui font tourner l'Augusta National Golf Club ne permettent pas aux journalistes d'aller dans les cordes, et si vous voulez suivre les joueurs vous devez le faire comme n'importe quel autre spectateur, au milieu d'un public dense. Je m'y essayai le jeudi, mais quelques mois d'un accès facile m'avaient transformé en enfant gâté. Après avoir passé une heure à me battre pour entrevoir un joueur en vain, j'en eus assez. Je revins vers la zone d'interview et attendis que les nouveaux-venus passent, récupérant leurs impressions sur le parcours initiatique le plus dur de tout le golf.

Matt Every était contrarié parce qu'un arbitre avait commencé à le chronométrer après qu'il eut demandé son intervention, ce qui avait pris plus longtemps que cela n'aurait dû, et il avait concédé sept bogeys pour finir à +5. Je lui demandai s'il tenait compte du fait que c'était son premier tour en compétition à Augusta, et il eut l'air dégoûté par cette idée.

« Je ne suis pas un amateur, dit-il. Je ne suis pas là que pour le plaisir. »

Harris English avait joué le parcours dix fois auparavant, mais il était quand même choqué par la vitesse des greens jeudi, et sa nervosité n'aidait pas. Un bon petit jeu lui avait tout juste permis d'éviter un désastre, et il avait signé une carte de 74.

Patrick Reed avait battu le parcours pendant le plus clair de sa partie mais après avoir concédé des bogeys sur les deux derniers trous il avait fini à +1. Il passa en vitesse devant les journalistes, refusant de parler, et quand quelques-uns le rattrapèrent dans les vestiaires il leur dit qu'il avait « tapé comme de la merde toute la journée. »

De nombreux joueurs parlèrent des emplacements de drapeau, qui étaient particulièrement difficiles pour un premier tour. Quand Graeme McDowell vit la feuille avec tous les emplacements, il rit. « Ils ne nous font pas commencer en douceur, n'est-ce pas ? »

Jordan Spieth avait battu la plupart des autres néophytes en jouant un coup sous le par. Il avait partagé la partie de Rory McIlroy et de Patrick Reed, et il avait remarqué que Rory prenait des lignes qui avaient l'air étranges sur certains trous mais qui au final étaient parfaites. Au 17, par exemple, Reed avait fait l'erreur d'envoyer la balle sur la partie descendante du green, tandis que Spieth avait tapé ce qui semblait être une approche parfaite qui s'arrêta sur le rebord supérieur et lui laissa un putt court mais difficile. Rory, en revanche, s'était mis quatre mètres à gauche du trou – un endroit auxquels ni Reed ni Spieth n'auraient pensé – et eut le putt le plus facile à jouer.

Tous apprenaient ce que cela faisait d'être plongé dans le bain d'Augusta. Le Masters est indiscutablement le tournoi de golf le plus prestigieux, mais c'est aussi le seul majeur disputé sur le même parcours année après année. On ne peut pas vraiment accumuler de l'expérience sur les autres tournois du Grand Chelem parce que les parcours ne reviennent que tous les cinq ou dix ans, voire jamais. Seul Augusta récompense les visiteurs réguliers, et le parcours lui-même est tellement étrange et difficile qu'il n'existe aucun bon moyen de se préparer si vous n'y êtes jamais allé.

Matt Every avait tout donné, y arrivant le vendredi précédent pour y faire plus de parties d'entraînement, mais il manqua tout de même le cut et ressentit du dégoût pour lui-même.

« Je me sentais tellement préparé avant le tournoi, et je n'aurais pas pu être moins préparé, dit-il. D'habitude, je me pointe le mardi et je fais mon truc, et là j'ai été idiot en imaginant que si j'en faisais un peu plus, cela servirait. Cela ne sert à rien. Le parcours était très différent des parcours sur lesquels je me suis entraîné. »

De nombreux joueurs partageaient son sentiment : Augusta a cette capacité unique à se transformer complètement en l'espace d'une journée, s'asséchant et augmentant la vitesse de ses fairways et greens. Un autre néophyte, Derek Ernst, résuma le problème posé par Augusta de façon concise après avoir joué 76 puis 76 et raté le cut. « Je ne sais pas comment m'entraîner pour ça, dit-il. Aucun endroit que je connais n'est comme ça. »

Et personne ne peut vous donner de conseils non plus. « C'est comme la paternité, commenta Hunter Mahan, qui a sept Masters et un enfant à son actif. Je peux tout vous dire à ce sujet, mais rien ne va vous préparer pour ce qui vous attend. »

Dans les vents tourbillonnants du jeudi, Bill Haas prit les rênes à -4, un coup devant les derniers vainqueurs, Bubba Watson et Adam Scott. Trois nouveaux-venus bouclèrent le premier tour à -2 et deux d'entre eux, Jimmy Walker et Kevin Stadler, avaient récemment gagné sur le PGA Tour. L'autre, Jonas Blixt, allait bientôt fêter ses trente ans et participait à son troisième tournoi majeur seulement.

Le vendredi, les dirigeants décidèrent de mettre les médias dans un enclos à bétail improvisé près du club-house, nous parquant à un endroit où un assortiment d'agents de sécurité moqueurs pouvaient nous rappeler à l'ordre si nous nous penchions trop par-dessus les cordes ou essayions de nous échapper. Plusieurs représentants de la presse locale, peu habitués à la nature agressive du reportage golfique, furent tués par asphyxie pendant des conférences de presse.

Ou du moins, ce sont les rumeurs que je tentai de répandre quand je vis les conditions dans lesquelles nous devions travailler. En dehors de l'enclos, la scène était bien plus élégante sous le célèbre « Grand Chêne » : Caroline Wozniacki se baladait, les cheveux teints en rose vif, qui lui donnaient l'air d'une extraterrestre sans pour autant éclipser sa beauté , et la star de tennis américaine John Isner, dominant tout le monde, papotait avec des amis et des spectateurs.

Graham DeLaet avait reçu une lettre de félicitations de la part du premier ministre de la province canadienne du Saskatchewan dans son casier et il se remit de son effondrement du premier tour pour jouer 72, ratant tout de même le cut mais partant avec sa dignité intacte. Harris English ne passa pas non plus l'obstacle mais fut amical et positif après son deuxième tour, pensant avoir appris quelque chose de crucial. Matt Every fut moins enthousiaste à +11, mais son message était similaire : avec le vent imprévisible, les emplacements de drapeau délicats et les pentes extrêmes, rien ne remplace l'expérience. Patrick Reed joua 79 et quand un responsable du Masters lui demanda de s'arrêter et de parler avec des représentants de la presse locale dans la ville où il avait remporté deux titres universitaires, il refusa simplement, appela Justine et partit.

Billy Horschel, qui avait joué les deux premiers tours en compagnie de Tom Watson, s'efforça de contenir sa colère en présence du capitaine de la sélection américaine de Ryder Cup au cas où il aurait besoin d'une invitation plus tard dans la saison. Il passa le cut d'un coup mais Watson lui conseilla de laisser son jeu "mûrir". Chris Kirk remonta au-dessus de l'obstacle fatidique grâce à une carte de 72, de même que Steven Bowditch. Kevin Stadler et Jimmy Walker furent deux des seuls néophytes à finir les 36 premiers trous sous le par mais au-dessus d'eux, ex-aequo à -3, se trouvaient les meilleurs d'entre eux : Jordan Spieth et Jonas Blixt.

Partant du 10, Bubba Watson avait pulvérisé le parcours. Avec cinq birdies de rang à partir du 12, il s'était élevé de -3 à -8, et même si un bogey au 18 l'avait fait redescendre à -7 il avait la maîtrise totale du tournoi. Il comptait trois coups d'avance sur John Senden, quatre sur un groupe composé de Spieth, Blixt et le tenant du titre, Adam Scott. Malgré la confiance accumulée à l'occasion de sa victoire au Northern Trust, et son triomphe au Masters en 2012, il pouvait encore tout perdre.

Il était en pleine forme en conférence de presse après son deuxième tour, badinant avec les médias sur le ton presque agressif qui le caractérise. « Combien de vestes vertes avez-vous ? », demanda-t-il à un journaliste lors d'une discussion sur le stress qu'il avait éprouvé après avoir remporté la première.

« J'ai joué un fer 9 les deux derniers jours, je l'ai porté à 170 mètres hier au 16… C'est pas mal », fanfaronna-t-il quand quelqu'un lui posa une question sur ses qualités athlétiques. Il était dans son élément et n'avait plus besoin que d'un bon tour pour faire du dimanche une sinécure.

Au lieu de cela, le samedi il revint dans le champ en concédant trois bogeys en quatre trous à l'aller pour finir à -5.

Cet après-midi là, je me mis en place à l'Amen Corner, cette célèbre série de trois trous commençant au 11, ce par 4 de 462 mètres avec une mare protégeant le côté gauche du green. Après la longue approche sur le trou le plus difficile du parcours, les joueurs passent au par 3 du 12, avec son court mais périlleux tee shot de 142 mètres par-dessus Rae's Creek – portant le nom d'un des premiers colons, qui était meunier – en direction d'un green étroit encadré par les bunkers et les azalées. Ce green est comme un sanctuaire, aucun spectateur n'y étant autorisé. Quand les joueurs quittent le départ et traversent Hogan's Bridge, ils sont isolés… Un dernier moment de solitude avant la cocotte-minute des derniers trous.

Le par 5 du 13 complète la troïka infernale, forçant les joueurs à taper une balle en draw au départ afin de bien se positionner pour l'approche. Ou bien couper, taper tout droit par-dessus les arbres et l'affluent de la crique, mais seul un fou le tenterait. Un fou comme… Bubba Watson.

Mais ce serait pour plus tard. Samedi, je regardai les leaders jouer le 11 et le 12. Je vis Fred Couples, qui se hisse toujours en haut du classement du Masters le vendredi, réaliser le premier birdie de la journée au 11 – il n'y en aurait que deux au total – et réagir à la « standing ovation » avec la décontraction naturelle qui semble être la sienne depuis sa naissance. Matt Kuchar y concéda un bogey mais se rattrapa par la suite, remontant à -5 avant un nouveau bogey au 18. Jordan Spieth dépassa sa cible sur son approche au 11 et le green était tellement rapide que son coup de pitch dépassa le trou de près de huit mètres, ce qui résulta en un bogey le ramenant à -3. Jonas Blixt atteint le score de -5 avant que le 11 ne le fasse redescendre d'un cran aussi, et l'Amen Corner le mordit à nouveau au 13 en ajoutant un nouveau bogey à son énorme tableau de chasse. Bubba Watson sortit des pars après son aller bancal, et concéda un seul bogey au retour pour survivre à la journée avec un 75.

Tandis que je rentrai vers le grand chêne et l'enclos, les scores commencèrent à arriver en provenance des derniers trous. Adam Scott avait survécu à l'Amen Corner mais raté le reste de sa partie, rendant une carte de 76 qui l'empêcherait de défendre son titre.

Blixt et Kuchar avaient fini à – 4 et Rickie Fowler avait joué 67 pour atteindre -3. En haut du leaderboard, deux hommes étaient à -5. Le premier était Bubba Watson, ce qui n'était pas inattendu. Le deuxième était Jordan Spieth, qui allait jouer dimanche dans le dernier groupe à l'âge de vingt ans seulement.

Question : Quand s'est-il engagé à jouer pour l'université du Texas ? Etait-ce sa dernière année au lycée ?

Réponse : C'était son avant-dernière année. Le 6 février 2010, un samedi, et il a appelé à 14h30.

Echange avec John Fields, coach de l'équipe de l'université du Texas.

Observateur averti s'il en est, Jason Day fut le premier à mettre le doigt dessus. Après sa conférence de presse du lundi à Augusta, tandis qu'un groupe de journalistes trainait autour du podium, il plaisanta en disant que quiconque regardait Golf Channel régulièrement pourrait commencer à croire qu'il y avait un jeune golfeur en pleine ascension avec un nom long et encombrant : « Jordan Spieth, vingt ans. »

Il y a de la vérité dans toute plaisanterie, et l'histoire de Spieth ne peut pas être dissociée de sa jeunesse. D'un autre côté, le fait qu'il soit jeune et joue au golf avec un talent énorme n'explique qu'en partie la fascination collective. Ce qui échappe aux spectateurs comme aux journalistes, c'est sa maturité. Il parle avec la sagesse et le recul de quelqu'un qui aurait cinquante années d'expérience, et il semble ne jamais dévier. Il devrait donner l'impression de faire semblant, d'être un gamin en train de jouer un rôle, mais tout dans son comportement paraît sincère. C'est ce qui le différencie de tous les autres enfants-star.

La maîtrise de soi et le raffinement lui sont naturels, mais ils n'expliquent pas tout non plus. La maturité de Spieth est tellement atypique que vous vous surprenez à chercher un marionnettiste, ou au moins quelques ficelles. Est-il un Frankenstein golfique parfait créé par un laboratoire dirigé par des spécialistes en relations publiques ? Ou juste le Superman d'un as du marketing, programmé pour dire et faire la chose correcte à tout moment ?

Vous pouvez compter sur lui pour dire « Monsieur Palmer » et « Monsieur Nicklaus » quand il parle des légendes du golf, et dans les rares moments où il laisse ses émotions le dévier du script sur le parcours – comme il le fit dans son match contre Ernie Els au Championnat du monde de match-play -, il s'excuse immédiatement. C'est le typique garçon américain collet monté, et si vous pensez qu'il joue un rôle et qu'il va certainement finir par sortir de son personnage, eh bien… ne retenez pas votre respiration.

De bien des façons, il est le sauveur que l'establishment golfique a attendu pendant des décennies. Le concept du golf comme « jeu de gentlemen » a toujours eu un petit côté désuet, mais Tiger Woods l'a dépoussiéré pour de bon. Il donnait des coups de poing dans le vide, il rugissait, il intimidait, il jurait, et il finit par se faire prendre en train de commettre l'adultère à une échelle qui aurait fait rougir JFK. Tout ce qu'il faisait était excessif – les commentateurs adoraient le censurer, le PGA Tour adorait le sanctionner, les joueurs adoraient le détester mais au plus profond de lui-même Tiger n'en a jamais rien eu à faire. Rien ne l'y obligeait.

Mais où était le grand espoir blanc ? Le golf avait bien sûr son lot de clones ternes issus de country clubs – une légion, même –, mais où était leur chef ? Où était le jeune premier avec les joues roses et le comportement respectueux qui pourrait atteindre les hauteurs vertigineuses de Tiger ? Où était le gamin au charme des années 50 qui n'en disait jamais trop ? Qui avait un sens de l'humour agréablement fade, et n'offensait jamais personne ? Qui était intelligent, mais suffisamment « establishment » ? Qui était un bon chrétien qui allait à l'étude biblique, mais ne le disait pas en interview ? Où était le gamin qui pouvait nous rappeler à quel point le golf était grand avant que Tiger s'associe à Nike pour tout corrompre ?

La faction rétrograde du golf avait un fantasme. Ils fétichisaient le citoyen honnête mythique. Ils appelaient de leurs vœux le gamin qui pourrait rendre leur nostalgie palpable et devenir un gentleman superstar. Vous pouvez imaginer leur joie quand le rêve se réalisa. Jordan Spieth était le rédempteur.

Ce n'était pas facile d'avoir un moment seul avec Jordan Spieth. Il n'y était pas forcément opposé, mais il ne semblait pas non plus particulièrement enthousiasmé par cette idée. La première fois que je vins le trouver, après l'une de ses premières parties à Riviera en février, il discutait avec un ami devant le club-house alors qu'une horde de gamins criait son nom et demandait des autographes. Il avançait le long de la queue, et je l'attendis au bout de celle-ci.

« Est-ce que tu vas t'entraîner ? », lui demanda son ami.

« Non, je rentre à l'hôtel pour poser mes fesses », répondit-il l'air fatigué.

Derrière lui, son caddie, Michael Greller, un ancien professeur de sixième, discutait près du sac de Spieth. Je remarquai son couvre-putter – il était frappé de symboles dollar et des mots « l'argent est roi. » Quand je levai les yeux, Spieth avait disparu – le premier astucieux numéro de disparition dont je serais témoin, répété à chaque fois qu'il sentait un journaliste rôder dans les parages.

Cela marqua le début d'une odyssée qui dura des mois, me demanda de négocier avec des agents, de poser des questions personnelles lors de conférences de presse importantes et plus généralement d'essayer de lire tout ce que je pouvais sur lui, y compris de vieilles retranscriptions et deux portraits complets de lui – l'un de Jim Moriarty dans *Golf Digest*, l'autre d'Alan Shipnuck dans *Sports Illustrated*.

En fin de compte, au Congressionnal en juin j'allai le voir au practice avec son agent. J'attendis qu'il fasse une pause et fis mon ultime tentative.

« J'ai eu une idée », dis-je après leur avoir serré la main (dans le monde du golf, toute rencontre commence par une poignée de mains, même si vous voyez la personne tous les jours, et c'est inévitable). « J'ai l'impression que certains gars ne raffolent pas des pro-ams, poursuivis-je, donc je me disais que je pourrais peut-être marcher avec vous sur quelques trous du retour, et après ça je ne vous ennuierais plus de l'année. »

C'était une tactique risible : je n'étais pas du tout en position de force et tout ce que son agent avait à faire, c'était continuer à dire non.

« Je voudrais juste dire, répondit Spieth, que quoi qu'en disent les autres gars j'apprécie énormément les pro-ams. »

C'était le grand espoir blanc en action. Je voulus lui dire qu'il n'avait pas besoin d'en faire des tonnes avec moi, mais en le regardant je me rendis compte qu'il était absolument sincère. Ceci, me dis-je, est la raison pour laquelle les gardiens du jeu l'aiment tant : le taré y croit.

Le lendemain, je le rejoignis au 10 avec mon enregistreur. Après quelques poignées de main supplémentaires, Spieth me dit que nous parlerions seulement un trou parce qu'il ne voulait pas priver ses partenaires de pro-am de leur temps et parce qu'un ami allait arriver pour porter son sac jusqu'au 18.

Mauvaise nouvelle, me dis-je, mais peu importe. Pendant treize minutes et trente secondes, je lui posai donc des questions en essayant de donner la priorité aux plus importantes et de faire rentrer une année de travail dans un seul trou. Quand il finit de putter au 10, je le suivis pendant qu'il signait des drapeaux pour les gamins le long des cordes. « J'aimerais faire les photos après la partie, les gars », dit-il, et quand il vit un homme tenant un appareil photo, il lui demanda poliment de l'écarter.

Je l'accompagnai jusqu'au départ, essayant de mettre à profit la moindre seconde de notre seule et unique rencontre. Finalement, après avoir répondu à une dernière question, il se retourna vers moi et serra ma main. « C'est sympa, mec », dit-il. Son intention était claire, tout comme elle l'avait été avec les enfants : il a appris le truc de vétéran qui consiste à transmettre des messages négatifs en utilisant une tournure de phrase positive. J'étais déçu qu'il ait écourté notre échange, mais une autre partie de moi était reconnaissante. De toutes les façons dont on m'avait dit de foutre le camp en une année – et il y en avait eu plein – c'était de loin la plus gentille.

Au 11, quand Beck rata un putt de deux mètres pour partager le trou, le père de Spieth, Shawn, dit à la cantonade « La porte est ouverte, camarade. »

Ken Klavon, de l'USGA, dans un résumé des demi-finales de l'U.S. Amateur de 2008.

Jordan Spieth est le fils aîné de Shawn et Chris, qui ont pratiqué respectivement le baseball et le basketball au niveau universitaire après s'être rencontrés au lycée de la minuscule ville d'Hellertown, en Pennsylvanie. Une partie de la maturité de Jordan peut être attribuée au recul durement gagné qui prévaut dans sa famille : la mère de Chris a souffert d'un anévrisme cérébral quand elle n'avait que quatre ans, ce qui sépara les membres de la famille en attendant que leur père puisse les réunir. La plus jeune sœur de Jordan, Ellie, est née avec des problèmes neurologiques qui auraient pu lui être fatals ; adolescent, Jordan a d'ailleurs travaillé comme volontaire dans l'école spécialisée dans laquelle elle était scolarisée. Les douleurs de la vraie vie ont toujours été une notion très concrète pour Spieth, et même si ses parents ne l'avaient pas élevé avec des valeurs d'humilité, les circonstances n'étaient pas favorables au développement d'un ego démesuré.

Il a grandi au nord de Dallas, où Shawn – un « vrai mec » avec une « intensité incroyable » d'après le coach de Jordan à l'université, John Fields – travailla dans des entreprises diverses et variées. Sa mère avait quitté son emploi chez Neiman Marcus, une chaîne de grands magasins de luxe américaine, pour élever les trois enfants avant de travailler dans l'administration des écoles de Jordan quand ils grandirent. Les Spieth étaient bien ancrés dans la classe moyenne, avec une maison modeste qu'ils agrandirent au fil des années. La chambre de Jordan était petite et encombrée de trophées.

Il m'a raconté que quand il était enfant, sa personnalité tenait aussi bien de sa mère que de son père et qu'il avait hérité d'eux une compétitivité extrême. Ils lui donnèrent des clubs de golf en plastique quand il était très jeune, et à chaque fois que la famille se rendait sur les plages de Caroline du Nord l'été pour des réunions de famille, son grand-père lui fabriquait un nouveau club. Il avait un panier de basket en plastique et du matériel de baseball aussi – Spieth dit à voix haute qu'il craignait de donner l'impression d'être un gamin pourri gâté en dressant cette liste –, et il adorait jouer dehors.

Il fut tout d'abord accro au baseball, et devint un bon lanceur gaucher (bien qu'il soit droitier au golf) qui fut sélectionné pour représenter son état. Comme de nombreux golfeurs auxquels j'ai parlé, il n'aimait cependant pas la perte de contrôle inhérente aux sports d'équipe. Contrairement à la plupart des golfeurs, il m'expliqua le revers de la médaille : quand l'équipe gagnait, il n'aimait pas partager la joie. Sur les parcours, la gloire était la sienne et seulement la sienne.

Il commença à jouer au golf à l'âge de huit ans au Brookhaven Country Club, où il restait du lever au coucher du soleil. Il jouait avec des enfants plus âgés, ce qui maintint ses instincts compétitifs acérés. Ses parents ne le poussèrent pas mais son père lui demanda de fixer des objectifs à chaque niveau, et il les atteignit pratiquement tous. A 12 ans, il joua 63 dans un tournoi à Waco et c'est là qu'il commença à croire qu'il pourrait en faire son métier.

Cette année-là, il commença à travailler avec Cameron McCormick, un technicien réputé qui travaille encore avec lui aujourd'hui. Il commença à participer à des compétitions de l'AJGA et remporta son premier titre en 2007, quand il battit Justin Thomas à Walnut Creek lors d'un match qui aurait des échos dans sa carrière universitaire. A 16 ans, il reçut une invitation pour le Byron Nelson Classic, son premier tournoi du PGA Tour. Personne ne s'attendait à ce qu'il y soit vraiment compétitif, en dehors de lui-même. Dans un exploit presque trop extraordinaire pour être vrai, il passa le cut et se classa seizième.

Quand il participa à une compétition de l'AJGA peu de temps après, il y eut tellement de demandes des médias pour parler à la graine de champion que Stephen Hamblin prit la mesure rare d'organiser un point presse pour lui. Il l'avait fait une seule fois auparavant, pour un certain Tiger Woods. Hamblin se souvient de l'aplomb de Spieth quand il dit aux médias qu'il se sentait prêt à être compétitif sur le PGA Tour. Si les journalistes s'attendaient à voir un gamin aux yeux écarquillés qui s'était retrouvé par hasard dans un moment unique, ils furent choqués par l'assurance du jeune homme sur la scène. C'était le premier signe de la maturité exceptionnelle qui définirait son image publique. Sa confiance ne passa jamais pour de l'arrogance et sa politesse avait l'air authentique. Il semblait déjà avoir toutes les cartes en main.

Les universités du Texas, d'Oklahoma State, de Stanford, d'USC et d'UCLA se battirent férocement pour l'attirer. John Fields, l'entraîneur de l'université du Texas, avait vu Spieth pour la première fois à un tournoi junior à Ardmore, Oklahoma, quand il avait onze ans et il avait été captivé. Il se mit à le regarder jouer dès qu'il le pouvait, et quand il se rendit au Trump National pour l'U.S. Junior Amateur de 2009, il fut abordé par Donald Trump lui-même. Ce dernier faisait déjà campagne pour accueillir un U.S. Open ou un Championnat US PGA sur l'un de ses parcours, et lors de leur conversation Fields lui affirma avec certitude que Jordan Spieth, 15 ans, allait remporter le tournoi.

« Comment pouvez-vous me dire cela alors que tout reste à jouer ? », lui demanda Trump, mais Fields savait. Et il avait raison : Spieth remporta la première partie disputée en stroke-play, et se fraya un chemin en match-play pour enlever le tournoi le plus important de sa carrière. Trump envoya à Fields un message dans lequel il l'appelait

« le prophète » et deux ans plus tard, Jordan Spieth devint le deuxième joueur dans l'histoire du golf à avoir remporté l'évènement à deux reprises. Vous allez voir se dessiner un schéma : le premier était Tiger Woods.

Fields reçut l'appel tant attendu en revenant de vacances à Hawaï. « Je ne vais pas tourner autour du pot, dit Spieth. Je viens au Texas. Je viens vous aider à remporter des titres nationaux. »

Spieth manqua le premier tournoi de la saison lors de sa première année – il était occupé à gagner deux matches en simple et partager l'autre en double à la Walker Cup – mais il fut de retour pour le tournoi Jerry Pate en Alabama, où il perdit la tête lors du dernier tour. Au tournoi suivant, à Muirfield Village, deux bogeys et un double sur les trois derniers trous lui coutèrent à nouveau la victoire.

Quand il revint au Texas, l'une des premières personnes qu'il vit fut Chuck Cook, un enseignant connu sous le surnom de « magicien », qui a travaillé avec Tom Kite et Payne Stewart et compte parmi ses disciples Jason Dufner, Keegan Bradley et Luke Donald. Cook avait pratiquement 70 ans à ce moment-là, mais il n'avait pas perdu son approche pragmatique et son goût pour les piques. Fields m'a raconté qu'il dépassait parfois les bornes. Quand il vit Spieth dans le couloir de l'académie de golf, Cook s'arrêta et le regarda longuement.

« Hey Jordan, dit-il. Combien d'avance te faut-il pour gagner un tournoi ? »

Jordan parvint à faire bonne figure et le prit à la légère, mais d'après Fields, intérieurement il fulminait. Le prochain tournoi eut lieu à Isleworth, et cette fois-ci Spieth ne leva pas le pied. Après avoir largement gagné, il eut hâte d'aller voir Cook.

« Qu'en penses-tu ?, lui demanda-t-il. Est-ce que c'était assez bien ? »

Fields vit Spieth se faire les dents tout au long de l'année. Lors d'un match d'entraînement contre l'étudiant de troisième année Cody Gribble – qui, contrairement à Patrick Reed, avait honoré l'engagement pris quand il était en quatrième –, les deux joueurs arrivèrent au 18 tellement en colère l'un contre l'autre que Fields eut sincèrement peur qu'ils se battent. Gribble rentra un putt de près de cinq mètres sur le dernier green et pointa Spieth du doigt d'un air provocant, mais le joueur de première année lui répondit en enquillant son putt de trois mètres pour birdie et la victoire.

« S'ils n'avaient pas été dans des voiturettes séparées, ils se seraient peut-être mis sur la figure », raconta Fields. Quelques minutes plus tard, ils étaient redevenus les meilleurs amis du monde mais son intensité en plein combat était indéniable.

Il remporta quatre tournois cette année-là et l'équipe des Longhorns (race de vache répandue au Texas, ndt) arriva à la finale du championnat classée tête de série numéro un. Lors du deuxième des trois tours de stroke-play, Spieth eut un petit passage à vide au retour et ses coéquipiers ne firent pas beaucoup mieux. Au début de la troisième et dernière journée, ils étaient classés treizièmes et risquaient sérieusement de rater la phase de match-play réservée aux huit meilleures équipes. Mais Spieth se reprit et joua 69, l'équipe du Texas finit tranquillement à la troisième place.

Les Longhorns se qualifièrent facilement pour la finale, où Alabama les attendait. Dans le premier simple, Spieth affronterait un autre joueur de première année, Justin Thomas – le même joueur qu'il avait battu à un tournoi AJGA cinq années plus tôt, et qu'il affrontait depuis pratiquement toujours. Thomas avait été élu meilleur joueur universitaire de première année et joueur universitaire de l'année au détriment de Spieth, mais ce dernier était confiant. « Je le sens très bien, dit-il à Fields. Je joue toujours bien contre Justin. Je pense pouvoir le faire tomber. »

Au 15, il comptait deux coups d'avance. Il sortit son fer 4 pour l'approche sur le long par 4, et le coup sembla bien partir. Il savait que si elle atterrissait au milieu du green, la pente l'amènerait vers le trou. La balle se posa au bon endroit et commença à descendre. Elle roulait comme un putt bien touché, cassant de gauche à droite et gagnant de la vitesse. Neuf mètres plus tard, elle rentra dans le trou pour un eagle.

Depuis l'autre côté du fairway, Thomas le dévisagea, incrédule.

« Super coup », dit-il.

Spieth l'emporta au trou suivant et Texas fut sacré champion national. Une autre promesse tenue.

Cet été-là, Spieth se classa meilleur amateur à l'U.S. Open et passa à nouveau le cut au John Deere Classic en juillet. Le fait qu'il réussisse sur le PGA Tour sans forcément jouer son meilleur jeu, souvent sur des parcours étranges, lui procura la confirmation qu'il attendait : il était temps de passer pro.

Son plan prit du plomb dans l'aile rapidement quand il n'arriva pas à se qualifier pour la dernière étape des cartes d'accès et n'obtint donc pas de carte. Il s'arrangea pour prendre part à deux tournois du Web.com début 2013, avec deux top 10 à la clé, et il lui manquait seulement quelques milliers de dollars pour avoir la carte de ce circuit quand on lui dit qu'il était invité à participer au tournoi du PGA Tour suivant à Porto Rico. Un collègue, John Peterson, lui dit qu'il serait fou de quitter le Web.com à un moment aussi important. Spieth ignora son conseil et prit l'avion pour Porto Rico, où il se classa deuxième à égalité. Une carrière brillante venait de démarrer.

De là, il prit le PGA Tour d'assaut, enregistrant quatre top 10 supplémentaires avant le John Deere Classic mi-juillet. Trois cartes consécutives de 65 et une incroyable sortie de bunker de treize mètres rentrée au 18 le dimanche – « le coup le plus chanceux de ma vie », dit-il plus tard – plus loin, il partait en play-off avec David Hearn et Zach Johnson. Cela prit cinq trous mais un dernier par scella la première victoire de Spieth. A 19 ans, il venait de devenir le plus jeune joueur à s'être imposé sur le PGA Tour en 82 années.

Son élan le porta jusqu'à la fin de l'année. Il fêta ses 20 ans deux semaines plus tard et faillit gagner une deuxième fois en août mais Patrick Reed le battit en play-off. Il fut élu Rookie of the Year et sélectionné par Fred Couples pour participer à la President's Cup, que l'Amérique gagna grâce notamment à ses deux victoires avec Steve Stricker (pour une défaite).

Le grand espoir blanc était arrivé, et il était bon.

« Spieth a toujours été une vieille âme. Il fut élevé à Dallas pour être un gentleman du Texas – les formules de politesse et le sens civique lui furent inculqués à l'école et à l'église. »
Alan Shipnuck, Sports Illustrated

« Ne manquant ni de confiance ni de grâce, à vingt ans Jordan Spieth est une jeune tête avec une vieille âme… En dehors du parcours le mot choisi par tous ses pairs pour le décrire est "mature". »
Jim Moriarty, Golf Digest

« On ne peut pas parler de Spieth sans évoquer sa maturité pratiquement inexplicable… Dès le début, j'ai dit qu'il fallait mettre en bouteille ce que ses parents lui donnaient à manger et le vendre à la génération entière de gamins m'as-tu-vu. »

Jeff Skinner, Links Life Golf

« Jordan Spieth est un jeune homme de vingt ans mature. Un sans-faute devant la presse. »

Compte Twitter de Sky Sports

« Il parle comme s'il n'avait ni le temps ni l'envie d'avoir vingt ans. Il reste assis bien droit. Il regarde les personnes qui lui posent des questions dans les yeux. Il ne bégaie pas, ne trébuche pas. Il n'élève ni ne baisse la voix. Malgré une température de 28 degrés samedi, il semblait n'avoir aucune envie de transpirer. »

Tom Sorensen, Raleigh News & Observer

Pour autant que je sache, le battage médiatique pourrait être bien fondé. Ce qui est délicat, pour comprendre Spieth, c'est qu'en dehors du parcours il ne laisse jamais rien transparaître. Il est trop intelligent et rusé, et il sait qu'il a les bonnes cartes en main. Mais je ne crois pas que l'image soit un rôle – si c'est le cas, il mérite un Oscar.

Vous ne trouverez pas beaucoup de golfeurs qui peuvent garder leur sang-froid à tout moment, et quand même éviter d'être ennuyeux. Les maîtres-chiens de Spieth le gardent en laisse, cherchant à détecter toute trace d'élément subversif, mais leur vigilance n'est pas nécessaire. Il n'est pas stupide et n'ira jamais se ridiculiser en racontant une blague douteuse, cracher une série d'insanités à la télévision ou sauter de lit en lit avec des « escort girls » qui détruiront un jour sa réputation. Il se contente de se tenir devant des hordes de journalistes avec la main gauche à la taille, l'épaule dépassant, faisant des observations intelligentes et des blagues insipides. En tant que reporter, vous obtiendrez assez d'information pour écrire votre article et pas plus. Plus que tout jeune joueur que j'ai rencontré, il respecte ses propres limites et il sait quand disparaître. S'il est aussi bon pour gérer sa marque à vingt ans, il deviendra encore plus efficace au fil du temps.

Une chose dont Spieth parle rarement, c'est la pression immense qui accompagne le fait d'être le jeune visage du golf. Quand je lui ai demandé à Doral si cela n'était pas lassant de répondre aux mêmes questions sur sa jeunesse, et si cela n'interférait pas dans sa tête dans la mesure où il doit se comporter comme un vétéran futé sur le parcours, il la balaya du revers de la main et vanta les vertus de sa jeunesse.

Quand nous parlâmes au Congressional, cependant, il s'ouvrit au sujet du fait que l'on s'attende à ce qu'il soit un sauveur. « Quand Tiger n'est pas là, dit-il, les gens demandent « Allez-vous reprendre le jeu en main » ? C'est tout simplement ridicule. Tout d'abord, Tiger a fait pour notre sport ce que peut-être seuls lui et Arnie et Jack et quelques autres personnes ont jamais fait. Et j'aimerais que cela arrive un jour, mais cela ne va pas arriver parce que des gens me disent que ça doit être moi. »

Il remarqua qu'il lui restait une année pour gagner son premier tournoi majeur et suivre le rythme de Tiger, et quand je lui dis qu'il devait avoir des facilités à résister à la pression, il me répondit qu'il avait dû apprendre à ignorer les commentaires sur ses articles ou les réponses à ses tweets.

« Les gens parlent à tort et à travers, sans vraiment réfléchir. Et avant cela m'ennuyait, mais j'apprends à en faire abstraction. »

C'était un moment rare, Spieth parlait sans filtre, et je regrettai de ne pas avoir plus de temps avec lui pour parler. Tandis que l'interview touchait à sa fin, je lui demandai comment quelqu'un à sa place évite de devenir cynique à propos des spectateurs, des médias et même du jeu. « Je ne crois pas être cynique mais c'est difficile de répondre à des questions sur l'avenir », répondit-il. Et puis il me serra la main, et nous en avions fini.

« Je pense que c'est très compliqué de décrire une personne comme ça, parce que tout le monde dit la même chose : il est mature, il marche bien… Mais pour moi, ce qui est le plus impressionnant c'est la façon dont il vous parle. Les mots qu'il utilise, ce n'est pas les trucs habituels – ce n'est pas exagéré, c'est très vrai. Quelque chose comme ça [c'est] très rare pour quelqu'un qui est aussi jeune. »

Martin Kaymer

Le monologue sans fin, éculé, à propos de sa maturité peut devenir fatiguant mais il existe pour une raison : c'est comme regarder un prodige âgé de six ans résoudre un problème de mathématiques complexe.

Cela arrive tellement souvent que vous savez que ce n'est pas un coup de bol ou un tour de magie, et pourtant cela n'arrête jamais de paraître légèrement anormal. Et comme toute autre qualité exceptionnelle, la maturité de Spieth est devenue commercialisable.

Quiconque désire aller au-delà de l'image de Jordan Spieth doit l'observer sur le parcours. Sa personnalité ressemble un peu à celle du joueur de baseball Derek Jeter, dans la mesure où il se transforme en feuille vierge sur laquelle vous pouvez projeter vos propres espoirs et désirs – d'où les textes encenseurs à son sujet. Mais contrairement à Jeter, il n'est pas de glace : avec la pression, on peut commencer à entrevoir les premières fissures dans la façade.

Le « money time », c'est le moment où Spieth sort enfin de sa coquille. Il maintient un monologue constant avec lui-même, mêlant critiques et conseils comme s'il y avait un deuxième Spieth, neutre, qui surveillait celui qui joue au golf. Son jeu peut être spectaculaire, mais quand ses nerfs se manifestent il semble vulnérable.

A ces moments-là, et ceux-là seulement, la fameuse maturité ressemble moins à un trait de caractère inné, et plus à un travail en cours. Avec le temps – même peu de temps -, il deviendra peut-être un vainqueur par excellence et accumulera une pile de tournois majeurs. Son passé plaide en faveur de cette trajectoire : il a perdu sa première compétition chez les jeunes, son premier U.S. amateur et son premier tournoi universitaire, sous pression à chaque fois, avant de s'imposer. Si ce jour arrive, à ce moment-là l'entité connue sous le nom de Jordan Spieth présentera un front uni au public. Sa transformation en mythe sera complète, et l'idée que quelqu'un en dehors de son cercle restreint le « connaisse », même un peu, sera risible.

En 2014, nous assistions encore à ces rares dimanches après-midis au cours desquels il se laissait gagner par la pression. Là, pendant un bref instant, l'image volait en éclats et nous autres pouvions apercevoir l'esprit de compétition de l'enfant prodige du golf.

Jordan Spieth voulut quitter Augusta aussi vite que possible alors que le soleil se couchait le samedi, donc les journalistes de presse écrite et de télévision formèrent une horde tandis qu'il parlait de sa patience et des efforts qu'il avait faits pour juguler ses tendances agressives pendant 54 trous. Tandis que d'autres néophytes avaient succombé aux astuces et aux pièges du parcours, Spieth avait joué la sécurité, utilisant la connaissance qu'il avait – dont une partie provenait de Carl Jackson, le caddie de Ben Crenshaw – et rentré quelques putts pour se donner une chance légitime de remporter ce qui serait certainement la plus fameuse victoire depuis celle de Tiger en 1997. Il frôla le lapsus, appelant presque Crenshaw par son prénom avant de se reprendre et d'utiliser l'appellation honorifique. A la conférence de presse, plus tard, on lui demanda s'il appellerait Bubba « Monsieur Watson » et il rit. « Ouais, répondit-il, simplement parce que ça va l'embrouiller. »

Quant à Bubba, l'irritabilité qui se manifestait habituellement après une mauvaise journée fut quelque peu tempérée par les circonstances – quoiqu'il soit arrivé avant, il abordait le dernier tour en tête ex-æquo. Quand on lui raconta que Spieth avait plaisanté en parlant de l'appeler Monsieur Watson, il lui rendit la pareille en disant qu'il l'over-driverait toute la journée – une blague classique de Bubba, dont le but était surtout de satisfaire son ego. Il nous dit qu'il prévoyait de faire la grasse matinée, de boire beaucoup d'eau, de jouer avec son fils le matin et de gérer le trac de dimanche aussi bien que possible.

Compte tenu du fait que Bubba avait une chance sur deux d'exploser à un moment donné le jour suivant, on pouvait commencer à croire que Spieth avait une chance de l'emporter. Fred Couples, vainqueur en 1992, parla au nom de presque tous quand il fil l'éloge du jeune challenger de Bubba, qu'il avait dirigé lors de la President's Cup. Il ajouta cependant une mise en garde majeure : « Demain sera de toute évidence une journée très très dure pour tenter de l'emporter. »

Si une chose pouvait décontenancer Spieth, inébranlable en apparence, c'était la pression d'un dernier tour à Augusta. Quand les derniers rayons de soleil disparurent derrière les magnolias, une question resta en suspens au-dessus du terrain : dans la lumière aveuglante d'un dimanche à Augusta, est-ce que Jordan Spieth, vingt ans, pourrait garder la tête froide ?

Après une nuit un peu agitée, et c'est compréhensible, Spieth sortit du vestiaire et se dirigea vers le practice à 13h32, presque exactement 70 minutes avant son départ. Portant un polo vert pâle et un pantalon bleu avec une casquette Under Armour, il marcha seul vers le putting green - devant Justin Rose, Lee Westwood, John Senden, Miguel Angel Jimenez, Thomas Bjorn et Kevin Stadler -, applaudi tout du long par les spectateurs assis dans les tribunes. Il rencontra Ted Scott sur le green, et quand Michael Greller les rejoignit quelques instants plus tard, Scott se moqua de son ami et collègue parce qu'il avait laissé Spieth sortir seul. Bubba fit son apparition un peu plus tard, fut lui aussi applaudi et il serra la main de Spieth. Sous le regard de centaines de spectateurs, ils papotèrent et essayèrent de calmer leurs nerfs, avec lesquels ils seraient aux prises une heure plus tard.

« On part à 14h20, c'est ça ? », demanda Greller à Watson et Scott, faisant exprès de se tromper d'heure de départ.

« Comme vous », répondit Scott.

« Pourquoi lui as-tu donné un horaire plus tôt? », lui demanda Spieth, reconnaissant une blague ratée.

« Ah oui, pardon, répondit Greller. C'est 15h20. »

Spieth et Watson parlèrent de Jeff Knox, le "marqueur" amateur utilisé par le club pour avoir un champ en nombre impair et qui avait joué et battu Rory McIlroy la veille. Spieth fit tournoyer son putter comme un bâton de majorette et Bubba évacua son trac en riant.

Quand ils se rendirent au practice, il n'y avait plus que Matt Kuchar et Jonas Blixt. Bubba était particulièrement causant, parlant aux caddies, Kuchar, Spieth et tous ceux qui voulaient bien l'écouter. Blixt resta dans son coin, avec l'air classique du joueur européen qui s'immisce dans les derniers groupes à Augusta chaque année mais ne l'emporte jamais (José Maria Olazabal est le dernier à y être arrivé, en 1999). Spieth et Watson se firent face, tapant des coups de fers en direction d'un drapeau au loin. Une caméra sur une grue planait près d'eux, et quand Blixt et Kuchar s'en allèrent ils furent seuls. Leurs coups s'élevaient au-delà des pins, vers les fairways en gazon Bermuda. En arrière-plan, le château d'eau bulbeux d'Augusta marquait la fin de cette étrange et anachronique oasis golfique et le début d'une ville américaine bien réelle et bien peu reluisante.

L'ampleur de ce qui les attendait tous les deux pesait sur la scène. Quand Jordan partit faire des sorties de bunker, Bubba sortit le driver rose qui allait faire que ça passerait ou que ça casserait. A 14h22, il suivit le sentier cimenté, ignorant les mains qui s'offraient à lui, avec un visage tendu, rouge, qui montra que son estomac était noué. Il s'assit à l'avant de la voiturette qui devait l'amener au départ du 1, enfin silencieux. Spieth partit un peu plus tard, il tapa dans les mains d'enfants et sourit quand la voiturette démarra.

Le tour le plus important de sa vie commença avec une sorte de chance imprévisible. Au départ du 1, il lâcha la main droite – un signe universellement mauvais – et la balle s'envola vers les arbres côté gauche du fairway. Il s'en sortit grâce à un formidable coup punché qui finit sur le green, mais au par 5 du 2, sa main lâcha à nouveau prise sur son bois 3 et sa balle toucha un pin à gauche. Il évita une nouvelle fois un désastre, aidé cette fois-ci par un bounce chanceux. Il se recentra, posa son sand wedge à moins de cinq mètres et rentra un beau putt pour birdie. Bubba, quant à lui, avait envoyé ses deux coups de départ dans des bunkers et dut se contenter de sauver des pars.

Devant eux, Matt Kuchar rejoignit brièvement Spieth en tête au 3 grâce à son deuxième birdie consécutif, mais son histoire était faite de labeur et de lutte lors des dimanches de majeurs. Personne ne le croyait vraiment capable de monter une vraie charge, et l'impression qu'il allait s'effacer devint une réalité pratiquement immédiatement, avec quatre putts synonymes de double bogey au 4 qui le firent remonter à -4. Jonas Blixt, qui essayait de dompter ses nerfs, aligna des pars sur les six premiers trous et boucla l'aller là où il l'avait commencé : à -4. Rickie Fowler démarra en trombe avec un birdie mais un bogey au 2 le ramena à -3, et il n'irait pas plus haut. Il devint clair qu'il n'y aurait pas d'envolée magique dans le bas du classement. Le soleil frappa Augusta National et les joueurs réalisèrent qu'ils étaient en train de se faire broyer par le parcours.

Dans le dernier groupe, la pression écrasante atteignit Bubba en premier. Après avoir pratiquement drivé le green situé à 315 mètres, il décida de jouer une drôle d'approche roulée qui n'était pas du tout adaptée au terrain. La balle ressortit du green rapide et son chip de retour fut presque aussi traître : son troisième coup arriva tant bien que mal en haut de la pente, lui laissant un long putt pour le par qu'il manqua. Quand l'approche de Spieth tourna à gauche vers le trou et le laissa s'en sortir facilement avec deux putts, le jeune homme était seul leader du Masters.

Le long par 3 du 4 fait 222 mètres et Spieth y tapa son troisième tee shot rebelle de l'après-midi, sa balle atterrissant dans le bunker frontal. Bubba répliqua avec un fer d'une grande précision qui s'arrêta à moins de deux mètres du trou et il sembla qu'il allait reprendre un coup, voire plus. Spieth était dans un océan de sable avec un deuxième coup difficile, espérant mettre sa balle suffisamment près du trou pour avoir une occasion réaliste de faire le par. Celle-ci décolla tel un missile à tête chercheuse. Spieth se dirigea rapidement vers la gauche, la regarda rouler et la fixa avec incrédulité quand elle rentra dans le trou. Il leva les deux bras, triomphant – un birdie depuis le bunker !

Avec potentiellement trois coups de retard, le putt pour birdie de Bubba eut soudain l'air moins facile. Qu'à cela ne tienne, il le rentra sous pression et à -5, il se retrouva seul second. Tandis que les autres challengers s'accrochaient pour faire le par, le dernier groupe ressembla à un duel en match-play. Ils rirent en chemin vers le départ du 5, tentant d'ignorer la pression. Spieth avait l'avantage et il envoya encore un coup de départ à gauche. « Oh Jordan, allez, pas encore, se souffla-t-il. Tape doucement… Non, doucement ! » Elle se dirigea vers un bunker et Bubba envoya une bombe dans le rough à droite.

Tous les deux avaient démarré en trombe, mais on eut l'impression que si la chance avait favorisé Spieth dans un premier temps, Bubba réagissait mieux au chaos et à la désorganisation. Dans un sens, ils jouaient sur son terrain. Le joueur de vingt ans aurait besoin de se stabiliser, et vite.

Spieth fut à nouveau chanceux : son drive s'était arrêté devant le bunker. Mais il le fut moins sur son approche, qui dérapa au-delà du green et finit dans le sable. Il se laissa un putt pour le par en dévers qui cassa trop à gauche, et quand Bubba sauva son par Spieth ne compta plus qu'un coup d'avance. Sur le par 3 court du 6, Spieth eut une longue discussion au sujet du vent avec Greller - « Es-tu sûr qu'il n'y en a pas en ce moment ? Il tourbillonne… » - et envoya son coup de fer à moins de deux mètres. Bubba lui fit un petit signe de la tête, assez rigide, et se mit en route. Il se trouvait deux fois plus loin, avec un putt de droite à gauche, mais il l'envoya délicatement sur une ligne parfaite et elle rentra dans le trou. Spieth enquilla également son putt et ils plaisantèrent sur la « facilité » des par 3.

Le nouveau-venu envoya son drive au milieu de la piste au 7 et sembla avoir trouvé son rythme : il n'avait plus le trac, ses mains restaient sur le club et il était prêt à livrer bataille pendant plus de deux heures et demie. Il tapa son approche, qui était courte mais qu'il regarda rouler en montant vers le drapeau. Cela lui laissa un putt pour birdie de moins de trois mètres cinquante tournant légèrement vers la gauche et moins rapidement que d'habitude. Il l'exécuta comme dans un manuel et le rentra pour atteindre le score de -8. Bubba se retrouva encore dans un bunker et utilisa la pente pour faire revenir la balle à moins d'un mètre, mais il dut se contenter de sauver le par.

Spieth décida de laisser son driver dans son sac sur le long par 5 du 8, et cela porta ses fruits quand il trouva à nouveau le fairway. Malgré quelques swings douteux, il jouait -3 sur la journée et menait le Masters de deux coups.

Son fantasme avait pris forme et à ce moment-là, avant que Bubba ne tape son drive, Spieth avait le monde à ses pieds. Le golf est rarement aussi parfait, et les rêves se réalisent rarement aussi tôt dans la vie… Dix trous et demi comme ça, et il serait aux anges. Il aurait dû prendre une photo, à ce moment divin, car la dure réalité d'un dimanche au Masters était sur le point de le frapper sauvagement.

Jouant avec la sorte de rage productive que lui seul peut contrôler, Bubba lança un drive qui dépassa les bunkers situés à 280 mètres du départ. Avec 210 mètres à parcourir jusqu'au trou, il envoya son approche en sécurité au-delà du green. Spieth se plaça à droite et il fut choqué quand sa balle s'arrêta net sur son troisième coup, refusant de rouler vers le trou. Bubba faillit rentrer son chip pour un eagle et Spieth, se méfiant de la vitesse des greens, joua un putt pour birdie mou. Il lui restait un putt de moins d'un mètre pour le par, mais c'était suffisant pour le rendre nerveux.

Il le rata ! Autour du green, les spectateurs grognèrent mais la vérité c'est qu'il avait eu de la chance de ne pas concéder de bogey pendant aussi longtemps. Quand Bubba enquilla son court putt pour birdie, Spieth avait enduré l'inversion de deux coups tant redoutée. Son avance disparut en un seul trou et les deux joueurs étaient à -7 avant le dernier trou de l'aller.

Bubba, qui avait maintenant l'honneur, envoya une fusée en plein milieu. Spieth trouva aussi le fairway, mais se retrouva 35 mètres derrière son adversaire. Sur son approche, il n'arriva pas à envoyer la balle au-delà de l'avant-green et sur CBS les commentateurs dirent immédiatement que Greg Norman avait fait la même erreur lorsqu'il s'était effondré face à Nick Faldo en 1986. Bubba, se nourrissant de sa propre dynamique, envoya son approche à trois mètres et son putt de droite à gauche rentra par l'arrière du trou pour un birdie. Le chip de Spieth s'arrêta à un mètre – un effort louable, compte tenu des circonstances – mais son putt pour le par toucha le trou à droite et flirta avec le bord avant d'aller mourir sur l'herbe. Plus de grognements et plus de grimaces pour Spieth.

Il y eut un nouveau basculement de deux coups : Spieth aborderait le retour à -6, à -1 pour la journée mais avec l'impression d'avoir tout perdu. A -8, Bubba avait quant à lui à nouveau une prise dangereuse sur le tournoi.

Avant le début du dernier tour, Michael Greller avait entendu un spectateur dire à un ami que quand Bubba drivait droit, il était tellement long qu'il commençait avec une avance de trois coups sur le champ. Il savait que c'était vrai, et au tee du 1 il avait su qu'ils devraient frapper tôt.

Et ils l'avaient fait. Mais Bubba avait réagi avec une résolution incroyable, alignant quatre birdies pour endiguer l'attaque et reprendre le contrôle quand il avait semblé que la dynamique de Spieth puisse l'enterrer. C'était déjà la plus grande performance de sa carrière et un regard sur Spieth vous disait tout ce que vous aviez besoin de savoir sur son état mental. Il avait perdu de sa vigueur, et qu'il l'admette lui-même ou non le tournoi était perdu.

Sur CBS, Nick Faldo résuma la situation avec un euphémisme typiquement anglais : « C'est un moment important, n'est-ce pas ? »

Le coup de grâce (en français dans le texte, ndt) fut porté au retour sous la forme de deux coups très différents.

Le premier arriva au départ du 12, quand Spieth prit la mesure du court par 3 au cœur de l'Amen Corner. Dans son livre, *No Limits* (Aucune limite, ndt), Ian Poulter parla de « l'un des trous les plus volatiles dans le golf », et le compara à « tirer un pénalty dans un match de football et voir devant soi un but qui fait moins d'un mètre de largeur et de hauteur. » Le green offre une zone de retombée qui fait moins de dix mètres, et le vent est impossible à jauger – même le drapeau sur le green du 11 peut être trompeur.

Avec les tribunes dans son dos, sur la plus grande scène de sa vie, Spieth prit un fer 9. Greller l'implora de viser le côté droit du bunker, dans la direction de la tour de télévision, où une erreur ne le pénaliserait pas trop. Spieth ne croyait cependant pas que le vent tourbillonnant soufflait dans sa direction.

Il pensait en fait avoir le vent dans le dos, et que s'il tapait son fer 9 parfaitement sur la ligne la plus sûre la balle terminerait dans le bunker du fond et le mettrait dans le pétrin. Il finit par se persuader que le vent était tombé. Il prit la décision de dernière minute de jouer en fade, afin de ramener la balle vers le trou. Dans les hauteurs où la balle s'éleva, le vent soufflait malheureusement vers le départ. Elle ralentit la trajectoire juste ce qu'il faut et quand la balle atterrit au bord de l'avant du green, elle revint en arrière, lentement mais inévitablement, vers Rae's Creek. C'est là que Spieth perdit le tournoi.

Le coup fatal fut porté par Bubba au départ du 13. Au lieu de se donner la peine d'envoyer un drive en fade sur le fairway, il décida qu'un dimanche au Masters était un bon moment pour couper par-dessus les arbres et réduire la distance du trou. C'était audacieux, même dans une partie ordinaire, et presque dément compte tenu de la situation, mais cela marcha presque parfaitement : la balle toucha un arbre en route, mais celui-ci ne fit que l'effleurer et la balle traversa les pins et atterrit sur le fairway. En salle de presse, les journalistes en eurent le souffle coupé. Personne n'avait jamais vu quelque chose comme ça, y compris les journalistes qui sont là depuis des décennies. L'incroyable risque engendra une récompense tout aussi incroyable : il restait à Bubba un coup de sand wedge à jouer pour atteindre le green, ce qui transformait le birdie sur ce par 5 en formalité.

En voyant cela, Spieth sut qu'il était battu – ils jouaient à un jeu différent.

Le reste de la partie laissa une impression de fatalité. Bubba aligna drive après drive sur la piste, inéxorablement droits, et Spieth n'arriva pas à faire tomber les birdies. Jonas Blixt remonta à -5 et une deuxième place à égalité, mais Fowler et Kuchar ne purent porter une attaque lointaine.

Tandis que le retour se prolongeait, le bas du corps et le torse de Spieth se désynchronisèrent et sa main lâcha le club sans arrêt. Il commença à marmonner et à s'accroupir en une réaction de défense après ses mauvais coups. Seul un excellent petit jeu l'empêcha de s'effondrer totalement mais son putter n'en faisait pas partie puisqu'il donna l'impression de vouloir le balancer par moments.

« Mince, Jordan, mon dieu ! », siffla-t-il au 16 quand son coup de fer 8 manqua l'endroit magique qui laisserait la balle descendre jusqu'au trou. « Allez », gémit-il après un mauvais drive au départ suivant. Quand il descendit le 17, pris par l'émotion du moment, il se retourna vers Greller. « J'ai travaillé toute ma vie pour ceci… », lui dit-il en laissant la phrase s'estomper. Greller lui rappela qu'il y en aurait beaucoup d'autres, mais Spieth n'était pas d'humeur à prendre du recul.

Cet après-midi-là, l'Amérique eut son premier aperçu de la tendance de Spieth à laisser ses émotions négatives le submerger. Le problème n'est pas la colère mais l'apitoiement, capable de le mener à lâcher prise. Avant la fin de l'année, j'allais la voir le réduire en cendres à deux autres reprises. Comme chez Sergio Garcia, elle transforme tout son affect et change son jeu dans les grandes lignes. Mais contrairement à Sergio, on n'eut jamais l'impression que Spieth était condamné à répéter ses erreurs de décennie en décennie.

Les caméras captèrent une belle image au départ du 18, après que Bubba eut envoyé un coup de bois 3 sur le faiway. Il posa, sa silhouette découpée sur fond de pins majestueux dans le soleil de fin d'après-midi. Là, dans l'éclat de sa grandeur, on pouvait oublier tout le reste et apprécier sa pure et incontestable prestance. Après son approche, il fit tourner son fer énergiquement, baigné par l'adulation en chemin vers le green, prit deux putts pour un dernier par et sanglota sur l'épaule de Ted Scott. Le garçon de Bagdad, en Floride, venait de remporter son deuxième Masters avec trois coups d'avance sur Jordan Spieth et Jonas Blixt.

Devant les caméras, Jordan garda la tête haute et Bubba fanfaronna comme à son habitude : « Un gars d'une petite ville, appelé Bubba », s'émerveilla-t-il, empreint d'admiration pour lui-même et sa victoire.

Au final, le mystère du dernier tour peut être résumé à la virtuosité fluctuante du fantasque gaucher, qui endossa la deuxième veste verte de sa carrière. Dans les moments les plus imprévisibles, sous une pression écrasante, il peut mobiliser une incroyable résilience qui va à l'encontre de toutes les bévues qui s'accumulent dans ses mauvais jours. Il se tient, imposant, sur sa scène préférée, swinguant le puissant driver rose en suivant des arcs de cercle audacieux, anéantissant littéralement la pauvre balle et l'envoyant où bon lui semble. Les deux Bubbas se solidifient en s'unifiant, tandis que la peur et l'insécurité disparaissent et le génie qui émerge, dans ce moment transcendant, est bien plus grand que l'addition de ses composantes.

9

QUELQUES RÉFLEXIONS SUR AUGUSTA NATIONAL

« La courtoisie et la distinction constituaient le socle de la vie du fondateur du tournoi, ainsi que de sa manière de jouer au golf ; Cliff, son assistant dévoué, tira son amour de l'honneur des principes de conduite strictes de son patron. [Clifford] Roberts amplifia [Bobby] Jones. Ensemble, ils firent de la bienséance de tous ceux qui approchaient leur tournoi de près ou de loin, leur cheval de bataille. »

Curt Sampson dans The Masters: Golf, Money, and Power in Augusta, Georgia

Certains gobent le mythe d'Augusta, et peut-être en faites-vous partie. Vous ne direz donc pas que je ne vous avais pas prévenu : si vous préférez croire qu'arpenter ces fairways sacrés induit un état de nirvana golfique, ou que le Masters est un conte de fées devenu réalité, vous devriez peut-être sauter ce chapitre. Et pour l'amour de Dieu, tenez-vous à l'écart de l'excellent livre écrit par Curt Sampson sur Cliff Roberts, Bobby Jones et les origines du plus célèbre tournoi de golf.

D'un autre côté, si votre détecteur de foutaises a encore des piles, voici un deuxième argument : il y a quelque chose de profondément dérangeant et anti-démocratique dans tout le fonctionnement du club, et il représente presque tout ce qui est archaïque et exclusif dans le golf. Le livre de Sampson est un super point de départ si vous voulez connaître la vérité, et la meilleure forme d'approbation est venue d'Augusta National même, dont les membres l'accusèrent en privé d'avoir commis de nombreuses erreurs factuelles sans pouvoir en identifier une seule.

Ne vous y trompez pas : les hommes en vestes vertes savent ce qu'ils font, et ils le font bien. Le Masters est devenu le plus prestigieux des tournois majeurs à une vitesse remarquable, alors que c'est le plus récent de tous. Horton Smith remporta le premier Augusta National Invitational en 1934, soit 18 années après la création du Championnat US PGA, 39 après celle de l'U.S. Open et 74 après que Willie Park père ait battu Old Tom Morris de deux coups lors du British Open en 1860.

Alors comment le petit nouveau a-t-il obtenu un tel statut ? Bobby Jones, pour commencer. Il fut la première icône golfique américaine, et toute entreprise à laquelle il associait son nom était vouée à avoir un certain cachet. Le parcours a aussi aidé : il a été dessiné par Alister Mackenzie dans une ancienne plantation d'indigo, et le tracé et le paysage étaient beaux dès le départ.

Mais la vraie vedette du spectacle a toujours été Clifford Roberts, le co-fondateur d'Augusta National et la tête pensante de l'opération. Il venait de l'Iowa et il avait eu une jeunesse difficile : sa mère s'était suicidée avec un fusil à pompe quand Cliff avait 19 ans et son père s'était mis devant un train, peut-être exprès, huit années plus tard. Roberts parlait rarement de ses débuts, donc il est impossible de savoir quel effet ils avaient eu sur son psychisme. Quels qu'aient été les dégâts, il avait de grands talents. Il gagnait de l'argent à tour de bras : après avoir énormément profité de ventes de terrain au Texas, il était devenu banquier d'affaires à la Reynolds Company, à New York. Il pouvait vendre n'importe quoi et s'insinuer dans les bonnes grâces d'hommes puissants comme Bobby Jones et Dwight Eisenhower. Plus que toute autre chose, c'est sans doute la source de sa grande puissance : sa capacité à flatter des icônes influentes exactement comme il fallait.

Clifford Roberts et Bobby Jones constituaient une paire parfaite : Jones était le visage noble de l'entreprise, Roberts le battement de cœur infatigable, vital, sans cesse à l'œuvre dans les coulisses. C'est lui qui avait obtenu les premiers investissements, et qui avait prévu que le tournoi tombe après la période d'entraînement de pré-saison de baseball en Floride afin que les reporters New-Yorkais, qu'il traitait royalement en échange d'une couverture élogieuse, puissent s'arrêter sur le chemin du retour. Il est aussi celui qui favorisa une atmosphère d'exclusivité. Même dans la période d'instabilité financière, quand ils durent demander à la ville d'Augusta de leur venir en aide en leur achetant les billets non vendus.

Roberts inventa le nom Masters, que Bobby Jones n'aimait pas. Il s'arrangea même pour que des figures légendaires comme le journaliste sportif Grantland Rice fassent le sale boulot pour lui : lors de l'une des premières réunions du club, ce dernier proposa que Jones et Roberts le dirigent sans interférences, ce qui mit en place une dictature qui durerait quarante ans.

C'était aussi un raciste mesquin et méchant avec une tendance paranoïaque tellement prononcée qu'elle ferait rougir Joseph Stalin. C'est facile d'attribuer aux mœurs du sud-est américain de l'époque le racisme initialement en vigueur à Augusta National, mais le fait est que la majorité des membres fondateurs étaient des amis de Roberts : des hommes d'affaires du nord-est. Ce sont eux qui amenèrent des noirs du coin des soirs de week-end, leur bandèrent les yeux et leur firent se démolir sur un ring de boxe. Ce sont eux qui restèrent assis, fumant des cigares et buvant des cocktails, applaudissant le carnage. Ce sont eux qui empêchèrent des noirs, des juifs et des femmes de participer à la fête.

Quand Bobby Jones commença à s'étioler, victime d'une maladie neurologique appelée la syringomyélie, Roberts combla le vide politique et transforma la dictature en tyrannie absolue. Il renvoya des employés qu'il n'aimait pas, rudoya des membres et des invités, donna et retira des invitations sur un coup de tête. Il inventa même une raison pour faire évincer un golfeur appelé Frank Stranahan d'un tournoi pour des raisons qui n'ont jamais été confirmées, mais qui viendraient d'après la rumeur de sa liaison avec une femme qu'il aurait bien aimé avoir pour lui. Il se jura aussi d'empêcher les noirs d'entrer au Masters, sauf en tant que caddies soumis – une promesse qu'il tint jusqu'en 1976, quand Lee Elder brisa la barrière raciale des décennies après qu'elle l'ait été dans la plupart des autres milieux.

Une année seulement après cette brèche impensable, âgé de 83 ans et atteint d'un cancer, Roberts se rendit sur le compact, se posa sur les rives de Ike's Pond et se tira une balle dans la tête avec un revolver de calibre 38.

« J'aurais bien aimé être là quand il s'est suicidé. Je l'aurais fait rouler dans l'eau. »

Frank Stranahan dans Sports Illustrated, le 6 avril 1998.

L'ombre fantomatique de cet homme étrange plane encore au-dessus d'Augusta. Le Masters est entré dans l'ère moderne lentement et avec réticence à chaque étape, avec pour illustration célèbre l'édition 2003, quand le club décida de se passer de publicité plutôt que de céder aux manifestants et de permettre à une femme de devenir membre (ce n'est pas avant 2012 que Condoleezza Rice et une femme d'affaires appelée Darla Moore acceptèrent de le devenir). Ils n'accueillirent jamais la télévision à bras ouverts, comme peut en attester tout téléspectateur qui se souvient des jours frustrants où l'on ne pouvait regarder que les neuf derniers trous.

Encore aujourd'hui, il y a une paranoïa et un contrôle maladif navrants évidents chez les gens qui dirigent Augusta. Comme la plupart des fans de golf, j'ai grandi en regardant et adorant le Masters, même dans mon enfance quand le golf « normal » m'ennuyait à mourir. Après des mois de supplications, j'ai fini par obtenir une accréditation en 2014 et je m'attendais à être submergé par l'émotion et à avoir la chair de poule en arrivant en terre sacrée.

Au lieu de cela, mon expérience me donna l'impression d'avancer sur la pointe des pieds dans un champ de mines, et cela commença bien avant que je ne passe la frontière de la Géorgie. De nombreux reporters m'avaient prévenu quelques jours auparavant : tu n'as pas intérêt à amener ton téléphone portable sur le parcours car sinon ils t'expulseront. Le Masters est le seul tournoi où les journalistes n'ont pas le droit d'emmener leurs téléphones en dehors de la salle de presse ; ne te fais pas prendre en train de courir sur le parcours, ou tu gicles ; n'écris rien de polémique parce qu'ils lisent tout et tu ne seras plus jamais réinvité ; veille bien à remercier personnellement les officiels clés avant le début du tournoi ou ton impolitesse sera remarquée ; et cetera et cetera.

La présence de personnel de sécurité est bien réelle aussi. En 2011, Steve Elling a écrit pour CBS un article sur ces voyous, descendants spirituels des casseurs de syndicat et des hommes de main, notant qu'ils « prennent leur travail autant au sérieux que les agents dans les aéroports contrôlant des passagers arrivant de Bagdad. » Elling fut pourchassé et pratiquement expulsé des lieux parce qu'il était passé sous une corde près d'un putting green pour traverser une étendue interdite d'1m50 – les gardes le rattrapèrent cent mètres plus loin et le firent revenir, comme un enfant, à l'endroit où il avait fait une bêtise. Il n'eut pas d'autre choix que d'obtempérer : son accréditation était en jeu.

Steve Elling fit aussi des vagues quand il osa interrompre Billy Payne, le Président d'Augusta, alors qu'il esquivait des questions sur les raisons pour lesquelles le club refusait d'avoir des femmes pour membres. L'échange fut tendu mais ne dégénéra pas. Il fut donc surpris de recevoir un appel de son patron peu de temps après, dont les premiers mots furent : « Qu'as-tu fait »?

Les plaintes arrivèrent à CBS rapidement, et retombèrent sur la tête d'Elling. Le message était clair : arrêtez de jouer les trouble-fêtes.

« Ces gars d'Augusta font des coups bas, me dit Elling. J'ai eu l'audace de lui demander de répondre à une question, d'arrêter d'être évasif, et ils se sont plaints auprès de mon patron. Quelle bande de c.... »

Il fut licencié par CBS un peu plus tard et même s'il ne pense pas que cela ait quoi que ce soit à voir avec ce fiasco, il n'en est pas sûr et ne le sera jamais.

« Ils inventent des règles au fur et à mesure, poursuivit-il. Si vous leur demandez pourquoi, c'est comme si vous aviez dix ans, demandiez à votre père "pourquoi je ne peux pas regarder cette émission" ? et qu'il vous répondait "parce que". Je suis désolé mais ça ne me suffit pas. Vous ne pouvez pas mettre suffisamment de Grey Poupon (marque de moutarde de Dijon commercialisée sur le marché américain, ndt) sur votre sandwich de merde pour que je le mange sans me plaindre. »

A mon arrivée à Augusta, les choses furent encore plus étranges. Le mercredi, je me baladai sur le parcours avec un représentant des médias dont je suis sûr qu'il préfèrerait rester anonyme quand il m'arrêta.

« Regarde par terre, me dit-il. Tu vois des pommes de pin ? »

Je pensais que cela serait facile – il y a des pins partout, de même que des aiguilles de pin – mais je ne pus voir aucune pomme de pin. Ce que je vis, c'est des hommes noirs dans des combinaisons blanches, avec chacun 4 000 mètres carrés à couvrir, chargés de ramasser tous les détritus – ce qui semble inclure les pommes de pin à Augusta – dès qu'ils tombent par terre. C'est une vue qui aurait ravi Clifford Roberts, j'imagine.

« Maintenant, regarde autour de toi, poursuivit mon ami. Tu vois des écureuils ? » Je n'en vis aucun. Personne ne semble avoir d'explication pour ceci, en dehors de la théorie douteuse selon laquelle les écureuils préfèrent le bois tendre et que les responsables d'Augusta veillent à ce que les arbres typiques de la région ne puisse pas pousser sur la propriété.

« Maintenant, regarde en haut, dit-il comme s'il avait déjà effectué ce numéro. Tu vois des oiseaux ? »

A ce moment-là, je sentis un gargouillement de panique dans mon ventre. Comment pouvait-on faire fuir les oiseaux ? Une sorte de barrière aérienne à sonar électrique brouillant leurs cerveaux ? Ou est-ce que vous payez des habitants du coin pour une exécution massive fin mars ?

(Quand j'appelai Curt Sampson, il eut une explication différente pour l'absence d'animaux : « Ils n'ont pas pu devenir membres. »)

Je commençai à envisager toutes les autres façons dont le club manipule l'environnement : l'eau teintée en bleu, leur habitude de geler les azalées les années chaudes pour être sûr qu'elles ne soient pas en fleurs avant l'arrivée des caméras de télévision, le chant d'oiseau enregistré que CBS utilise pour combler le manque de créatures volantes. Même les détails mineurs puent le fanatisme… Les papiers verts qui entourent les sandwiches, spécialement conçus de manière à passer inaperçu à la télévision, dans le cas où certains tomberaient sur les pelouses… Le scotch cachant les logos Coca-Cola aux buvettes, plus pour que le logo d'Augusta soit le seul visible qu'en vertu d'instincts anti-commerciaux, puisque Bobby Jones a fait un carton avec Coca en tant qu'investisseur.

Ces tromperies ne font pas de victimes humaines. Les relations avec les médias, en revanche, sont devenues bien moins cordiales depuis les premières années. L'enclos auquel j'avais survécu de peu le vendredi était le dernier de mes soucis car la peur d'être banni est bien réelle, et constante. En 1966, ils ont expulsé le présentateur Jack Whitaker pour avoir appelé un groupe de spectateurs une « foule » - au club, on préfère le mot « patrons » (terme anglais qui se traduit par clients ou mécènes, ndt). Gary McCord fit un jour une blague célèbre en disant qu'à Augusta on utilisait de la cire à épiler sur les greens, ce qui incita Tom Watson à le dénoncer. McCord n'a pas pu y revenir depuis, ce qui est tellement mesquin que cela me fait tourner la tête.

Et il y a d'autres histoires de journalistes qui ont été exclus parce qu'ils avaient envoyé un SMS à quelques pas seulement de la salle de presse, ou de femmes de joueurs détenues dans des bâtiments spéciaux parce qu'elles avaient eu l'audace de prendre des photos du concours de par 3. Alan Shipnuck, de *Sports Illustrated*, a été interdit de Masters pendant un an parce qu'il avait suivi le vainqueur dans Butler Cabin pour l'interview finale – en d'autres mots, parce qu'il faisait son travail.

Lors de mon premier jour à Augusta, j'ai découvert qu'ils ne nous faisaient pas confiance pour marcher jusqu'à la salle de presse tout seuls, préférant nous y emmener en voiturette depuis l'entrée. Et quand je marchai sur un bout de pelouse pour atteindre la voiturette, un employé me hurla de rester sur le chemin pavé. Big Brother est partout.

Pour les « patrons », la liste de règles et réglementations est tellement longue qu'elle en devient absurde, comme l'expliqua Bill Pennington dans un article du *New York Times* en 2013 :

« Il y a tellement de choses que l'on ne peut pas faire à Augusta National, c'est à se demander pourquoi il n'a pas été appelé le Country Club du Non.

On ne peut pas courir, où que ce soit. On ne peut pas s'asseoir sur l'herbe près des greens. On ne peut pas avoir les pieds nus (même quand on est assis). On ne peut pas apporter de chaise. On n'a pas le droit aux drapeaux. Ni aux panneaux, aux banderoles, aux glacières, aux poussettes ou aux radios. On n'a pas non plus le droit d'être debout dans les zones officiellement désignées pour s'asseoir, ou assis dans les zones prévues pour être debout. Pas d'appareil photo, pas de casquette portée à l'envers, ni de chapeau à bords trop larges. Interdiction de porter des chaussures à crampons de métal, ou d'utiliser les voiturettes. Et surtout, on n'a absolument pas le droit de s'allonger où que ce soit. »

Les membres ne sont pas à l'abri : leur cotisation change d'une année sur l'autre sans avertissement, en fonction de ce dont le club peut avoir besoin, et tous peuvent être évincés à n'importe quel moment sans explication. Des légendes urbaines comme celle qui suit circulent à Augusta : un membre amène un invité qui ne se comporte pas avec la révérence appropriée à l'égard du club, et à la fin de l'année il reçoit une lettre par la poste disant « Merci d'avoir été membre de l'Augusta

National. Nous vous souhaitons beaucoup de succès pour l'avenir. » Un point c'est tout.

Même s'il est rare que les joueurs en parlent, ils ont aussi des sensations étranges pendant la semaine du Masters. David Toms est l'un de ceux qui l'ont fait, disant à des reporters en 2006 que les joueurs devaient « marcher sur des œufs. »

« Ils ont peur que leur téléphone portable soit allumé, ils s'inquiètent de devoir s'arrêter à la guérite à l'entrée pour y scanner leur billet, s'assurent qu'ils ont un seul pass pour le parking et que personne d'autre ne s'y met, raconta-t-il. On croirait être surveillé par la CIA. »

Dans ce genre d'atmosphère oppressante, comment étais-je censé apprécier le cadre, aussi magnifique soit-il ? Pendant le plus clair de mon temps à Augusta, j'ai eu l'impression d'être un touriste en Corée du Nord, surveillé avec suspicion par des soldats armés. Un faux-pas, me dis-je, et je pourrais être jeté dans le bunker souterrain où ils mettent les oiseaux morts.

Certains louent cette rigueur pompeuse. D'après une théorie, Augusta National serait le dernier bastion d'un lifestyle en voie de disparition. Je ne vois pas très bien ce que ce mode de vie pourrait être : les vieux riches vaniteux qui rendent la vie impossible à tous les autres sont trop courants pour être considérés comme sacrés, et trop enracinés pour disparaître.

Néanmoins, une règle de vie veut que tous les despotes attirent des laquais, et au Masters ils sont plus nombreux que partout ailleurs. La façon dont les lèche-bottes se gargarisent de la nature sacrosainte du tournoi, et semblent tirer un malin plaisir des faux-pas des innocents enfreignant le code de l'honneur, suffit à vous donner la nausée. Je n'en parle que dans le but de montrer que dans ce débat, des gens déraisonnables peuvent ne pas être d'accord.

Demandez à n'importe quel golfeur américain de vous dire de quoi il rêve et il répondra « gagner le Masters. » Peut-être faut-il admirer la façon dont la renommée a été construite au fil des ans, si bien qu'il est aujourd'hui un rituel télévisuel printanier incontournable, livré avec le tintement d'un piano et la voix douce et rassurante de Jim Nantz. Quand j'entends parler d'une « tradition différente de toutes les autres », la seule tradition qui me vient à l'esprit c'est le pouvoir exclusif, silencieux d'hommes qui se prennent trop au sérieux.

Il va sans dire que rien de ce que j'ai écrit dans ce chapitre n'aura d'effet concret sur Augusta. S'il est vrai qu'ils lisent tout ce qui est écrit sur eux d'ici aux régions les plus reculées d'Indochine, la probabilité que j'y retourne en tant que journaliste est très très faible. Après avoir lu son livre, j'ai d'ailleurs appelé Curt Sampson pour savoir s'il avait pu avoir une autre accréditation. Je pus entendre un petit rire de l'autre côté de la ligne. « Oh Shane », dit-il comme si j'avais 19 ans et croyais encore au Père Noël. « Non. »

Mais ça me va : le golf y est extraordinaire et le parcours est superbe, mais le côté sanctuaire est vraiment déprimant. Certains vouent un culte à l'entre-soi et à la bien-pensance. Personnellement, je n'arrivai pas à me défaire, pendant que je marchais parmi les foules enragées et le long des greens impeccables, de la sensation que le tyran Cliff Roberts se moquait de moi dans sa tombe… Collet monté, tandis qu'il cherchait de son œil de lynx la moindre trace d'inconvenance, m'envoyant ses sous-fifres vivants me montrer exactement pourquoi je n'avais pas ma place, déplaçant, en maître du jeu, toutes les pièces de l'échiquier, jusqu'à ce que toute l'opération bien huilée serve ses instincts fourbes de vieux bigot astucieux, flagorneur et en quête de pouvoir absolu.

10

UN DERNIER MOMENT A AUGUSTA

Vers la fin de l'aller, le dimanche, après avoir échoué à porter une attaque alors qu'il accusait un retard de huit coups sur les leaders, Rory McIlroy remarqua qu'il envoyait régulièrement ses putts à gauche de la cible.

Au final, il avait raté quinze putts à moins de deux mètres cinquante et sa carte de 77 le vendredi avait anéanti toutes ses chances de remporter le tournoi. Après six trous lors du dernier tour, cela se dégrada tellement qu'il décida d'essayer de comprendre d'où venait son problème. A titre d'expérience, il dessina une ligne sur sa balle et la pointa quelques centimètres à gauche du trou [1]. Quand il se releva et adressa la balle, il fut stupéfait par les résultats. On avait l'impression qu'il avait visé le bord droit, alors qu'il avait précisément aligné la balle.

La différence n'était pas énorme – moins de 10 centimètres – mais suffisamment importante pour diagnostiquer le problème. Tous ses putts étaient faussés depuis le début. L'idée qu'il avait joué comme cela pendant dieu sait combien de temps le rendait fou. Cela lui avait valu une kyrielle de putts de longueur moyenne, tout ce qui était plus long étant complètement voué à l'échec.

1. Certains joueurs utilisent cette technique sur chaque putt, mais pas Rory.

Après avoir procédé à un ajustement, il aligna trois birdies d'affilée et à la fin du dernier tour il était revenu dans le par total et il finit à la huitième place à égalité.

Quand il analysa les choses après-coup, il se rendit compte qu'il avait été tellement près de la balle à l'adresse que quand il baissait les yeux ils étaient au-dessus du côté le plus éloigné de la balle. Son corps avait compris le problème instinctivement, même si le cerveau n'y était pas arrivé, et il avait inconsciemment légèrement ouvert son stance pour permettre à sa main gauche de pousser la balle dans une tentative de compensation.

Qu'un golfeur professionnel avec ses aptitudes puisse commettre une erreur comme celle-là le dépassait, mais qu'encore en plus personne dans son camp n'ait su pointer le problème lui déplaisait fortement.

Après le Masters, il passa des semaines à s'entraîner à voir une ligne droite dans un stance normal avec des miroirs et des lignes tracées à la craie. Pendant ces heures monotones d'ajustement et de répétition, il espéra que le travail porterait ses fruits au cours de l'été. Il nous raconta cette histoire au Wells Fargo un mois plus tard, et aucun d'entre nous ne savait que sa prise de conscience à Augusta s'avèrerait être l'un des moments les plus importants de toute la saison.

11

LA NOUVELLE ORLÉANS, LOUISIANE

La solitude de Seung-Yul Noh ; Keegan Bradley s'en va-t-en guerre ; une épreuve de force à NOLA

Moi : *Est-ce que vous aimez l'Amérique ?*
Seung-Yul Noh : *Mmmmmmmm… Non.*

Dites-moi tout ce que vous savez sur Seung-Yul Noh, 22 ans, qui a remporté l'ordre du mérite du circuit asiatique en 2011 et qui, contrairement à Jordan Spieth ou Rickie Fowler, a gagné un tournoi du PGA Tour en 2014. Ou sur Hideki Matsuyama, qui est encore plus jeune que Noh, a aussi gagné en 2014 et été l'un des 29 joueurs présents au Tour Championship à Atlanta? Ou encore K.J. Choi, Ryo Ishikawa, et Sang-Moon Bae, qui font maintenant partie des meubles du PGA Tour ? Et tant qu'on y est, que savez-vous vraiment sur Y. E. Yang, le seul joueur dans l'histoire du golf à avoir vraiment pris en chasse Tiger Woods alors qu'il était en tête dans un tournoi majeur ?

Vous comprenez le message : il existe un vide immense dans la couverture médiatique américaine et européenne. Des joueurs professionnels venant de l'est et du sud-est de l'Asie – surtout le Japon, la Corée et la Thaïlande – vivent derrière un voile, obtenant des résultats qui attireraient bien plus l'attention s'ils étaient nés en Occident. Quels que soient les facteurs en jeu dans ce phénomène, le problème principal est la langue.

Les golfeurs européens ne venant pas de Grande-Bretagne ou d'Irlande ont étudié l'anglais pendant des années, et la plupart le parlent couramment. Ce n'est pas le cas de beaucoup de golfeurs asiatiques, ce qui rend difficile les interviews rythmées ou limite les reporters aux questions techniques, au détriment des questions personnelles. Le sens est souvent perdu dans la traduction, donnant lieu à des échanges comme celui-ci avec le Coréen Sang-Moon Bae :

Journaliste : *Quelle est la clé de votre réussite cette semaine ?*
Sang-Moon Bae : *Uhh… Oui.*

Plus tard, au cours de la même interview, quand il fut interrogé sur sa patience, Bae répondit qu'il n'était pas en colère avant de demander au journaliste de parler plus doucement.

Par conséquent, les interviews de joueurs asiatiques ont tendance à prendre une fois et demi plus de temps qu'avec des anglophones et les questions restent plus superficielles. C'est un cercle vicieux : le public attend moins d'informations à propos de ces golfeurs, les reporters se donnent moins de mal et le voile s'épaissit.

Le même phénomène qui isole les pros asiatiques des médias les éloigne aussi de leurs collègues.

Quand j'ai parlé à Seung-Yul Noh au Wells Fargo, à Charlotte, il m'a dit qu'il n'était pas très heureux en Amérique.

« C'est sympa parce mon rêve était de jouer au PGA Tour quand j'ai commencé à jouer au golf, me dit-il. Mais je n'ai pas beaucoup d'amis ici. »

« Vous sentez-vous seul ? »

« Très seul, oui. »

« Est-ce que vous sortez surtout avec les autres Coréens ? »

« Ouais, je suis très ami avec tous les joueurs Coréens, nous sommes à peu près dix joueurs sur le Tour, Coréens, donc nous dînons ensemble tous les soirs. Presque chaque dîner. » « Est-ce que vous en avez assez de toujours voir les mêmes personnes ? »

Il rit et acquiesça.

D'un autre côté, les golfeurs asiatiques doivent faire face à une attention presque oppressante de la part de leurs médias. Alors que les journalistes américains se concentrent sur quelques-uns parmi une centaine de joueurs lors d'une semaine donnée, les médias japonais limitent leur couverture aux joueurs nippons. Le résultat : des joueurs comme Noh et Matsuyama se retrouvent souvent au milieu de grands cercles de reporters et photographes alors qu'un joueur américain ne vit cela que quand il remporte un tournoi – ou s'il s'appelle Tiger Woods.

Pour les joueurs Coréens, jouer aux Etats-Unis est une condition préalable à une grande notoriété au pays comme Noh en était déjà conscient en 2010, quand il se qualifia pour le Championnat US PGA et commença fort avec des cartes de 68 et 71.

Question : *Est-ce très différent d'avoir affaire à des médias coréens, et à des médias américains, et êtes-vous en train de devenir une célébrité chez vous ?*

Seung-Yul Noh : *Je ne joue pas beaucoup sur le PGA Tour donc c'est pour ça que je ne suis pas très connu en Corée. Mais après ceci, peut-être que je serai célèbre.*

Seung-Yul Noh a grandi dans la partie la plus au nord de la Corée du Sud et s'est mis au golf à l'âge de sept ans. Son anglais est meilleur que celui de la plupart des autres Asiatiques, en partie parce qu'il a commencé à se rendre aux Etats-Unis chaque hiver pour s'entraîner à partir de l'âge de huit ans. Ses deux parents travaillaient dans des banques mais sa mère a démissionné quand il avait douze ans pour le conduire à des tournois à travers le pays, et son père a fait de même quatre ans plus tard pour le caddeyer. Noh est passé pro quand il avait seize ans, se qualifiant pour le circuit asiatique la même année, et il a gagné un tournoi en Chine dès l'année suivante. En 2010, il avait déjà remporté l'ordre du mérite et était devenu le deuxième plus jeune vainqueur dans l'histoire du circuit européen en battant K. J. Choi pour s'imposer à l'Open de Malaisie. Après avoir passé le cut dans trois tournois majeurs en 2011, il décida de tenter les cartes d'accès au circuit américain.

Il passa l'épreuve avec succès, et sa vie changea à toute allure. Il s'installa à San Diego, dans la maison de son oncle, voyagea avec sa sœur (ses parents étaient restés en Corée) et commença à travailler avec le technicien Sean Foley, qui surmonta l'obstacle linguistique en lui montrant des photos de la façon dont il voulait qu'il swingue. Il se sentait seul mais il appréciait toutes les commodités de la vie à l'américaine, avec les services de blanchisserie, les voitures de courtoisie et des restaurants coréens dans pratiquement toutes les villes qu'il visitait.

Sur le parcours, les spectateurs le prirent pour d'autres joueurs asiatiques ou sino-américains – surtout Kevin Na – mais il pouvait supporter ce problème. Il boucla sa première saison à la 49ème place du classement de la FedEx Cup. Malgré l'isolement dont il souffrait comme les autres joueurs asiatiques aux Etats-Unis, ses scores progressèrent considérablement en 2013, et il atteignit la quatrième place aux finales du circuit Web.com, ce qui lui permit de conserver sa carte. Il acheta un appartement à Dallas et passe maintenant son temps libre à regarder des films coréens, mais il ne sait pas encore si son aventure golfique américaine est permanente.

« Vous savez », dit-il avec un profond soupir quand on lui demanda s'il finira par rentrer chez lui et évoluer sur le circuit asiatique, « je vais faire beaucoup d'argent aux Etats-Unis et peut-être après jouer en Corée. Dépenser mon argent en Corée. »

Il se souvient avoir vu Y. E. Yang battre Tiger Woods au Championnat US PGA, ce qui fit de Yang un héros en Corée et resta comme l'une des plus grandes victoires de l'histoire. Yang fut le premier golfeur, en quinze tentatives, à battre Tiger Woods dans un tournoi majeur dont il occupait la tête le dimanche, et devint aussi le premier joueur né en Asie à remporter un tournoi du Grand Chelem. Il est toujours le seul.

Quand Noh est arrivé en Amérique, il est devenu ami avec Yang et allait dîner fréquemment avec lui. Il avait d'innombrables questions sur ce dimanche épique. Noh avait inlassablement regardé les images, connaissait tous les trous et posa des questions à Yang sur chacun – pourquoi il avait tapé ce coup en particulier dans cette situation particulière. A quoi pensait-il avant le dernier tour, sachant qu'il allait jouer avec Tiger et qu'il avait du retard au démarrage ? Comment se sentit-il quand la partie se prolongea, et qu'il eut une vraie chance de l'emporter ?

Yang se livra à lui et Noh commença à rêver de gagner sur le PGA Tour lui aussi. Ce n'était pas incongru : Noh et Matsuyama représentent une nouvelle espèce de joueurs asiatiques. Comme Rory McIlroy le remarqua à Charlotte, le stéréotype des joueurs asiatiques veut qu'ils arrivent en Amérique et en Europe avec des swings mécaniquement infaillibles mais génèrent peu de vitesse et soient donc peu puissants.

Mais la première fois que McIlroy vit Noh swinguer, il fut ébloui : il swinguait fort et la balle fusait du club. En 2014, Noh et Matsuyama finirent avec une distance moyenne au drive de 270 mètres, synonyme de 40ème et 51ème place dans cette catégorie statistique, respectivement, soit facilement dans la première moitié de tableau.

Au Zurich Classic, deux semaines après le Masters, Noh commença par des scores de 65, 68 et 65, sans concéder un seul bogey. Pour la première fois de sa carrière, il se retrouva en tête, avec deux coups d'avance sur son compagnon de partie du dernier jour, Keegan Bradley.

« Je suis stupéfait, avec le recul, du nombre de personnes qui me disaient catégoriquement à quel point il était ridicule de vouloir jouer sur le PGA Tour. Mais je me souviens de ces gens. Je me souviens qui ils sont. Je n'oublierai jamais. »

Keegan Bradley.

Keegan Bradley m'a enseigné une chose importante en 2014, qui est que si vous devez insister plus de trois fois auprès d'un golfeur pour obtenir une interview, mieux vaut abandonner. Lorsque nos problèmes de communication sans fin ont atteint leur paroxysme à Bay Hill, nous étions tellement irrités l'un par l'autre qu'un bon dénouement était d'ores et déjà impossible.

J'allai quand même le voir, au practice, et avec un soupir il accepta d'honorer notre engagement. Je sais maintenant que j'aurais dû économiser mes forces et passer à autre chose, mais au lieu de cela nous nous rendîmes dans une caravane-loge et je tentai d'entretenir la conversation tandis qu'il envoyait un SMS à sa petite amie, en m'ignorant. Quand nous nous assîmes, je tentai de montrer un peu de bonne volonté en m'excusant de prendre de son temps – il perça certainement à jour mon manque de sincérité, et ma tentative ne fit qu'empirer la situation.

D'un autre côté, le fait que cette interview ait lieu sous la contrainte me permit d'observer un trait de caractère de Bradley qui est rarement mis au jour : son côté aigri. C'est un fin connaisseur de vieilles insultes, et il marche à la rancœur.

Ceux qui le regardent à la télévision ne le voient pas, mais ils remarquent quelques autres traits distinctifs : ses yeux bleus, son énergie, sa posture tendue – le cou rentré dans les épaules, le torse raide comme un piquet – et, bien entendu, son comportement laissant penser qu'il a des TOC. Quand il a un coup important à jouer, il regarde la balle avec une intensité à la limite de la fureur. Il place un pied devant l'autre, comme s'il rassemblait son courage avant de s'élancer pour sauter par-dessus un ruisseau. Puis il fait un pas hésitant vers l'avant, décide qu'il ne le sent pas, et recule. Quand il répète ce mouvement, cela devient une étrange danse d'hésitation. Parfois, il tape immédiatement après, d'autres fois la routine continue interminablement. Sur les putts, Bradley tord sa tête d'un côté, se contorsionnant de façon à regarder la balle seulement avec son œil droit, comme un monstre effrayant. D'autres habitudes, comme le fait de cracher en public, l'ont conduit à s'excuser publiquement. Il ne se rendait même pas compte qu'il le faisait.

Plus tard dans l'année, à l'U.S. Open, Martin Kaymer dit tout haut ce que tout le monde pensait tout bas : Bradley compliquait la vie de ses partenaires de jeu. Ils ne savaient jamais s'il jouerait rapidement ou lentement et cela dérangeait des golfeurs habitués à des rythmes réguliers.

A ce sujet, je pensais que Bradley et moi pourrions établir des liens. Quand j'étais enfant, je me lavais compulsivement les mains jusqu'à les écorcher, j'allumais puis éteignais la lumière plusieurs fois pendant de longues minutes, jusqu'à ce que ce soit le bon moment, et je suivais de drôles de rituels de comptage. Ces habitudes s'évaporèrent à l'adolescence, mais l'impulsion est toujours là et mon cerveau est conditionné pour penser et se comporter de façon obsessionnelle. Contrairement à la plupart des spectateurs, qui auraient tendance à se moquer de Bradley, j'avais au moins une idée de ce qu'il traversait. Quand je lui en parlai, cependant, j'aurais aussi bien pu lui parler chinois.

« Je pense que c'est plus un truc du nord-est, de la Nouvelle-Angleterre, me dit-il. Je suis très têtu. »

A l'époque, je ne voyais pas du tout dans quelle mesure la géographie pouvait avoir un rapport, et je ne vois toujours pas.

Ce qui compte vraiment au sujet de Keegan Bradley, c'est la manière dont il se voit dans le monde. Il a grandi à Woodstock, dans le Vermont, et c'est le fils de Mark Bradley, un enseignant de golf, et le neveu de Pat Bradley, qui a remporté trois tournois majeurs sur le circuit LPGA en 1986, année de naissance de Keegan. Le Vermont, ce n'est pas vraiment un foyer de golf professionnel, mais Keegan commença à jouer à l'âge de cinq ans et put s'entraîner gratuitement au Crown Point Country Club tout proche, où son père travaillait.

Sa compétitivité se manifesta très tôt, et elle le conduit parfois jusqu'aux frontières de l'absurde. Dans un article publié dans @ en 2012, son coach au lycée raconta comment il s'assurait de toujours marcher devant son adversaire pendant un match, sur les conseils de sa tante. Mais fidèle à sa nature obsessionnelle, Bradley s'assurait d'être devant même quand il jouait son coup de départ en deuxième, ce qui veut dire qu'il devait ranger son driver, prendre son sac et sprinter pour dépasser l'autre joueur – qui devait être un peu déconcerté.

La seule chose qui le freinait, c'est l'hiver. Dans le monde golfique junior, cela suffisait à le laisser un train derrière les prodiges du sud. « J'ai été sous-estimé parce que je venais du Vermont et de la Nouvelle-Angleterre, me dit-il. Et je n'ai jamais vraiment été reconnu. » Ses parents se sont séparés quand il avait 17 ans, et alors que sa mère et sa sœur restèrent dans le Vermont, il suivit son père dans le Massachusetts. À court d'argent, ils habitèrent dans un village de mobile homes pendant sept mois, ce qui fait partie de son folklore. Il décrivit l'agencement dans une interview accordée en 2012 à Alan Bastable, de Golf.com :

« C'était comme dans un film. Mon père mesure 1m84, il est plus grand que moi, et nous vivions dans ce mobile home avec des lits superposés. Il dormait en bas. Je dormais sur la table de la cuisine : la table se repliait et elle avait des coussins, c'était mon lit. Nous avions des douches et des toilettes communes. Je ne pourrais plus faire ça [il rit]. Je me souviens, une nuit l'air conditionné ne marchait pas et il faisait tellement chaud que j'ai dormi dans ma voiture. Mais je ne m'en souviens jamais comme de quelque chose de terrible. Je me souviens avoir adoré. »

Dans le Massachusetts, la trajectoire de Keegan ne fit qu'augmenter son aigreur. Il n'était même pas considéré comme le meilleur joueur de l'équipe de son lycée, ni même le deuxième meilleur ! Cet honneur revint à Jon Curran et Kim Donovan, qui jouèrent ensuite pour de grosses universités. Même quand Bradley battit Curran – et tous les autres joueurs du Massachusetts – pour remporter le Championnat de l'état dans sa dernière année, il n'attira pas l'attention des grosses équipes universitaires.

Mais Frank Darby, le coach de St. John's, reçut un appel de la part d'un ami impliqué dans le golf junior en Nouvelle-Angleterre, qui lui dit qu'il devrait jeter un œil à ce gamin du Vermont. Darby était un recruteur à l'affût des opportunités et il se rendit donc à Fairfield pour rencontrer Bradley le lendemain.

Le coach aimait bien son pedigree et Keegan Bradley appréciait le fait que St. John's avait révélé Andrew Svoboda, une légende locale qui avait failli gagner l'U.S. Amateur. Il ne demanda même pas à voir le campus – il s'engagea sur le champ.

St. John's était un outsider parmi les écoles de golf : elle n'a pas de parcours et Darby devait entretenir ses relations avec de nombreux clubs locaux pour s'assurer que ses joueurs avaient un endroit où jouer. Tous les jours, Keegan et ses coéquipiers s'entassaient dans des voitures et se dirigeaient vers le club qui les accueillerait, quel qu'il fut. Le calendrier était imprévisible : parfois, ils devaient partir du 3 ou du 4, avec pour consigne de bien se comporter et d'éviter les membres en plein parcours. D'un autre côté, certains parcours étaient excellents et les joueurs étaient exposés à des terrains très variés – des parcours venteux au bord de l'océan, des parcours boisés aux fairways étroits, tout ce que l'on peut trouver entre les deux.

Bradley, nerveux et jouant déjà incroyablement long, même plus qu'aujourd'hui d'après lui, suivit la méthode prônée par Darby qui revenait à s'entraîner essentiellement sur le parcours. Après avoir été en difficulté pendant sa première année, son jeu s'améliora grandement. Il allait remporter neuf tournois avant de finir ses études en 2008, et l'idée que le joueur peu connu du Vermont atteigne le PGA Tour commença à devenir réaliste.

« Il avait besoin d'être en retrait derrière les autres joueurs et de voir ce qu'il y avait devant lui », dit de lui Darby, qui commença à voir des schémas de carrière apparaître en Bradley dès ces premiers temps. « Il a besoin d'un peu d'adversité et tout d'un coup il se met en route, il commence à attaquer. Il est impitoyable. Je n'aimerais pas l'avoir sur le dos, je vous le dis sans ambages. »

La même histoire se répète : même sur le parcours, Keegan Bradley a besoin de se sentir offensé, opprimé, lésé d'une certaine manière. Alors il est comme un animal pris au piège, dangereux et agressif.

Socialement, il n'avait qu'une chose en tête. Pas d'alcool, pas de fêtes, pas de quoi que ce soit, juste du golf… « Ils l'appelaient "grand-père" la moitié du temps parce qu'à sept heures et demi il était couché », se souvient Darby.

Quand j'ai parlé à Keegan de sa carrière universitaire, cela ne m'a pas surpris d'apprendre que son plus grand souvenir est amer : « J'ai gagné pas mal de tournois, je n'ai jamais terminé en dehors du top 10 mais je n'ai pas été sélectionné parmi les meilleurs joueurs du pays, me raconta-t-il. Cela m'a choqué. Je pensais être retenu parmi les vingt ou trente meilleurs joueurs du pays mais je n'ai même pas eu la mention honorable. Cela m'a vraiment contrarié. Des petites choses comme ça sont arrivées tout au long de ma carrière. »

Après la fac, Bradley a joué sur le circuit Hooters et même s'il gagnait de l'argent il n'en vivait pas. La deuxième étape des cartes se profilait à l'horizon en 2009, mais il n'avait pas du tout assez d'argent pour s'inscrire. Il contacta un ami qu'il avait rencontré lors d'un été quand il était à l'université et lui expliqua la situation. Celui-ci lui prêta 6 000 dollars et il passa l'obstacle avant de décrocher une carte pour joueur sur le circuit Nationwide en se classant 34ème à La Quinta pour la dernière étape.

Au début de sa première saison en 2011, il dit avoir lu des articles disant qu'il ne s'en sortirait pas, ou qu'il perdrait sa carte. En mai, avec déjà deux top 10, il s'immisça dans un play-off avec Ryan Palmer au Byron Nelson et le battit au premier trou. C'était synonyme des avantages habituels : le Masters, une exemption de deux ans, un million de dollars.

Cela aurait été un moment décisif dans la carrière de n'importe quel nouveau-venu sur le PGA Tour. Pour lui qui avait l'impression d'être méprisé sur le circuit, cependant, le fait que les attitudes des joueurs à son égard ne changent pas lui laissa un goût amer. « J'étais un peu invisible, comme pendant le reste de ma carrière, dit-il. Et quand j'ai gagné, je pensais que ça changerait mais cela n'a pratiquement pas été le cas. »

Le tournant de sa carrière arriva plus tard cette saison-là au Championnat US PGA, premier tournoi majeur auquel il participa.

A l'Atlanta Athletic Club, sa deuxième carte de 64 le rapprocha sérieusement de la tête et après avoir signé un score de 68 le samedi et bien commencé le dernier tour, il se trouva à deux coups du leader au départ du 15. Il l'ignorait, mais il allait participer à l'un des finals les plus étranges dans l'histoire du golf. Cela commença mal : au 15, son chip finit sa course dans l'eau et il concéda un triple bogey. Il se retrouva soudainement avec un retard de cinq coups – rédhibitoire, en tout cas en apparence. Son dur labeur avec le psychologue sportif Bob Rotella porta cependant ses fruits, et il se calma suffisamment pour réaliser des birdies sur deux des trois derniers trous. Cela n'aurait pas dû être suffisant, sauf que derrière lui, il se passa quelque chose d'incroyable : Jason Dufner, qui avait le tournoi en poche, concéda trois bogeys d'affilée, du 15 au 17, et finit ex-aequo avec celui qui allait devenir son grand ami.

Ils partirent pour un play-off sur trois trous, où Dufner envoya son approche à moins de deux mètres au 16 pour voir Bradley mettre la sienne à un peu plus d'un mètre. Seul Keegan rentra son putt pour birdie – le putting de Dufner, mauvais dans des circonstances normales, peut devenir dangereux sous pression – et trois putts synonymes de bogey au 17 portèrent son avance à deux coups. Le gamin du Vermont était à un trou de remporter un tournoi majeur, et sa main trembla violemment sous le coup de l'adrénaline tandis qu'il tentait de boire.

Il retrouva suffisamment son calme pour faire le par, et se débrouilla pour remporter d'un coup le premier tournoi du Grand Chelem auquel il ait jamais participé. Agé de 25 ans, il semblait tout avoir : un tournoi majeur, beaucoup d'argent et enfin le respect de ses collègues. Il reçut même un SMS de félicitations de Tom Brady, ce qui mit un rayon de soleil dans son année.

La belle vie continua en 2012, quand Bradley remporta le WGC-Bridgestone en reprenant Jim Furyk et Steve Stricker grâce à une dernière carte de 64, et forma une équipe dynamique avec Phil Mickelson à la Ryder Cup disputée à Medinah, où ils remportèrent leurs trois matches. Même la mauvaise note finale du dimanche, où les Européens renversèrent la vapeur pour s'imposer de façon spectaculaire, ne parvint pas à ternir l'éclat de sa bonne étoile.

Mais c'est de Keegan Bradley que nous parlons… Il ne serait pas fidèle à lui-même s'il n'alimentait pas son propre feu avec des offenses à la fois imaginaires et bien réelles. Au Northern Trust Open en 2012, qu'il perdit en play-off face à Bill Haas, ses crachats compulsifs le firent tellement remarquer qu'il fut forcé d'arrêter de chiquer du tabac. Il arrêta pratiquement Twitter aussi, en réponse au nombre d'insultes qui encombraient sa page. En décembre de cette même année, après que les autorités réglementaires du golf, le R&A et l'USGA (United States

Golf Association) avaient proposé une règle qui interdirait les longs putters – l'arme de prédilection de Bradley – il entendit un spectateur le traiter de tricheur au 18 du World Challenge, en Californie.

« C'est malheureux, dit-il en conférence de presse après-coup. C'est très irrespectueux. Mais ça me va. Je dois essayer de le voir comme une source de motivation pour m'aider à m'imposer dans ce tournoi. »

Il est fréquent que des joueurs de golf se fassent chahuter. A Philadelphie en 2013, au 16 j'ai vu un idiot crier à Justin Rose « Il y a de l'eau ! Ne la gratte pas ! » alors qu'il essayait de remporter un U.S. Open pour le moins serré.

Quand David Toms gagna le Championnat US PGA en 2001, jouant le dernier tour avec Phil Mickelson, une fille le suivit toute la journée en hurlant « Phil va t'avoir ! Phil va t'avoir » entre les trous. Cela devint tellement pénible qu'il demanda à son caddie de l'éliminer avec son parapluie à sa prochaine apparition – et il plaisantait à peine. L'interruption la plus marquante subie par Jim Furyk remonte à la Ryder Cup de 2010, au Pays de Galles, quand il tenta de voir quelque chose dans le brouillard et qu'un Britannique l'enjoignit à « suivre son nez », se moquant de son pif plus grand que la moyenne. Les spectateurs assis dans les tribunes éclatèrent de rire et Furyk applaudit même le perturbateur.

C'est un rite de passage auquel tous ont droit, mais personne ne collectionne les insultes comme Keegan Bradley. Après l'annonce de la proposition d'interdiction des longs putters, quelqu'un lui conseilla sur Twitter d'envoyer sa candidature à Burger King pour 2016. C'était seulement la partie visible de l'iceberg, les provocations devinrent permanentes. Cela ennuya Bradley, comme cela ennuie de nombreux joueurs, en raison de la nature anonyme de ces commentaires : vous ne pouvez pas vous battre contre un tyran sans visage et même si vous en bloquez un, sept autres surgiront à sa place comme un monstre à plusieurs têtes.

C'était comme si l'USGA avait mis un astérisque à côté de son nom, entachant ses accomplissements. L'organisation alla jusqu'à faire une déclaration dénonçant les fauteurs de trouble, mais le fait est que de par la nature de leur décision, ils avaient jugé qu'un long putter donne aux joueurs un avantage déloyal et est contraire à l'esprit du golf. Même si cela resterait autorisé jusqu'en 2016, et que cela l'avait été quand Bradley était devenu le premier à remporter un majeur avec un tel putter, l'insinuation était évidente : s'il avait dû putter comme tous les autres, que serait-il arrivé ?

La proposition de règle finit par être acceptée après une période de consultation, et le PGA Tour suivit le mouvement peu après. Le long coucher de soleil sur l'ère des longs putters avait commencé. Une fois de plus, Keegan Bradley pouvait avoir du ressentiment.

On lui demanda après sa partie si le débat pouvait l'aider parce qu'il commençait à être à cours de sources de rancœur. « Absolument, dit-il. On entend des gars comme Michael Jordan dire qu'il aimait jouer à l'extérieur. Le gars m'a traité de tricheur au dernier tour, ça me motive. Je ne suis jamais à cours de trucs pour me motiver parce j'ai toujours l'impression de devoir m'améliorer. Je n'arrive jamais à un tournoi en me disant que je joue tellement bien que je vais gagner. Chaque tournoi que j'ai gagné, je me suis presque effondré le mercredi. C'est ce qui me fait avancer. Je suis comme ça. »

Doug Ferguson, de l'Associated Press, le 11 décembre 2012.

Ce n'est pas une coïncidence si Keegan Bradley est devenu ami avec Michael Jordan à la Ryder Cup de 2012 : celui-ci est connu comme quelqu'un qui se souvient de toutes ses rencontres négatives depuis son enfance. Et quand Bradley a besoin de se motiver, il peut toutes les convoquer. Les spectateurs qui l'ont traité de tricheur, l'USGA qui a terni sa plus grande réussite, les pros qui ne le respectaient pas, la NCAA qui l'a oublié dans la liste des meilleurs joueurs, les universités qui ne l'ont pas recruté, les gamins riches qui pouvaient traverser le pays pour participer à des compétitions junior, les gens dans les clubs de son père qui pensaient qu'il était ridicule, et tous ceux dans le Vermont qui lui avaient dit qu'il n'y arriverait pas.

C'est Keegan Bradley contre le monde, et même s'il est suffisamment intelligent pour reconnaître la chance qu'il a eu et les faveurs qui lui ont été accordées, rien de cela ne compte quand il faut l'emporter. A ce moment-là, il fait une fixation sur les rebuffades. C'est le Capitaine Ahab, une autre célébrité de la Nouvelle-Angleterre, pourchassant la baleine blanche du respect universel qu'il n'attrapera jamais.

« Je joue encore avec beaucoup de colère, m'a-t-il dit. J'ai encore l'impression d'avoir beaucoup de choses à prouver. » Il enregistra sept autres top 10 en 2013, même si cela fut sa première saison vierge de victoire. En 2014, il eut la pression pour combler le fossé dans le classement pour la Ryder Cup : il voulait désespérément participer à l'épreuve à Gleneagles en septembre, et même s'il pensait avoir une bonne chance de recevoir une invitation de la part du capitaine il souhaitait se qualifier pour l'une des neuf places automatiques. Il faillit s'imposer à Bay Hill, finissant deuxième derrière Matt Every, et fin avril il eut l'occasion de descendre un jeune Coréen sans victoire du nom de Seung- Yul Noh à la Nouvelle Orléans. Il était exactement là où il voulait être : à deux coups, prêt à attaquer.

A la Nouvelle Orléans (surnommée NOLA, ndt), tout se passa comme prévu pour le spécialiste du come-back, tout du moins pendant deux trous : Noh commença par un bogey tout en nervosité et Bradley réalisa un birdie au 2. L'écart de deux coups avait disparu avant même que l'inexpérimenté Coréen ait eu le temps de trouver ses marques.

Le vent souffla fort sur le TPC Louisiana, avec des rafales jusqu'à 50 km/h rappelant à Noh les conditions côtières de son enfance dans la province du Gangwon. Il pensait beaucoup à chez lui ce jour-là, portant un ruban sur sa casquette en souvenir du MV Sewol, un ferry qui avait coulé plus tôt dans le mois au large de la côte coréenne, tuant plus de trois cents passagers. Il avait reçu un autre rappel de Corée ce matin-là sous la forme d'un SMS de son copain Y. E. Yang : « Si tu joues ton jeu et perds, ce n'est pas grave. La seule façon dont tu peux vraiment perdre, c'est si la situation te fait sortir de ton jeu. »

Noh le prit au sérieux, et le fait de ne pas être passé loin sur le PGA Tour par le passé l'avait bien préparé. Il devait rester serein. Les fois où il avait échoué, il s'était surpris à marcher plus vite, à swinguer plus vite et à se sentir complètement différent dans tous les aspects de son jeu. Au fil des trous, en alignant les pars, il se força à marcher à une allure plus lente que d'habitude et à ne pas se soucier de Bradley ou des autres joueurs en lice. A partir du moment où il se laisserait influencer par le jeu de l'autre – Keegan a fait un birdie donc il faut que j'en fasse un pour rester devant -, il serait en difficulté. Plus il pouvait penser comme il l'avait fait les trois premiers jours, quand il avait joué 54 trous sans concéder de bogey, plus il serait à même de jouer comme ces jours-là.

Le bogey au 1 ne l'avait pas secoué. Il se limita à penser à une chose dans son swing, et laissa l'action sur le parcours se dérouler. Noh reprit la tête quand Bradley concéda un bogey au 5, et sur le long par 4 du 6 les malheurs se succédèrent : un tee shot égaré atterrit dans l'eau à gauche et après s'être recentré depuis la dropping zone et avoir fait une mauvaise approche, il prit trois putts pour un score désastreux de sept. S'il est un joueur capable de se remettre d'un triple bogey, c'est bien Bradley mais ce genre de magie se reproduit rarement. Cette fois-ci, il ne put réaliser que deux birdies (et deux autres bogeys) lors du reste de la partie. La frustration se vit sur son visage et il fut relégué à la huitième place.

La seule attaque digne de ce nom vint de l'autre ancien de St. John's, Andrew Svoboda. Deux birdies au retour lui permirent de boucler le tournoi à -17, suffisamment près pour faire peur au Coréen de 22 ans. Après un aller sans autres encombres, Noh commença à rendre les choses intéressantes avec une série de birdies et bogeys alternés.

Avant le 17, il se trouvait à -19 soit deux coups devant Svoboda et le reste du champ. Au départ du par 3 de 197 mètres, il savait devoir éviter l'eau côté gauche et il en résulta un faible tee shot qui atterrit très à droite et court du green. Situé à près de trente mètres du drapeau, il se plaça à quatre mètres et se trouva devant un putt pour le par qui déciderait s'il aurait une avance d'un ou deux coups avant le dernier trou. C'est le genre d'écart qui veut tout dire – avec deux coups d'avance, il ne pourrait pas perdre mais avec un seul, la pression pourrait l'écraser.

Le putt partit très à gauche et y resta longtemps, comme s'il avait mal lu la ligne. La balle alla tout droit tellement longtemps que cela fut une surprise quand elle glissa vers la droite à la toute fin et attrapa de justesse le bord gauche du trou. Contrairement à ses habitudes, Noh brandit le poing après avoir vu la balle rentrer, conscient de ce qu'il avait accompli. Il joua la sécurité au 18 pour faire le par et remporter son premier tournoi du PGA Tour.

Tandis qu'il fêtait sa victoire, Y. E. Yang et Charlie Wi sortirent de nulle part pour l'asperger de bière en bouteille – Yang avait un vol prévu à 18h30, mais il ne pouvait pas manquer ça et ne pas féliciter son jeune ami.

Bradley attendrait encore une année entière avant de gagner un nouveau tournoi, mais il n'arrêterait jamais de faire son maximum pour être invité à disputer la Ryder Cup par le capitaine et avoir l'occasion de retrouver la magie de Medinah avec Phil Mickelson. Car même s'il se décrit comme un outsider inflexible originaire de Nouvelle-Angleterre dans un monde d'enfants-vedette, il sait se faire les bons amis au bon endroit. Ses parties d'entraînement du mardi avec Mickelson et Fowler le mirent en bonne compagnie et qu'il le mérite ou non, il sait comment attirer l'attention de Tom Watson.

Seung-Yul Noh n'arriva à attirer l'attention de pratiquement personne. Le vainqueur Coréen répondit aux questions dans la salle d'interview, dit aux journalistes qu'il adorait son nouveau caddie et que non, il ne s'était jamais senti nerveux. Cela finit très vite, comme d'habitude avec les joueurs asiatiques, et le champion quitta la scène seul.

MAI

LA « SOUTHERN PASS »

12

CHARLOTTE, CAROLINE DU NORD

Derek le veinard

« Au lycée, la prof de musique m'a dit que je pouvais faire partie de la fanfare parce que je m'améliorais à la batterie. Je lui ai répondu "d'accord, mais j'ai entraînement de golf". Elle m'a dit "Vraiment ? Jusqu'où pensez-vous aller au golf " ? Je l'ai regardée et je lui ai dit "Jusqu'où pensez-vous que je puisse aller avec la fanfare" ? »

Derek Ernst dans Golf Digest en mars 2014

En CE1, Derek Ernst aimait tellement les jeux de construction que sa mère lui acheta une caisse à outils pour enfants. Il y avait tout dedans, y compris une scie miniature. Le jour de la Saint Valentin, il décida de faire un cadeau à sa mère : un coffre pour qu'elle puisse y mettre ses ours en peluche. Il s'installa dans l'allée derrière la maison un jour où il faisait beau et commença à couper un tube en PVC avec la scie. Il en était à la moitié quand l'outil se coinça et il essaya donc de le déloger en le tapant par terre.

Le tuyau se brisa en deux et un morceau rebelle vola vers son visage. Avant de pouvoir réagir, il avait coupé son globe oculaire en deux. Derek rentra en courant dans la maison et plus tard ce soir-là, vers une heure du matin, un médecin lui fit dix points de suture dans l'œil. La douleur dura des jours, et les points ne furent enlevés qu'au bout de six mois. Ils sauvèrent son œil mais en guérissant, la cicatrice durcit. Aujourd'hui âgé de 24 ans, il ne peut plus lire avec son œil droit. Il en fit la démonstration pour moi au Colonial : « Vous voyez ce panneau, me demanda-t-il. Je vois des taches blanches. Là-bas il y a sans doute un drapeau, mais pour moi ce ne sont que des taches. » A l'aube et au crépuscule, quand le ciel s'assombrit, sa perception de la profondeur diminue – pas bon pour un golfeur professionnel, qui doit se fier à ses sensations.

Quand ce genre de malchance vous frappe dans l'enfance, peut-être que le bon karma commence à s'accumuler en attendant le moment où il va pouvoir rééquilibrer la balance en votre faveur.

En mai 2013, alors âgé de 22 ans, Derek Ernst, maigre et le visage poupin, était en voiture en route vers Athens, en Géorgie, pour y disputer un tournoi du circuit Web.com. Il avait décroché sa carte du PGA Tour aux épreuves de qualification en décembre de l'année passée, mais sa catégorie était trop basse pour qu'il puisse participer au Wells Fargo Championship ce week-end-là à Charlotte. Il loua donc une voiture à la Nouvelle Orléans le lundi après le Zurich Classic et se mit en chemin vers le nord. En route, il reçut un appel du PGA Tour : suffisamment de joueurs avaient abandonné pour qu'il puisse intégrer le champ à Charlotte.

A Quail Hollow, où se dispute le Wells Fargo, les greens étaient dans un état horrible. Personne ne savait à qui ou à quoi s'en prendre – un nouveau green-keeper peut-être, ou un gazon avec une tolérance trop faible à la chaleur, ou encore un mauvais entretien dû à un « top-dressing » (sable sur les greens). Deux greens étaient en tellement mauvais état qu'ils durent être ressemés juste avant le tournoi, mesure extraordinaire pour un arrêt du PGA Tour. Les autres semblaient souffrir d'une sorte d'éruption tachetée et le problème n'était pas seulement esthétique : les roulements étaient irréguliers, les putts affectés et les joueurs s'en plaignirent.

Les mauvaises conditions résultèrent en neuf abandons lors de la semaine du tournoi. Les joueurs avaient chacun des excuses différentes mais les circonstances les rendirent plus que « douteuses. » Kyle Porter, de CBS, raconta qu'Ian Poulter avait tweeté sur l'état des greens, avait pris son avion pour le vérifier, et était reparti en citant des « raisons personnelles. »

Quand Mark Wilson se retira, Ernst fut appelé : il avait une place. Sa première saison avait été difficile jusque-là. Depuis qu'il avait terminé l'épreuve des cartes à la 17ème place, il avait manqué cinq cuts en sept tournois et il arriva au Wells Fargo classé au 1207ème rang mondial.

Il avait commencé à travailler avec une préparatrice mentale appelée Susie Meyers, qui avait aussi travaillé avec Michael Thompson, et de nombreux reporters allaient lui attribuer la réussite d'Ernst au premier tour qu'il boucla en 67 coups. Il fit suivre cela par des cartes de 71 et 72, et avant le dimanche il ne comptait plus que deux coups de retard sur Phil Mickelson et Nick Watney.

Ce qui arriva ensuite, pour un joueur de sa stature et de son classement, défie presque l'entendement. Sous la pluie, un joueur qui se décrit lui-même comme « agité » se fraya un chemin à travers le parcours humide et les greens abîmés en jouant un golf régulier, imperturbable. Quand il arriva sur le fairway du 18, il pointait à -7. Dans le groupe derrière lui, Mickelson avait encore un coup d'avance et Ernst se dit qu'il aurait besoin d'au moins un birdie pour gagner le tournoi.

A 167 mètres du drapeau, il grippa son fer 6 un peu court et tapa le coup de sa vie : une approche magnifique qui atterrit près du drapeau placé au fond à gauche et s'arrêta à moins d'un mètre et demi du trou.

A peine avait-il rentré son putt pour birdie pour atteindre -8 que la nouvelle arriva du groupe derrière : Mickelson avait concédé un bogey au 17. Quand le putt pour birdie du gaucher au dernier trou ne rentra pas, Ernst se retrouva en play-off face à David Lynn pour le titre.

C'est le genre de moment que le téléspectateur de golf moyen déteste : pourquoi Phil n'a-t-il pas pu partir en play-off ? Qui sont ces inconnus ? Mais pour Ernst, c'était la possibilité de complètement changer sa vie.

Lui et Lynn retournèrent au 18, où Ernst envoya une nouvelle approche incroyable, cette fois de près de 30 mètres plus loin. Le drive de Lynn se retrouva au bord d'une petite crique et il dut se tenir sur un rocher, dans l'eau, pour tenter d'atteindre le green. La balle atterrit dans un bunker, d'où il survola le green avant de tenter en vain de rentrer son approche pour sauver le par.

Le putt pour birdie d'Ernst fit une virgule mais cela n'avait aucune importance : un petit putt et le 1 207ème joueur mondial avait écrit l'une des histoires les plus improbables du PGA Tour.

Pour la plupart des joueurs, la première victoire lance une carrière. Dans le cas d'Ernst, la trajectoire fut différente. Pratiquement dès le départ, le monde golfique considéra son triomphe comme un étrange coup de bol. Au tournoi suivant, le Players Championship, la première chose que l'on lui demanda en salle de presse fut s'il regrettait que sa victoire à Charlotte ait empêché Scott Langley d'en être à Jacksonville. Une question injuste, au mieux, mais cela augurait précisément de ce à quoi Ernst serait confronté.

Les spécialistes ne s'y trompaient pas : il finit la saison 2013 en ratant neuf cuts sur 13 tournois, et ne se classa jamais mieux que 44ème. La théorie du hasard extraordinaire tenait la route, et Ernst ne fit rien pour réfuter les sceptiques. Peut-être aurait-il dû être assimilé aux jeunes stars émergentes du golf, mais il se retrouva dans une course contre la montre.

Le PGA Tour accorde aux vainqueurs de tournoi une exemption très généreuse de deux ans, et le compte à rebours de deux ans ne commence vraiment qu'au début de la saison suivante. Cela voulait dire qu'Ernst pouvait s'effondrer pendant le reste de la saison et quand même avoir la totalité des saisons 2014 et 2015 pour élever son niveau de jeu et essayer de s'immiscer dans les 125 premiers du circuit. Après sa première victoire, on commença à se dire qu'il aurait effectivement besoin des deux saisons.

Il se fit oublier, et à chaque fois qu'il redressait la tête en rendant une bonne carte il était pris pour cible par les spectateurs et les médias. Ils croyaient tous que le veinard du siècle disparaîtrait du PGA Tour en deux ans, et entretemps ils comptaient bien lui faire savoir à quel point il avait eu de la chance.

En attendant, son entourage lui coûta des sommes qu'Ernst aurait préféré ne pas dépenser – il m'a raconté que cela avait dépassé les 100 000 dollars en moins d'un an. La plus grosse partie de cette somme alla à Susie Meyers, qu'Ernst avait prise par erreur pour une technicienne quand ils s'étaient rencontrés. Ils avaient travaillé ensemble pendant quatre heures au total avant le Wells Fargo, d'après Ernst, et cela lui coûta 75 000 dollars –, sans parler du fait que la plus grosse part du mérite lui revint après sa victoire à Charlotte. Il changea d'agents, de caddies et de coaches.

Tout le travail technique ne fit qu'empirer son niveau de jeu et avant le début de l'année 2014, au Hyundai Tournament of Champions à Hawaï, il toucha le fond. Censé lancer l'année avec une exposition des meilleurs et des plus brillants joueurs, ce tournoi est réservé aux joueurs ayant gagné sur le PGA Tour la saison précédente. Des trente joueurs dans le champ, 29 terminèrent dans le par ou en-dessous. Derek Ernst boucla le tournoi à +9.

Il y avait des circonstances atténuantes : dans une tentative de renforcement de son corps fluet, Ernst avait gagné neuf kilos de muscle pendant l'intersaison et il était encore en train de s'ajuster à son nouveau physique. Il avait également un nouveau caddie qu'il avait rencontré trois jours seulement avant le début du tournoi, donc le timing n'était pas parfait. Néanmoins, il savait très bien que ce résultat était embarrassant et s'il ne le savait pas Internet allait l'en informer.

Dans le magazine *Sports Illustrated*, il se retrouva du mauvais côté de la rubrique d'Alan Shipnuck, Heroes & Zeros (Héros et Zéros). Alex Myers, de *Golf Digest*, remarqua que son chèque de 61 000 dollars pour sa dernière place était de loin le meilleur depuis sa victoire à Charlotte, et attribua à ses chances de remporter un tournoi en 2014 une cote de 1 207 contre un – un clin d'œil à son classement mondial avant sa victoire. Gary McCormick mentionna ces critiques et d'autres dans un article du *San Jose Examiner* soutenant prétendument Ernst, mais qui servit surtout à souligner son lent déclin.

Comme d'habitude, les commentaires sur Twitter furent bien moins polis. « Je suis sûr que Phil ne s'attarde pas sur de telles choses, écrivit Scott Michaux, de l'*Augusta Chronicle*, mais de temps en temps il doit se demander comment Derek Ernst a bien pu le battre à Quail Hollow. » En dehors des médias, le discours dégénéra en insultes cinglantes et railleries cruelles tandis qu'Ernst se préparait à retourner à Charlotte pour le premier anniversaire de sa grande victoire.

Ce n'était pas nouveau pour Ernst : on s'était moqué de lui toute sa vie. Il avait « grandi » à Clovis, une ville à la périphérie de Fresno, en Californie dans la vallée de San Joaquin : avant une poussée de croissance tardive, à l'âge de 17 ans, il faisait 1m57 et il était frêle. Il jouait au baseball mais se décrit comme « un joueur petit qui n'était jamais assez solide », et quelques-uns de ses coéquipiers plus costauds se moquaient de sa taille.

Socialement, il était tellement timide qu'il ne parlait à personne au lycée.

« Je ne disais absolument rien », me raconta-t-il.

Quand je lui demandai pourquoi, il attribua sa timidité à une peur écrasante de ce que les autres pourraient penser de lui. Le golf était son échappatoire. Il joua surtout localement car ses parents n'avaient pas les moyens de l'envoyer aux quatre coins du pays ou de l'inscrire à de nombreux tournois de l'AJGA. Pendant que les jeunes jet-setters traversaient le pays, Ernst participait à des tournois à trente dollars avec des joueurs de tous âges, dont la plupart jouaient dans les 80. Et même s'il ne participait pas à des compétitions de grande envergure au niveau national, il apprit comment gagner.

A l'âge de 17 ans, il secoua légèrement le monde golfique quand il se qualifia pour la phase de l'U.S. Amateur disputée en match-play et y affronta Billy Horschel, déjà une star avec l'université de Floride et l'un des meilleurs amateurs du pays.

« Je ne savais pas du tout qui il était, raconte Ernst, ce qui est bien parce sinon j'aurais flanché. »

Sur le premier trou, un par 5, Ernst tapa un fer 3 tout en douceur pour se mettre sur le fairway et regarda Horschel le dépasser de pratiquement 90 mètres avec son driver. Imperturbable, Ernst remporta le trou grâce à un birdie et le match sur le score de 4 et 3.

Sa première année à l'Université du Nevada-Las Vegas commença très mal. Derek Ernst était chrétien depuis son enfance mais quand il arriva, toujours très introverti, un autre étudiant de première année dans son dortoir commença à l'intimider au sujet de sa foi. Ils étaient théoriquement « amis », mais l'autre étudiant le dénigrait si régulièrement à propos de sa foi que cela créa un stress intense chez lui. Il passa tout son temps libre au golf afin simplement de s'éloigner de cette hostilité, mais dès qu'il revenait au dortoir cela recommençait. Cela rendit un parcours déjà difficile encore plus compliqué, et il voulut quitter Las Vegas.

« Je suis toujours en contact avec lui, dit Ernst en parlant de son bourreau. Il ne fait que fumer des pétards et escalader des rochers. »

« Cela ne semble pas faire bon ménage », proposai-je.

« Ouais, ça n'a pas l'air prudent », répondit-il.

Derek sortit progressivement de sa coquille et son jeu s'épanouit : il fut élu parmi les meilleurs joueurs du pays (All-American) quatre années d'affilée et meilleur joueur du championnat régional (Mountain West) à deux reprises. Quand il obtint son diplôme, il passa pro et remporta 4 000 dollars à un tournoi du Pepsi Tour avant la dernière finale des cartes disputée à La Quinta dans l'histoire du PGA Tour. Six tours plus tard, il était membre du PGA Tour.

« Qu'est-ce que Craig Stadler et Derek Ernst ont en commun ? Ils disputent tous les deux leur dernier Masters. »

Message sur Twitter destiné à Ernst en avril de 2014.

Quand je racontai à d'autres journalistes que je voulais parler à Derek Ernst, les deux réactions les plus courantes furent le rire et la confusion. Ernst aussi se méfia de moi. Son nouvel agent m'aida à trouver un créneau pour que nous discutions mais Ernst ne comprenait pas que quelqu'un veuille l'interviewer, à moins d'écrire un article triste sur un gamin qui était allé trop haut trop tôt.

Je ne le voyais pas comme ça. Pour moi, il représentait le ventre-mou du PGA Tour, un parfait exemple de la nature changeante du golf, où on peut être arraché à l'obscurité dans un moment de gloire et ensuite passer des années à lutter comme un beau diable pour ne pas voir son rêve disparaître.

Je le percevais non comme un sujet d'apitoiement, mais comme quelqu'un au beau milieu d'une guerre désespérée qui trouverait son épilogue en 2015, sa dernière chance sur le PGA Tour. En attendant, les préparatifs pour ce moment-là me fascinaient : il était l'outsider essayant d'exploiter sa bonne fortune.

Quand nous nous rencontrâmes enfin, il me dit ouvertement que les remarques négatives à son égard l'avaient blessé. On peut voir la sensibilité sur son visage et si je n'en avais pas su plus, j'aurais pu croire qu'il était trop tendre pour la compétition. Quand les gens sont méchants avec lui, comme ils l'ont été pendant toute sa vie, cela le prend aux tripes parce qu'il n'arrive en fait pas à concevoir la raison pour laquelle cela arrive, et il réagit avec un étonnement quasi-enfantin. Alors que la plupart d'entre nous nous laissons pousser une carapace quand nous sommes exposés à la cruauté, et devenons peut-être nous-mêmes un peu méchants, ce processus semble prendre plus de temps pour Ernst.

« C'est un peu comme, attendez, qu'ai-je fait ?, me dit-il. Ça fait mal, vous savez. » Sa confiance avait été ébranlée à maintes reprises, et il ne s'attendait pas à ce qu'on lui accorde trop de mérite ou à ce que les spectateurs le soutiennent. Cela en était arrivé à un point où quand quelqu'un était gentil avec lui, il était choqué. Au Byron Nelson une semaine avant notre conversation, je vis son caddie aller le trouver et lui dire que quelques filles non loin voulaient son autographe. Ernst ne parvint pas à masquer sa surprise : « Vraiment ? »

En tant que tenant du titre à Charlotte, il dut affronter les médias le mercredi. C'était la sellette qu'il avait été capable d'éviter pendant pratiquement toute sa période difficile – sans doute le seul côté positif de son mauvais niveau de jeu. Il savait qu'on lui poserait des questions difficiles, mais le déferlement le stupéfia. Il les ressentit plus comme des insultes, arrivant les unes après les autres, prenant pour cible son échec.

Question : Derek, si vous pouviez développer, à quel point est-ce que ça a été difficile ? Le conte de fées -vous gagnez le tournoi monstre - puis le combat pour recommencer. A quel point est-ce que ça a été difficile depuis un an ?

Question : Etes-vous toujours aussi confiant qu'il y a un an ?

Question : Derek, pourquoi avez-vous ressenti le besoin de changer ? Tous ces changements ?

Question : Quand vous avez gagné, Rocco Mediate a dit que vous ne devriez rien changer à part vos sous-vêtements. Est-ce que vous regrettez certains changements ?

Question : Derek, compte tenu de tous les changements que vous avez effectués, sans parler de regrets, comment gérez-vous les frustrations liées au fait que les résultats n'arrivent pas aussi rapidement que vous le souhaiteriez ?

Question : Aviez-vous décidé de procéder à tous ces changements avant votre victoire ? Est-ce quelque chose que vous comptiez faire ?

Question : Derek, que diriez-vous aux gens qui disent que vous êtes vainqueur par hasard ?

Ce n'était pas beaucoup mieux avec les spectateurs. Sur le parcours, ils reconnurent son visage mais l'appelèrent David Ernst. Il leur rappela patiemment qu'il s'appelait Derek et tenta de rester optimiste. Cela marcha cette semaine-là, au moins : il joua 68 le vendredi pour passer le cut et terminer à la 30ème place. C'était son meilleur résultat depuis l'année précédente.

Mais le happy end, s'il devait un jour arriver, mettrait encore des mois et peut-être même des années à se concrétiser. Après avoir fait

British Open 2014, le tenace Jason Day face au Tigre.

Victor Dubuisson, l'homme mystérieux qui a vaincu le désert au championnat du monde.
WGC Accenture Match Play Championship, février 2014.

Le duel incroyable que se livrent Jason Day et Victor Dubuisson en finale du championnat du monde en février 2014. La compétition se termine avec la victoire de Jason Day au 22ème trou. WGC Accenture Match Play Championship, Marama, Arizona.

Patrick Reed, l'insupportable golfeur en pleine ascension, partage la partie avec Tiger Woods. Open de Phoenix, Scottsdale, Arizona, 2015.

Tiger Woods désespéré par son jeu.
Open de Phoenix, Scottsdale, Arizona, 2015.

Bubba Watson. Le fervent chrétien vainqueur de deux vestes vertes
au Masters d'Augusta, en 2012 et 2014.

Lindsey Vonn, Tiger Woods et Keegan Bradley à la Presidents Cup au club de golf de Murfield Village, en 2013.

Victor Dubuisson et Martin Kaymer s'affrontent. Alstom Open 2015 au Golf National, juillet 2015

Dustin Johnson et Jordan Spieth, British Open 2015 à St. Andrews.

Le champion 2014 Bubba Watson aide le gagnant 2015
Jordan Spieth à enfiler la veste verte au Masters d'Augusta.

Masters d'Augusta 2015. Tiger Woods et Jordan Spieth, l'ex-numéro 1 et le nouveau, marchent ensemble lors d'une partie d'entraînement sur le fairway du 11.

Rickie Fowler en plein swing.
The Open Championship 2014 au Royal Liverpool Golf Club.

Rory McIlroy en route pour la victoire au British Open 2014.
Royal Liverpool Golf Club.

Sergio Garcia, Rory McIlroy, Rickie Fowler au British Open 2014.

À la fin du dernier tour au Masters d'Augusta 2015 Tiger Woods et Rory McIlroy.

Billy Horschel, l'homme qui a écrasé les play-offs de la Fedex Cup 2014 et remporté les 10 millions de dollars.

une forte impression à Charlotte, il rata six cuts et quand le mois de juillet arriva il se préparait à livrer une bataille qui semblait perdue d'avance.

13

PONTE VEDRA, FLORIDE

Cinquième majeur ou premier mineur ?
Jordan, Martin et la troisième vague

Le Players Championship est le tournoi du PGA Tour le plus prestigieux, et communément connu comme le « cinquième majeur » même s'il n'a pas le statut officiel des vrais tournois du Grand Chelem. Ce fait m'a toujours paru cruellement ironique : le PGA Tour est plus responsable de la santé du golf professionnel en Amérique que tout autre organisme, et il organise plus de quarante évènements chaque année avec l'efficacité à laquelle tous les autres aspirent. Mais en raison des aléas de l'histoire, les quatre tournois les plus importants sont organisés chaque année par des instances externes : l'USGA pour l'U.S. Open, la PGA of America pour le Championnat US PGA, le R&A pour le British Open et Augusta National pour le Masters. Le PGA Tour mérite d'avoir un majeur, mais le Players Championship est ce qui s'en approche le plus – proche, mais pas tout à fait majeur.

Organisé au TPC Sawgrass à Ponte Vedra, en Floride, le « Players » occupe également une drôle de place dans le coeur des joueurs. Dans les jours qui précédent le tournoi, et pendant le tournoi lui-même, son ampleur ne fait aucun doute. Oubliez la ligne officielle : pour ces gars, c'est un majeur et ils sont prêts à le dire. Le tournoi dispose de l'un des meilleurs champs de l'année – meilleur même que ceux des autres majeurs, puisqu'il n'y a aucun amateur ici – et le TPC Sawgrass abrite le trou le plus célèbre du golf américain. Le par 3 du 17, avec son emblématique green en île, a peut-être procuré le tee shot le plus anxiogène dans le golf depuis quarante ans, donnant lieu aussi bien à des triomphes qu'à des tragédies.

Le plus célèbre succès date du troisième tour en 2001, quand le coup de Tiger Woods resta de peu au bord du green et de l'obstacle d'eau, lui laissant un put traitre de 18 mètres en descente. Quand la balle entama son voyage vers le trou, sur NBC Johnny Miller demanda à Gary Koch comment Tiger s'en était tiré. « Mieux que la plupart », répondit-il. La balle commença à casser vers la droite, et quand elle rentra dans le trou Koch sembla bondir de son fauteuil. « Mieux que la plupart ! », cria-t-il à nouveau. Tiger battit Vijay Singh d'un coup et le commentaire de Koch devint légendaire.

D'un autre côté, il est difficile d'oublier l'effondrement de Sergio Garcia en 2013. A égalité avec Tiger Woods le dernier jour après un week-end tendu, au cours duquel l'Espagnol avait accusé son rival d'avoir essayé de le distraire le samedi en sortant un bois de son sac alors qu'il allait jouer sa balle, il avait besoin d'un bon coup au 17 pour rester dans la course. Au lieu de cela, il envoya deux coups de wedge consécutifs dans l'eau, concéda un quadruple bogey et assista à une nouvelle victoire de l'homme qu'il était incapable de battre.

C'est un exercice intéressant d'imaginer que le Players Championship soit un tournoi majeur. Combien de carrières seraient changées ? Sergio, pour commencer, aurait enlevé son nom du haut de la liste des « meilleurs joueurs à ne jamais s'être imposé » avec sa victoire en play-off contre Paul Goydos en 2008. Celle de Greg Norman en 1994, sur un score record de -24, aurait atténué sa réputation de craquer aux moments cruciaux.

Henrik Stenson et Matt Kuchar n'auraient plus de fardeau majeur à porter et on regarderait très différemment des joueurs comme Tim Clark (2010), Stephen Ames (2006) et Fred Funk (2005). Quatre joueurs - Fred Couples, Steve Elkington, Davis Love III et Hal Sutton - verraient leur total de victoires majeures passer d'une à trois, se rapprochant grandement d'un statut de légende. Craig Perks (2002) grossirait les rangs des vainqueurs de tournois majeurs les plus chanceux dans l'histoire du golf. Et Tiger Woods lui-même serait plus proche de deux victoires du record de Jack Nicklaus, sauf que Nicklaus passerait à 21 tournois majeurs avec ses trois succès dans l'épreuve, qui comprend le premier Players Championship en 1974.

Mais ceci est du révisionnisme : peut-être que dans la tête des joueurs c'est le cinquième majeur quand ils sont à Sawgrass, et le tournoi lui-même est peut-être doté de la même tension et de la même signification, mais dès qu'il est terminé le fantasme l'est aussi.

Rétrospectivement, la réalité reprend ses droits. Ceci n'est pas un tournoi majeur. Quoiqu'il soit advenu sur le parcours, parmi les meilleurs joueurs au monde, personne ne voit en Henrik Stenson ou Sergio Garcia des vainqueurs de tournois majeurs. Aucun des vainqueurs de Sawgrass ne reçoit les mêmes lauriers que les héros qui remportent les vrais majeurs. Tout ce qu'ils ont en commun – la seule once d'égalité -, c'est la souffrance.

Russell Henley finit la journée de jeudi à deux coups de la tête après avoir rendu une carte presque parfaite de 65, et un peloton bien groupé de joueurs dans lequel figuraient Justin Rose, Jordan Spieth, Lee Westwood et Sergio Garcia se trouvait deux longueurs plus loin. Le vendredi, seul Spieth parvint à suivre le rythme, jouant 66 pour se hisser à -11, un coup derrière le leader. C'est idiot de résumer un tournoi à un duel entre deux joueurs après 54 trous, et encore plus 36, mais c'est le sentiment qu'on eut vendredi soir. Spieth serait le favori des spectateurs, et il affronterait un homme qui avait un jour été le meilleur joueur du monde.

« Vous pouvez jouer au golf en fade : vous n'avez pas besoin d'être capable de taper en draw. Vous pouvez gagner une fois de temps en temps, bien sûr que vous le pouvez. Mais ici, au départ du 2, si vous ne pouvez pas faire de draw ? Ou au 16 ? Vous savez, quand vous êtes si jeune, j'avais 25, 26 ans, comment pouvez-vous accepter de ne pas savoir taper ce coup ? »

Martin Kaymer

Question : Reparlons de vos changements de swing, ne serait-ce qu'une seconde…

Martin Kaymer : S'il vous plait, non. J'en ai assez. J'en ai assez de ça.

Si jamais vous avez l'envie et l'occasion d'irriter Martin Kaymer, posez-lui cette question : pourquoi, après avoir remporté le Championnat US PGA en 2010 et avoir atteint le rang de numéro un mondial, avez-vous décidé de complètement modifier votre swing ? Pourquoi changer, Martin, alors que vous étiez le meilleur joueur de la planète ?

C'est une question à laquelle il est confronté depuis trois ans, ce qui lui a donné le temps de la détester profondément, et la réponse n'est pas toujours satisfaisante. Sur un plan pratique, il voulait faire quelques changements subtils – à commencer par une montée moins verticale – qui lui permettraient d'avoir un peu plus de longueur et de l'aider à ajouter une trajectoire en draw à son fade naturel. Le draw est particulièrement utile à Augusta, et ce n'est pas un hasard si Kaymer commença à procéder à des modifications importantes après avoir raté le cut pour la quatrième fois au Masters en 2011. Le fait est, cependant, qu'il était déjà le meilleur joueur du monde.

La vraie réponse contribue à faire de Martin Kaymer l'un des joueurs les plus fascinants : se retrouver sur un départ et ne pas pouvoir jouer en draw, revenait pour lui à n'être simplement pas un vrai golfeur. Il a à l'esprit une image idéale de ce que doit être un « joueur complet », et elle va au-delà de gagner et perdre. Le vrai talent pour lui, c'est pouvoir taper n'importe quel coup, dans n'importe quelle situation, et la véritable confiance en soi, c'est être absolument convaincu de pouvoir le réaliser. Sans cela ? Oui, il pouvait gagner des tournois. Oui, il pouvait atteindre le sommet du golf mondial. Mais les victoires manqueraient de relief.

« Pour vous dire la vérité, dit-il à la presse au Championnat US PGA en 2013, quand je suis devenu numéro un mondial j'ai été surpris. Je ne jouais pas comme le meilleur joueur de la planète. Je n'avais pas l'impression d'être le meilleur. Et j'ai donc ressenti le besoin de changer des choses. »

On pourrait presque soutenir que c'est un esthète : il veut jouer le beau jeu, quels que soient les résultats.

C'est surprenant, compte tenu du spécimen qu'est Martin Kaymer : avec son sourire facile et sa posture athlétique, cet Allemand à la mâchoire carrée ressemble au genre d'homme qui survole ses journées, mois et années sur un nuage de confiance pendant que nous autres ramons sur terre.

Vous ne vous attendez pas à un artiste qui se comporte avec le perfectionnisme d'un peintre à moitié fou qui a travaillé sur la même toile toute sa vie. Il n'y a aucun moyen objectif de mesurer la supériorité en art, mais notre instinct nous dit tout de même quels artistes sont des maîtres dans leur art. Kaymer était comme un enfant prodige créatif qui aurait reçu tous les prix imaginables mais su dans son cœur que rien de cela ne comptait : son art demandait plus de lui, et il n'avait pas encore atteint son potentiel. Accomplir cette vision idéaliste représentait tout et les signes extérieurs de réussite – classement mondial, trophées, distinctions – avaient beaucoup moins d'importance. S'il devait renoncer à ces décorations, qu'il en soit ainsi. Il serait fidèle à lui-même.

« Nous sommes là pour nous amuser, bien jouer au golf et montrer aux gens que nous exerçons notre métier avec passion et amour », dit-il début 2011, quelques jours seulement avant d'atteindre le rang de numéro un mondial. « Gagner ou perdre, là n'est pas la question. »

Peu de joueurs utiliseraient le mot amour pour décrire la façon dont ils jouent, et j'ai fini par me rendre compte que l'Allemand est l'un des rares qui croit vraiment qu'il peut transcender ses résultats.

Dès le début, Kaymer m'est apparu comme quelqu'un d'intelligent, exceptionnellement intelligent même pour un athlète professionnel. Ses mots montrent une profonde compréhension du comportement humain et une perception très fine des façons subtiles dont le cerveau fonctionne. Par exemple, c'est le genre de personne qui à la fois souhaite qu'on prête plus d'attention à son coach d'une vie, Günter Kessler, et apprécie l'intéressé parce qu'il ne le souhaite pas. On peut toujours compter sur lui pour une super citation, et là où d'autres ont recours aux clichés, Kaymer est expansif et créatif. Même les questions simples génèrent des réactions réfléchies.

« Je ne crois pas au fait de continuer dans la même dynamique le lendemain », dit-il après avoir rendu une première carte de 65 au Players Championship, répondant à l'une des questions les plus fréquemment posées sur le PGA Tour. « Parce que vous dormez, vous vous réveillez avec des sensations corporelles différentes, tout est un peu différent. Je pense que la chose la plus importante, c'est que vous réduisez vos attentes. Tout le monde s'attend à ce que vous continuiez pareil, et inconsciemment vous pensez que vous devriez le faire mais moi, j'ai la chance d'avoir rendu quelques cartes comme ça par le passé… Je sais que la journée d'après c'est très difficile. »

C'est une autre marque de fabrique de Kaymer : tirer des leçons de chaque situation, que lui soit impliqué ou non. L'un de ses hobbies préférés consiste à regarder des compétitions de sport professionnel mais même sur ce point, Kaymer adopte une approche unique, cherchant à percevoir chez les autres athlètes des « changements de comportement, attitude, dynamique » de façon à trouver quelque chose qu'il puisse utiliser dans sa propre vie de compétiteur.

Le monde l'intéresse, et tout ce qu'il rencontre représente une occasion d'apprendre, ou au moins de la documentation psychologique pour perfectionner son jeu. Dans le golf, il est ce qui se rapproche le plus de l'idéal grec de l'athlète-philosophe.

Martin Kaymer est né à Düsseldorf, un centre financier international situé sur les rives du Rhin, près de la frontière occidentale de l'Allemagne avec les Pays-Bas. Son père, Horst, était comptable et sa mère, Rina, éleva Martin et son grand frère, Philip. Horst était un homme dur, le genre de père qui force ses fils à surmonter l'adversité au lieu de les aider. A la maison, la chaleur venait de Rina qui faisait de son mieux pour compenser l'attitude sévère de son mari.

« Pour simplifier les choses et essayer d'être plus concis, m'écrit-il dans un e-mail, je dirais que mon père était dur et ma mère tendre. Une combinaison parfaite, selon moi. »

Comme beaucoup d'Allemands, Martin aimait le football. Quand il était enfant, lui et ses amis passaient le plus clair de leur temps libre sur les terrains autour de Düsseldorf et Martin rêva d'en faire son métier bien après avoir fêté ses quinze ans.

Quand son père les amena au golf, lui et son frère, ce ne fut pas le coup de foudre. Il joua surtout avec Philip, et entre les frères toutes les parties devenaient une opposition. Les matches ne dégénérèrent jamais en bagarre ou autres horreurs, mais ils partageaient une fascination pour la victoire et découvrirent qu'ils pouvaient transformer n'importe quoi en compétition.

Lui [Horst] et sa femme, Rina, soutirèrent aux garçons la promesse qu'ils ne joueraient pas l'un contre l'autre en tournoi, mais quand ils étaient adolescents Martin et Philip s'inscrivirent secrètement au championnat d'un club et se retrouvèrent d'un côté du tableau de match-play et de l'autre… Le match était square au départ du 18, un par 4 difficile. Martin atteignit le green en régulation tandis que Philip le manqua et dut jouer un chip, laissant à son petit frère un putt de moins pour la vic-

toire. Martin en prit quatre, laissant le titre à Philip. « C'est une histoire bien connue dans notre famille, raconte Philip. C'est utile quand on se cherche des poux. »

Alan Shipnuck dans Sports Illustrated, en 2010

Quand Kaymer explique sa réussite, il parle souvent de « la mentalité allemande », attribuant sa patience et son perfectionnisme à l'attitude nationale. Mais il m'a raconté que quand il était enfant il était « fou et incontrôlable. » Ce côté sauvage disparut avec l'âge, et lentement il se mit à croire qu'il pourrait faire du golf son métier. Il remporta le Championnat du club de Mettmann à l'âge de quatorze ans et rejoignit une classe de sport-étude. A l'âge de quinze ans, il arrêta le football pour de bon – s'entraîner pour les deux sports l'aurait conduit au burn-out – et commença à dominer le golf amateur. En 2003, sa dernière année en tant qu'amateur, il remporta le Championnat d'Allemagne en stroke-play et en match-play.

Cette année-là, alors qu'il n'était âgé que de vingt ans, il passa pro et moins de cinq années plus tard il était arrivé sur le circuit européen et avait remporté son premier tournoi à Abou Dhabi. Quatre victoires de plus lors des deux saisons suivantes en firent l'une des stars européennes les plus brillantes, mais il enregistra sa victoire de loin la plus émouvante dans son pays natal.

On avait diagnostiqué un cancer à sa mère en 2006, juste avant que Martin dispute son premier tournoi du Challenge Tour (le Vodafone). Son frère l'avait convaincu de ne pas abandonner, et porta le sac de son frère cadet pour le voir gagner le tournoi qui lança sa carrière. Deux années plus tard, Rina était en train de perdre son combat. Alors qu'il jouait une nouvelle fois à domicile au BMW International Open, Martin commença la dernière journée avec six coups d'avance mais les perdit tous avant le 11 et se retrouva même mené d'un coup. Il ne se laissa pas faire et rentra un putt pour birdie de deux mètres sur le premier trou de play-off pour vaincre Anders Hansen.

Il dédia cette victoire mi figue-mi raisin à sa mère et sa famille retourna à Düsseldorf. Rina mourut peu de temps après.

En 2009, il acheta une deuxième maison en Arizona, se fractura le pied dans un accident de karting mais fit son retour en janvier 2010 pour remporter son deuxième titre à Abou Dhabi. Au mois d'août, à Whistling Straits dans le Wisconsin, il débuta le dernier tour du Championnat US PGA quatre coups derrière Nick Watney.

Ce dernier disparut dans la douleur, jouant 81, et laissa la porte grande ouverte. Bubba Watson rendit l'une des meilleures cartes de la journée, et Kaymer eut un putt de quatre mètres et demi pour sauver le par au 18 et finir lui aussi à -11. Il le rentra et après l'erreur de Dustin Johnson au 18, Watson et Kaymer étaient les seuls survivants.

Dans un play-off classique, sur un trou, Bubba l'aurait emporté après avoir envoyé une bombe juste devant le green au par 4 du 10 et réussi un birdie, mais à l'US PGA il est disputé sur trois trous. Kaymer lui rendit la pareille au 17, en rentrant un nouveau putt de 4m50 synonyme d'égalité.

Au dernier trou, le long par 5 du 18, Watson se mit en mode « Bubba Golf » et tenta de toucher le green en deux alors qu'il était dans le rough à droite, avec un mauvais lie à 188 mètres du trou. Il prit une belle pause après avoir tapé son fer 6 mais sa balle atterrit dans une crique. Ce faux-pas permit à Kaymer d'assurer depuis son propre mauvais lie, après quoi il tapa ce qu'il m'a dit être « l'un des coups les plus purs de sa carrière » pour se mettre à 2m50. Il prit deux putts et malgré son bogey devint seulement le deuxième Allemand après Bernhard Langer – un des héros de son enfance – à remporter un tournoi majeur.

Kaymer, 26 ans, était au top et le mois de février suivant il devint numéro un mondial.

Son règne dura huit semaines. En plus des changements auxquels il procéda après un nouveau cut raté à Augusta, Kaymer eut aussi du mal à gérer la célébrité et l'attention associés au fait de devenir le visage du golf en Allemagne. Il parle rarement ouvertement des difficultés spécifiques à cette période, en dehors de la surveillance accrue des spectateurs et des médias, mais d'anciennes interviews donnent de petits indices. Après un tournoi de deux jours en Allemagne, par exemple, des fans l'ont suivi jusqu'à la maison de son père et l'y attendaient encore le lendemain matin.

« On me prêta plus d'attention, je devins plus populaire, dit-il à des reporters ce mois de décembre-là. Personne de mon, enfin, les gens avec lesquels je travaille n'étaient pas habitués à [avoir] un joueur qui est numéro un mondial. Donc il a fallu s'habituer à pas mal de choses et pour moi qui n'avais que 26 ans, être sous les projecteurs où que j'aille en Amérique, en Allemagne, cela prend du temps de s'habituer à la situation et au rôle que vous avez. »

La pression, les attentes de la part de lui-même et des autres, et le manque saisissant d'intimité l'incitèrent à prendre un peu de recul tandis qu'il recalibrait son swing. Il eut quand même un moment de gloire pendant cette période : même s'il n'a joué que dans l'une des quatre sessions de doubles à la Ryder Cup 2012 en raison de ses difficultés, il a rentré le putt qui a battu Steve Stricker le dimanche, et a ainsi permis la remontée miraculeuse de l'Europe, qui a pu conserver la coupe. Même si son jeu était en délicatesse, il comprit l'ampleur de ce moment – tout autre résultat aurait pu l'écraser.

« Je pense que beaucoup de gens ne se rendent pas compte que cela peut changer une carrière, dit-il. Vous y pensez de façon négative, vous pensez à si vous aviez raté le putt. Ça peut briser un athlète. »

Quand il commença à réajuster son swing, après le Masters de 2011, il se dit que cela prendrait six mois avant qu'il gagne un tournoi à nouveau. Trois années plus tard, il attendait toujours et il tomba à la 63ème place mondiale. Il se tourmenta en se demandant s'il avait pris les bonnes décisions et si les médias avaient raison de l'assimiler à un feu de paille. Le parcours avait mal tourné.

Lentement, son long jeu commença cependant à prendre forme en 2014, et il pu alors consacrer plus d'énergie au petit jeu qui lui faisait défaut. Des places dans les 25 premiers à Hilton Head et au Wells Fargo furent les premiers signaux indiquant que quelque chose était en train de changer. Un peu après le Masters, Kaymer se sentit enfin suffisamment confiant pour arrêter de s'appuyer sur son caddie comme sur une canne, et arrêter de suranalyser chaque coup. Il put enfin faire confiance à son instinct et arrêter de jouer comme « eine weiches ei » (un œuf à la coque en Allemand), une mauviette.

« Je suis convaincu de pouvoir taper n'importe quel coup, dit-il au Players Championship. Il s'agît simplement de supporter la pression, de pouvoir taper le bon coup au bon moment quand on en a besoin. Mais c'est ce qui est difficile… Même si vous faites une erreur de temps en temps, ce n'est pas grave, cela arrive à tout le monde. Mais au moins, vous jouez courageusement. »

Au premier tour à Sawgrass, au départ du 2 il dut taper une balle au draw avec le vent venant de la gauche. Voilà que l'artiste complet était forcé de travailler avec le pinceau qu'il aimait le moins. Il se souvint de cette idée. Sois courageux. Aie confiance en ta capacité à jouer tous les coups de la palette. C'est pour cela qu'il avait travaillé pendant trois années et s'il n'essayait pas, à quoi cela avait-il servi ?

Il réussit son draw, se donna une chance de faire un eagle et réalisa un birdie. Il joua 29 à l'aller et boucla le parcours en 63, égalant le score record. L'Allemand était de retour.

Kaymer et Spieth jouèrent ensemble le samedi, et augmentèrent leur avance sur les neuf premiers trous. Spieth n'avait pas encore concédé de bogey en 45 trous, mais quand il manqua un court putt pour birdie au 10 cela n'empêcha pas un fan de crier « zut ! » comme si son propre fils l'avait déçu. Telles sont les pressions de la vie du grand espoir blanc.

Alors que les deux joueurs étaient sur le fairway du 11, Kaymer entoura les épaules de Spieth de son bras et lui conseilla de ne pas s'inquiéter : ceci, dit-il en indiquant le parcours, le score et tout le reste, c'est exactement là qu'il voulait être. Spieth apprécia le geste, et se demanda comment Kaymer semblait impassible en cas de coup dur. Quand la malchance le touchait, il se contentait de sourire et passait à autre chose. Spieth savait que c'était l'une de ses faiblesses, mais de là à s'inspirer de son exemple, c'était une autre affaire.

Ils avancèrent, dépassant les choux palmistes et les magnolias, les touffes de spartine le long des fairways, les tertres sablonneux jonchés d'herbe des pampas et les pins et chênes omniprésents. J'entendis deux spectateurs trouver un surnom pour Speith – « Heir Jordan » (« Monsieur Jordan » en allemand, ndt) – alors qu'il commençait à perdre le contrôle de son driver. Il l'envoya à droite au 14 mais se rattrapa grâce à un coup d'hybride incroyable qui trouva le green. Il sauva à nouveau le par au 15 après avoir envoyé son drive à gauche.

J'aperçus son grand-père en train de suivre le groupe sur un fauteuil roulant électrique tandis que les joueurs survécurent au green en île avec deux pars de plus. Au 18, avec Kaymer un coup devant, on eut l'impression que la série sans bogeys de Spieth allait prendre fin quand il se laissa un long putt pour le par à jouer du bord du green. Au lieu de cela, il l'enquilla et c'est Kaymer qui trébucha, ratant son putt court pour le par et plongeant à -12, à égalité parfaite avec Spieth. Acquis à la cause de ce dernier, les spectateurs applaudirent mais Kaymer ne se formalisa pas. Il poussa la balle dans le trou, sourit, salua de la main et une fois encore, Spieth fut ébahi par sa sérénité.

La situation après la partie dut sembler étrange à Kaymer. L'homme qui avait été submergé par l'attention quand il était devenu numéro un mondial se tenait maintenant devant un tout petit groupe de journalistes dans la salle d'interview. Pendant ce temps-là, dans la pénombre dehors, même le caddie de Spieth retenait plus d'attention que lui. On pouvait entendre les filles derrière les cordes crier le nom de Jordan – sa jeunesse et sa prestation au Masters l'avaient pratiquement élevé au statut digne des Beatles dont jouissaient Rickie Fowler et Rory McIlroy.

Leurs cris et les acclamations après son raté au 18, montrèrent à l'Allemand qu'il devrait affronter une atmosphère digne de la Ryder Cup le dimanche. Le fait que l'attention revienne à Spieth avait un côté positif : il pourrait se concentrer sur ce qu'il avait à faire pendant que le public et les journalistes se ruaient sur Spieth. Il devrait faire preuve de courage et faire confiance à son jeu, et il savait aussi qu'un peu de chance ne ferait pas de mal. Pour mettre fin à trois années de galère, Kaymer aurait besoin de toute l'aide possible.

Quant à Spieth, ce dimanche représentait pour lui une occasion de se rattraper de son dernier tour au Masters. Quelques questions importantes restaient en suspens : qu'avait-il tiré comme leçon d'Augusta ; pouvait-il contrôler son driving sous pression ; est-ce que Jordan Spieth était un gagnant digne de ce nom, ou un autre gamin talentueux auquel il faudrait des années pour en devenir un ; était-il un Tiger en puissance ou l'incarnation vivante d'un vœu pieu qui ne pouvait pas résister à la dure réalité de la compétition ?

L'après-midi suivante, les deux joueurs tenteraient de mettre fin à une période de leur carrière professionnelle. L'un y arriverait et l'autre continuerait de croupir dans l'incertitude.

« Je pense que le golf, vous savez, il faut y jouer pour la bonne raison. Vous ne devriez pas jouer au golf pour faire de l'argent. Et pour moi, la chose la plus agréable consiste à me lever le matin – ici par exemple, me lever à 6h30, 7 heures -, aller au practice et voir le soleil se lever, ça c'est le meilleur moment. Ces choses-là, je pense que c'est la qualité de vie. Et pour moi, on ne peut pas faire mieux. »

Martin Kaymer

Le dimanche, c'était la fête des mères mais Kaymer n'avait pas besoin de cela pour se souvenir de Rina. Il pense à elle à chaque fois qu'il voit le tournesol sur son sac. C'était sa fleur préférée et elle s'ouvre vers le ciel en souvenir d'elle.

Spieth arriva à 12h20, se donnant une heure de plus pour se préparer qu'au Masters. Il portait un polo saumon et un pantalon gris, et il commença par putter avec trois balles.

« Il est incroyable », remarqua une femme qui le regardait en parlant à une amie. « Tellement d'adultes que je connais n'ont pas son assurance. »

En d'autres mots : nous y revoilà.

Un ciel couvert apporta une légère humidité qui se fit plus prononcée au fur et à mesure de la journée, étouffant l'air comme la mousse espagnole étouffe les branches des chênes. Martin Kaymer et Sergio Garcia sortirent du club-house ensemble, l'Allemand habillé en rose et bleu. Il s'installa derrière Spieth au practice – il pouvait voir le jeune américain mais Spieth ne pouvait sentir que ses yeux dans son dos.

Kaymer portait une balle de tennis sur un cordon autour du cou pour l'aider à garder ses avant-bras ensemble – il appela cela « une manière intelligente d'être fainéant », étant donné que le cordon l'empêche de devoir aller chercher la balle si jamais elle s'échappe. Sergio atteignit le véhicule qui ramasse les balles par accident, ravissant les spectateurs.

Tandis que les joueurs se rapprochaient du tee du 1, Spieth tapa dans les mains de spectateurs le long des cordes. Kaymer semblait plus grand et plus athlétique, avec son habituel reflet de sueur ou de crème solaire sur son visage et ses avant-bras. Ils se serrèrent la main et discutèrent très brièvement – Kaymer n'était pas comme Bubba, il n'allait pas bavarder nerveusement pendant toute la partie. Dans les gradins au départ, les spectateurs hurlèrent pour Spieth et applaudirent poliment pour Kaymer.

Le drive de Spieth alla vers la droite au 1, mais il put atteindre le green et il sauva le par. Kaymer eut une occasion de birdie mais dut se contenter du par après avoir manqué son putt de moins de trois mètres. Au long par 5 du 2, Kaymer n'arriva pas à taper en draw et son drive se retrouva à droite. Il essuya ses mains sur la serviette de Craig Connelly et Spieth pencha sa tête vers ses épaules, d'abord un côté puis l'autre, pour essuyer sa propre transpiration.

Tous deux réussirent des birdies, et enregistrèrent des pars au par 3 suivant. C'est au 4 qu'ils se séparèrent pour la première fois, puisqu'après avoir envoyé son approche à deux mètres sur ce court par 4, Spieth rentra son putt pour birdie et prit la tête d'un coup. Au trou suivant, son drive atterrit dans le rough côté gauche et il décida après une longue discussion que la balle était trop enfoncée pour tenter d'atteindre le green qui était protégé par une série de bunkers piégeux. Il se recentra mais son approche de 99 mètres fut médiocre puisqu'il lui resta un putt de huit mètres pour le par. Il fut trop court de 30 centimètres et Spieth regarda méchamment un spectateur qui lui avait hurlé « ramasse-la ! » Sa série de trous sans bogey s'arrêta à 58 et il fut de nouveau à égalité avec Kaymer.

Au 6, Kaymer commit sa première erreur de la journée, laissant un putt de 12 mètres en montée court de trois mètres. Spieth avait un putt à peine plus long pour birdie et on sentit que la situation pourrait basculer. Au lieu de cela, Spieth rata son putt, Kaymer rentra le sien et les deux joueurs restèrent à -13.

Dans les autres parties, Jim Furyk faisait du bruit avec quatre birdies à l'aller mais à -10, il pointait encore à trois coups de la tête. Sergio se trouvait à une longueur de moins à l'approche du retour, Rory McIlroy et Jimmy Walker commençant à porter des attaques au retour qui s'avèreraient spectaculaires mais insuffisantes pour combler leur retard. Pour le moment, Spieth et Kaymer étaient seuls au monde.

Au 8, un difficile par 3 de 217 mètres, Kaymer eut presque l'air angoissé quand il regarda sa balle toucher terre, mais elle atterrit sur le green à huit mètres du trou. Spieth n'eut pas autant de chance, puisque sa balle fut courte et termina sa course une trentaine de mètres devant le trou.

« Je ne peux pas faire approche-putt d'ici, râla-t-il. C'est le pire endroit qui soit. » Il continua à se plaindre de son coup en rangeant son club. « N'importe où à droite c'est bon… Mais pas là ! »

Il sortit quand même une belle approche lobée mais n'arriva pas à rentrer son putt de trois mètres. Quand Kaymer s'en sortit avec deux putts, il fut en tête pour la première fois de la journée. Le coup perdu n'était pas mortel pour Spieth mais pour ceux qui connaissaient son style sur le parcours, le changement soudain d'attitude fut une cause urgente de préoccupation. Comme au Masters, il se lamenta sur son sort et cela affecta sa concentration – comme si le destin était contre lui, et que tout ce qu'il pouvait faire était maudire le cruel univers.

Le dernier trou de l'aller est un par 5 de 533 mètres, et Kaymer commença par envoyer un missile de 294 mètres qui s'arrêta juste devant la crique qui coupe le trou en deux. Spieth tapa un bon drive lui aussi et comme le vent aidait, il tenta d'atteindre l'avant du green situé à 238 mètres à coup d'hybride. Il talonna légèrement sa balle et rata de peu le point de chute espéré. Il se retrouva dans le rough à droite, alors que Kaymer avait envoyé sa balle dans un bunker à côté du green. La sortie de l'Allemand fut parfaite, s'arrêtant à 40 centimètres du trou pour un birdie facile. Spieth joua son coup de pitch vers l'avant du green et la balle sembla être envoyée dans la bonne direction, mais elle dégringola au dernier moment. Il prit son putter violemment et dut se contenter du par et d'un retard de deux coups.

Le parallèle avec Augusta continua : le bon début de partie de Spieth l'avait porté en tête, mais il l'avait perdue avant même le retour. Il avait maintenant une occasion de faire preuve de courage et de ténacité, et de répondre à sa mauvaise chance par un peu du mélange propre à Kaymer de résolution stoïque et de combativité.

La pluie commença à se faire menaçante au 10, et quand Kaymer envoya son drive à droite, quelques spectateurs commencèrent à le chahuter, ne fut-ce que légèrement. Ses avant-bras musclés luisaient de transpiration quand il extirpa sa balle du rough pour l'envoyer sur le green. Spieth perdit toute chance de renverser la tendance quand son approche s'envola vers la gauche du green. Le jeune texan survola ensuite le green et concéda un nouveau bogey. La foudre se fit entendre au loin tandis que les espoirs de Spieth, relégué à trois coups de Kaymer, commencèrent à sérieusement s'amenuiser. Au 11, il avait l'air aussi sombre que le ciel et je me dis l'espace d'une seconde qu'il pourrait lancer un club, jeter l'éponge.

A ce moment-là, il était clair que le tournoi était terminé, en tout cas pour lui. En moins de deux heures, il avait encore une fois montré qu'il n'était pas prêt pour le grand moment. Je me demandai si cela ne serait pas bon pour lui d'envoyer promener son club. Il tentait tellement de juguler sa colère – de se comporter comme l'honnête sauveur que le monde du golf désirait tant –, mais était-ce naturel ? Est-ce que cela avait un sens de contrôler ces impulsions juvéniles ? Etait-ce sain, ou même instructif ? Au lieu des pleurnicheries qui le menaient vers une lente et atroce défaite, peut-être devrait-il casser un club sur sa jambe et se mettre en rogne pour être prêt à faire plier le parcours ou mourir en essayant de le faire. Mais non, instant après instant il se laissait aller, regardant la victoire lui échapper.

Kaymer porta son avance à quatre coups grâce à un birdie au 11, et même si Spieth s'accrocha pour réaliser le par du 11 au 13, la fin de l'histoire avait été écrite : le reste de la partie serait une longue souffrance. Sentant sa résignation, un spectateur commença à scander « Europe ! » à l'intention de Kaymer, un slogan que Spieth entendrait à nouveau cette même année. L'Allemand marchait à grands pas après chaque coup de Spieth, le laissant derrière tout du long, conservant l'honneur sur chaque départ. Les grillons se mirent à chanter, le tonnerre redoubla d'intensité et Spieth s'assombrit encore.

« Rebondis, donne-moi un bounce ! », cria-t-il au 14 après avoir envoyé sa balle dans le rough à droite. Il tourna la tête, à l'opposé des spectateurs, et cria silencieusement vers les arbres. » Sur le green, il étudia l'alignement pour son putt pour birdie de manière obsessionnelle, puis s'apprêta à jouer. Au dernier moment, l'alerte météo retentit. Son corps tout entier flancha, et il se mit à genoux de frustration. Quand il revint jouer, il prit trois putts et un autre bogey au 15 l'enterra pour de bon.

Quand la sirène retentit, Kaymer avait pratiquement conclu le tournoi et il était presque prêt à rentrer chez lui. Il était à -15, pourtant quand il revint sur le parcours, il mit toute son énergie à jouer, non contre Spieth, mais en pensant déjà à la menace d'affronter ensuite Jim Furyk, qui avait rendu une superbe carte de 66 pour terminer deuxième à -12.

Kaymer fit le par au 14 et n'avait besoin que de jouer le par jusqu'à la fin pour gagner avec une avance confortable. Il avait joué brillamment jusqu'à l'orage, mais quand le déluge commença, avec force foudre et éclairs, non seulement il fut coupé dans sa lancée, mais la fin du tournoi risquait d'être reportée au lendemain.

Après une interruption de 90 minutes, il pu finalement reprendre le jeu, sous un ciel de plomb, et au 15 il fit ce qui aurait pu être l'erreur de sa vie : au lieu de jouer la sécurité, après avoir envoyé son approche dans le rough à une vingtaine de mètres à gauche du green, il tenta de taper une approche lobée parfaite au trou par-dessus le bunker. La balle atterrit dans le sable. C'était la pire des configurations, et quand il loupa son approche-putt et concéda un double bogey, son avance de trois coups avait été réduite à un seul. La figure fantomatique de Furyk se fit un peu plus précise.

Les mouettes encerclèrent le green du 16 près de l'eau et sur ce par 5, Kaymer envoya son deuxième coup à gauche du green. Un approche-putt signifierait un birdie, et lui assurerait deux coups d'avance, mais avec un chip en descente – pas son coup préféré – il décida de putter depuis l'extérieur du green. Plus tard, il avoua avoir senti qu'il marchait sur des œufs à ce moment-là. Il manqua de bravoure et il le paya avec un putt qui termina à 11 mètres du trou. Deux putts plus tard, il avait fait le par.

Au départ du 17, avec un petit coup d'avance, il regarda fixement le green en île. Tellement de tournois s'étaient joués sur ce trou, et il lui fallait maintenant survivre à ce test. C'était sans aucun doute son coup le plus important depuis trois ans, et il hésitait entre deux clubs : il n'arrivait pas à se décider entre le pitching wedge et le gap wedge, mais il pris conscience qu'une décharge d'adrénaline allait le submerger et opta pour le plus court des deux. Il choisit le gap wedge. Le drapeau était dans sa position habituelle pour un dernier tour, devant et à droite, et Kaymer visa prudemment le milieu, au-dessus du petit bunker frontal. Le par serait bien suffisant.

La balle s'éleva dans le ciel gris et redescendit dangereusement près de l'eau. Kaymer regarda, presque sous le choc, tandis qu'elle atterrit sur le côté gauche du green et commença à rouler vers le bord. La foule se fit entendre : certains l'implorèrent de s'arrêter, mais de nombreux autres regardèrent avec la sorte de fascination qui précède un accident de voiture. Ils auraient adoré la voir continuer de rouler, jusqu'à l'eau, et cela n'aurait pas dérangé Furyk non plus. La balle accéléra et puis commença à ralentir en se rapprochant du rebord.

Au dernier moment, elle s'arrêta, retenue par la bordure. Dans la foule, on entendit un mélange de soupirs et de gémissements.

Mais l'aventure de Kaymer était loin d'être terminée. Il n'y avait aucun moyen d'éviter de jouer un chip. Il visa le sommet de la cassure en espérant que la balle roule vers la droite en se rapprochant du trou. Mais à sa grande surprise, elle s'arrêta au sommet. Avec un seul coup d'avance sur Furyk, il lui restait un putt de près de neuf mètres pour le par. Il se dit que même s'il le manquait cela ne serait pas grave. Il pourrait encore espérer un birdie au 18 et au moins faire le par pour partir en play-off. « On ne pouvait évidemment pas s'attendre à rentrer ce putt », dit-il après-coup.

Il l'analysa aussi bien que possible : en descente, dans le sens inverse du grain et avec un peu moins d'un mètre de déviation. Un mètre à tout casser. Il choisit sa ligne, espéra avoir un peu de chance et ramena son putter en arrière. Une pluie fine tombait, faisant des petits ploufs dans l'eau derrière lui tandis que la balle roulait vers le trou. La vitesse était parfaite et plus la balle approchait du trou, plus la ligne le semblait elle aussi. Un brouhaha s'éleva de la foule de l'autre côté du lac. Est-ce que l'homme qui avait rentré des putts de 4m50 à Whistling Straits et dans le match décisif lors de la Ryder Cup, allait encore le faire ?

Oui ! Le public se déchaîna quand la balle dégringola dans le trou. Kaymer serra le poing à deux reprises, le visage rougi et les yeux brillants. L'Allemand avait ajouté un autre putt emblématique à son CV.

Au 18, les derniers rayons de soleil traversèrent les nuages au-dessus du club-house mais ils avaient disparu quand Kaymer arriva au green. La seule vraie lumière venait du tableau d'affichage géant. Même dans la quasi-obscurité, le trou était une formalité - bois de parcours au départ, approche avec un hybride juste devant le green, deux putts de 13 mètres - et le long voyage de Kaymer était entré dans une nouvelle phase.

Après sa dernière carte de 74, Spieth joua à nouveau son rôle de jeune homme mature devant les médias. « C'est difficile en ce moment, dit-il dans l'obscurité, à côté du club-house. Vous m'attrapez cinq minutes après ma partie et ça fait vraiment mal… J'espère que quand je me souviendrai d'aujourd'hui j'en rirai. »

Quand je lui parlai au Congressional, cependant, il décrivit ce dimanche comme le moment le plus dur de sa carrière. « J'avais l'impression d'avoir tiré un enseignement d'Augusta et j'ai tapé les bons coups, dit-il. J'ai vraiment eu de très, très, très mauvais rebonds. J'ai envoyé quelques balles juste à côté du trou et elles étaient censées s'y arrêter mais elles se sont retrouvées à des endroits d'où je ne pouvais même pas faire le par. »

Il prononça ces mots un mois plus tard, c'est-à-dire un mois après qu'il ait admiré la façon dont Kaymer s'adaptait à sa propre malchance, et il était difficile de ne pas remarquer son manque de conscience de lui-même. Les golfeurs intelligents savent que si vous croyez que le monde entier est contre vous, il le sera, mais Spieth n'avait pas compris la leçon.

Il y en avait une plus dure à venir : il n'enregistrerait que deux autres top 10 jusqu'à la fin de la saison. Les occasions peuvent se tarir en un clin d'œil et Spieth devrait attendre jusqu'au mois de septembre, à la Ryder Cup, pour son troisième et dernier moment sur la plus grande scène.

La vague de Bubba avait atteint son point culminant à Augusta, et avait cassé dans le mois qui avait suivi. Le golf se cherchait quelqu'un pour combler le vide, et cela arriva à Sawgrass. Les années perdues étaient passées et la vague Kaymer de 2014 avait commencé.

Après la remise des prix, et la conférence de presse, et la séance d'autographes, Kaymer reçut un SMS de Paul McGinley. Le capitaine de la sélection européenne de Ryder Cup se demandait si Martin voudrait bien boire un verre avec lui.

Il accepta. Ils se rencontrèrent dans un bar voisin et s'installèrent, laissant la conversation se hasarder là où elle en avait envie. McGinley savait à quel point on pouvait se sentir seul après avoir gagné un tournoi, à quel point la chambre paraît vide quand on y retourne et qu'il n'y a personne dedans. Sa compagnie était tout ce dont l'Allemand avait besoin pour se détendre.

14

FORT WORTH, TEXAS

Tiger lâche la place de numéro un ; Adam Scott, le Roi australien du Texas

« Quand les gens pensent que vous avez du potentiel, ils peuvent être assez durs. Quand vous vous cassez le cul et que vous n'obtenez aucun résultat, vous en avez marre de l'entendre. »

Adam Scott dans Golf Digest en 2011

Nous poursuivîmes notre route vers l'ouest et Dallas, au Texas, où Brendon Todd remporta le Byron Nelson, et ensuite de l'autre côté de la grande étendue urbaine, à Fort Worth. Un déplacement simple, sauf que Dallas rivalise avec Boston au niveau de la difficulté d'y circuler en voiture. Pour ceux comme moi qui sont assez stupides pour affronter les autoroutes, il y a des périls potentiellement mortels dans toutes les directions. Les routes fusionnent sans crier gare, des voies disparaissent et dès que vous commencez à distinguer un semblant d'ordre dans tout ce chaos, la ville jette un échangeur en trèfle ou une sortie soudaine dans une tentative apparente de dévier les nouveaux-venus vers l'Oklahoma, le Mexique ou encore les renvoyer dans les marais de Louisiane.

Le Colonial Country Club, en revanche, est un sanctuaire. C'est le berceau de Ben Hogan, une sorte d'oasis spirituelle, dédiée au golf, abritée de la folie de la ville un peu comme l'est Augusta, l'histoire sinistre et la paranoïa persistante en moins.

Pour survivre à ce parcours, il faut survivre aux arbres. Les arbres sont partout, bordant les fairways étroits, leurs branches pendantes gênant les approches jouées vers des greens qui sont pratiquement entourés de douves de sable blanc. Les coupables ? Les chênes à gros fruits, les chênes de Nuttall, les ormes cèdres, les peupliers noirs et les micocouliers du Mississippi. Mais aucun arbre n'est aussi omniprésent que le pacanier, qui est aussi l'arbre symbole du Texas. Ces sales bêtes sont vieilles, tellement vieilles que le journaliste Dan Jenkins disait d'elles qu'elles étaient vieilles il y a 49 ans, et aujourd'hui elles sont encore plus vieilles et encore plus grandes.

Avec Pebble Beach, Riviera, Innisbrook, Pinehurst et Valhalla, c'est l'un des plus beaux parcours que j'aie vu de l'année et il était logique qu'il accueille le tournoi du PGA Tour joué le plus longtemps au même endroit, depuis la première des cinq victoires de Ben Hogan en 1946. Depuis cette première édition, de nombreuses légendes du golf - Sneak, Nicklaus, Palmer, Trevino, Crenshaw, Casper, Weiskopf, Baker-Finch, Watson, Price, Mickelson – ont remporté le tournoi à l'exception notable de Tiger Woods.

En 2014, le Colonial accueillerait le tout nouveau meilleur golfeur du monde. En l'absence de Tiger Woods, l'honneur d'être numéro un mondial avait été à saisir pendant tout le printemps. Le classement prend en compte les résultats des deux dernières années de chaque joueur, et la chute de Tiger était inévitable. Adam Scott avait pris le titre en chasse pendant des semaines et de façon plutôt ironique, son ascension au trône était intervenue lors d'une semaine « off » : il n'avait pas joué le Byron Nelson mais c'est à ce moment-là que son total avait fini par éclipser celui de Tiger. La façon dont c'est arrivé peut être déconcertante, et c'est la raison pour laquelle j'ai déterminé une bonne règle empirique pour le classement mondial : il est logique à partir du moment où vous n'essayez pas de le comprendre.

L'Australien de 33 ans avait rêvé du titre de numéro un mondial pendant toute sa carrière, tout comme de la victoire au Masters, jusqu'à ce qu'il se défasse d'Angel Cabrera en play-off à Augusta l'année précédente. Et maintenant Fort Worth l'attendait, où il avait l'occasion de devenir le premier joueur dans l'histoire du golf à accomplir le « Texas Slam » (le chelem du Texas) - il avait déjà gagné l'Open de Houston, le Texas Open et le Byron Nelson, et seul le Colonial lui manquait. Avec le premier rang mondial en poche, il fit une arrivée royale.

Le dimanche, je suivis Brian Harman jusqu'au fairway du 11 où j'entendis un grondement par-dessus mon épaule gauche. Je me dépêchai de monter sur une petite butte dominant le green du 12. John Senden venait de rentrer un putt pour birdie de 11 mètres. Quand j'arrivai à la crête, Scott s'apprêtait à son tour à jouer un putt pour birdie mais bien plus court – un petit mètre. Il le rentra et le tableau des résultats confirma que l'Australien était à -8, un coup derrière le leader, David Toms.

Il visa le drapeau du par 3 du 13, envoyant sa balle par-dessus la Trinity River. La façon dont son club tournoya montra qu'il était satisfait de son coup, et il y avait de quoi : la balle s'arrêta à trois mètres du trou. Encadré par les arbres qui poussent le long de la rive, il plaça le bout de son long putter contre son sternum, le saisit avec sa main gauche et tint le milieu du manche légèrement entre son pouce et son index tandis qu'il ramena le club en arrière puis l'envoya vers la balle. Il rata le trou de peu mais en se dirigeant vers le 14, il était l'un des rares joueurs sur le parcours à marcher avec assurance.

« Adam, ma femme vous aime ! », cria un homme quand il passa devant lui. Il aurait pu parler pour tout un pays de fans de golf.

Après un drive ferme, il grignota un morceau et ignora les cris de « Aussie ! » et « Salut l'ami ! » provenant du public. Avec sa casquette Titleist, il portait un pantalon gris et un polo blanc avec les logos Uniqlo et Mercedes, et marchait en se tenant bien droit, comme un modèle de maintien. Son torse bascule très légèrement vers l'avant et ses jambes font tout le travail, le haut de son corps restant immobile.

Il ne savait pas que Toms était retombé à -8 et qu'il était à égalité avec lui. Il ne se rendait pas non plus compte, quand son putt de douze mètres partit vers le trou et y tomba un instant plus tard, qu'il était maintenant seul en tête. Tandis que l'humidité augmenta encore et que quelques gouttes tombèrent des nuages sombres, il protégea son avance en réalisant le par au 15 puis au 16. Il restait un seul trou à jouer à Dufner, qui se trouvait à -8, Toms étant quelques trous derrière.

Quand Scott arriva au départ du 17, une clameur puissante s'éleva de la foule postée au 18, à une centaine de mètres. Les tribunes l'empêchaient de voir ce qui s'y passait mais quand il atteignit le green, un tableau d'affichage digital lui annonça la nouvelle : Dufner avait réalisé un birdie pour se hisser à -9 pour la deuxième fois. « Cela va être un putain de play-off, » murmura un bénévole.

Pourquoi est-ce que tous les joueurs australiens modernes obtiennent des résultats décevants ? Pourquoi gaspillent-ils leur talent, trébuchent sous pression et laissent leurs carrières, qui pourraient être brillantes, se passer sans moments grandioses ?

Ce n'est pas vraiment une question juste – et ce n'est pas non plus vrai à 100% - mais nous nous intéressons ici aux impressions. Pour les Australiens, cette impression commence avec Greg Norman, qui est universellement reconnu comme l'un des joueurs les plus talentueux à avoir existé, qui a gagné le British Open à deux reprises mais est l'un des sportifs qui a craqué le plus souvent dans l'histoire des sports modernes.

C'est une analyse cruelle, peut-être, mais ses effondrements à Augusta sont légendaires. Adam Scott a grandi en idolâtrant le « Great White Shark » (le grand requin blanc) et il est facile d'imaginer que la raison pour laquelle il place Augusta au-dessus de tous les autres tournois majeurs – et pourquoi il faisait semblant, enfant, que la veste verte était en jeu sur chaque putt – vient des fois où il avait vu le tournoi échapper à Norman. Le Masters resta terriblement hors de portée pour son héros et la véritable cruauté de ces défaites a dû donner l'impression d'être un jugement porté sur une nation entière.

Bien entendu, ce « modèle australien » ne tient pas toujours debout. Steve Elkington a remporté le Championnat US PGA en 1995 grâce à une dernière carte de 64 et Geoff Ogilvy l'U.S. Open en 2006 grâce à trois pars décisifs sur les derniers trous. Des joueurs comme ceux-ci peuvent n'avoir qu'une ou deux occasions de gagner un tournoi majeur dans leurs carrières, et ils ont nagé à contre-courant en les saisissant.

En dehors de ces exemples, l'histoire de l'échec australien tient la route. Stuart Appleby a rarement bien joué en Grand Chelem et ne s'est jamais imposé, et les deux jeunes stars du pays - Scott et Jason Day – ont eu des carrières hésitantes, les déceptions dans les majeurs sapant leur brillance habituelle.

D'un côté, il est tentant de rire de tout le concept. Gagner un tournoi normal, sans parler de majeur, est excessivement difficile pour les meilleurs joueurs et c'est particulièrement vrai quand l'on prend en compte la façon dont le golf se distingue des autres sports. En Amérique, pratiquement toutes les ligues professionnelles se terminent par un play-off dans lequel les joueurs ou équipes s'affrontent dans le cadre d'un face à face, ce qui permet d'obtenir des résultats clairs et un héritage historique bien défini.

Le golf, d'un autre côté, peut paraître arbitraire : les tournois « importants » se déroulent tout au long de l'année, lors de semaines qui sont insignifiantes en dehors de cela, et les parcours sont tellement différents que les avantages accordés à un joueur en particulier sont au mieux aléatoires. Un seul des tournois, le Masters, a lieu au même endroit, et le parcours donne un avantage aux joueurs longs qui peuvent faire bouger la balle de droite à gauche, ce qui incontestablement le rend moins juste comme déterminant de la grandeur d'une carrière.

C'est le paradigme du golf, et le plus surprenant c'est que les joueurs semblent tous l'accepter.

Y compris Adam Scott :

« Non, j'aime les majeurs, me dit-il à Akron. C'est juste la façon dont le jeu a évolué depuis la période à laquelle ils ont été appelés majeurs, dans les années quarante et cinquante. Vous savez, l'histoire a montré qu'au bout du compte les plus grands joueurs ont gagné la plupart de ces tournois et je pense que c'est sans doute une mesure juste de qui ont été les plus grands joueurs dans chaque décennie et chaque ère. Donc je suis content de la façon dont tout le monde voit cela. »

Et il a raison. Aussi arbitraire puisse être le système, les accidents de l'histoire qui ont produit quatre tournois majeurs ont en effet peint un tableau précis des légendes du golf. Et surtout, la pression associée à ces tournois les a rendus importants dans l'esprit des joueurs, si bien que chacun devient une sorte de creuset auquel seuls les meilleurs peuvent survivre. La façon dont les majeurs sont nés est moins importante – le fait que les joueurs les acceptent comme les tournois phares de la saison suffit.

C'est pour cela que la victoire d'Adam Scott à Augusta était tellement importante : la malédiction des Australiens au Masters était terminée et Scott n'avait plus ce fardeau à porter. Mais pour beaucoup, cela ne suffisait pas : ils en voulaient plus.

Là encore, Scott prit le parti de ses détracteurs en disant qu'il serait déçu s'il terminait sa carrière avec des places de 25ème et une seule victoire majeure. Une victoire majeure, même chanceuse, cela semble approprié pour des joueurs comme Ogilvy et Elkington mais Scott avait toujours été au-dessus de la mêlée. Il avait remporté son premier tournoi sur le circuit européen à l'âge de vingt ans, et dès 2008 des articles titrant qu'il était voué à un grand avenir, comme « Adam Scott est prêt à gagner un tournoi majeur » dans *Sports Illustrated*, commencèrent à paraître.

On en avait fait le prochain grand depuis le début, et pour confirmer son statut de joueur parmi les meilleurs de tous les temps il lui faudrait remporter beaucoup plus de tournois pendant qu'il était dans la fleur de l'âge.

Les attentes injustes abondent dans le golf. Mais encore une fois… Pas vraiment.

« J'ai trois filles qui ont maintenant 25, 23 et 21 ans et elles ne se sont jamais intéressées au golf, jusqu'à ce qu'Adam Scott remporte le Players Championship. Et tout d'un coup, elles m'ont dit "papa, est-ce qu'on peut rencontrer Adam" ? »

Tim Finchem, le directeur exécutif du PGA Tour.

A chaque fois que je vois Adam Scott en chair et en os, je pense aux paroles d'une chanson des Beatles : Got to be good looking 'cause he's so hard to see (Il doit être beau car ce n'est pas si facile de l'approcher). C'est une personne gentille (et intelligente) mais il parle si calmement, et avec une cadence si mesurée, qu'il ne fait pas forte impression. Un collègue a parfaitement traduit ce sentiment quand il m'a dit qu'après l'avoir interviewé, il s'était senti découragé, convaincu que c'était raté. Ce n'est que plus tard, en retranscrivant leur conversation, qu'il se rendit compte que Scott lui avait donné de l'or pur.

C'est un sentiment familier, en tout cas à propos des conférences de presse. C'est dur d'apprécier l'intelligence et la perspicacité de ce qu'il dit sur le moment, parce qu'il est très réservé. Son langage corporel donne l'impression qu'il dissimule quelque chose et que le vrai Adam Scott est caché quelque part derrière les mots. Il faut un peu de temps et de distance pour voir que vous vous trompiez, au moins au sujet du contenu. En ce qui concerne son comportement, l'impression ne change pas : vous pensez qu'il protège sa vie privée, qu'il livre une guerre contre toute personne voulant abattre les murs.

Alors comment est-il vraiment ? C'est une question à laquelle j'ai essayé de répondre toute l'année, mais ses agents ne m'ont pas laissé l'approcher dans le cadre d'un face à face. Même s'ils l'avaient fait, je ne vois pas quelles vérités profondes j'aurais pu déterrer, que d'autres n'auraient pas déjà essayé de trouver, en vain. Adam Scott ne fait tout simplement pas d'erreurs.

Je sais qu'il a un beau swing qui a souvent été comparé à celui de Tiger Woods à ses débuts. Je sais que les femmes l'aiment – on peut lire des anecdotes à son sujet dans *Sports Illustrated* ou *Esquire* sur ce que les femmes sont prêtes à faire pour attirer son attention : elles lui envoient des culottes à autographier, se battent pour les peaux de bananes qu'il a mangées et dieu sait quoi d'autre. Même les filles de Tim Finchem s'y mettent.

Je sais qu'il gagne à peu près huit millions de dollars par an – en dehors des tournois -, ce qui en faisait en 2013 le cinquième joueur en activité gagnant le plus d'argent derrière Rory McIlroy, Henrik Stenson, Phil et Tiger. Je sais qu'il a un côté philosophe : quand on lui a demandé ce qu'il pensait de la disparition de l'arbre d'Eisenhower, il a dit « tout ce qui vit finit par mourir, et celui-là l'a peut-être fait un peu tôt. » Je sais qu'il aime le vin - il était excité à l'idée que ses collègues goûtent son vin lors du dîner des champions à Augusta – et je sais qu'il se comporte avec une réserve digne mais qu'il est généreux et empathique dans ses rares moments publics.

Au-delà de ces impressions, je n'ai jamais appris grand-chose et j'ai l'impression que même si de nombreuses personnes l'apprécient et le respectent la liste de gens qui connaissent vraiment Adam Scott est très réduite. Même son mariage a eu lieu dans la plus grande intimité, et il n'a été rendu public qu'il avait épousé sa compagne de longue date, l'architecte suédoise Marie Kojzar, seulement des semaines plus tard, quand il fit lui-même mention d'une cérémonie secrète aux Bahamas à un reporter australien. Il avait invité des amis mais il ne leur avait même pas dit à quel genre d'évènement ils assisteraient. Ils l'apprirent seulement quand et s'ils arrivèrent. Justin Rose, certainement l'un des meilleurs amis de Scott sur le circuit, avait décliné l'invitation, ne sachant pas ce qu'il allait manquer.

Sa nature réservée s'applique aussi aux autres aspects de la vie. C'est très difficile, par exemple, d'avoir une idée de l'enfance qu'il a eue. Il est né à Adelaïde, au sud de l'Australie et au bord du bras de mer du golfe Saint-Vincent, où il joua sa première partie de golf à l'âge de quatre ans. Quand il en avait sept, la famille déménagea sur la Sunshine Coast, dans le Queensland, où son père avait obtenu le poste de pro au resort de Twin Waters. Il fabriquait des clubs dans la ville de Maroochyadore – il avait envisagé une carrière de joueur mais un accident de moto à l'âge de 19 ans avait mis fin à ce rêve – et sa femme, Pam, travaillait dans la boutique d'uniformes d'une école.

La mère de Pam venait du Pays de Galles et Phil avait des racines en Angleterre mais leur fils était 100% australien. Dans le Queensland, il fréquenta le Matthew Flinders Anglican College à Buderim puis la fameuse Kooralbyn International School.

A partir de l'âge de sept ans, Adam façonna son jeu avec comme modèle Greg Norman, et il joua moins de 70 et battit son père à treize ans. Il disputa des compétitions junior dans et à l'extérieur de la région de la Gold Coast, et fut amené à représenter et son état et son pays dans des compétitions internationales. Pendant toutes ces années, il idolâtra le Shark et était scotché à sa télévision dès que Norman était en course pour la gagne dans un majeur, même si cela l'obligeait à se lever avant l'aube un lundi matin pour regarder le dernier tour du Masters.

Après une magnifique carrière junior, il décida d'aller aux Etats-Unis où il passa environ 18 mois à l'Université du Nevada-Las Vegas à partir de 1998, l'année après suivant celle où les Rebels avaient remporté le titre national. C'est une partie du passé d'Adam Scott que beaucoup de gens ne connaissent pas, et ces faux-fuyants semblent volontaires. Les détails sont vagues mais il semble qu'il y ait eu une sorte de désaccord entre lui et le coach, Dwaine Knight, quand il décida de passer pro. Depuis, il s'est opposé à tout lien explicite avec l'université. Il y a tout de même fait partie d'une fraternité, et en novembre 1999 il a joué avec Bill Clinton. Il y a également rencontré Butch Harmon, l'homme qui allait l'entraîner pendant les dix années suivantes.

Quelques top 10 sur le circuit européen en tant qu'amateur début 2000 l'avaient convaincu de faire le grand saut et après une année difficile passée entre les circuits européen et américain, il avait gagné l'Alfred Dunhill Links Championship en janvier de l'année suivante, à l'âge de vingt ans. Il avait remporté deux autres tournois en Europe en 2002, puis le Deutsche Bank Championship pour sa première victoire sur le PGA Tour l'année suivante, et fait sensation pour sa première saison à temps plein sur le PGA Tour en s'imposant au Players Championship en 2004.

C'était le plus grand titre de sa carrière et il avait bien failli tout gâcher : avec deux coups d'avance au 18, il avait envoyé son deuxième coup dans l'eau et dû faire approche-putt de 35 mètres pour sauver le bogey et l'emporter d'un coup. Malgré cette fin bâclée, cette victoire l'avait transformé en célébrité et propulsé dans le top 15 mondial où il resterait jusqu'à fin 2008.

Il fréquentait déjà Marie Kojzar, qu'il avait rencontrée quand elle était la nounou des enfants de Thomas Bjorn, et il habitait avec elle en Australie et à Londres. Il avait construit la maison de ses rêves sur la Gold Coast et il avait aussi un domicile en Suisse – dans la même ville que Sergio Garcia – afin de ne pas payer ses impôts en Australie.

Tout ce qui lui manquait, c'étaient ces maudits majeurs. En dehors d'une place de troisième au Championnat US PGA en 2006, il n'avait jamais frôlé la victoire et il ratait un nombre de cuts surprenant pour l'un des meilleurs joueurs au monde.

La première fois qu'il s'était rendu à Augusta, il avait joué une partie d'entraînement avec Greg Norman. Quand l'Australien le plus âgé avait versé de l'eau sur le green du 16, Scott avait été ébahi de la voir couler vers l'extérieur du green sans jamais avoir le temps d'être absorbée dans le sol. L'atmosphère était chargée et tendue ce jour-là, et peut-être que cette impression persista dans les autres majeurs. Qu'il ait été intimidé, nerveux ou simplement malchanceux, il ne semblait pas capable de mobiliser son talent habituel lors des plus gros tournois de l'année.

En 2008, les chuchotements n'en étaient plus : était-il assez coriace pour gagner de gros tournois ? Dès 2003, on lui avait posé des questions sur son « instinct de tueur » que même son coach, Butch Harmon, avait remis en question. La comparaison avec Tiger avait suivi sa propre évolution : au début des années 2000, les médias se demandaient s'il contesterait à Tiger la domination mondiale. Avant même le milieu de la décennie, on lui demandait si la pression provenant du fait d'essayer de prendre la place de Tiger l'empêchait d'obtenir ses meilleurs résultats. Et avant la fin de la décennie, les questions avaient complètement disparu. Il menacerait peut-être la première place mondiale de Woods, mais son occasion d'atteindre le niveau extrême de grandeur de l'Américain était déjà passée – il ne gagnerait jamais de majeurs au même rythme, loin s'en faut.

Question : Je pense que c'est ici l'an passé que quelqu'un vous a demandé si vous étiez trop sympa sur le parcours ou non. Etes-vous devenu plus méchant depuis ?

Adam Scott : Je ne sais pas. Dites-moi. Je veux dire, ouais, je pense que c'est une chose intérieure. Il faut être méchant à l'intérieur. Certaines de mes expériences depuis un an m'ont montré comment ces grands doivent vraiment brûler intérieurement pour écraser tous les autres, et je pense que vous le devez aussi si vous ne voulez pas qu'ils vous écrasent. Je serai Monsieur Gros Dur demain (rires).

Players Championship, 2004.

A certains égards, on peut voir Scott comme le membre d'une génération perdue. Il y a une vieille déclaration de lui au Booz Allen Classic en 2004, où il s'était imposé devant Charles Howell, citant lui-même ce dernier et Sergio Garcia comme les meilleurs joueurs ayant moins de 25 ans. Dix ans plus tard, seul Scott aurait remporté un tournoi majeur tandis qu'Howell aurait pratiquement disparu de la carte et Garcia serait passé d'une crise à l'autre.

La plupart des joueurs ayant autour de 35 ans qui ont excellé dans les majeurs ne sont pas ceux auxquels on s'attendait - Bubba Watson et Jason Dufner sont sortis de nulle part – et les enfants prodiges se sont éteints, ont passé leur carrière à craquer sous la pression, ou se sont épanouis bien plus tard que prévu, comme Scott et Justin Rose. C'est presque comme si l'étoile de Tiger Woods était tellement brillante que quiconque ayant moins de cinq années de plus ou de moins que lui n'avait aucune chance de briller – la grandeur sauta une génération, revenant à des joueurs comme Martin Kaymer et Rory McIlroy tandis que des vieux briscards comme Ernie Els et Phil Mickelson ramassaient les majeurs laissés à l'abandon.

Enfin, si l'on en juge selon des critères normaux, Adam Scott a eu beaucoup de succès tôt et n'a vraiment trébuché pour la première fois qu'en 2008. Après avoir remporté le Byron Nelson une série d'évènements a altéré sa concentration, à commencer par la fin de sa relation amoureuse de sept années avec Marie Kojzar. Contrairement à beaucoup d'épouses de joueurs, qui construisent leurs vies autour de leurs maris et ont une sorte de rôle auxiliaire, elle avait des ambitions – elle étudiait l'architecture – et les voyages permanents mirent le couple à rude épreuve et finirent par les diviser.

Peu après leur séparation, Scott se fractura la main lors d'un accident insolite – un ami le blessa en lui claquant la portière d'une voiture sur la main – et tomba tellement malade, avec de la fièvre et des douleurs à la gorge à répétition, qu'il dut prendre des antibiotiques et des stéroïdes pour être capable de jouer et parfois, pour respirer.

Ses résultats s'en ressentirent pendant un an, Scott se séparant également de Butch Harmon et ne remportant un tournoi qu'en 2010 au Valero Texas Open. En 2011, il mit la main sur Steve Williams, l'ancien caddie de Tiger, et ensemble ils gagnèrent le Bridgestone Invitational au mois d'août. Cela lui permit d'intégrer le top 10 mondial et ayant rebondi dans sa carrière, il commença à lorgner sur les majeurs. Lentement mais sûrement, son jeu s'améliora.

Au British Open en 2012, au Royal Lytham & St. Anne's, il aborda le dernier tour avec quatre coups d'avance. Il sembla être sur le point de faire sa percée décisive.

Il parut fragile sur l'aller ce dimanche-là, jouant +2 lors d'une journée difficile, mais ses adversaires les plus proches fléchirent eux aussi. Grâce à un birdie au 14, il remonta à -10 et compta quatre coups d'avance sur Ernie Els. Le tournoi semblait bouclé avec quatre trous à jouer mais Scott vécut le même genre d'effondrement cauchemardesque que le héros de son enfance. Avec trois bogeys consécutifs, il plongea à -7. Els le rejoignit à ce niveau grâce à un birdie au 18, et la victoire assurée s'était évaporée.

Avec seulement un trou à jouer, Scott envoya son coup de départ dans un bunker, se recentra sur le fairway et mit son approche à 2m50. Son erreur le mit dans une situation horrible : il avait maintenant besoin de rentrer un putt difficile pour le par simplement pour partir en play-off. Il essaya de reprendre ses esprits, mais sa débâcle n'était pas censée bien se terminer. Il rata son putt et Ernie Els remporta une victoire invraisemblable.

C'était l'histoire du pauvre australien qui se répétait, et après avoir répondu aux mêmes questions pendant des années Scott fut dévasté d'avoir raté l'occasion d'enfin remporter la grande victoire. Il réagit avec grâce – il s'était inspiré de l'exemple de Norman il y a si longtemps – mais il savait que tous ceux qui avaient dit qu'il craquait auraient plus de munitions, et que la pression ne ferait qu'augmenter.

En avril 2013, il s'était remis en couple avec Kojzar – une architecte à part entière maintenant. Sur le parcours, il fit de son mieux pour rester concentré et eut la chance d'avoir une nouvelle occasion de décrocher la gloire au Masters, moins d'un an après son effondrement au British Open.

A un coup du leader à l'entame du dernier tour, il mit un coup de collier et conclut une très bonne partie en rentrant un dernier putt pour birdie de près de huit mètres. Derrière lui, et cela montre à quel point ce tournoi compte pour l'Australie, son partenaire et compatriote Marc Leishman serra le poing tandis que Scott jubilait. Ils pensaient tous les deux que la victoire était assurée, jusqu'au moment où Angel Cabrera arriva avec le dernier groupe et envoya son approche à moins d'un mètre. Il réussit son birdie et Scott dut continuer le travail.

Il commença à pleuvoir au deuxième trou de play-off, le 10. Scott envoya un drive puissant et profita d'un bon roulement dans la descente, mais Cabrera aussi. Dans la vallée, alors que le ciel s'obscurcissait, ce dernier envoya un coup de fer 6 qui s'arrêta juste en-dessous du trou. Placé à 179 mètres, Scott se mit au niveau du trou et plus près, à 4m60. Le putt pour birdie de l'Argentin échoua de quelques centimètres et il lança son club en l'air de frustration. Cela laissa à Scott un putt pour remporter la veste verte et enterrer pour de bon une malédiction nationale ainsi que ses propres démons. Derrière lui, la pluie s'abattait et Williams était à côté de Cabrera, les mains sur les hanches comme lui. Scott plaça son putter contre sa poitrine, respira profondément, et swingua.

La balle sembla s'attarder sur le green mais elle finit par tomber dans le trou. Le rugissement provenant du public amassé au bord du green éclipsa celui qu'il produisit en criant vers le ciel.

Son seul incident de parcours cette saison-là intervint à l'Australian Open en novembre, quand Scott arriva au dernier trou avec un coup d'avance sur Rory McIlroy. Mené de quatre coups au début du dernier tour, le Nord-Irlandais était revenu à une longueur et au 18 il rentra un putt pour birdie de trois mètres tandis que Scott lui laissa la victoire en concédant un bogey.

Le résultat abasourdit les spectateurs de Sydney, et cela le rongea : il désirait ardemment terminer sa saison par une victoire à domicile et compléter la « triple couronne » qu'il avait commencée en remportant l'Australian Masters et le Championnat de la PGA australienne.

A ce moment-là, on ne savait pas que l'on assistait à une ébauche de ce qui arriverait en 2014. Tout ce que l'on savait, c'est que Rory venait de gagner son seul tournoi de l'année et que peut-être cela voulait dire qu'il reviendrait au top de sa forme. Peut-être.

En attendant, Scott se hissa au premier rang mondial et se concentra sur le Colonial et le Texas Slam.

Adam Scott eut plusieurs occasions d'atteindre le score de -10 et de remporter le tournoi directement – des putts pour birdie de six mètres au 15, dix au 16, onze au 17, neuf au 18 – mais aucune ne fut géniale, il fit le par et passa au trou suivant. Alors qu'il arrivait au dernier green, un cliquetis se fit entendre en provenance du tableau d'affichage manuel à côté de la pièce d'eau, où une dalle métallique en remplaça une autre – cela se jouerait entre Dufner et Scott.

Après avoir fait le par, il donna une balle autographiée à la personne qui portait le scoreboard alors que le ciel s'assombrissait. Il passa devant la statue de Ben Hogan, dit à Peter Kostis, de CBS, qu'il aurait bien besoin de « quelques bouteilles de vin à emporter » et se rendit en voiturette avec Steve Williams à un petit bâtiment en briques avec un panneau disant « enregistrement des caddies. » Ils s'assirent sur un canapé, les pieds sur une moquette en feutre vert, et regardèrent un peu la retransmission du tournoi. Une équipe de télévision arriva à la porte et ils apparurent à l'écran, ce qui donna lieu à un drôle de tableau : ils étaient là, assis, à se regarder avec un décalage de sept secondes. Cela incita Adam Scott à agir, et il s'en alla avec Williams.

Jason Dufner était déjà au practice et les deux joueurs n'échangèrent même pas un acquiescement, allant des fers courts aux longs puis au driver d'un côté et de l'autre. De retour au 18, Dufner – qui avait comme d'habitude l'air malheureux – mit la main dans une casquette et tira le numéro un. Les deux vainqueurs de majeurs se serrèrent la main et balancèrent leurs coups de départ au milieu du fairway.

Le regard de Dufner se posa sur les nuages, de plus en plus sombres, et les deux joueurs envoyèrent leurs coups de wedge à des endroits sûrs sur le green. Quand ils remontèrent le fairway, le public, bien rodé après une journée passée à boire au soleil, commença à scander « U-S-A. »

Ils firent le par et partirent jouer le 17, où l'orage imminent amena une obscurité précoce. Après avoir trouvé le fairway, Scott envoya son approche directement au drapeau et sa balle s'arrêta au bord du green, quatre mètres au-delà du trou. Alors que Dufner était à l'adresse, son caddie mit quatre doigts vers le bas à l'intention d'un guetteur de CBS qui fit le même geste en direction de David Feherty : fer 9. Il réussit son meilleur coup de la journée – la balle vola par-dessus un bunker de green et s'arrêta à un mètre du trou. Dans les tribunes derrière le green, le public cria de manière chaotique avant de s'organiser pour un nouvel « U-S-A. »

Comme un putt court en montée attendait Dufner, Scott savait qu'il devait rentrer le sien. Il se mit en position mais un train siffla au loin donc il répéta sa routine. Il mit les pieds de chaque côté de la balle, les jambes écartées comme un colosse, et fit un V avec ses doigts. Quand il fut prêt, il joua son putt et le regarda descendre.

Sa balle tourna vers la gauche à l'approche du trou, toucha le bord droit et tomba. Il y avait de la défiance dans son poing brandi et dans les muscles tendus de son visage. Dufner tapa son propre putt pour birdie et expira avec soulagement quand il rentra – avec lui, un putt n'est jamais donné.

De retour au 18, le coup de bois 3 de Scott fut identique à celui qu'il avait tapé quelques minutes auparavant et la balle s'arrêta à 60 centimètres de son divot. Le drive de Dufner fut plus court et le vainqueur du dernier Championnat US PGA eut son premier incident de parcours en flirtant avec les bunkers sur son approche, sa balle s'arrêtant à pratiquement 12 mètres du trou.

Scott fit mieux : son coup de pitching wedge précédent avait été prudent, et tendu. Il dit plus tard que même après être sorti victorieux d'un play-off au Masters, il y avait une leçon à tirer de chaque nouvelle situation sous pression. Son instinct l'aurait normalement poussé à taper un plein coup, à fond, mais maintenant il pouvait supprimer la tension, relâcher ses mains et laisser son feeling prendre le dessus.

Son précédent coup de wedge s'était arrêté à 6m40 du trou, celui-ci lui en laissa à peine plus de deux. Quand Dufner manqua son long putt pour birdie, Scott se concentra malgré les conversations à voix basse dans le public et un ciel menaçant. Quelque chose dans ce bout de Texas lui rappelait l'Australie, jusqu'à la terre. C'est pour cela qu'il avait remporté trois autres tournois au Texas, et qu'il avait ce que l'on appelle le Texas Slam à sa portée. Alors pourquoi ne pas soulever le trophée imposant au milieu des membres du club avec leurs vestes à carreaux rouges ? Pourquoi ne pas voir votre nom calligraphié sur un chèque géant ? Pourquoi ne pas rentrer le putt, et pourquoi ne pas gagner ?

Quand la balle rentra dans le trou, il eut tout cela. En tout cas pour le moment. Mais il y a toujours quelqu'un qui vient tout reprendre.

JUIN

LE MAJEUR AMERICAIN

15

AU-DELÀ DE LA MARQUE

Rickie Fowler

« Mes parents ne buvaient jamais, donc je n'ai jamais été exposé à l'alcool. Je n'ai jamais vraiment eu l'impression que c'était une chose à faire, et j'étais concentré sur ce que je voulais faire. Il y a peut-être eu trois nuits au cours des deux années que j'ai passées à la fac où j'ai bu, et même là, rien de fou. J'étais le conducteur désigné pratiquement chaque week-end, vendredi, samedi, dimanche. Je m'amusais bien et j'étais capable de m'assurer que mes coéquipiers rentraient chez eux sains et saufs donc c'était rigolo pour moi. »

Rickie Fowler.

La maison où Rickie Fowler a grandi se trouvait sur le plateau de Santa Rosa à Temecula, en Californie, à une trentaine de kilomètres de l'océan pacifique. C'est là que la famille avait enmménagé quand il avait huit ans, et il pouvait rester au lit, regarder le poster du champion de motocross Jeremy McGrath sur le mur de sa chambre et écouter les coyotes dans les collines et les ravins, à l'ombre des montagnes de Santa Ana.

Rod Fowler, son père, avait lui-même été un pilote talentueux et la région de Murrieta-Temecula est considérée comme la capitale du motocross américain. A l'époque de sa naissance, en 1988, il y avait moins de 20 000 habitants à Murrieta. C'était quelques années avant l'explosion de sa population, qui atteindrait 100 000 personnes et verrait la taille de la ville multipliée par cinq sous l'effet de l'engorgement du littoral, des prix de l'immobilier en hausse et d'une augmentation de l'immigration.

Rod dirigeait une société de transport routier qu'il avait créée après le lycée et qui transportait du sable et du gravier dans tout le sud de la Californie. Il avait initié Rickie à la moto tout terrain jeune, afin d'avoir un complice : le mercredi soir, ils se rendaient ensemble à la piste locale et ils y passaient des heures. Rickie se montrait doué, à la fois habile et intrépide, même après s'être fracturé la jambe à l'âge de trois ans. C'était le premier à accélérer pour chaque saut, traverser un terrain périlleux et s'élancer dans les collines escarpées avec la confiance d'un pilote bien plus âgé.

Rickie adorait aussi les tenues colorées des coureurs. Il avait peint sa chambre en bleu et était attiré par les motifs tape-à-l'œil. Fowler était un enfant calme et les couleurs lui donnèrent un moyen de s'exprimer. Plus tard, il apporta ce côté esthète sur le parcours de golf, disputant des tournois junior habillé d'un pantalon blanc avec une ceinture blanche et un polo flashy.

Rod était un parent décontracté, le genre de gars qui pouvait parler à un étranger pendant des heures. Sa femme, Lynn, qui faisait aussi du motocross, amenait de l'ordre dans la famille. Ils se complétaient, Rod gagnant l'argent pour que ses enfants aient des opportunités en dehors de Temecula et Lynn s'assurant que tout marchait comme sur des roulettes. Ils n'étaient pas riches mais ils étaient extrêmement prévoyants – pas le genre de gens qui laissaient la moindre place au hasard.

Rickie est le produit d'un mélange unique de cultures de la côte ouest, en raison des racines de sa mère, née d'une mère Navajo et d'un père, Yutaka Tanaka, américain d'origine japonaise qui, enfant, pendant la seconde guerre mondiale, avait été envoyé dans un camp d'internement. Quand je parlai à Fowler de sa lignée – son deuxième prénom est Yukata, en hommage à son grand-père – il précisa que pendant que son grand-père était emprisonné les Marines utilisaient des Navajos pour transmettre des messages codés. Quand Jeanie et Yutaka se marièrent, ce fut également l'union de deux cultures dont la place dans l'histoire américaine est complexe, en particulier pendant la guerre décisive du vingtième siècle.

Les Fowler n'avaient pas beaucoup d'argent et ils n'étaient pas dans un country club mais ils allaient en vacances à Ocotillo Wells, une ville dans le Désert du Colorado, près de San Diego. Ils chevauchaient tous leurs motos sur le terrain ouvert, y compris la petite sœur de Rickie, Taylor. Comme ses parents, Rickie devint accro à l'adrénaline – une soif qu'il ne cesserait jamais de devoir étancher.

Compte tenu de ce contexte, il est difficile d'imaginer le golf entrer dans le monde de Rickie Fowler. Cet improbable complément vint de Yukata, qui commença à jouer quand Rickie avait trois ans. Il s'entraînait au practice de Murrieta Valley et un jour, il emmena son petit-fils avec lui. Rickie aima tout dans le golf, même si c'était à des années-lumière de la vitesse et des frissons du motocross. Lynn dit même à *USA Today* que l'étiquette et les règles l'amusaient alors que c'est précisément la partie qui repousse les enfants.

Quand il avait sept ans, Rickie rencontra un homme qui allait devenir incroyablement important pour sa progression : Barry McDonnell, un pro à Murrieta Valley. Ils commencèrent à travailler ensemble et ce partenariat dura jusqu'à la fin de la vie de McDonnell. Ils firent simple, s'assurant que Rickie était paré pour toute les situations auxquelles il pourrait être confronté. Il apprit à taper des balles basses et hautes, en fade et en draw, et à exécuter chaque coup au feeling. Quand il passa pro, Fowler lui fut reconnaissant pour la connaissance approfondie de son propre swing, une qualité dont il trouve qu'elle manque chez des joueurs qui sont devenus trop dépendants d'une technique rigide et d'un entraînement basé sur la vidéo.

« Il n'était pas très bavard, dit Fowler au sujet de McDonnell. Même avec moi, avec qui il était ouvert et parlait des choses, il faisait passer son message avec le moins de mots possible. »

Yukata et Lynn, de leur côté, sont ceux qui eurent la plus grande influence sur son comportement sur le parcours. Fowler m'a dit que bouder ou faire une crise aurait été complètement inacceptable. Sa mère instigua même une règle : s'il cassait un club, celui-ci ne serait pas remplacé.

Mais la vérité, c'est que Fowler n'était pas comme les autres enfants. On devait rarement lui dire de rester calme et même s'il se montra très compétitif très tôt, il ne le manifesta jamais en s'énervant ou en s'apitoyant sur lui-même. Il admit même devant des journalistes qu'il n'avait jamais lancé un club de sa vie, en tout cas jusqu'à ce qu'il en balance un vers un palmier lors d'une partie amicale en Floride alors qu'il était adulte, juste pour voir ce que cela faisait.

Rickie Fowler disputa sa première compétition dans un autre état quand il avait douze ans et à partir de là, sa mère devint son agent de voyages. Lynn travaille toujours avec son fils à plein temps, en compagnie de sa fille Taylor, et ils abordèrent sa carrière junior avec la même implication professionnelle qu'aujourd'hui. Si Rickie rêvait de golf et qu'il avait le talent et la passion, alors pourquoi pas ?

Il laissa tomber le motocross pour de bon après s'être blessé au genou dans un accident lorsqu'il était au lycée, et à partir de ce moment-là le golf devint sa seule priorité. « Cela m'a fait de la peine », admit Rod à Yahoo Sports en 2012. Quelques années plus tôt, Rod avait fait la connaissance du héros de Rickie, Jeremy McGrath, et ils étaient devenus amis. McGrath avait passé du temps avec Rickie et il pensait qu'il avait un bel avenir dans le motocross. Le choix de Rickie Fowler peut sembler évident aujourd'hui, mais mettre sa moto de côté fut un geste radical et mit fin à la passion d'une vie.

Quand Kevin Tway alla à Oklahoma State l'automne dernier, son père Bob lui donna un conseil : « J'ai dit à Kevin de jouer avec Rickie Fowler tous les jours, a dit Bob. Mettez le dîner ou cinq dollars en jeu, parce que quand tu en auras assez qu'il te batte, tu t'amélioreras. »

USA Today, le 12 juin 2008.

Mike McGraw entraînait l'équipe féminine d'Oklahoma State quand son assistant, Alan Bratton, lui parla de Fowler pour la première fois. Il vit une photo – les cheveux longs, la ceinture blanche – et garda son nom à l'esprit. Quand il fut chargé de l'équipe masculine l'été suivant, il fit du jeune californien une grande priorité.

Rickie lui rendit visite en janvier et McGraw ne savait pas à quoi s'attendre. Il coache à Baylor maintenant et n'eut aucun mal à me dire que la ville de Stillwater, dans l'Oklahoma, est triste. Cela peut poser des problèmes pour recruter des joueurs, mais à sa surprise c'était un atout pour Fowler : rien ne viendrait gêner sa progression en tant que golfeur. McGraw apprit qu'il ne buvait même pas. Il rendit visite aux Fowler cet été-là, au pied des montagnes de Santa Ana – il se souvient encore du bruit que les coyotes font la nuit – et plus il en apprit sur Rickie plus il voulut qu'il vienne à Stillwater.

Fowler s'engagea à jouer pour lui et réalisa une première saison qui aboutit à un titre individuel dans le championnat régional (Big 12) à Whispering Pines - « Il jouait un parcours différent », se souvient McGraw – et une quatrième place au niveau national. A la fin de l'année, il devint le premier joueur de première année à avoir jamais remporté le Ben Hogan Award, attribué au meilleur joueur du pays.

« Il a probablement l'une des meilleures attitudes que j'aie jamais vue, dit McGraw, et c'est pour ça qu'il est tellement amusant à regarder. »

Cet été-là, Fowler passa le cut à l'U.S. Open. Quelques mois plus tard, pour sa deuxième saison il mena l'équipe d'Oklahoma State, considérée comme la meilleure du pays, avec dans ses rangs Peter Uihlein, Kevin Tway et Morgan Hoffmann. Ils confirmèrent leur statut pendant toute la saison et quand le printemps arriva, ils étaient devenus incontournables. Aux finales nationales, à l'Inverness Club de Toledo, ils écrasèrent tous leurs adversaires en stroke-play, Fowler se classant troisième individuellement.

Une année plus tôt, ces trois journées brillantes les auraient mis à un tour du titre. Mais le format avait changé et 2009 marqua le début d'une nouvelle ère du golf universitaire en match-play.

Compte tenu de ses propres attentes, le joueur de l'université de Géorgie Brian Harman – un petit énergumène qui « préfèrerait se casser une jambe plutôt que perdre », d'après son coach Chris Haack - n'avait pas eu une très bonne dernière saison. Il en avait eu assez de la vie universitaire et il était prêt à passer à autre chose. Harman avait besoin de compétition dans sa vie – cela avait toujours été son carburant, parfois à son détriment – et jouer pour l'université ne lui suffisait plus. Quand l'équipe des Bulldogs se retrouva classée tête de série numéro huit à Toledo, cependant, l'affiche de rêve - Georgia contre Oklahoma State – fut avancée aux quarts de finale. L'université de Géorgie affronterait une équipe qui l'avait distancée de 20 coups sur les trois journées précédentes.

Le matin venu, Harris English et Hudson Swafford furent mis en difficulté et perdirent leurs matches 4 et 3. Trois défaites et ils seraient éliminés, et quand Adam Mitchell fut pénalisé de deux coups dans son match contre Kevin Tway pour avoir emporté trop de clubs dans son sac cela ressembla à l'estocade : une raclée pour la deuxième meilleure équipe du pays. Mais Mitchell joua le plomb toute la journée, battant Tway 5 et 3 malgré la pénalité, et comme d'habitude Russell Henley s'imposa, 2-up, pour égaliser à deux partout.

Il restait un seul match : Brian Harman contre Rickie Fowler.

Un grand nombre de fans, plus important que quiconque n'en avait jamais vu jusque-là dans le golf universitaire, vint les regarder. L'adrénaline coulait à nouveau à flot chez Harman, qui était mené d'un trou au 15. Sur le green, Fowler prit deux putts pour le par et Harman eut un putt de 2m50 à rentrer pour éviter d'être deux down avec trois trous à jouer.

Il le rentra et quand il se releva, il vit que Fowler et McGraw avaient déjà quitté le green et se trouvaient au départ du 16. Ils n'étaient même pas restés pour remettre le drapeau, ce qui est une politesse d'usage en golf universitaire. Harman, qui était déjà surexcité dans l'ambiance survoltée, vit rouge. La colère le submergea.

« Petit enculé », se dit-il en regardant Fowler.

Il traversa le green, ramassa le drapeau et le remit brutalement dans le trou. Il rejoignit Chris Haack, contenant à peine sa rage.

« Je vais lui donner un coup dans les dents », dit-il.

Ce qu'il vit plut à Haack : il savait que contrairement à d'autres joueurs, Harman jouait mieux enragé. En retard d'un trou avec le match en jeu, il savait qu'ils avaient besoin d'une étincelle.

Harman avait les yeux injectés de sang. Il frappa immédiatement avec un birdie sur un putt de 2m50 au 16 et même si Fowler fit de même, il ne put le suivre quand il en rentra un autre – de 3m70 cette fois – au 17 pour revenir square. Au 18, le drive d'Harman termina dans le rough à gauche mais il envoya une belle approche à 2m50. Fowler se mit à 3m70 pour avoir lui aussi une occasion de birdie.

Il joua en premier mais son putt fut trop court. La scène était prête pour Harman. Il lui restait assez de colère pour un dernier coup, et pour donner la victoire à son équipe. Son putt attrapa le bord droit et tomba dans le trou.

Cet incroyable finish couronna le come-back de l'université de Géorgie et Harman sauta dans les bras de ses coéquipiers. Fowler ne comprit jamais ce qui s'était passé, ou pourquoi Harman semblait tellement énervé vers la fin du match. Il est peu probable qu'il ait quitté le green du 15 pour des raisons malintentionnées, mais peu importe : Harman avait trouvé la source de motivation dont il avait besoin. Le coach des Cowboys, McGraw, ne découvrirait leur faux-pas que cinq ans plus tard, au détour d'une conversation avec Haack. Tout ce qu'il savait, à l'époque, c'est que Fowler n'aurait pas pu être plus abattu dans sa vie.

Plus tard, Harman et Haack riraient à propos de ce dernier match.

« Ce connard aurait dû prendre le drapeau, n'est-ce pas ? », demanda Haack. Harman se contenta de sourire.

« C'est vrai, me dit-il. Il aurait dû le ramasser. Il m'aurait peut-être battu s'il l'avait fait. »

Fowler éclata en sanglots pendant que l'équipe adverse fêtait sa victoire devant une foule importante. C'était sa dernière partie sous les couleurs d'Oklahoma State. Cet automne-là, il passa pro.

« J'adore ma situation et pour rien au monde je n'en changerais. Mais ouais, il y a des moments où ça serait cool de pouvoir simplement sortir et me fondre dans la masse. Mais euh… J'imagine que ça ne va pas arriver. »

Rickie Fowler.

Rickie Fowler avait utilisé des clubs Titleist pendant l'essentiel de sa carrière et il était ami avec la famille Uihlein, donc il ne faisait aucun doute qu'il obtiendrait un contrat de sponsoring. Mais c'est son contrat avec Puma qui le définirait en tant que golfeur. Fowler avait courtisé l'équipementier autant que Puma l'avait courtisé, et le partenariat fut l'un de ces rares moments de synergie d'entreprise qui donne des spasmes euphoriques aux services marketing.

Le style branché de Puma s'accordait parfaitement avec les antécédents de Fowler dans le motocross. Ce que beaucoup ne savent pas, c'est que Fowler a demandé la tenue orange avec la ceinture blanche - un clin d'œil à Oklahoma State – qui, avec une casquette à visière plate et un puma sautant devant, deviendrait rapidement son look à lui.

« Ils n'avaient pas vraiment quoi que ce soit d'orange dans leur ligne, me raconta Fowler. Donc j'ai dû tout faire. »

Dans ses nouvelles fringues flashy, Fowler devint très recherché pour le PGA Tour qui avait désespérément besoin de jeunes stars en prévision d'un avenir sans Tiger Woods. Il connut un succès immédiat du point de vue de la mode, et les enfants ne mirent pas longtemps à venir assister aux tournois habillés de Puma orange de la tête aux pieds – sans parler de quelques adultes. La société était emballée et Fowler acquit une réputation semblable à celle de Phil Mickelson, d'un joueur qui ne ménageait pas ses efforts avec ses sponsors et que cela ne dérangeait pas de devenir une publicité ambulante.

Les habits eurent quelques effets secondaires. Il s'attira de nombreux détracteurs, l'image qu'il véhiculait détonnant avec ses origines de gamin humble et facile à vivre de Murrieta, très proche de sa famille. En fonction de votre point de vue, il pouvait ressembler à un symbole de la contre-culture, à un punk moqueur qui faisait un pied de nez à l'establishment golfique à chaque fois qu'il mettait ses fringues orange voyantes, ou encore à un minet cynique qui capitalisait sur son physique. Aucune de ces descriptions ne reflétait la réalité, et pratiquement tous ceux qui avaient appris à connaître Rickie Fowler personnellement savaient que la dichotomie était fausse. Mais l'irritation augmenta, même parmi ses collègues, surtout quand il y eut un incroyable engouement pour son style.

En 2013, Fowler gagnait environ 4,5 millions de dollars en dehors du parcours – il est sponsorisé par de nombreuses marques, de Cobra à Red Bull en passant par Farmers Insurance -, ce qui le plaçait au-dessus de pratiquement tous les joueurs dans sa catégorie d'âge, et dans le même groupe que des vainqueurs de majeurs et des icônes nationales. C'était une somme élevée pour un gamin qui avait à son actif un seul tournoi du PGA Tour et un top 5 dans les majeurs, et il est facile de voir pourquoi cela avait engendré du ressentiment.

Ce n'est pas que son jeu n'était pas digne d'éloges – en 2010, Fowler avait été élu Rookie of the Year et bénéficié d'une wild card pour la Ryder Cup. En 2012, il avait remporté son premier tournoi au Wells Fargo Championship en tapant un coup risqué de gap wedge par-dessus l'eau au 18. Sa balle s'était arrêtée à un peu plus d'un mètre du trou et il avait réussi un birdie pour s'inviter dans un play-off où il s'était défait de Rory McIlroy et D.A. Points. Dans la rivalité naissante entre Rickie et Rory, c'est l'Américain qui avait gagné les premiers rounds.

Cette victoire avait aussi une portée émotionnelle : l'année précédente, il avait subi une perte déchirante. Au début de sa carrière professionnelle, il retournait à Murrieta plusieurs fois dans l'année et il allait voir Barry McDonnell, le seul coach qu'il avait jamais eu. Il tapait des balles pendant que McDonnell fumait un cigare ou sirotait une bière, et ils parlaient de son jeu. Rentrer à la maison, c'était comme une thérapie pour Fowler et il appréciait ces moments avec l'enseignant tranquille qui l'avait aidé à définir son style de jeu.

En mai 2011, McConnell décéda d'une crise cardiaque à l'âge de 75 ans. McGraw vit Fowler la semaine suivante et il fut témoin de sa douleur intense. Ce sentiment resta avec lui pendant l'année suivante et même après sa première victoire. La seule fois où il faillit pleurer, c'est à Charlotte quand un reporter prononça le nom de son ancien mentor.

« J'ai essayé de ne pas trop mentionner mon coach, Barry, dit-il, parce que cela me touche beaucoup. »

Après avoir été en difficulté en 2013, il commença à envisager de travailler avec Butch Harmon. La seule chose qui le faisait hésiter c'était de penser à McDonnell. Serait-ce bien pour sa carrière d'avoir recours à un autre coach ? Serait-ce déloyal, d'une certaine façon, à l'égard de l'homme qui l'avait guidé depuis qu'il avait sept ans ?

En fin de compte, il décida d'aborder Harmon et ce qu'il dit au légendaire technicien devint l'élément central d'innombrables histoires en 2014 : « Je veux que l'on me connaisse plus pour mon jeu que pour mes habits et ma casquette. » Même s'il insiste sur le fait que son image bien cultivée n'est que positive, ce désir vous montre tout ce que vous devez savoir sur l'effet des critiques sur lui.

Harmon demanda la permission à ses autres élèves et ils commencèrent à travailler ensemble après sa désastreuse prestation au British Open - cut manqué après des cartes de 78 et 76. D.J. Piehowski, de PGATour.com, écrivit que peu de temps après le début de leur relation professionnelle, Fowler reçut un message de Bill Teasdale, le propriétaire du practice où McDonnell avait travaillé. Juste avant sa mort, ce dernier avait envoyé un SMS à Teasdale dont le contenu était étrangement visionnaire : « Quand ce sera le bon moment, Rickie devrait travailler avec Butch Harmon. »

Le SMS donna à Fowler une confirmation et lui permit de tourner la page – il savait qu'il faisait ce qu'il fallait, et cela allégea sa conscience. Il s'engagea à fond avec Harmon, et ensemble ils rendirent son swing plus efficace et lui donnèrent la possibilité de générer de la vitesse et de la distance. Il coupa ses cheveux en février, se qualifia pour les demi-finales du Championnat du monde de match-play avant de s'incliner devant Jason Day, et obtint son deuxième top 5 dans un majeur à Augusta en avril. Mais il rata aussi sept cuts avant le mois de juin et pour les sceptiques, Fowler avait encore beaucoup de choses à prouver.

Bubba Watson, dont la personnalité le maintient à distance de la plupart des joueurs, se sent tellement proche de Fowler qu'il l'appelle son « petit frère… » Selon le caddie de longue date de Phil Mickelson, Jim Mackay, Rickie est comme Steve Stricker : il n'y a littéralement personne sur le circuit qui ait une mauvaise chose à dire à son propos. « Si Rickie était égocentrique ou autre, on dirait que c'est un passage obligé pour quiconque ayant son âge et ses capacités. Mais il ne l'est pas, et c'est pour ça que son lien avec les gens est automatique », ajoute le directeur exécutif du PGA Tour, Tim Finchem.

Jaime Diaz, dans Golf Digest.

Je ne savais pas trop quoi penser de Fowler au début. Si vous vous en tenez à ce que vous voyez à la télévision, c'est le personnage aimable et détendu qui se tourne en dérision dans des publicités pour l'émission *SportsCenter* de la chaîne ESPN et joue le rôle d'un détective privé moustachu dans d'autres pour State Farm. J'eus cependant l'impression que cette image ne pouvait pas être très fidèle, avant même de connaître son histoire et d'échanger avec lui.

Même si Puma et le PGA Tour veulent le présenter comme le visage jeune et insouciant du golf, le fait est que personne n'arrive aussi loin sans être intensément concentré et obsédé. Rickie ne pouvait plus être le rebelle fougueux qu'ils essayaient de vendre, pour la simple raison qu'il est justement arrivé au firmament, et même si les gens qui l'entourent utilisent le mot « branché » dès qu'ils le peuvent la seule chose branchée à son sujet c'est qu'il aime la vitesse.

J'ai découvert que la vérité, c'est qu'il ne sort du lot que dans certains contextes contrôlés. Des vêtements flashy, des vidéos drôles et du grand golf ? Bien sûr. Mais c'est tout. Il a fait les sacrifices habituels en route, mettant de côté sa vie sociale pour atteindre un objectif supérieur. Il ne fait pas étalage de son argent. Ce n'est pas un plaisantin et même s'il a fait quelques farces à l'université, il n'y a rien de cruel ou de conflictuel chez lui. Dans un sport dominé par la colère, il se distingue par le fait qu'on ne voit pratiquement jamais ne serait-ce qu'une once de rage sur son visage. Le fait qu'il soit inhabituellement bien dans ses pompes explique aussi pourquoi il a évité les erreurs de jeunesse: contrairement au joueur lambda, il n'a jamais gaspillé d'innombrables heures au practice ou ressenti la nécessité de changer son swing.

Le meilleur mot que je puisse trouver pour décrire le style et la nature de Fowler, c'est « doux. » En dessous de tout le reste se trouve un fond d'empathie. C'est pour ça que les enfants l'adorent aussi : ils le suivent comme le joueur de flûte de Hamelin (légende allemande selon laquelle un joueur de flûte attira des enfants au moyen de sa musique afin de les enlever à leurs parents, ndt), et tandis que les femmes de tous âges sont attirées par Rory McIlroy, et l'énergie intense perceptible sous son visage d'idole des jeunes, Fowler est l'âme tendre qui captive les jeunes imaginations.

Au début de l'année, je mourais d'impatience de lui poser une question dont je pensais qu'elle serait très profonde : se sent-il emprisonné dans son image ? Est-ce que la nature criarde de la marque Puma fait de l'ombre à sa vraie personnalité ? Il se trouve cependant qu'il avait entendu cette question un bon million de fois, posée d'un million de manières différentes. Et chaque fois, Rickie avait refusé de sourciller. Il sait qui signe ses chèques et en dehors de l'aspect pécuniaire, il semble vraiment croire que Puma lui donne la meilleure occasion de se représenter lui-même dans le reste du monde.

Quand il est passé pro, Fowler a signé un contrat avec le Wasserman Media Group et il est représenté par Sam MacNaughton, un ancien joueur d'Oklahoma State qui jouit d'un statut élevé dans le monde des agents. Si vous voulez parler à Rickie, vous devez passer par Sam – même son entraîneur universitaire, Mike McGraw, doit faire passer ses demandes par MacNaughton – et il y a tellement de demandes pour Rick qu'aucun journaliste sain d'esprit ne s'attend à grand-chose.

Il y a quelques agents qui sont tellement avares avec le temps de leurs joueurs qu'ils héritent du surnom de Docteur No, et MacNaughton en fait partie. Le petit cercle formé par Wasserman autour de Fowler sert aussi à passer sous silence les détails de certaines histoires – comme son accident de voiture du 1er juillet à Palm Beach Gardens, dont il sortit avec des coupures à la tête[1].

1. Même si la séquence des évènements est détaillée dans le rapport de police, on n'a jamais su la gravité de ses blessures, qui ont pu nécessiter des points de sutures ou des agrafes. Fowler, qui conduisait une Porsche 911 de 2011 grise avec à son bord une joueuse âgée de 18 ans, Morgan Hobbs, prit une sortie de l'I-95 trop vite alors qu'il pleuvait ce soir-là, quitta la chaussée, traversa une clôture grillagée pour se retrouver dans un lotissement et percuter un arbre. Personne ne fut blessé et le montant de 4 000 dollars en dégâts matériels ne fit certainement pas sourciller Rickie. Mais cet incident prouva que son besoin de vitesse était toujours là et bien là, quand il admit au policier qu'il avait conduit « un peu trop vite. »

Obtenir du temps avec Rickie n'est pas difficile que pour les petits poissons comme moi. A la mi-octobre, alors que la saison touchait à sa fin, Karen Crouse du *New York Times* en eut tellement assez qu'elle prit la mesure inhabituelle de twitter Fowler afin d'attirer l'attention du public sur l'obstruction :

« Hey @RickieFowlerPGA, j'ai proposé un profil approfondi de vous pour le *New York Times*, votre agent m'a dit "ne vous faites pas trop d'illusions". Qu'est-ce qui se passe ? Est-ce que vous allez m'accorder du temps ? »

Karen Crouse est l'une des rares journalistes à avoir eu des infos en profondeur sur Bubba Watson, et le fait qu'une bonne rédactrice travaillant pour l'un des journaux les plus respectés n'ait pas pu obtenir de passer du temps avec Fowler montre clairement qu'il est sensiblement hors d'atteinte pour quiconque n'a pas de caméra vidéo.

J'avais suivi la même démarche avec MacNaughton et j'avais trouvé que notre relation avait pris une tournure assez comique. J'allai le trouver au practice, je soutins son regard bourru mais subtilement drôle – il a la capacité surnaturelle de vous intimider tout en vous donnant l'impression qu'au plus profond, il est susceptible de vous apprécier -, j'échangeai quelques civilités inconfortables puis je me lançai. Il se déroba, me demanda d'être plus clair, me regarda bégayer puis me donna une réponse qui n'était pas tout à fait un non, mais était très éloignée d'un oui. Il me donna sa meilleure réponse au Championnat US PGA, quand il leva les yeux de son téléphone pour me dire « honnêtement, je ne suis pas emballé par votre article. » Je ne sus pas quoi lui répondre mais je savais ce que cela voulait dire : je serais encore forcé de l'aborder une ou deux semaines plus tard, et de répéter le processus.

Ceci se poursuivit toute l'année et en juillet je me résolus au plan B habituel : poser mes questions à Rickie lors de conférences de presse et traîner dans la zone où l'on interviewe les joueurs après les parties pour tenter de sauver une minute ou deux. Je continuais à espérer quelque chose de plus consistant à long terme, mais quand il refusa d'accorder une interview au *New York Times*, je réalisai que mes chances étaient quasi nulles.

C'est pour cela que je fus presque choqué, début novembre, soit environ un mois après avoir envoyé mon dernier e-mail à MacNaughton

– et presque 18 mois après notre premier échange – quand je reçus le feu vert pour une interview téléphonique de vingt minutes avec Rickie Fowler.

Ce genre d'accès vaut son pesant d'or, en tout cas en théorie car en réalité cela ne vaut que ce que le joueur est prêt à donner. Je le connaissais suffisamment bien pour espérer le meilleur, et quand nous parlâmes enfin je ne fus pas déçu. Ce qui me frappa, l'espace de cet appel, c'est sa perception sans prétention de lui-même et de son passé. Nous passâmes quelques minutes à parler de Rod et Taka, et il devint clair qu'il pouvait entrer dans les détails– un contraste saisissant avec les nombreux joueurs auxquels j'ai parlé qui étaient vaguement conscients de ce que leurs parents faisaient dans la vie (« quelque chose dans la finance, je pense ») - et n'en avaient rien à faire. Il n'y avait jamais eu un moment où l'étoile montante de Fowler l'avait coupée du monde qu'il connaissait.

Il s'intéresse aussi à la généalogie de sa famille, et pas seulement comme un détail autobiographique intéressant à donner en pâture à des reporters. Quand il avait appris que son grand-père avait été dans un camp d'internement quand il était enfant – ce n'est pas un sujet qu'il évoquait ou dont il parlait très souvent – cela l'avait suffisamment intéressé pour qu'il écrive un compte-rendu de livre sur ce sujet à l'école. Du côté de sa grand-mère, il avait été en mesure de dire au *Navajo Times* de quel clan elle venait précisément et de raconter sa visite de Tuba City, en Arizona, la plus grande communauté de la nation Navajo. Il a aussi un côté spirituel – il a été élevé dans la foi catholique – mais c'est une partie de sa vie qu'il passe sous silence.

Je savais, quand nous nous sommes parlé, que ma question sur le fait de se perdre derrière la marque n'était ni originale ni intéressante. Quand je lui posai une version modifiée – Est-ce qu'être tellement identifié à un style aussi particulier a des conséquences ? -, tout ce qu'il me dit c'est qu'il n'aimait pas devoir toujours faire attention à son comportement en public.

« Je veux éviter les faux-pas publicitaires, me dit-il. Je veux faire les gros titres sur le parcours, pas en dehors. »

Mais ce n'est pas spécifique à sa vie ou à la marque Puma, et il le dit sans regrets : il sait que c'est inévitable, et il ne changerait pas la situation s'il en avait l'occasion. Les habits sont même pratiques par moments, créant comme une séparation entre Fowler le personnage public, et Fowler l'individu.

« Il y a beaucoup de gens qui ne me connaissent pas, c'est sûr, dit-il. Mais ce n'est pas parce que je me cache. Ce n'est pas parce que je ne veux pas que les gens me connaissent. Mais j'ai apprécié tenir ma vie personnelle et ma vie de famille à l'écart du parcours. Je ne veux pas qu'elles se mélangent. »

C'est aussi vrai au sujet de ses amitiés et de sa vie amoureuse – pendant plusieurs années il a eu une relation avec Alexandra Browne, une chanteuse qui est aussi la fille de l'ancien joueur Olin Browne, mais elle a pris fin. Il habite maintenant à Jupiter, en Floride, avec son collègue Cameron Tringale et sort avec le groupe de joueurs du coin, dont Rory McIlroy fait partie. Les deux rivaux jouent parfois ensemble, mais seulement avec d'autres joueurs. Il est aussi ami avec Bubba Watson, formant un duo particulièrement surprenant mais montrant la capacité de Rickie à nouer des liens avec pratiquement n'importe qui.

Comme pour tout le reste dans sa vie, Fowler ne se préoccupe pas vraiment des conséquences de son partenariat avec Puma sur son image. Que cela plaise ou non, au risque de donner l'impression d'un joueur corrompu, il l'aborde sincèrement, sans trop calculer. Le fait que cela influe sur la façon dont l'Amérique perçoit sa personnalité, tient plus d'un défaut de notre société et de la façon dont la télévision a tendance à tout caricaturer.

Il n'y a rien de sinistre chez Fowler – il est comme il a toujours été. C'est le garçon tranquille de Murrieta qui aime les couleurs vives, qui travaille sacrément dur et n'a pas changé sa nature, malgré une vie qui ne pourrait pas être plus différente de son enfance sur le plateau de Santa Rosa, avec des coyotes hurlant dans les collines obscures.

16

PINEHURST, CAROLINE DU NORD

l'U.S. Open ; punition cruelle et inhabituelle à l'USGA ; l'échappée de Martin ; restaurations

« Le grand écrivain Charlie Price dirait que Pinehurst, à son époque, c'était des fairways, et les fairways étaient des oasis au milieu d'une région sablonneuse. Les pelouses clairsemées, les aiguilles de pins et le sable, les petites touffes de terre, c'était ça Pinehurst. »

Ben Crenshaw, à PGATour.com, au sujet de la restauration du parcours numéro 2 de Pinehurst

L'USGA est peut-être l'organisateur de tournoi le plus cruel de tout le golf, et quand ils sont sur le devant de la scène chaque année pour l'U.S. Open, ils font en sorte de punir et d'humilier tous les joueurs rêvant de remporter le plus vieux tournoi majeur d'Amérique.

Le but non officiel de l'USGA, à chaque U.S. Open, tout du moins ces dix dernières années, consiste à organiser un événement tellement exigeant que le score du vainqueur est proche du par – idéalement, supérieur. Parfois, les parcours qu'ils choisissent ne sont pas suffisamment difficiles en eux-mêmes, mais cela ne fait pas peur à l'USGA. Ils les préparent pendant les semaines précédant le tournoi en utilisant des méthodes qui ont fait leurs preuves pour le truquer. Pour commencer, ils font pousser le rough, créant des étendues d'herbe tellement dense qu'il faudrait une machette pour les traverser. Ils déshydratent ensuite les fairways, ce qui a pour effet de les accélérer si bien que mêmes les bons coups de départ roulent des heures et finissent par terminer leur course dans l'épaisse broussaille sur les côtés. Ils font la même chose aux greens, ce qui fait qu'on ne peut pas faire tenir une approche ou putter même si on y arrive. Ils utilisent même des méthodes artificielles, comme transformer un par 5 normal en par 4 ridiculement long, si bien qu'un birdie devient un par et le par un bogey. Et si tout le reste échoue, ils peuvent simplement reculer les départs pour rallonger les trous ou mettre les drapeaux à des emplacements diaboliques, près du point le plus haut des greens bombés en forme de dos d'âne qu'ils affectionnent tant.

Croyez-le ou non, il y a des joueurs qui apprécient ce genre de préparation. La seule chose que l'on peut toujours dire à propos de l' U.S. Open, c'est qu'il constitue un vrai test de golf et ne se réduit jamais à un concours de putting comme on en voit parfois sur le PGA Tour. Des joueurs comme Adam Scott, Martin Kaymer, Justin Rose et Tiger Woods préfèreraient être dans cette configuration toutes les semaines, parce qu'ils font partie des joueurs les plus complets au monde, et tout parcours exigeant tous les coups de votre palette profite au joueur sans faiblesses. Et l'U.S. Open est fourni avec une garantie absolue : si vous avez une faiblesse, elle sera mise au jour.

Dans les neuf années qui ont précédé l'U.S. Open 2014 à Pinehurst, le score du vainqueur avait été le par ou pire à six reprises. Deux des trois vainqueurs qui avaient terminé sous le par - Tiger Woods en 2008 et Lucas Glover l'année suivante – n'étaient pas descendus très bas, à -1 et -4 respectivement. La seule exception fut l'édition 2011, quand Rory McIlroy avait offert un spectacle historique au Congressional Country Club, terminant un parcours difficile sur un score de -16 et s'affirmant comme l'un des meilleurs joueurs au monde.

Le premier vainqueur dans cette série difficile avait été Michael Campbell, qui s'était imposé dans le par au Pinehurst Resort, dans la région des Sandhills en Caroline du Nord, en 2005. Le Néo-Zélandais a été oublié – il fait partie du club des auteurs de tube unique – mais celui qui l'avait emporté la fois précédente à Pinehurst, Payne Stewart en 1999, est devenu un emblème tristement célèbre du resort. Moins de six mois après sa victoire, il périt dans un accident d'avion et il est aujourd'hui honoré avec une grande statue devant le club-house qui immortalise le moment où il rentra le putt au 18 qui lui permit de s'imposer devant Phil Mickelson – le pied droit en l'air et le poing triomphateur, portant ses célèbres knickers et un béret écossais.

L'U.S. Open revenait à Pinehurst en 2014 et on parlait surtout de Stewart, de Mickelson et du parcours lui-même.

Payne était le joueur légendaire qui avait remporté le premier U.S. Open jamais disputé sur le parcours, et son nom était déjà sur toutes les lèvres la semaine précédant le tournoi. Le jeudi, Rickie Fowler mit la barre très haut en lui rendant un hommage émouvant. Payne Stewart avait été l'un des héros de son enfance et Fowler se souvenait encore du moment où il avait entendu parler de son accident d'avion, en octobre 1999. Il était en voiture avec sa mère et la nouvelle avait été annoncée à la radio. Il avait fondu en larmes et quinze ans plus tard, lors de son premier tour à Pinehurst il porta la tenue signature de Stewart : des knickers blancs et une paire de chaussettes à motifs de losanges.

Phil Mickelson avait terminé deuxième de l'U.S. Open à cinq autres occasions – le genre de réussite que l'on peut seulement qualifier de cruelle. C'est le tournoi qui lui échappait, encore et encore, jusqu'à l'année 2013 où il avait entamé le dernier tour en tête mais joué 74 et terminé derrière Justin Rose. Après cette édition, il était perçu comme un personnage tragique, quelqu'un destiné à ne jamais accomplir son rêve à l'open national de son pays. Il avait cependant pris tout le monde de court plus tard cet été-là en remportant son premier British Open. L'U.S. Open était maintenant le seul tournoi qui lui manquait pour enregistrer un grand chelem, et il arriva à Pinehurst dans le rôle de favori du public.

Malheureusement pour lui, sa réussite antérieure sur ce parcours ne voulait pas dire grand-chose. Le parcours numéro deux qui accueillait les joueurs cette fois-ci était extrêmement différent de celui sur lequel ils avaient joué en 1999 et 2005. Ces fois-là, il avait ressemblé à un parcours typique de l'U.S. Open : très vert, avec un rough épais et les pièges habituels de l'USGA. Certains n'avaient pas changé : mesurant 484 mètres, le « par 4 » du 4 était le plus long dans l'histoire de l'épreuve, devançant d'un mètre le « par 4 » du 16. Les deux sont des par 5 le reste de l'année, et sont transformés le temps du tournoi pour que tous les joueurs du champ enregistrent huit coups de plus sur les quatre tours. Les par 3 aussi étaient d'une longueur infernale, le plus court affichant une distance standard de 175 mètres.

Au-delà de ces effets spéciaux de l'USGA, le parcours n'avait rien à voir avec celui des éditions précédentes.

En 2010, le resort avait pris la mesure audacieuse de commander la restauration totale du numéro deux : un retour au parcours tel qu'il était avant les U.S. Opens, et au tracé de 1935 dessiné par le légendaire concepteur Donald Ross. L'équipe de Ben Crenshaw et Bill Coore avait été engagée pour ce faire et dans les grandes lignes, le but de leur projet était de faire en sorte que le parcours reflète le terrain naturel des Sandhills de Caroline du Nord, comme il y a tant d'années.

Les Sandhills représentent un phénomène géographique intéressant : le témoin d'une époque, il y a vingt millions d'années, où l'océan empiétait plus sur le littoral, et où les endroits comme Pinehurst étaient encore des plages. Des dunes sablonneuses se sont formées sur les rivages, et elles sont les vestiges d'une période ancienne. Avec leurs pins majestueux, elles délimitent le plateau du Piedmont de la plaine côtière qui va jusqu'à l'océan. La terre est dure, couverte d'aiguilles de pin et de sable, et n'est pas propice à l'entretien d'hectares et d'hectares de gazon sans d'énormes quantités d'eau.

La restauration intervint au début d'un mouvement de préservation de l'eau dans le golf, et la première grande décision de Crenshaw et Coore fut de complètement se débarrasser du rough – 16 hectares en tout, avec des centaines de têtes d'arroseurs. Ils laissèrent la nature reprendre ses droits là où l'herbe épaisse avait consommé d'innombrables litres d'eau, et pour rendre le parcours plus difficile ils avaient importé 80 000 buissons d'aristida stricta pour remplir les zones en dehors des fairways. Cela introduit une part de chance dans les parties. On pourrait se sortir de ces nouvelles zones, bien plus que ce n'était le cas dans le rough dense, mais une balle pourrait aussi se retrouver sous l'un de ces nombreux buissons et forcer le joueur à faire un chip de côté.

Crenshaw et Coore avaient utilisé des photos aériennes d'archive et l'ancien tuyau principal du système d'irrigation afin de retrouver la forme de certains trous du parcours, qui avaient été redressés avec le temps. Ils avaient élargi les fairways pour récompenser les joueurs qui envoient leurs drives du bon côté. Ils avaient conservé la forme bombée des greens qui s'était développée au fil des ans, choisissant de ne pas les aplanir pour les ramener aux standards de 1936 – ce qui les aurait rendus moins difficiles, et ils avaient accentué les vieux bunkers, les bosses et les dépressions qui avaient été oubliés avec les fairways plus étroits.

Le numéro deux de Pinehurst n'a jamais été censé être un parcours « parkland », avec de vastes étendues vertes. Comme l'a expliqué Bill Coore, les origines du parcours se trouvent dans le style rude des Sandhills, et on s'est appliqué à le refléter, jusque dans les plantes bordant ses fairways.

Le produit final ressemble un peu à un links, mais encore plus à ce que l'on peut voir dans les climats chauds, quasi désertique de l'Australie. La décision de Crenshaw et Coore qui s'avéra la plus polémique avait été de laisser le climat déterminer la couleur de l'herbe. La chaleur sèche du milieu de l'été allait produire plus que quelques taches brunes et jaunes, surtout au bord des fairways où le système d'irrigation central distribuait inégalement l'eau. Ils aimaient la façon dont le gazon s'estompait au bord des zones d'origine, mais ils savaient aussi l'aspect que cela aurait à la télévision et que la beauté de leur travail serait peut-être gâchée par l'aplatissement de la perspective dû aux caméras. Les propriétaires et dirigeants du parcours le savaient aussi, et ils prirent un gros risque pour produire l'un des parcours les plus uniques du pays.

Pour ceux qui comprenaient et appréciaient le golf, la restauration du numéro deux de Pinehurst était reconnue comme un chef d'œuvre progressiste, aux teintes sépia réconciliant parfaitement l'avenir du golf avec ses racines historiques. En décembre, le parcours avait remporté le prix Green Star de *Golf Digest* pour ses pratiques environnementales remarquables et en 2015, le resort a estimé qu'il utiliserait 57 millions de litres d'eau sur le parcours, contre 208 en 2009.

Néanmoins, une bonne action n'est pas toujours récompensée. Pour les légions de simples d'esprit habitués à voir des kilomètres de parkland, le parcours devint la cible d'attaques au vitriol pleines d'ignorance. Il n'est pas étonnant que Donald Trump soit devenu le meneur des bouffons et fanfarons.

« Je suis prêt à parier que l'aspect horrible de Pinehurst va se traduire par un mauvais audimat, tweeta-t-il. Le golf, ce n'est pas ça ! »

Parmi les joueurs, le plus critique fut Bubba Watson, appelant les aires naturelles « des mauvaises herbes » et exprimant sa déception de ne pas pouvoir faire tenir une approche sur les greens. Mais même lui admit que les départs à l'aveugle ne collaient pas à son style – Watson est un joueur qui gagne des tournois en pulvérisant les longs parcours, et les tournois qui demandent beaucoup de finesse autour des greens lui poseront toujours problème.

En dehors des détracteurs, Coore et Crenshaw reçurent de nombreux éloges pour leur travail. Pinehurst avait retrouvé son caractère et même s'il n'avait pas le même aspect que la plupart des parcours américains, il suffisait de jeter un deuxième coup d'œil pour reconnaître la beauté dans la différence.

Quelques histoires intéressantes émergèrent avant le premier tour. Pour commencer, l'USGA fut un peu insolente dans la composition des groupes de trois joueurs. Habituellement composés de façon « thématique » pour les deux premiers jours de l'U.S. Open, ils furent cette fois-ci formés de façon plus « créative ».

Quand Kevin Stadler, Brandon de Jonge et Shane Lowry se retrouvèrent dans le même groupe, les intentions malicieuses de l'USGA furent évidentes. Ils avaient créé un groupe de gros.

Jason Sobel, de Golf Channel, sortit l'histoire en premier et les trois joueurs eurent des réactions différentes. Stadler n'appréciait pas ce sens de « l'humour digne d'un gamin de cinq ans », mais ce n'était pas la première fois que cela lui arrivait et il accepta la situation avec toute la bonne humeur qu'il pouvait mobiliser. « Ce n'est pas comme si je faisais semblant de ne pas être gros », dit-il à Sobel. Shane Lowry, en revanche, avait passé une grande partie de l'année à essayer de se remettre en forme et il fut très agacé par l'USGA, parlant de « moquerie » dans un éditorial de l'Irish Times. Brandon De Jonge compléta le triangle émotionnel : il trouvait tout cela drôle.

L'USGA ne fit pas amende honorable, c'était du déjà vu pour eux. Comme Chris Chase le remarqua dans *USA Today*, une fois ils avaient mis trois femmes ensemble à l'U.S. Open parce qu'elles suivaient toutes les trois une thérapie. D'une certaine façon, il faut les admirer car ils demeurent fidèles à eux-mêmes : s'ils étaient extrêmement cruels au sujet de la configuration du parcours, pourquoi ne le seraient-ils pas au sujet des groupes de joueurs ?

En dehors de cette pièce de théâtre, certaines choses restèrent les mêmes. Patrick Reed et Victor Dubuisson jouèrent leurs parties d'entraînement seuls, des questions furent posées à propos de l'absence de

Tiger et les joueurs prédirent une catastrophe collective tandis que la chaleur brutale de la Caroline du Nord asséchait le parcours et durcissait les greens. Martin Kaymer dit à des reporters qu'il signerait pour +8 sur la semaine.

Les prévisions annoncèrent de la pluie pour la nuit du mercredi et des orages éclatèrent en Caroline du Nord mais peu touchèrent Pinehurst. Cela eut un effet paradoxal : dans un rare geste de miséricorde, l'USGA prit la mesure sans précédent de rendre le parcours plus facile. Les plaintes avaient été entendues : les greens furent arrosés ce soir-là et à nouveau avant les premiers départs jeudi, et soudainement le numéro deux de Pinehurst était devenu jouable.

L'organisation dans sa totalité a dû être horrifiée en voyant que les joueurs scoraient le jeudi, et ils furent sans doute effondrés ce soir-là quand la pluie arriva et ramollit encore le parcours pour le deuxième tour. A la fin de la journée du vendredi, treize impies avaient joué sous le par dont McIlroy, Spieth, Dustin Johnson, Keegan Bradley et Brendon Todd.

Trônant au-dessus de tous, Martin Kaymer avait atomisé le parcours dans une guerre éclair impénitente. Lors des deux précédents U.S. Opens disputés à Pinehurst, aucun joueur n'avait jamais joué 65. Martin Kaymer le fit à deux reprises - jeudi et vendredi - et boucla le deuxième tour à dix coups en-dessous du par, soit six de mieux que son concurrent le plus proche, Brendon Todd, qui pensait avoir très bien joué. Mais quand il regarda la retransmission le vendredi matin, il vit Martin Kaymer taper un coup qui atterrit trois mètres à gauche du drapeau du par 3 du 17 et fut choqué de voir que l'Allemand était contrarié. « Mes meilleurs coups de la semaine étaient de cet acabit », s'étonna-t-il plus tard.

Le samedi, le retour de la chaleur écrasante coïncida avec les efforts implacables de l'USGA pour laver l'affront des deux premières journées. Le parcours était naturellement plus rapide, et ils le rendirent encore plus difficile en choisissant leurs emplacements de drapeau les plus durs. Personne n'était sûr de la façon dont cela affecterait l'écart au sommet du classement. Est-ce que cela rendrait la tâche de Kaymer plus difficile, étant donné qu'il était plus susceptible de rendre une mauvaise carte et de se rapprocher du reste du champ ? Ou est-ce que cela revenait à fermer la porte de l'écurie après que les pur-sangs se soient élancés, empêchant quiconque de les rattraper ?

Seuls deux des 67 joueurs qui passèrent le cut jouèrent en-dessous du par le samedi : Rickie Fowler et Erik Compton. Tous les deux rendirent des cartes de 67, ce qui est héroïque compte tenu des circonstances et les fit remonter à la deuxième place à égalité. Mais la mauvaise nouvelle, c'est que Kaymer, qui portait le même polo rose avec une bordure bleue qu'au dernier tour à Sawgrass un mois plus tôt, survécut à quelques difficultés au début de sa partie et rendit une carte de 72. Il n'avait perdu que deux coups et en comptait encore cinq d'avance alors qu'il ne restait qu'un tour à disputer. Cela n'avait pas eu l'air aussi facile que les deux premiers jours : au 4, il avait envoyé son drive à gauche et sa balle était bloquée par un tas d'aiguilles de pin. Quand un arbitre lui avait dit qu'il pouvait bouger les « détritus » mobiles tant que sa balle ne bougeait pas, Kaymer l'avait regardé incrédule.

« Tout est mobile, dit-il. Comment savoir ? »

« Faites attention », lui avait-il conseillé.

Kaymer avait secoué la tête et s'était tourné vers son caddie, Craig « petit homme » Connelly.

« Si tu as la moindre idée de la façon de la jouer, je te suis. »

Sagement, ils décidèrent de prendre un drop. Le bogey consécutif l'avait fait remonter à -8 mais un approche spectaculaire depuis la zone naturelle au par 5 du 5 lui avait donné un putt de moins de deux mètres pour eagle, qu'il avait rentré pour revenir dans le par sur la partie. Au 6, Pinehurst avait frappé à nouveau quand il avait dépassé le trou sur son putt pour birdie. Elle n'avait pas arrêté de rouler, descendant dans une pente et ressortant du green. Kaymer s'était contenté de rire, était revenu jusqu'au trou sur son putt pour le par et avait pris un bogey de bon coeur. Il en avait concédé deux autres au 13 et au 15 – un ivrogne avait crié son nom alors qu'il allait jouer son putt au 15, le forçant à battre en retraite - mais au 18, il avait repris un dernier coup grâce à un birdie.

Kaymer avait regardé *La Légende de Bagger Vance* la veille et peut-être est-ce pour cela qu'il était arrivé à garder son sang-froid alors que le parcours commençait à porter ses premiers coups bas. Pour Brendon Todd, qui avait joué dans le dernier groupe dans un tournoi majeur pour la première fois de sa vie, la pression et le parcours s'étaient avérés être une combinaison mortelle : même son fidèle putter l'avait déserté et il s'était mis hors du coup avec une carte de 79. Il inscrivit l'U.S. Open 2014 dans la case des leçons à tirer.

« J'aime contrôler les choses. Je pense que de nombreux Allemands sont comme ça. Mais au bout du compte, il faut ressentir sur le parcours. Il faut créer ce ressenti et faire confiance à vos capacités et à tout le travail effectué. Et aujourd'hui quand j'étais au départ du 18, j'ai eu un coup de départ délicat à jouer. Il n'y a pratiquement pas de fairway. C'est très difficile de voir ne serait-ce qu'un bout de fairway, depuis les back tees. Mais pour moi, c'était un coup très agréable parce que je savais exactement où je voulais viser et je me suis dit "quelle super situation : tu es à -7 au troisième tour de l'U.S. Open"... Et tout repose sur ce ressenti, ce toucher, le fait de jouer avec son cœur, de ne pas pouvoir contrôler grand-chose. C'est ce que j'essayai de faire les trois années précédentes. Maintenant, je me contente de jouer. »

Martin Kaymer

« Il a un peu tué le tournoi lors des deux premiers jours. »

Henrik Stenson

Samedi soir, Martin Kaymer dit aux journalistes qu'il aimerait que le parcours soit à nouveau difficile le dimanche, mettant fin à un débat en salle de presse. Les gros bonnets de NBC n'étaient probablement pas d'accord étant donné que c'était la dernière fois que la chaîne retransmettait le tournoi après avoir perdu la guerre de surenchères l'été précédent contre Fox, qui avait gagné les droits dans un accord portant sur douze années et un milliard de dollars. Ils voulaient des coups de théâtre et Kaymer les en privait. La meilleure chose qui pourrait arriver serait que l'Allemand faiblisse tôt et que Fowler ou Compton reviennent sur lui.

Leur marge d'erreur était incroyablement faible et on eut l'impression, le dimanche matin, que la seule vraie bataille serait livrée pour la deuxième place. Kaymer avait déjà eu sa mauvaise journée et elle ne s'était pas avérée aussi mauvaise que ça : seulement deux coups au-dessus du par, et sa belle avance en avait à peine souffert.

Pour Erik Compton, même une deuxième place serait un sacré coup. Son histoire, qui se propagea comme une traînée de poudre cette semaine-là, suffisait à vous faire pleurer. Même s'il n'avait aucune envie qu'on s'apitoie sur son sort. Compton est sans doute le joueur le plus tenace au monde, étant donné qu'il joue encore au meilleur niveau après s'être fait greffer le plus important des organes à deux reprises. Toutes les autres épreuves sont bien légères en comparaison : il en est à son troisième cœur.

Ian O'Connor fut l'un de ceux qui en parlèrent sur ESPN.com, NBC passant un reportage mélodramatique pendant le dernier tour. Quand il avait neuf ans, Compton avait découvert qu'il avait attrapé une cardiomyopathie virale. Les médecins avaient tenté de le garder en vie en lui injectant des stéroïdes et le résultat, c'est que son visage avait doublé de volume, des poils avaient poussé partout et il était devenu un paria. Au plus profond de lui-même, il savait qu'il avait encore le corps d'un athlète mais il ne s'entendait pas avec les autres enfants, ne pouvait pas retourner à l'école et avait l'impression d'être un monstre grotesque – une image de lui-même confirmée quand les autres enfants se moquaient sans cesse de lui à chaque fois qu'il se montrait en public. Il devint évident que les stéroïdes ne fonctionneraient pas, alors à l'âge de douze ans, il avait reçu le cœur d'une fille qui avait été tuée par un conducteur en état d'ébriété.

Il était devenu un très bon joueur de golf et tandis qu'il gravissait les échelons chez les amateurs, à l'université de Géorgie puis chez les professionnels, il pensa qu'il garderait son nouveau cœur pour toujours. Mais cela ne dura que seize années. En 2007, il avait ressenti une douleur intense en rentrant chez lui de son entraînement de golf en voiture et il avait su exactement à quoi s'en tenir. Il s'était précipité à l'hôpital en pensant qu'il n'y survivrait pas. Il avait appelé sa mère en chemin pour lui dire adieu et continué de se dépêcher pour atteindre les urgences. Il y était arrivé juste à temps, chancelant et crachant du sang, et ils lui avaient à nouveau sauvé la vie. Sept mois plus tard, un motard de 26 ans du nom d'Isaac Klosterman avait été heurté et tué par une camionnette sur une autoroute de Floride. Son coeur fut greffé dans le corps de Compton et c'est ce coeur qui l'avait porté jusqu'à Pinehurst.

Rickie Fowler arriva au practice à 14h30, habillé en orange et en blanc, avec une casquette d'un blanc éclatant, et Kaymer arriva dix minutes plus tard. La température approchait des 32 degrés et l'humidité était tout autant désagréable. Malgré le filet de transpiration à l'arrière de son cou et sur ses bras, l'Allemand avait l'air aussi tranquille que possible. Il dit à une équipe de télévision que ce dimanche serait « le jour le plus dur de sa carrière » et un comique dans le public cria « La deuxième guerre mondiale » ! Kaymer affichait les logos habituels - Mercedes, Hugo Boss et SAP, une société de logiciels allemande - sur son polo blanc et sa casquette. La légende allemande Bernhard Langer lui avait envoyé des SMS pendant la semaine, et même s'il savait que les spectateurs américains seraient légèrement hostiles lors de cette dernière journée il semblait bien dans sa peau.

Il se rendit au putting green, où une joueuse du circuit américain, Jenny Shin, se préparait pour l'U.S. Open féminin à l'aide d'un outil pédagogique. Kaymer la regarda, intéressé, et Shin lui proposa de le lui vendre pour un million de dollars. Il déclina sa proposition avec un léger sourire.

Les voitures rouges d'un train de la compagnie Aberdeen Carolina & Western passèrent au loin et Butch Harmon regarda Fowler taper des coups au practice. Kaymer se mit deux places plus loin, avec ses couvre-bois miteux – un lion et ce qui pourrait être une loutre, un castor ou un rongeur. Lui et Fowler n'échangèrent pas le moindre mot. Erik Compton arriva paré du rouge de l'université de Géorgie, et s'arrêta en chemin pour taper dans la main de Fowler. Kaymer partit peu après, retourna vers le scoreboard géant et s'entraîna à faire des chips sur le green d'entraînement.

Au bout d'une heure, Fowler quitta le practice pour se rendre au départ du 1 en premier – Kaymer fait toujours attendre ses partenaires du jour. Quand ils se serrèrent enfin la main au départ, cela fut rapide et formel. L'air était déjà chargé de poussière et de pollen provenant des grands pins, et à 15h35 ils étaient prêts à lutter l'un contre l'autre, et contre les éléments.

Le clocher d'une église avait sonné quand Kaymer avait tapé son premier drive la veille, mais tout ce que l'on entendit ce dimanche quand l'Allemand envoya son premier coup sur le fairway, ce sont des libellules qui volaient paresseusement dans la chaleur et le bourdonnement lointain du dirigeable de NBC. Comme on s'y attendait, personne dans les groupes précédents n'avait pu entamer son avance. Le parcours serait plus facile, mais pas beaucoup plus – personne ne pourrait sortir une carte de 63. Il était évident que le seul à pouvoir battre Kaymer était Kaymer lui-même. Le parcours pouvait l'y aider, tout comme le fait qu'il serait confronté à une atmosphère de Ryder Cup : au Players Championship il avait descendu l'une des jeunes coqueluches de l'Amérique, Jordan Spieth, là il affrontait l'autre.

La journée serait marquée par des erreurs, comme dans la plupart des U.S. Opens, et Fowler commit la première sur son approche au 1, qui fut bien trop courte et ressortit du green. Son chip fut médiocre mais il rentra un putt de 2m50 pour répondre aux deux putts faciles synonymes de par de l'Allemand. Il était en sursis alors que l'on apprit progressivement que devant, Brandt Snedeker avait concédé un bogey, Compton était toujours à -3 et ni Dustin Johnson ni Henrik Stenson ne faisaient de vagues.

Sur le long par 4 du 2, avec son green de travers que seuls 30% des joueurs arrivaient à toucher en régulation, Kaymer envoya son drive dans la pampa puis son approche par-dessus le green. Intimidé par la vitesse des greens, il prit son putter pour éviter un chip dangereux, coup qu'il affectionne le moins. Ce coup servit de modèle pour la journée : quand il doutait devant un green dur, Kaymer choisissait de putter. Il réussit l'approche-putt grâce à un putt tourbillonnant pour le par, et Fowler se contenta du par malgré une excellente approche.

Le 3, par 4 drivable de 281 mètres, montra à nouveau que le destin souriait à Kaymer. Pour atteindre le côté droit du green, il fallait survoler le bunker de trente centimètres ou moins et espérer que la balle ne ressortirait pas de sa surface rapide. La zone de retombée faisait trente centimètres de large, soixante à tout casser, mais le coup de départ de 265 mètres de Kaymer atterrit en plein milieu. Cela lui laissa deux putts pour signer un birdie et prendre un coup supplémentaire à Fowler, qui dut se contenter du par. Maintenant à -9, avec six coups d'avance, Kaymer se retrouva dans la situation la plus favorable.

Fowler ne pouvait pas se permettre de faire la moindre petite erreur, mais il en commit une grosse au 4. A 208 mètres du green sur le trou le plus difficile de Pinehurst – et le par 4 le plus long dans l'histoire de l'épreuve – il envoya son coup vers le tableau d'affichage et dans un gros tas d'aiguilles de pins. Les spectateurs venaient de se réjouir quand Kaymer avait envoyé son drive à gauche, espérant une remontée de Fowler, mais ils étaient maintenant silencieux. La belle approche de Kaymer en draw toucha le green et la balle en ressortit mais il put à nouveau sauver le par après un putt lointain.

Pour Rickie, le trou ne faisait que commencer : son pitch fut désastreux, survolant le green et s'arrêtant derrière un arbre qui l'empêchait d'atteindre le green. Il dut jouer de côté pour ensuite faire une approche par-dessus la pente et sur le green. Quand il atteignit finalement ce dernier, il lui restait six mètres pour un double bogey.

Il rentra le putt et les spectateurs tentèrent de le motiver mais il était redescendu à -1 au total, soit huit coups derrière le leader. Ses occasions, aussi minces fussent-elles, étaient passées et tout le monde le savait. Il parut un peu abattu et Kaymer lui tapota la poitrine avec la même compassion qu'il avait témoignée à Spieth au Players Championship.

Fowler se releva cependant vite, et on vit la différence entre lui et Spieth : ce n'est pas dans sa nature de bouder ou de se plaindre. Le tournoi était perdu mais Fowler accepta cette réalité avec stoïcisme et grâce, se battant sur le retour.

Tandis que les leaders arrivaient au 5, Phil Mickelson boucla le tournoi sur un bogey pour descendre à +7 - un autre rêve d'U.S. Open différé pour l'éternel second.

Pendant quelques trous, je marchai avec Philip Kaymer, le frère de Martin, et il me dit que non, il n'était pas nerveux et que l'animal non-identifié était un castor qui avait perdu ses dents. Le mystère était résolu.

Erik Compton réussit un birdie au 5 et quand Kaymer rata sa propre occasion d'en faire un il lui restait un seul adversaire à battre pour empocher son deuxième titre majeur. Au 7, alors qu'il avait une approche délicate à jouer par-dessus un bunker après avoir embarqué son attaque à gauche, Kaymer se laissa à nouveau guider par la prudence, puttant vers la droite du bunker et acceptant le bogey plutôt que de flirter avec le sable et un désastre potentiel. Il pensa certainement au Players et au 15, où il avait transformé une victoire facile en final nerveux quand il avait trop essayé de jouer à la perfection. Compton remonta à -4 grâce à un birdie au 9 et pour la première fois de la journée, il ne compta plus que quatre coups de retard.

Sur les quatre prochains trous, l'écart oscilla entre quatre et six coups. Compton avait besoin de quelque chose de spécial, mais quand il concéda des bogeys au 11 et au 12, cela donna à Kaymer, maintenant à -8, l'occasion de fermer la porte pour de bon. Au 13, avec des départs avancés pour rendre le par 4 pratiquement touchable, Kaymer envoya son drive dans les bunkers à droite, fit une sortie tout en douceur qui lui laissa un putt de six mètres en montée pour birdie et l'enquilla. Un trou plus tard, sur le long par 4 du 14, il tapa un bois au départ, atteignit tout juste le green sur son approche et rentra un putt de 8m50 synonyme de birdie pour se porter à -10.

Il serra le poing et se permit un petit sourire. Avec quatre trous à jouer et le joueur le plus proche à huit longueurs, c'en était enfin terminé.

Les seuls autres joueurs à finir en-dessous du par furent Compton et Fowler, tous deux à -1. C'était le deuxième top 5 consécutif de Fowler dans un majeur, et une nouvelle preuve de la façon dont son jeu avait pris forme sous la houlette de Butch Harmon. Ce fut aussi un triomphe pour Compton, qui avait rivalisé dans les conditions les plus dures possibles pour montrer qu'il avait sa place avec les meilleurs au monde, troisième cœur ou pas. « J'avais l'impression d'être dans un endroit sacré », commenta-t-il sur NBC en jetant un dernier regard à Pinehurst.

Mais le titre appartenait à l'Allemand. Il rentra un putt de 4m60 pour le par au 18, se pencha en arrière, comme soulagé, et prit son caddie dans ses bras. Les spectateurs exultèrent. Il avait mis une déculottée à leur espoir mais il est difficile de ne pas apprécier la grandeur à cette échelle. Et il fut bien entendu la coqueluche dans son pays – en tout cas jusqu'à midi le lendemain, quand la Mannschaft entama la Coupe du Monde contre le Portugal; l'Allemagne plongea alors dans une frénésie qui aboutit sur le plus grand titre qui soit un mois plus tard.

En attendant, Kaymer fit la une. Son visage fit irruption sur tous les sites web allemands, il avait secoué le monde du golf germanique. Aux Etats-Unis, les Allemands fêtèrent sa victoire dans les gradins, le long des cordes et sous les arches blanches de la véranda du clubhouse. La journée avait été plus stressante que Kaymer ne l'avait laissé paraître, mais maintenant il pouvait leur faire signe de la main, rire et disparaitre dans les escaliers pour signer sa carte.

Tout comme Pinehurst, Kaymer avait retrouvé son lustre d'antan mais le stress et la chaleur avaient laissé des marques. Le moment de profiter de sa victoire viendrait plus tard – pour le moment, la fatigue s'installa et il n'avait pas fini de travailler. Les cérémonies et les interviews s'éternisèrent et à la toute fin de sa dernière conférence de presse quelqu'un posa la question qu'il détestait par-dessus tout : et alors, ces changements de swing ?

Il répondit assez calmement au début, mais il avait atteint son point de rupture. Je ne l'ai jamais vu aussi proche de perdre son sang-froid qu'à ce moment-là.

« Alors pourquoi ? Pourquoi avez-vous changé ? » singea-t-il en s'adressant aux journalistes, une dureté s'immisçant dans sa voix. « Ces mêmes questions reviennent sans cesse. J'ai fait l'effort d'y répondre déjà, une fois ou deux auraient dû suffire. Mais les gens continuent et je continue de répondre encore et encore. « Pourquoi avoir changé après avoir gagné un majeur, être devenu numéro un mondial ? » Et c'est irritant. Je ne veux pas en parler tout le temps... Et vous savez, je ne veux pas être impoli et c'est pour ça que j'ai continué de répondre. Mais j'ai envie de dire que ça suffit. Je pense que nous en avons parlé de nombreuses fois et là j'ai le trophée de l'U.S. Open, donc considérez qu'il n'y a pas de changement. »

Heureusement, ils le laissèrent alors partir – par les portes en verre, dans la nuit. Et quelque part dans cette obscurité, la vague Kaymer de 2014 atteignit son sommet et cassa.

17

BETHESDA, MARYLAND

Congressional ; le retour de Tiger, la dystopie de Jason Day ; Reed et Rose

« Je me sens vieux. »
Tiger Woods

Assis derrière un micro dans une salle de presse bondée à Bethesda, dans le Maryland, au Congressional Country Club, le plus grand joueur depuis Jack Nicklaus soupira. Il répondit aux questions en se forçant à sourire. Croyait-il pouvoir remporter son premier tournoi après une opération importante ? Eh bien oui, mais cela serait difficile. Avait-il changé son swing pour se protéger d'autres blessures ? Un peu, ici et là. Est-ce qu'il ne souffrait vraiment plus du tout ?

« En dehors du mal de crâne suscité par ma venue ici ? »

Nous rîmes à sa tentative de trait d'humour, par obligation, mais nos cœurs n'y étaient pas et le sien non plus. Après s'être vanté du peu de temps qu'il lui avait fallu pour guérir, grâce à une armée de kinés, de nutritionnistes, de chirurgiens, de shamans et dieu sait quoi d'autre, Tiger admit qu'il ne disputerait même pas ce tournoi – avec un sponsor tout neuf, Quicken Loans – si ce n'était pas le sien, profitant à sa fondation. S'il n'avait pas eu d'obligations professionnelles, il aurait prévu son retour au British Open.

Ce mardi-là, la vérité devint évidente bien avant qu'il ne se rende sur le parcours. Cela n'allait pas être un retour triomphal. Il avait à peine commencé à faire des pleins swings, il n'avait pas son explosivité habituelle et jusqu'à récemment il avait été obligé de se déplacer debout à l'arrière de voiturettes pendant ses parties parce que les secousses lui faisaient trop mal s'il s'asseyait.

Regarder Tiger c'était voir un paradoxe vivant. Alors qu'il se comparait à un Michael Jordan vieillissant – « J'ai un fadeaway (tir effectué en sautant vers l'arrière au basket-ball, ndt) maintenant », dit-il avec un sourire timide – ses épaules semblèrent s'affaisser sous le poids de la fatigue. Tandis qu'il se vantait de ses facultés de récupération, son corps dit la vérité : Tiger n'était pas prêt et n'aurait pas dû jouer. Deux clans émergèrent dans la salle de presse. Le premier donna à Tiger le bénéfice du doute et présuma, sur la base de sa grandeur, qu'il trouverait un moyen de se montrer à la hauteur. Les autres regardèrent la situation objectivement et virent les faits : jamais de la vie il ne passerait le cut, et il aurait de la chance s'il n'aggravait pas sa blessure au dos.

Tiger joua 74 et 75 et rata le cut, mais il parvint à ne pas se blesser. Cela attendrait.

« Il y a une vieille blague, heuh… Deux vieilles dames sont dans un resort dans les montagnes Catskills et l'une d'entre elles dit "La nourriture est vraiment épouvantable ici". L'autre répond "Ouais, je sais, et les portions sont tellement petites". Voilà, c'est ce que la vie m'inspire : elle est pleine de solitude, de détresse, de souffrance et de malheur, et elle prend fin bien trop vite. »

Woody Allen

Le contraste fut saisissant, par rapport à la performance de Tiger, quand lors d'une conférence de presse Jason Day revint avec son honnêteté coutumière sur une année difficile, devant un auditoire clairsemé. Après sa victoire sur Dubuisson au Match Play Championship, il avait pensé avoir une réelle occasion de grimper jusqu'au rang de numéro un mondial et une chance de gagner un majeur. Mais en examinant son parcours, on aurait pu prévoir ce qui allait arriver. Une lésion ligamentaire fortuite – suffisamment douloureuse pour le faire tressaillir à l'impact, ce qui peut tuer un swing – l'amena à déclarer forfait pour Bay Hill ; il reçut une injection de cortisone à Columbus, ré-aggrava sa blessure au Masters et la rééducation qui s'ensuivit l'empêcha de jouer jusqu'à fin mai. Il parvint à dérober la quatrième place à l'U.S. Open, loin derrière Kaymer, mais même avec ce top 5 il trouvait son année décevante.

Quand il était au repos forcé, Day regardait le golf chez lui et chaque dimanche lui rappelait durement qu'il était loin des parcours. Son humeur devint morose ces jours-là, tandis que ses collègues luttaient pour remporter un tournoi. Je l'interrogeai sur le contraste : la vie sur le circuit peut s'apparenter à un cirque, avec des engagements à n'en plus finir et peu de temps pour soi, mais je me doutais que cela ne devait pas être vu aussi négativement de l'autre côté de la barrière.

« C'est drôle, dit-il. Parfois quand vous êtes là vous vous dites "pourquoi on ne me laisse pas tranquille" mais quand vous vous retrouvez tout seul sur votre canapé vous vous dites "Je veux y retourner"... Je ressassais beaucoup de choses dans ma tête, beaucoup de choses négatives. »

C'est le genre de vulnérabilité que Tiger ne partagerait jamais – le million de petits tracas qui les suivent de semaine en semaine ne souffrent pas la comparaison avec la grosse déprime qui les rattrape quand ils ne sont pas là du tout.

Les joueurs professionnels peuvent parfois prendre les traits des vieilles dames dans l'histoire de Woody Allen : se plaignant des problèmes de tous les jours, se laissant embourber dans des petites colères et des complaintes, perdant rapidement de vue le fait qu'ils gagnent leur vie en jouant. Mais dès qu'ils ne peuvent plus le faire, ils sont confrontés à la peur du vide. La vie sans golf, loin de l'exaltation de la compétition, Day et Woods on pu y goûter quand ils ont été éloignés des fairways, et ont ainsi entrevu un avenir désenchanté.

Comparativement à l'honnêteté de Day, il est difficile de savoir comment Tiger s'était dépêtré de ces moments. Depuis que Charlie Pierce a écrit un article dans GQ sur le fait que Tiger avait fait une blague raciste, et cela remonte à 1997, il est devenu un livre fermé pour les médias. Tout ce que nous obtenons, ce sont des aperçus accidentels – sa colère féroce ou la kyrielle de SMS cochons qu'il envoyait à ses maîtresses. Le plus parlant est l'un de ceux qu'il a envoyé à la star du porno Joslyn James, qui montre à quel point il avait peur d'être démasqué et nous donne une idée de ce qu'il a dû ressentir moins d'un mois plus tard, à Thanksgiving :

« Ne me parle pas, putain. Tu as failli gâcher toute ma vie. Si mon agent et ces gars t'avaient vue là-bas, merde. » Et puis il y a les fois où il essaie de faire virer des personnalités des médias parce qu'ils le critiquent, comme il le fit avec Brandel Chamblee, qui l'avait plus ou moins traité de tricheur, ou Dan Jenkins, qui avait écrit une conversation satirique avec Woods dont Tiger pensa qu'elle serait mal interprétée.

En dehors de ces exceptions spectaculaires, nous obtenons très peu d'émotions honnêtes en provenance de Tiger. Peut-être que l'humilité et la mise en perspective lui sont impossibles – après tout, il a grandi avec un père qui n'avait de cesse de raconter aux gens que son fils serait le prochain Gandhi. Et peut-être que son énorme ego, soutenu par des années de résultats incroyables, le rend quelque peu délirant au crépuscule de sa carrière. Peut-être croyait-il vraiment pouvoir gagner au Congressional, ou qu'il pourrait rattraper Nicklaus avec ses 18 tournois majeurs.

Mais en le regardant sur la scène ce mardi-là, je vis quelqu'un qui avait été usé par la simple ampleur qu'avait prise sa propre vie. Je pense qu'il savait, tout du moins intuitivement, que le manège allait prendre fin. Il ne sera jamais en mesure de s'évaluer objectivement et d'adopter une vision plus large de la vie – il est trop empêtré dans son propre mythe, même après son accident – et on a l'impression que ce sera difficile pour Tiger de gérer sa chute.

Ce jour-là, je m'interrogeai sur son bonheur plus que toute autre chose : est-il capable de cesser un instant d'être Tiger Woods le joueur mythique, avec toute la démesure que cela implique, pour reprendre pied dans la réalité, et ressentir de la joie ? Ou oscille-t-il juste entre une satisfaction morose et la colère, en fonction de ses résultats ? Tiger ne serait jamais Jason Day : à ce moment-là sa vie était devenue trop contrainte.

Day ne serait jamais Tiger Woods parce que combien d'êtres humains peuvent exister à ce niveau épuisant, ne serait-ce que pendant une année ? La grandeur que Tiger a atteinte requiert une confiance en soi inébranlable et le sacrifice d'une existence banale – surtout dans la bulle technologique moderne – tandis que la capacité de Day à maintenir un état d'esprit plus nuancé et sain limite peut-être ce qu'il peut accomplir sur le parcours.

La vraie énigme est la suivante : si c'était possible, l'un ou l'autre souhaiterait-il échanger sa place ?

Situé quelques kilomètres au nord-ouest de la capitale des Etats-Unis, le Congressional Country Club a accueilli des présidents, des grands patrons et quatre tournois majeurs. Rory avait décimé le Blue Course sur un score de -16 à l'occasion de l'U.S. Open de 2011, et trois années plus tard les joueurs furent confrontés à la version la plus difficile du parcours depuis les débuts du Quicken Loans National— précédemment l'AT&T National – en 2007.

Ses difficultés ne furent pas exposées tout de suite. Patrick Reed, qui retrouvait enfin la forme après une baisse de régime au milieu de la saison qui avait coïncidé avec la naissance de sa fille, Windsor-Wells, rendit deux cartes de 68 d'affilée pour signer le meilleur score après 36 trous. D'autres joueurs le talonnaient, le score de 65 signé par Justin Rose étant le meilleur de la journée du vendredi.

Le rough poussa pendant le week-end et les greens s'accélèrent sous le coup de la chaleur. Pour la première fois, le parcours commença à être digne d'un U.S. Open et les scores s'en ressentirent.

Reed concéda deux bogeys consécutifs pour boucler l'aller le samedi – et rata une flopée de putts pour birdie rentrables sur le retour – mais le fait même qu'il ait eu ces occasions de birdie le plaçait au-dessus de la concurrence. Il revint à -6 grâce à un birdie au 16 et une excellente sortie de bunker au 17 lui permit de conserver son avance. Le meilleur score revint à Seung-Yul Noh, dont le 66 le porta à -4 et lui donna une place dans le dernier groupe avec Reed, situé à deux longueurs.

Après sa partie je demandai à Marc Leishman, qui pointait aussi à -4, s'il préférait être dans le dernier groupe ou l'avant-dernier, compte tenu du fait que son score était le même. Etait-ce mieux d'avoir le leader en vue toute la journée ou d'éviter les projecteurs et de se hisser en tête furtivement depuis un autre groupe ? Sa réponse fut l'équivalent d'un haussement d'épaules : « Je suis content de ma position, en toute sincérité. Avant-dernier, on n'y prête pas trop d'attention… Cela ne m'inquiète pas. »

Quand je demandai à Reed de se mettre à la place de Leishman et de répondre à la même question, il n'hésita pas : « Je préfèrerais être dans le dernier groupe », dit-il.

C'est peut-être un nouvel indice dans le mystère sans fin de ce qui distingue les très bons des grands.

Le club-house du Congressional est une imposante demeure de style renouveau colonial espagnol avec des toits en tuile rouge et des balcons ornés de parasols dominant le green du 18 et son étang – une pièce d'eau alimentée par Cabin John Creek, un affluent du Potomac. Ce trou est tellement spectaculaire qu'il avait été transformé de 17 en 18 avant l'U.S. Open 2011. Des genévriers de Virginie, avec leurs fruits bleus pâle, s'élèvent autour du club-house et cèdent ailleurs la place à des érables sycomore, cornouillers et érables planes ainsi qu'un impressionnant épicéa derrière le green du 16.

A l'extérieur de ce club-house ce dimanche-là, Seung-Yul Noh chippait et puttait tout seul quelques minutes avant le dernier départ de la journée. Pas de caddie, pas de journalistes, pas de spectateurs – un joueur seul et ses pensées insondables.

Reed apparut quelques instants plus tard dans son habit du dimanche : un pantalon noir et un polo d'un rouge Tiger, paré des logos de ses sponsors (Tax Slayer et Callaway). En sa présence, Noh sembla presque rétrécir. A trois reprises dans sa carrière, Reed avait été en tête après 54 trous et à chaque fois, il l'avait emporté. Il accordait une grande importance à sa réputation de joueur précis et à ce stade précoce de sa carrière, cela formait la base de son identité.

Sa débâcle commença au 10, un par 3 en descente où son coup de départ trouva la pièce d'eau défendant le green. Les spectateurs situés sur le mur en pierre au-dessus de lui grondèrent et Reed tapa dans une marque de départ avec son club – un geste antipatriotique, compte tenu du fait qu'il était comme tous les autres orné d'une image de la rotonde du Capitole des États-Unis.

« Pas un coup digne d'un des cinq meilleurs ! » cria quelqu'un dans le public et le visage de Reed rougit.

Il envoya la balle dans le rough depuis la dropping zone et lâcha un « fuck ! » (putain) appuyé avant de concéder un double bogey. Au 11, il envoya son drive à droite – une tendance claire commençait à se dessiner dans cette direction – avant d'envoyer un coup de bois par-dessus une petite passerelle et dans l'eau. Un nouveau double bogey le fit descendre à -2. Pendant ce temps-là, Noh n'arriva pas à s'extirper d'un bunker et concéda lui aussi un double bogey. Ce n'était que le début du carnage. Les deux joueurs semblaient engagés dans un accord d'effondrement mutuel et ils n'étaient pas les seuls à s'écrouler : il suffisait de penser au nom d'un joueur en regardant le leaderboard pour qu'il en disparaisse. Ce fut cependant pire pour Reed et Noh, puisque l'homme en rouge boucla le dernier tour en 77 et Noh joua +8 rien que sur le retour.

Je suivis Reed jusqu'au 13 et m'assurai d'être présent dans la zone d'interviews à la fin de sa partie. Noh arriva devant lui, hochant la tête poliment aux médias. Comme je l'imaginai, Reed le suivit, l'air-sombre, en proie à une fureur à peine contenue. Quand il signa sa carte, un responsable du PGA Tour lui demanda s'il pourrait parler aux représentants de la presse. Il grogna un non hostile. « Mais ils sont tous rassemblés ici, Patrick. » Même grognement – rien à faire.

C'est Justin Rose – qui donne l'impression d'être un joueur parmi tant d'autres mais est toujours d'une politesse exemplaire – qui remporterait le tournoi en play-off. Mais ce dont je me souviendrais le plus à propos du Congressional, c'est de Reed et du premier signe montrant qu'il n'est sans doute pas un nouveau Tiger. Il répondit à deux questions pour la télévision, signa quelques autographes et disparut ensuite avec Kessler et Justine. Il semble intimidant quand il gagne mais ce jour-là, tandis qu'il s'éloignait à grand pas, il donna une impression très différente. Il ressembla à un enfant gâté, grossier qui joue à se déguiser, le genre de gamin qui pique une crise quand il n'a pas ce qu'il veut.

JUILLET

LE MILIEU DE L'ÉTÉ EN GRANDE-BRETAGNE

18

HOYLAKE, COMTÉ DE MERSEYSIDE, ANGLETERRE

Royal Liverpool et le British Open ; un Vent Partial, une Pluie Oblique ; la Vague de Rory

Question : Vous avez dit en avril que le golf attendait que quelqu'un, que l'un des meilleurs joueurs s'élève et l'attrape par la peau du cou. Pensez-vous que ceci est un tremplin pour faire ce genre de chose ?

Rory McIlroy : J'espère. Je l'espère vraiment.

BMW PGA Championship, le 25 mai 2014

"All the stories have been told
Of Kings and days of old
But there's no England now."

« Toutes les histoires ont été racontées
Des Rois et des temps anciens
Mais il n'y a plus d'Angleterre »

The Kinks (groupe de rock anglais)

Nous voilà partis pour l'Angleterre – celle d'après la période impériale, avec sa profonde crise identitaire et sa distinction persistante. The Open Championship, en Anglais dans le texte – appelez-le British Open à vos risques et périls –, est le plus ancien des tournois majeurs au monde et pour les joueurs européens, c'est le plus prestigieux. Il est pratiquement toujours disputé sur des links tracés par définition sur les étendues sablonneuses et vallonnées entre les plages et les terres cultivables de l'intérieur. Comme David Owen l'a écrit dans *The New Yorker* c'est là, environ au début du XVème siècle, que des bergers écossais ont inventé le golf sur le terrain qui allait définir l'aspect des parcours modernes. Des moutons et des vaches broutaient dans les fairways, des herbes épaisses poussaient sauvagement dans le rough, du bétail se regroupait dans le vent glacial pour former les dépressions qui devinrent les bunkers et avec leurs mâchoires basses, des lapins affamés coupaient l'herbe à ras sur les tees et les greens.

En dehors de ce passé commun, le British Open n'a guère de continuité thématique d'année en année, surtout comparé à l'U.S. Open. Les parcours peuvent être relativement faciles comme St. Andrews – où les scores des trois derniers vainqueurs furent -16, -14 et le record de Tiger Woods de -19 en 2000 – ou extrêmement difficiles, en mode Royal Birkdale où le +3 de Padraig Harrington l'emporta en 2008. Même sur un parcours unique, les conditions peuvent grandement varier en fonction du temps. Quand le vent violent et la pluie battante travaillent de concert, aucun links n'est facile.

Le British Open de 2014 échoua à Royal Liverpool. Pour atteindre le club, il faut quitter la ville portuaire dont il porte le nom, traverser la rivière Mersey et se rendre sur la côte ouest de la péninsule du Wirral et le village côtier de Hoylake. C'est un charmant petit hameau, et prospère, mais il faut regarder de plus près pour le remarquer, ce qui n'est pas le cas des ensembles de demeures chamarrées bordant les parcours du PGA Tour. Il faut ensuite emprunter le Meols Drive, au-delà des haies de troènes avec leur odeur douce et mièvre, et passer devant les cottages en briques et en pierre avec leurs jardins fleuris et leur vigne vierge. Ici, les maisons ont des noms profondément anglais et vous pouvez les lire sur les piliers en pierre qui marquent leur entrée : Hatherleigh, Shearwater, the Coppice (le taillis), Denewood, Chalgrove, Wentworth, Innesholme, Rothley et mon préféré, Nan's Nook (le coin de Nan).

Et puis il y a le parcours lui-même qui est ondulé, battu par le vent et dur. Le rough sauvage s'épaissit avec des herbes hautes, des fleurs de houlque laineuse, des pissenlits, des campanules à feuilles rondes violettes et de la petite oseille, qui donnent aux fétuques dorées une teinte rougeâtre. La plupart du temps, le vent aide les joueurs sur l'aller avant un volte-face au 11, où le parcours se dirige droit vers les coups de vent le long de la rivière Dee – qui est plus un estuaire, se jetant dans la mer d'Irlande.

Regardez au sud-ouest et vous apercevrez les collines rocheuses du Pays de Galles à moins de 10 kilomètres. Regardez à l'ouest, plissez les yeux et faites appel à votre imagination et vous vous convaincrez peut-être que par-delà la mer vous avez aperçu Dublin – situé à deux heures et demi en catamaran, d'après un commissaire de parcours amical.

On parla beaucoup de la possibilité qu'il y ait du vent dans le courant de la semaine qui précéda le tournoi, et non sans raison : le Royal Liverpool en avait besoin. Malgré le rough et les rigoles, c'est l'un des parcours les plus faciles de ceux visités par le British Open. Le club essaya de le durcir en souvenir de l'édition de 2006, où Tiger avait presque égalé son record dans l'épreuve avec un score de -18. Ils avaient construit un ou deux monticules supplémentaires mais c'était uniquement esthétique : les greens étaient toujours immenses et plats. Tant que les joueurs arriveraient à éviter les bunkers entourés de murs raides de gazon il ne serait pas difficile de toucher green sur green avec régularité, même depuis le rough.

Tout ce qu'il faudrait à partir de là, c'étaient quelques putters musclés et les scores s'envoleraient. La seule protection du Royal Liverpool contre ce sort, c'était dame nature.

Après sa victoire au Congressional, Justin Rose avait remporté l'Open d'Ecosse au Royal Aberdeen et il arriva à Hoylake en tant que favori. De son côté, Adam Scott ciblait ce British Open de longue date pour y remporter son deuxième tournoi majeur.

Malheureusement pour eux, le mauvais temps fut de la partie et protégea le parcours de gros scores – mais seulement pour la moitié du champ. Ceux qui jouèrent le jeudi matin eurent droit à un ciel dégagé et un vent faible, et ils pulvérisèrent Royal Liverpool comme tout le monde s'y attendait. Mais dans l'après-midi, la météo se fit mauvaise. Le classement à l'issue du premier tour dépeint très bien la situation : des 18 premiers, 16 avaient pris le départ avant midi. Les deux seules exceptions furent Shane Lowry et Adam Scott, qui s'étaient courageusement battus pour terminer à -4. Aucun des autres joueurs de l'après-midi – les 66 qui avaient pris le départ après midi – ne marqua les esprits.

L'un des meilleurs proverbes golfiques, et des plus vrais, veut que l'on ait besoin de chance pour remporter un tournoi majeur mais on voit rarement le destin s'immiscer autant. Le système est cependant conçu pour compenser ces disparités et le British Open n'y échappe pas. Les joueurs partis le jeudi matin prendraient le départ dans l'après-midi vendredi, et vice versa.

Malgré ses intentions louables, cette sécurité ne change rien aux aléas météorologiques. Les malheureux du jeudi après-midi furent plongés dans le désarroi quand ils découvrirent que les conditions de jeu étaient les mêmes vendredi matin. Ils durent à nouveau affronter le vent et des averses, et comme dans un cauchemar, le temps s'apaisa quand ils en eurent fini, juste à temps pour la deuxième vague de joueurs.

La disparité fut encore exacerbée à la fin du deuxième tour : 17 des 20 meilleurs avaient joué le jeudi matin et le vendredi après-midi, et 10 dans le top 11. Adam Scott (-3) et Justin Rose (-2) furent deux des trois exceptions, et ils avaient vraiment extrêmement bien joué pour rester sous le par.

Leurs efforts héroïques ne suffirent pas : neuf coups devant Scott et dix devant Rose, Rory McIlroy avait profité de son tirage chanceux. Sa réussite est ironique, puisqu'en 2011 il s'était plaint au sujet du British Open que « le résultat dépend tellement de la météo ». On récolte ce qu'on a semé, et il mit le Royal Liverpool à genoux, signant deux cartes de 66 consécutives. Il dominait au tableau d'affichage à -12, et il y était arrivé en enterrant la prétendue « malédiction du vendredi ». On avait eu l'impression, après la journée de jeudi, qu'il pourrait trébucher le lendemain comme il l'avait fait une grande partie du printemps et de l'été. Quand il scora bas au lieu de ça, ce fut comme regarder un animal sauvage briser les murs de sa cage : la dernière barrière entre le tueur et sa proie s'était écroulée, et il y aurait maintenant un carnage.

Et le golf fut exquis. Pendant ces quelques jours à Hoylake, Rory représenta le parfait croisement de la finesse et de la puissance. Chaque swing portait la marque du génie et les imperfections ne firent que rendre sa performance dans son ensemble plus époustouflante. Certains de ses drives disparurent dans la végétation, Rory disparaissant juste derrière ses balles pour réapparaître quelques instants plus tard après un superbe sauvetage, dévalant le fairway vers un vaste green – une étendue dont il n'avait en fait pas besoin car sa balle, qu'elle soit enterrée dans le rough ou posée sur le gazon, avait le mal du pays et se dirigeait droit vers le drapeau, et au diable les obstacles, les mauvais lies ou la physique.

Petit à petit, birdie après birdie, son score baissa et il sembla jouer sur son propre parcours. Il glissait le long des fairways, avalait les rigoles pendant que tous les autres progressaient à pas lourds. Des sensations bien connues imprégnèrent l'air, et se précisèrent à chaque par brillamment sauvé, à chaque approche-putt réussi. Les jours de gloire du Congressional et de Kiawah Island étaient venus se rappeler à notre bon souvenir, et nous sûmes la vérité à nouveau : ce niveau de virtuosité n'arrive qu'une fois par génération, au mieux, et même si nous faisons cette comparaison vaine avec chaque nouveau prodige on ne peut pas se tromper quand le nom de Tiger vient sur toutes les lèvres.

« L'Irlande est une vieille truie qui dévore sa portée. »
James Joyce dans Portrait de l'artiste en jeune homme

La vie de Rory a débuté en Irlande du Nord dans le comté de Down, à Holywood, une ville côtière située dans l'anse du Belfast Lough, à moins de dix kilomètres de la capitale. Gerry McIlroy, qui a été scratch, avait épousé Rosaleen McDonald en 1998. Leur enfant unique, Rory, était arrivé un an plus tard et avait joué avec des clubs en plastique avant d'avoir trois ans. Ils n'étaient pas riches : Gerry était barman au Holywood Golf Club et ils durent prendre des boulots supplémentaires pour payer les déplacements de Rory sur le circuit junior. Gerry devint homme de ménage et Rosaleen travailla de nuit dans une usine 3M, dans le seul but de rendre possible le rêve de leur fils.

Aucun natif du pays n'échappe complètement à l'empreinte du conflit nord-irlandais. Pendant que le reste de l'île devenait l'État libre d'Irlande et une république autonome en 1949, l'Irlande du Nord resta rattachée au Royaume-Uni. Rapidement, elle se transforma en terrain de bataille entre les catholiques qui souhaitaient que leur région intègre la République d'Irlande et les protestants qui restent loyaux à la couronne britannique. L'histoire de ce jeune pays est faite de meurtres et de terreur, de grèves de la faim, de bombes et de trêves rompues. Même un jeune homme comme McIlroy, né neuf ans seulement après l'accord du Vendredi saint qui apporta un peu de paix à la nation irlandaise, ne peut échapper à la triste histoire.

Comme nombre de ses compatriotes, Rory n'a pas besoin de voyager trop loin dans le temps pour trouver des tragédies. Joe McIlroy, le frère de son grand-père Jimmy, avait fait l'erreur de faire déménager sa famille dans un quartier protestant de Belfast à la fin des années soixante, au pire du conflit nord-irlandais. Les McIlroys sont catholiques et Joe était un technicien informatique convaincu que sa femme et ses quatre filles pourraient vivre en paix dans ce quartier habité par la classe moyenne. On lui montra qu'il se trompait presque immédiatement, l'agressant constamment tandis qu'il essayait obstinément de construire une vie ordinaire.

En 1972, Joe descendit réparer sa machine à laver dans la cuisine pendant que ses filles dormaient en haut. Il ne savait pas qu'un groupe d'hommes armé de l'Ulster Volunteer Force (Force volontaire d'Ulster), un groupe paramilitaire loyaliste, campait dans son jardin en l'attendant. Ils ouvrirent le feu par la porte de derrière et le touchèrent à sept reprises. Blessé, Joe arriva tout de même à revenir dans le salon où il s'écroula dans les bras de sa femme, Mary. Elle courut dans la rue en criant, ses filles descendirent précipitamment et Joe McIlroy, 32 ans, mourut à son domicile et montra l'exemple pour tout autre catholique pensant qu'il pouvait s'installer dans un quartier protestant.

Ceci est l'occurrence la plus dramatique de violence sectaire ayant affecté les McIlroy, mais ils ne furent jamais très loin du creuset religieux qui définissait la vie en Irlande du Nord. Le grand-père de Rory, Jimmy, réparait des grues sur les docks de Belfast mais était interdit d'accès aux chantiers navals, qui étaient exclusivement réservés aux protestants. Il se mit au golf, joua au Holywood Golf Club où lui et ses fils firent partie de la minorité catholique. Même à Holywood, où la famille s'était installée, ils étaient plus de deux fois moins nombreux.

Malgré le spectre de la mort de Joe comme toile de fond lancinante, ils ne devinrent jamais extrémistes. Rory ne s'exprime jamais sur la situation politique en Irlande du Nord et cette mentalité semble avoir débuté avec son père et son grand-père, qui luttaient pour coexister dans un contexte tendu. Dans le *New York Times*, Niall Stanage a affirmé que cette approche non-violente prévaut particulièrement dans la génération de McIlroy. On peut voir Rory comme le personnage le plus visible dans un mouvement large rassemblant les jeunes Nord-Irlandais qui désirent mettre leurs affiliations religieuses de côté de manière à être définis par quelque chose – n'importe quoi – d'autre.

A l'école Sullivan Upper School, Rory portait un blazer avec la devise gaélique « Lamh Foisdineach An Uachtar » - Avec la main douce avant tout -, une philosophie ambitieuse pour une génération qui avait grandi dans l'ombre de la violence. Ce n'est pas un petit geste en Irlande du Nord : l'identité personnelle est fonction de la religion et de la politique depuis tellement longtemps qu'en divorcer semble presque révolutionnaire.

Là encore, la mort de Joe McIlroy a peut-être joué un rôle instructif pour la famille, son enseignement résonnant avec une plus grande clarté quand Rory devint une superstar : ce n'était peut-être pas l'idée la plus sûre pour un catholique avec un auditoire conséquent d'adopter des points de vue controversés, en tout cas pas tant qu'il voulait vivre en sécurité en Irlande du Nord.

Cette neutralité est poussée à l'extrême par Rory. Avant qu'il gagne ses premiers majeurs, il était difficile de dire s'il était catholique ou protestant. On pourrait dire la même chose de Graeme McDowell, qui a été élevé dans une famille protestante : aucun d'eux ne parlait de ses origines à moins d'y être forcé, et même quand il le faisait il utilisait des termes généraux, faisant attention à ne pas être réduit à un point de vue controversé.

On peut compter sur les doigts de deux mains le nombre de fois où l'appartenance religieuse de Rory a empiété sur sa vie publique – une prouesse de discrétion pour l'un des meilleurs joueurs au monde, surtout compte tenu de sa nature extravertie. La première grosse intrusion arriva après son triomphe au Congressional Country Club, où le joueur de 22 ans remporta l'U.S. Open de 2011 de huit coups pour son premier titre majeur. Ce qui arriva juste après – un moment bref, ne présentant aucun intérêt particulier pour ceux qui ne comprennent pas les tensions dans son pays - eut des répercussions à la maison.

Comme le *Daily Mail* le décrivit, un spectateur lança à Rory un drapeau irlandais tandis qu'il s'éloignait du 18. Il l'attrapa instinctivement, l'image fut coupée et quand elle revint un instant plus tard le drapeau avait disparu.

Ce mystère déclencha une fureur sur Internet, les loyalistes encensant McIlroy et les nationalistes l'accusant de tout et même de trahison. Le web s'enflamma de discours et d'analyses de salon, des pages

Facebook poussèrent comme des champignons et pour certains cet épisode éclipsa la spectaculaire semaine de golf qui lui avait permis de remporter son premier tournoi majeur. Personne ne savait ce qu'il était advenu du drapeau mais ce qui devint extrêmement clair après-coup c'est que Rory avait eu raison de rester silencieux – cela prouva, sans l'ombre d'un doute, qu'il était maudit des deux côtés en matière de politique nord-irlandaise.

Les deux fois où on lui demanda s'il se sentait plus Irlandais ou Britannique – la première par le PGA Tour, la deuxième par Fox Sports – il répondit de la même manière : « Je passe ». Plus tard, il donna un aperçu du processus de réflexion qui avait dirigé l'essentiel de sa carrière en disant « je dois faire très attention à ce que je dis et fais ».

Il aurait préféré éviter le sujet mais il se trouve que la fédération internationale de golf a réussi par un travail de lobbying auprès du CIO à obtenir l'intégration du golf aux Jeux Olympiques de 2016 et 2020. Cela amena une interrogation risquée pour McIlroy, qui avait disputé des Coupes du monde pour l'Irlande : qui représenterait-il s'il disputait les Jeux de 2016 ?

« Je jouerais probablement pour le Royaume-Uni, dit-il au Telegraph en 2009. J'ai un passeport britannique. Mais c'est quand même une question difficile. »

Un commentaire imprudent selon ses propres normes, qui provoqua une réaction prévisible. L'Irlande est connue pour se retourner contre ses meilleurs et plus brillants éléments, et s'ils avaient besoin d'une excuse pour diaboliser Rory ils la tenaient. Dans le *New York Times*, Stanage cita James Joyce : « Quand l'âme d'un homme naît dans ce pays, elle est aussitôt prise dans ses filets et ne peut voler librement. » Comme pour prouver qu'elle avait raison, les rumeurs au sujet de la décision olympique de Rory et toutes les condamnations réactionnaires qui l'accompagnèrent le forcèrent à écrire une lettre ouverte sur son compte Twitter en 2012.

« Venant de remporter trois de mes quatre derniers tournois, commença-t-il, y compris un deuxième tournoi majeur, j'espérais que ma réussite sur les parcours alimenterait les conversations golfiques aujourd'hui ! »

Début 2013, il envisagea de ne pas jouer du tout afin d'éviter la polémique. Cet été-là, Karen Crouse écrivit dans le *New York Times* un article qui sembla résumer la façon dont l'Irlande applique la haine qu'elle a pour elle-même à tous ceux qui ont l'audace d'aspirer à la grandeur. Comme de si nombreux artistes irlandais par le passé, McIlroy avait quitté le pays pour s'installer en Floride. Il avait aussi quitté son agent irlandais, la société Horizon Sports Management, pour démarrer la sienne, ce qui déclencha une querelle avec Graeme McDowell, qui détenait des parts d'Horizon. Son jeu était aussi en souffrance, et il l'était depuis qu'il était passé de Titleist chez Nike au mois de novembre.

Dans l'article de Crouse, une personne traite McIlroy de snob et une autre d'enfant gâté, des spectateurs de l'Open d'Irlande désapprouvant sa place de parking privée avec - Dieu nous en garde ! – une pancarte spéciale. Pour couronner le tout, le secrétaire général de la fédération irlandaise de golf y affirmait que le public ne soutenait pas Rory comme auparavant en raison du problème olympique[1].

Pendant des années, McIlroy avait tenté de différencier son identité culturelle de son image publique. C'est très simple pour la plupart des joueurs, mais pour un gamin d'Irlande du Nord l'effort en lui-même est remarquable. Et bien entendu, cela ne pouvait pas durer. Il fut bientôt empêtré dans la même lutte qui avait défini le pays depuis des décennies. Il l'a géré avec autant de grâce et de réserve que possible mais comprendre cet aspect de ses origines est déterminant pour comprendre Rory en tant que personne. En dehors du golf, il y a toujours cette ombre persistante, celle qu'il a passé sa vie à essayer de fuir et à laquelle il n'échappera jamais.

Quand il était tout petit, Rory a appris à jouer au golf avec son père et il a tellement aimé ça qu'il a commencé à regarder des vidéo pédagogiques tout seul. Son talent était évident et le club d'Holywood – sans prétention, contrairement au pompeux Royal Belfast tout proche – changea ses règles d'adhésion pour permettre à Rory de l'intégrer à l'âge de sept ans.

Il commença à travailler avec Michael Bannon et ils n'ont jamais arrêté de le faire : Bannon voyage avec McIlroy à plein temps aujourd'hui. Comme *Golf Digest* l'a remarqué en août, Rory se démarque en raison du fait que son swing est resté plus ou moins le même depuis sa plus tendre enfance. Contrairement à Tiger, qui a entrepris

1. L'animosité générale diminua légèrement en 2014, quand Rory annonça qu'il représenterait finalement l'Irlande.

des changements profonds à différents stades de sa carrière, Rory ne prévoit pas de modifier les composants essentiels. Jamais.

YouTube propose une petite archive sur l'enfance de Rory, à commencer par un film maison tourné dans un salon sombre, où l'enfant de trois ans tape des balles depuis le tapis sur le canapé avec en arrière-plan un résumé de matches de football sur une petite télévision. Il y a aussi une interview de lui sur la BBC d'Irlande du Nord après que le joueur de neuf ans a remporté le tournoi mondial junior à Doral, dans laquelle le journaliste parle de « la chaleur torride de Miami. » Tout en taches de rousseur et en sourires, Rory y a le même léger accent chantant qu'aujourd'hui – à distinguer du timbre nord-irlandais monotone de McDowell et David Feherty. Dans un autre clip de cette même année, lors d'un talk-show de la chaîne Ulster Television il jongle avec une balle avant d'envoyer un chip dans une machine à laver et de dire au présentateur que son joueur irlandais préféré est Darren Clarke.

« Si les Américains ont Tiger Woods, nous avons le jeune Rory », dit celui-ci en guise de conclusion.

Après le Doral, il a eu une brillante carrière junior avec une grande variété de victoires et de distinctions, y compris une victoire à la Ryder Cup Junior en 2004. Sa carte de 61 signée à l'âge de seize ans établit un record du parcours au Royal Portrush, qui avait accueilli le British Open en 1951. La même année, il dut faire face à sa seule vraie crise de foi dans le golf.

« J'étais prêt à abandonner, me raconta-t-il à Akron, au WGC-Bridgestone Championship. Je venais de gagner le Mullingar Scratch Cup et je me souviens du retour à la maison avec mon père. Il y avait environ trois heures de route et je lui ai dit "je n'aime plus ça. Je n'y prends pas de plaisir. Je viens de gagner et je ne sais pas, je ne suis pas heureux, je ne suis pas excité". »

Ses parents lui dirent qu'ils voulaient juste qu'il soit heureux et même s'ils ont dû paniquer un peu intérieurement, ils lui conseillèrent de faire ce qu'il voulait. Il rentra chez lui et ne joua pas au golf pendant trois jours. Au bout de trois jours, il décida qu'il aimait à nouveau le golf et aujourd'hui il attribue cet épisode aux problèmes hormonaux d'un « adolescent grincheux ».

« Je me suis rebellé, oui, dit-il. Pendant trois jours. »

Cette angoisse ne revint jamais et sa carrière décolla à une vitesse époustouflante. En 2007, il termina meilleur amateur du British Open à Carnoustie alors qu'il n'avait encore que 18 ans. Après être passé pro, il remporta son premier tournoi du circuit européen à Dubaï avant son vingtième anniversaire. En 2010, il rejoignit le PGA Tour en tant que l'un des dix meilleurs joueurs du monde et ne tarda pas à faire parler de lui. Il remporta son premier tournoi à Quail Hollow en signant une carte de 62 synonyme de record du parcours lors du dernier tour, établit un autre record du parcours lors du premier tour du British Open à St. Andrews et faillit participer au play-off du Championnat US PGA avec Martin Kaymer et Bubba Watson.

En 2011, il prit la décision étrange de revenir jouer sur le circuit européen et de faire l'impasse sur le Players Championship – des choix qu'il regretta presque immédiatement, et qui l'amenèrent à virer son agent Chubby Chandler en novembre avant de s'attacher les services d'Horizon. Avant cela, il faillit gagner le Masters, construisant une avance de quatre coups avant de rendre une dernière carte de 80 qui le fit sortir du top 10. Ce fut le moment le plus difficile de sa carrière – il avait perdu son assurance au retour, et arrêté de faire confiance à son putter. Il affronta les médias et espéra seulement que la prochaine fois qu'il aurait une occasion de remporter un tournoi majeur il gérerait la pression avec plus d'aplomb.

Il n'eut pas beaucoup à attendre. Au majeur suivant, il détruisit Congressional Country Club et gagna l'U.S. Open facilement. Au mois de mars suivant, après une victoire au Honda Classic il atteignit le premier rang mondial pour la première fois. Il y resta tout au long d'une saison spectaculaire qui le vit remporter une victoire à Dubaï, deux tournois de la FedEx Cup et son deuxième titre majeur, le Championnat US PGA, avec huit coups d'avance.

A 23 ans, il fut consacré joueur de l'année sur les circuits américain et européen. Et contrairement à d'autres enfants prodiges - Scott, Rose, Day – il était naturellement agressif et il savait se mettre en danger encore et encore, jusqu'à être parfaitement à l'aise. Deux années avant son 25ème anniversaire, il était devenu plus qu'une jeune superstar : il était pressenti pour devenir l'héritier de Tiger Woods.

L'intrépidité et l'intelligence de McIlroy rendent le parcours plus intéressant, et le placent au-dessus de joueurs ayant un talent identique – ou au moins pratiquement égal. Elles lui valent aussi des ennuis, à l'occasion. En dehors de la politique nord-irlandaise, Rory n'hésite pas à dire ce qu'il pense, surtout quand il se sent menacé, comme s'il compensait le fait de devoir se taire au sujet de politique et de religion en s'exprimant sans retenue sur tout le reste.

Certaines des polémiques qu'il a suscitées sont simplement des histoires montées en épingle par les médias. Quand il a parlé d'exhibition au sujet de la Ryder Cup en 2009, et admis qu'il préfèrerait gagner des tournois individuels, il disait simplement tout haut ce que les autres joueurs pensent tout bas. Beaucoup aiment la Ryder Cup et son ambiance particulière, mais aucun n'échangerait une victoire dans cette épreuve contre une autre dans un majeur. Pour tout dire, certains joueurs passionnés par la Ryder Cup, comme Ian Poulter et Sergio Garcia, semblent l'aimer d'autant plus qu'ils n'ont jamais remporté de majeur – c'est un sommet de substitution, d'une certaine façon.

D'autres moments ont cependant été vraiment tendus. Quand le journaliste de télévision et ancien joueur Jay Townsend a dit à l'antenne que Rory devrait virer son caddie de longue date, J.P. Fitzgerald, McIlroy a tiré une salve sévère à son encontre sur Twitter : « Taisez-vous… Vous êtes un commentateur et un joueur raté, votre opinion ne veut rien dire ! »

« Je ne sais pas ce qu'il a contre mon caddie, J.P. », dit McIlroy lors d'une conférence de presse cette semaine-là. « Cela fait trois ans qu'il s'attaque à lui et c'était un commentaire de trop. Il faut que je défende J.P., c'est l'un de mes meilleurs amis… Et je devais dire quelque chose. »

Sa réaction lui valut d'être qualifié d'immature, mais cette virulence traduit surtout une volonté de ne pas se laisser marcher sur les pieds.

Et malgré sa voix douce, ses taches de rousseurs, ses cheveux bouclés et ses airs de chiot sur le point de passer à l'âge adulte – « Il est tellement mignon, j'ai envie de lui pincer les joues », entendis-je une jeune fille crier au Deutsche Bank Championship – Rory n'est pas du genre à se laisser faire. Son feu intérieur fait penser à celui de Tiger Woods, même si Rory parait globalement plus stable et moins enclin à l'autodestruction.

Ils ont passé un peu de temps ensemble sur la fin de la saison 2014 à New York, faisant une apparition ensemble dans le talk show de Jimmy Fallon. La semaine suivante, je lui demandai s'il avait trouvé que Tiger avait un esprit analogue quand ils avaient été seuls en privé

– quelque chose qu'ils pouvaient voir uniquement chez l'un et l'autre, et qui les différenciait des autres psychologiquement.

« D'une certaine façon oui, dit-il. Nous avons parlé de quelques trucs et il m'a dit par exemple qu'il n'allait pas me laisser gagner le Masters l'an prochain… Je n'en ai peut-être pas l'air mais je suis exactement pareil. Je suis très compétitif, mais seulement sur le parcours. Par exemple, je peux vous laisser gagner au billard. Ça m'est égal. Mais le golf, c'est le truc dans lequel je réussis donc bien sûr je suis vraiment compétitif. Et même si je ne donne pas cette impression, intérieurement j'essaie de battre les autres à mort. »

Mais essayer et faire sont deux choses différentes, et il est rare qu'un joueur arrive à faire les deux au début de la vingtaine. Rory a un côté impitoyable et en l'observant sur une année, j'en suis venu à croire que sa capacité à mettre les autres hors d'état de nuire avec une efficacité si froide venait du simple fait qu'il est plus intelligent. Il commet rarement l'erreur de jouer en prenant trop de risques, comme Mickelson peut le faire. Il sait quand il faut jouer à l'instinct, plutôt que de se perdre en analyses interminables ou céder à la colère. Si Rickie Fowler adopte une approche zen, McIlroy comprend l'art de la guerre. Il est équipé de l'équivalent golfique du bon sens que peuvent avoir les gens qui ont une vie rude, et il est une vraie menace sur le parcours à chaque instant.

C'est pour cela qu'il avait défendu son caddie. En ripostant, il ne s'était pas contenté de faire taire un commentateur isolé. Il avait fait preuve de loyauté et envoyé un signal clair à quiconque envisageait de s'attaquer à lui. Faites attention à ce que vous dites, semblait-il dire, car sinon nous nous livrerons un combat et je ne suis pas du genre à retenir mes coups.

Rory a une compréhension intuitive du pouvoir. Comment le mériter, comment l'exercer et comment empêcher les autres de le prendre. Comme Tiger, il a aussi appris très tôt à repérer les faiblesses des autres et à dissimuler les siennes. Le surnom « Shark » (requin) a été attribué à Greg Norman, à tort, car ce sont Tiger et Rory qui sont réellement attirés par le sang.

En 2013, la guerre avec Horizon Sports Management battait son plein et son changement d'équipementier sabordait son jeu[2]. McIlroy

2. L'ironie du hasard voulut que le New York Times *publie un article sur la belle entente entre Rory et Horizon deux semaines seulement avant leur rupture brutale.*

prétendit qu'Horizon l'avait forcé à signer, apparemment à une fête de Noël en 2011, un « contrat restrictif » qui lui coûtait pratiquement sept millions de dollars en frais connexes. Le magazine *Forbes* affirma que le contrat d'Horizon leur permettait de toucher 20% des revenus du joueur hors parcours – y compris l'énorme contrat avec Nike, qui était cependant inférieur aux 250 millions de dollars sur dix ans initialement annoncés par Alan Shipnuck, de *Sports Illustrated*, mais pas beaucoup moins. C'est une commission incroyablement élevée, bien plus que celle dans le contrat de Graeme McDowell avec la même société. Mais l'argument de McIlroy – qu'il était jeune, naïf et dépourvu de conseiller juridique – semblait un peu léger ; Horizon décida de se battre et contre-attaqua en justice pour trois millions de dollars de commissions impayées.

Le procès fut réglé à l'amiable début 2015 mais en 2013, l'accumulation de facteurs de stress contribua à une baisse de son niveau de jeu. Cela nuisit aussi à son amitié avec Graeme McDowell, surtout quand il annonça en mai qu'il partait pour fonder sa propre société, Rory McIlroy Inc.

Dans des détails que l'on découvrit l'année suivante, Horizon accusa Rory d'avoir prévu de lancer son action en justice en septembre 2013, la veille du mariage de McDowell, auquel des agents d'Horizon devaient se rendre – un mariage auquel Rory préféra une séance photo pour Nike. On découvrit plus tard que McDowell détenait des parts d'Horizon, ce qui souleva des questions sur ses commentaires sévères à l'égard de McIlroy ainsi que son recrutement initial.

Rory McIlroy Inc. entra en service à la fin de l'année avec à sa tête Gerry McIlroy. La saison 2013 de Rory traîna en longueur, de résultat médiocre en résultat médiocre. Il abandonna au deuxième tour du Honda Classic alors qu'il se trouvait à +7 et parla d'une douleur à une dent de sagesse – une explication discutable, même s'il fournit un certificat médical, compte tenu de la frustration que son jeu semblait lui procurer.

Il lâcha la place de numéro un mondial après l'avoir occupée pendant un an et atteignit son niveau le plus bas au British Open à Muirfield, quand Nick Faldo le sermonna publiquement au sujet de sa concentration sur le golf. McIlroy, qui avait l'air irrité et un peu maussade, défendit son professionnalisme et dit que « Nick devrait savoir à quel point ce jeu est dur par moments. Il a déjà été dans notre situation et il devrait savoir quelle quantité de travail nous y consacrons tous. » Trois jours plus tard, il avait joué 79 et 75 et raté le cut au British Open pour la première fois de sa carrière.

Mais fin 2013, une victoire d'un coup devant Adam Scott à l'Australian Open en décembre laissa entrevoir un retour imminent à son niveau.

Le jour de l'an, il se trouvait sur un bateau dans le port de Sydney avec sa compagne de longue date, la joueuse de tennis Caroline Wozniacki. Des feux d'artifices explosèrent et il se préparait à faire sa demande en mariage quand un autre passager, passablement éméché, sauta à l'eau et gâcha la fête. Il décida de faire sa demande dans la chambre d'hôtel, elle dit oui et il eut enfin l'impression que sa vie était rentrée dans une phase calme.

« J'ai l'impression d'avoir de la stabilité dans ma vie maintenant, dit-il au Telegraph, et ces fiançailles ne peuvent que m'aider à savoir que tout est réglé dans ma vie. Ce que je veux dire, c'est que si vous vous fiancez, vous prévoyez de passer le reste de votre vie avec la personne, donc c'est une grande décision. C'est clair que c'est la bonne pour moi. »

Ou peut-être que non : en mai, après avoir envoyé les invitations pour le mariage, Rory l'annula. Pire : il l'apprit à Wozniacki lors d'un bref appel.

« C'est moi le problème », à en croire un communiqué de presse émanant de la Rory McIlroy Inc. « Les invitations envoyées le week-end dernier m'ont fait réaliser que je n'étais pas prêt pour tout ce que le mariage engendre. Je souhaite à Caroline tout le bonheur qu'elle mérite et la remercie pour le bon temps que nous avons passé. »

Sa méthode glaciale pour se débarrasser de sa fiancée est particulièrement surprenante quand l'on prend en considération un extrait d'un article du *New York Times* datant de mai 2013 :

« A la fin de l'année dernière, McIlroy s'est assis avec son préparateur physique, Steve McGregor, qui travaille également avec Lee Westwood et est intervenu en tant que consultant pour les Knicks et Manchester United.

Il a mis fin à leur relation professionnelle en raison de problèmes de planification. Mais pour faire en sorte de rester amis, il a choisi d'annoncer sa décision à McGregor en face à face plutôt que dans un SMS ou un e-mail. »

En d'autres mots, un entraîneur mérite d'être congédié avec les égards, mais pour une fiancée, le téléphone suffit.

McIlroy est plutôt respectueux en général, ou au moins il fait bien semblant. Si un journaliste lui pose une question fondée sur une hypothèse erronée, par exemple, il va le corriger indirectement dans sa réponse plutôt que de relever l'erreur en public, comme de si nombreux joueurs aiment le faire. La courtoisie dont il a fait preuve à l'égard de McGregor en 2012 ne sortait pas de l'ordinaire.

Compte tenu de tout cela, la rupture par téléphone était bizarre et inexplicable à première vue.

Ceux qui espéraient que McIlroy paierait pour la cruauté de cette séparation furent déçus. Il procéda à son ajustement clé au putting à Augusta et retrouva vite son niveau de 2012. En 2014, lors de son premier tournoi après la rupture, une dernière carte de 66 lui permit de reprendre sept coups à Thomas Bjorn pour s'imposer au BMW PGA Championship. Le message était clair : Rory était de retour, et il descendait très bas sous le par.

Ce que nous savions, dans les jours qui précédèrent le British Open, c'est que s'il pouvait vaincre sa prétendue « malédiction du vendredi », tous les autres seraient en sérieuse difficulté.

Et Rory – tout requin qu'il était – le savait aussi.

Sur les trois trous du troisième tour à Hoylake, Rory sentit les autres joueurs le talonner. Il donna brièvement l'impression d'être vulnérable. Rory avait passé une grande partie de la journée dans le par ou à +1, pas tout à fait aussi transcendant sous le ciel gris, alors que des mouettes survolaient la plage sur la rivière et des phoques étaient allongés sur le rivage. Le vent s'était gentiment tenu à l'écart et même si Rory montrait des signes de fatigue, quelques longs sauvetages de par et quelques super approches lui permirent de tenir la concurrence à distance.

A la fin de l'aller, Sergio Garcia s'enflamma avec deux birdies consécutifs. Au 11, Rickie Fowler – avec une moustache à la Fu Manchu – rentra un long putt pour birdie qui lui permit de revenir à un coup du leader. Ceci ouvrit une brèche dans la zone tampon de deux coups, ce barrage mythique que personne n'avait franchi contre Martin Kaymer à Pinehurst. Un autre birdie de Fowler au 12 et un bogey de Rory, et ils étaient à égalité à -12.

On eut l'impression que le favori s'était effacé et devrait se battre rien que pour être dans le dernier groupe dimanche. Au lieu de cela, Rory réagit comme un sprinter qui avait éteint ses moteurs et commencé à avancer en roue libre pour s'apercevoir qu'un autre coureur était en train de le rattraper. Cela lui servit de rappel – ah oui, c'est vrai, il faut que j'y aille !

Et pour y aller, il y alla : un birdie au 14 le re-propulsa en tête et au 16, un par 5, il utilisa l'élément le plus dévastateur de son jeu. Rory avait pris beaucoup de muscle depuis 2012 et même s'il avait toujours été incroyablement long au drive, il avait maintenant un tronc fort et la masse pour stabiliser tout son swing, ce qui lui procurait encore plus de distance et une plus grande précision. Fin 2014, seuls Bubba Watson et Dustin Johnson avaient une plus grande longueur moyenne au drive – remarquable, compte tenu de la taille de Rory – et même par rapport à ces deux-là la différence était infime. Compte tenu de la qualité du reste de son jeu, Rory devint imbattable, quand il arrivait à driver droit. Il était comme une fusion de Bubba Watson et Zach Johnson, la combinaison de la force et de la précision en un seul joueur.

Sur le par 5 du 16, il fracassa l'un de ses drives signature, se laissant 230 mètres pour le green. Son fer 4 l'atteignit facilement et il rentra le premier eagle de la journée sur ce trou. Et c'est au 18, autre par 5, qu'un drive puissant côté gauche lui laissa un fer 5 et lui permit d'enregistrer un autre eagle. Le dernier coup dévastateur sauva ce qui avait été, pendant 16 trous, une partie très médiocre.

La différence entre son finish et celui de Garcia et Fowler évoqua ce que Jason Day avait dit sur les dangers que l'on encourt quand on est dans la course pour le titre. Au moment où il faut choisir entre la lutte et la fuite, est-ce que le joueur se replie face à la détresse, sacrifiant quelques coups pour atténuer la tension, ou se lance-t-il en avant, déterminé à vivre confortablement dans les flammes ? Pendant que Rory refermait son piège sur eux, Sergio jouait le retour dans le par et Fowler concédait trois bogeys avant d'en finir. En l'espace de cinq trous, l'égalité à -12 s'était transformée en déroute : Rory comptait six coups d'avance sur Fowler et sept sur Sergio.

C'est juste le dernier exemple en date des qualités qui séparent un « joueur » - quelqu'un qui gère bien la pression et excelle – de tous les autres. Tout revient à une question de confort : croyez-vous que c'est ici que je suis censé être ? A chaque fois qu'un joueur comme Rory bat un adversaire dans ces circonstances, il emmagasine de la force mentale pour la prochaine joute - le succès engendre le succès et l'échec, l'échec.

Rickie eut l'air abattu en interview après sa partie tandis que Sergio adopta son comportement habituel, souriant, haussant les épaules et prenant même Rory dans ses bras pendant une interview télévisée.

Quand McIlroy arriva à la tente de presse, la pluie battait bruyamment sur le toit, validant le choix du R&A de faire partir les joueurs tôt ce matin-là. Le ciel devrait être dégagé dimanche mais quand Rory passa le pas de la porte il était trempé. Peu importe : il arriva en riant et repartit avec un sourire. Grâce aux spectaculaires eagles, il avait ses concurrents les plus proches sous sa botte et il le savait. Il n'avait plus qu'à les réduire en poussière.

« Il y a une dizaine d'années, Rory McIlroy était un gamin de quinze ans avec un talent pour le golf et un père qui croyait en lui de tout cœur. Tellement, en fait, que Gerry McIlroy et trois amis réunirent la somme de 400 livres, un peu moins de 700 dollars actuels, pour un pari audacieux : le jeune Rory gagnerait le British Open avant d'avoir 26 ans. La cote ? 500 contre 1. McIlroy a maintenant 25 ans… Le pari rapporterait 200 000 livres, soit plus de 340 000 dollars si McIlroy s'avérait capable de l'emporter. »

Yahoo Sports

Rory avait l'expérience des places de leader. Le Masters qu'il avait perdu en 2012 lui avait enseigné qu'une avance le dimanche ne garantissait pas la victoire, et son come-back après un retard de 7 coups au BMW PGA Championship en mai lui avait donné une idée de la mentalité indispensable pour faire partie du peloton de tête. Il avait regardé le scoreboard, ce jour-là, et il se souvenait du moment précis, quand il attendait au départ du 11, où Thomas Bjorn avait été ramené sur terre par un triple bogey au 6. Il entrevit son opportunité – quelques birdies augmenteraient la pression que Bjorn ressentait déjà incontestablement, mais il les lui fallait maintenant. Des effondrements de cette ampleur sont provoqués par une dynamique négative, et tout ce que le joueur en chasse derrière le leader peut faire pour amplifier la peur du désastre imminent, précipite la débâcle. Bjorn entendit les applaudissements et vit le nom de Rory gagner du terrain sur les classements. Le stress et les mauvais coups finirent par lui faire perdre ses moyens, et l'impossible issue prit forme.

Sauf que ce n'était pas impossible – ça ne l'était jamais et Rory le savait. Deux années auparavant, Adam Scott avait commencé le dernier tour avec la même avance sur Ernie Els que celle que Rory aurait ce dimanche. Scott était passé à côté, tout comme Rory pouvait le faire. Paradoxalement, savoir cela le rendit plus fort. Il n'avancerait pas en roue libre et tant qu'il ne céderait pas trop de terrain ou ne paniquerait pas quand quelqu'un tenterait inévitablement sa chance, il repartirait d'Hoylake avec la Claret Jug.

Il arriva au practice peu après 13 heures après avoir passé la soirée de samedi à se détendre et à regarder *Jackass 2* – le dernier dans la série de films qu'il avait regardés pendant la semaine, qui comprenait *Django Unchained* et *Les Stagiaires*. Il portait un haut Nike rose et gris avec un pantalon Nike gris. Le ciel anglais était lui aussi une palette de gris – des teintes sombres virant à l'ardoise là où les nuages épais étaient massés, des nuances cendrées et argentées là où la lumière faible laissait imaginer la présence du soleil quelque part derrière la grisaille. Ce n'était pas une surprise : comme me l'avait dit Alistair Beggs, le capitaine du Royal Liverpool, il y a moins de pluie à Hoylake que pratiquement partout sur la côte est des Etats-Unis, mais aussi beaucoup moins de soleil. Il y a du brouillard avec une constance déprimante et il laisse rarement la place à des ciels dégagés ou à des pluies diluviennes.

Comme Kaymer à Sawgrass et Pinehurst, Rory se mit à l'extrémité gauche du practice – les hauteurs, pour ainsi dire, où il pouvait voir sans être vu. Devant lui, Rickie Fowler portait sa tenue orange du dimanche et tapait des fers en boucle. Son agent, Sam MacNaughton, était à côté de lui, les yeux rivés sur son téléphone, la bouche tordue dans un demi-rictus. Tout à droite, Dustin Johnson, qui commençait la journée troisième à égalité avec Sergio, tapait distraitement, le regard vide, fixant sans les voir les indicateurs de distance.

Sans la présence des tribunes derrière les joueurs, le practice aurait pu être celui de n'importe quel parcours municipal en Amérique, avec des panneaux de distance tout simples placés tous les 50 mètres. On était loin des practices élaborés du PGA Tour, avec des greens, des bunkers et des collines proposant aux joueurs une simulation des coups qu'ils pourraient avoir à taper sur le parcours.

Ce fut ensuite au tour de Sergio d'arriver et il s'installa près de Rickie au milieu du practice. Ils regardèrent les nuages et parlèrent du fait qu'il pourrait pleuvoir pendant que Rory, les avant-bras ultra musclés et le swing aussi vif qu'un fouet, expédiait balle après balle avec son driver. Quand l'heure des départs approcha, ils quittèrent le practice et se dirigèrent vers le chipping green. Rory suscita les acclamations les plus importantes à son départ, laissant entrevoir l'ambiance partisane dont il jouirait toute la journée. Il prononça quelques mots en passant devant Sergio, qui répondit d'un laconique « ouais » – loin de la bonhomie d'après la partie de la veille.

Ils firent ensuite des sorties de bunker et de courtes approches, entourés par des voitures Mercedes noires et tous les camions des équipementiers - TaylorMade, Ping, Callaway, Cleveland, Mizuno, Nike, Wilson, Fleetwood, Titleist. Ils se rendirent ensuite au départ où Fowler, à nouveau dans le dernier groupe d'un majeur, salua Rory d'un rapide « handshake » (salut avec le poing, ndt) avant d'entammer sa longue ascension.

Sergio était en grande forme. Avec trois birdies sur les cinq premiers trous, il fit rapidement comprendre à Rory qu'il ne lui faciliterait pas la tâche. On entendit d'enthousiastes « vamos », scandés le poing brandi, et ceux qui connaissent peu son jeu pouvaient penser qu'une offensive soutenue débutait.

Un birdie au 1 permit à Rory d'affirmer sa main-mise mais au 5, après une mauvaise approche et un chip faible, il rata son putt pour le par. Il eut d'autres difficultés au par 3 du 6, quand son coup de départ roula dans une cuvette sur le côté gauche du green. Il regarda le classement avant d'effectuer son chip et vit qu'il n'avait que cinq coups d'avance sur Sergio. Son chip fut correct mais pas son putt d'1m50 et quand il le rata, son avance fut réduite à quatre longueurs.

Il faillit perdre un coup de plus au 7 après un drive capricieux mais il s'en tira bien grâce à un bon approche-putt depuis le pot bunker. Il marcha vers le départ du 8, dodelinant de la tête, le regard inexpressif. Sur le par 4, un dogleg gauche, il fit le par et sembla retrouver une certaine stabilité. Pendant ce temps-là, Fowler ne faisait pas de vagues. En dehors d'un birdie au 2, il ne fit que des pars sur l'aller. Il jouait solidement à un moment où cela ne suffisait pas, et chaque putt pour birdie manqué resserrait l'étau.

Sous les yeux des spectateurs installés à flanc de dune, au par 3 du 9 Rory envoya son coup tellement près qu'il faillit toucher le trou, pour s'arrêter finalement 4m60 au-delà. Son putt avait cassé vers la gauche sur le dernier mètre, mais il tapa ensuite dans l'alignement parfait et revint dans le par sur ce tour.

C'est à ce moment-là que Sergio frappa le plus grand coup de la journée : au par 5 du 10, il envoya son deuxième coup, un fer 6 de 208 mètres, à 3m70 du trou. Alors que Rory regardait depuis le fairway et que des voiliers avançaient doucement sur la rivière, il rentra son putt pour eagle. Il n'avait plus que deux coups de retard et il avait passé la première partie de son difficile test – lancer une attaque féroce pendant les deux premières heures et mettre la pression sur le leader. Alors que sa première victoire en majeur semblait de plus en plus réaliste, Sergio devait maintenant accomplir la deuxième partie de sa tâche – continuer à jouer audacieusement, poursuivre son attaque et signer un score capable de l'emporter même si Rory ne trébuchait pas.

Et Rory ne semblait pas sur le point de trébucher. Après l'eagle de Sergio, sa propre approche au 10 survola le bunker et lui laissa deux putts pour un birdie et une avance de trois coups. Fowler signa lui aussi un birdie pour rester à cinq longueurs, à portée de voix, mais la lutte pour la Claret Jug s'apparentait de plus en plus à une course entre deux chevaux.

A partir du 11, les leaders firent face au vent en suivant la rivière pendant quatre trous. Sergio tapa une approche courte au 11 et pria en regardant la balle voler vers le green. « Sois gentille, s'il te plaît, sois gentille, s'il te plaît, s'il te plaît, s'il te plaît ! » - mais le vent la freina, laissant à Sergio un long putt pour birdie, qu'il manqua d'un rien. Rory fit aussi le par en rentrant un putt court mais délicat de gauche à droite, s'assurant un nouveau précieux match nul.

Du départ du 12, on pouvait voir les clochers d'églises et les toîts sombres d'Hoylake qui se réfléchissaient dans le soleil. Sergio trouva le fairway depuis le départ de ce par 4, mais sa balle se trouva dans une rigole, il dut donc tenter une approche pratiquement à l'aveugle. Il avait perdu une partie de sa spontanéité, maintenant que la partie était serrée, il préparait longuement chaque coup, l'analysant méticuleusement. Il se recula quand un téléphone sonna le long des cordes. Quand il finit par jouer son coup, la balle partit vers la droite, disparaissant dans la tribune. Sergio cria un avertissement et la balle tapa près du sommet de la structure métallique.

Les retransmissions de la télévision britannique ne sont pas d'une grande qualité – surtout comparées à celles des chaînes américaines – le suivi des balles sur le ciel presque immuablement gris n'est donc pas facilité - les téléspectateurs mirent ainsi un peu de temps à comprendre ce qui s'était passé. Par un coup de chance incroyable, la balle était revenue pratiquement jusqu'au green. De là, Sergio fit approche-putt, envoya un baiser au public et renvoya la balle.

Un trou plus tard, sur le par 3 de 177 mètres du 13, alors que les mouettes grouillaient sur la plage derrière Rory, ce dernier tapa un de ses pires coups de la journée. Sergio avait évité de peu un pot bunker devant et à droite du green, et s'était mis près du drapeau sur son chip pour sauver le par. Le coup de Rory fut très court, la balle atterrissant quelque part dans les épaisses fétuques à gauche du fairway. Il fit de son mieux pour se rattraper mais la balle glissa sur le green et faillit aller jusqu'au bunker que Sergio avait évité. Rickie fut court aussi – le vent faisait tout tomber – mais il fit approche-putt pour le par. Rory n'eut pas autant de chance et prit deux putts pour remonter à -16. Son avance était retombée à deux coups.

Les spectateurs, gentiment moqueurs, encouragèrent Sergio en criant quelques mots vaguement espagnols quand il sortit des toilettes mobiles entre le green du 12 et le 13. Il y avait quelque chose de familier et de presque amical dans ces acclamations, mais pour la majorité des Anglais, Rory était l'élu. Cela me fit penser à Andy Murray, un Ecossais, tentant de remporter Wimbledon : il n'est pas tout à fait des leurs, mais c'est suffisamment proche.

Ils accompagnèrent cependant l'Espagnol tandis qu'il grimpait la colline vers le départ du 14, le soutenant à la manière anglaise, mélange de sincérité et de moquerie. Il était très concentré à présent, peaufinait chaque coup, et sur son approche de 157 mètres il ne manqua que quelques centimètres pour arriver pile dans l'axe du drapeau. Il tapa un bon putt pour birdie mais il le rata à nouveau de quelques centimètres. Rory joua la sécurité, prit son par, et Rickie s'égara au départ, se recentra et fit un excellent approche-putt de 76 mètres.

Les trois joueurs montraient maintenant les facettes différentes de leurs personnalités nerveuses. Rickie était silencieux et stoïque, résolument concentré sur chaque coup, jouant avec la plus grande sincérité en essayant d'ignorer l'enjeu. Sergio avait la bougeotte, il criait à chaque balle, sautillant nerveusement et parlant à quiconque était prêt à l'écouter – ses caddies avant de jouer, des journalistes entre les trous et même son partenaire du jour, Dustin Johnson, qui n'était pas très bon public. Rory n'était qu'agression, même quand il décidait de jouer prudent – les yeux perçants, le pas forcé, résolu avec une pointe de fureur.

Tous trois firent le par au 14 et se rendirent au par 3 de 149 mètres du 15, qui se joue en descente et à l'abri du vent. Quand Sergio participe à un tournoi majeur et commence à manifester son habituelle vitalité instable et frénétique, nous savons que la catastrophe n'est pas loin. Avant même que cela n'arrive à Hoylake, on sentit que c'était imminent. Au départ, il sortit son pitching wedge, refit sa routine une fois et envoya sa balle haut dans les airs.

« Ohhhh », cria-t-il, « Non » !

Sa balle fut courte, rebondit durement et roula de côté dans un bunker. Ce n'était pas le pire endroit où elle aurait pu se retrouver, mais ce bunker fut le théâtre du désastre que nous attendions. Quand Sergio entama sa descente dans le bunker, sous les yeux de Rory au départ, il baissa l'épaule en essayant de lever la balle par-dessus la face raide du bunker. Il contacta la balle bien trop tôt et pour toute récompense, il ramassa une grosse quantité de sable. La balle s'éleva, dépassa le mur engazonné pendant un instant et revint dans l'obstacle.

C'est le coup qu'il ne pouvait pas se permettre. Il s'en tira avec un bogey mais cela voulait dire qu'il aurait besoin d'accomplir des miracles sur les derniers trous – peut-être deux eagles – pour avoir une chance de l'emporter. Pendant que Sergio terminait son trou, on vit Rory en train de rire avec Fowler au départ. Il savait qu'il pouvait respirer, en tout cas un petit peu, et il tapa un coup de fer 9 qui atterrit sur le green en toute sécurité. Il fit le par, alors qu'un birdie lui aurait assuré le titre.

Sergio atteignit en deux coups le green du 16, le par 5, mais son putt fut trop court. Après son drive spectaculaire de 330 mètres, Rory se retourna et désigna un perturbateur qui l'avait embêté toute la journée et venait de tousser ostensiblement pendant son swing. La sécurité escorta le coupable jusqu'à la sortie, McIlroy envoya une approche facile sur le green et enregistra un birdie après deux putts. Son avance de trois coups était intacte et quand Sergio rata son putt pour birdie au 17 après une approche très basse face au vent, il sut qu'un par supplémentaire suffirait pour conclure victorieusement. Cela demanderait un pitch formidable – son deuxième coup sur le par 4 du 17 avait fini dans le rough, du mauvais côté d'un bunker qui protégeait le green. Rory le tapa magnifiquement, haut par-dessus le bunker et un putt facile lui permit d'arriver au 18 avec la même avance confortable.

Rory choisit de taper un fer du départ du par 5 afin d'éviter le hors-limite côté droit. Tandis qu'il marchait vers sa balle, quelques rayons de soleil pleins d'espoir brillèrent, mais la bataille contre le crépuscule était perdue d'avance. Placé à 235 mètres du trou, il visa le green et se retrouva dans un bunker juste devant. Sergio n'était pas arrivé à signer un eagle et même si Rickie avait tapé une bonne approche pour atteindre le green en deux il était encore loin du trou. Il restait à Rory un coup crucial à jouer : tout ce qui pouvait l'arrêter, c'était une erreur comme celle de Sergio au niveau du bunker.

Mais il savait où il mettait les pieds. Son coup sortit du sable facilement, atterrit sur le green et on sentit la tension quitter son corps. Quand Fowler rata son putt pour eagle, les derniers doutes s'évaporèrent.

Rory rentra son petit putt pour le par, et tandis qu'il savourait le tonnerre d'applaudissements qui se fit entendre dans le stade, des drapeaux des pays de chaque joueur battaient dans le vent. Son air confiant se fit presque effronté lorsqu'il leva le poing deux fois. Il avait mené du début à la fin et était devenu le premier joueur européen dans l'histoire du golf à avoir remporté trois tournois majeurs différents. Il était également le troisième joueur de tous les temps, après Jack et Tiger, à en avoir gagné trois avant d'avoir 26 ans. Il lança sa balle dans le public, prit sa mère dans ses bras et applaudit les spectateurs. Plus tard, lors de la remise des prix, un sourire prit place sur son visage quand il s'adressa à la foule avec la Claret Jug dans les bras.

« Vous êtes venus par milliers cette semaine et au nom de tous les joueurs, j'aimerais vous dire merci beaucoup. Vous nous avez fantastiquement soutenus toute la semaine, ce fut un plaisir de jouer devant vous et même si je suis fan de Manchester United… »

Ils ne le laissèrent pas finir sa phrase. Les hordes de fans de Liverpool et d'Everton le huèrent et le sourire de Rory s'élargit encore. Après son speech, il s'assit sur le bord d'un pot bunker et posa pour des photos avec le trophée.

Sous le ciel gris, les derniers rayons de soleil disparurent et il sembla plus vieux. Le temps, la tempête et le stress de l'année passée avaient laissé des marques. Eclairé par les flashes d'une centaine d'appareils photo, le visage las portant les cicatrices de la bataille à laquelle nous venions d'assister, ne pouvait pas être confondu avec celui du prodige, naïf et innocent, qui avait jadis arpenté ces fairways avec légèreté, préservé de la douleur ou de l'adversité. Il avait l'air d'un homme réchappé d'un incendie, malmené mais pas brisé. Les jambes campées dans le gazon, il tenait la Claret Jug comme si elle ne pourrait jamais appartenir qu'à lui. A cet instant précis, on entrevit le véritable Rory - imparfait, brillant et mortel.

AOÛT

LE MAJEUR AMERICAIN

19

AKRON, OHIO

Le vendredi noir de Dustin Johnson

« Je quitte le golf professionnel pour une période indéterminée, à compter de maintenant. Je vais utiliser ce temps pour demander l'aide d'un professionnel afin de résoudre des problèmes personnels. En m'engageant à prendre le temps et les ressources nécessaires afin d'améliorer ma santé mentale, mon bien-être physique et émotionnel, je suis confiant dans le fait que je serai certainement plus à même d'atteindre tout mon potentiel et donc de devenir un champion cohérent. Je demande respectueusement à mes fans, à ceux qui me soutiennent et aux médias de respecter ma vie privée pendant que j'entreprends cette mission visant à m'améliorer. »

Communiqué de presse de Dustin Johnson, le jeudi 31 juillet 2014

Le lundi 28 juillet 2014, Dustin Johnson annonça qu'il avait décidé de se retirer du WGC-Bridgestone disputé à Akron pour des "raisons personnelles". Une photo récemment postée sur Instagram par sa fiancée, Paulina Gretzky, montrant Johnson pieds nus, portant une chasuble de caddie, lisant une ligne de putt, rendit incongru le caractère grave et formel de l'expression – tout le monde comprit que ces mots avaient été dictés par son agent et pas par le joueur lui-même.

Le jeudi, l'abandon devint un congé à durée indéterminée et son agent, David Winkle, confirma qu'il manquerait le Championnat US

PGA et la Ryder Cup – une grosse perte pour l'équipe américaine étant donné qu'à Medinah, il avait remporté trois victoires en n'encaissant aucune défaite, enregistrant une des trois victoires en simple lors de la journée désastreuse du dimanche.

J'étais dans la salle de presse à Akron le jeudi quand on apprit la nouvelle, et je fus un témoin direct de l'agitation qui régna instantanément dans la pièce. Personnellement, je fus complètement déconcerté par la réaction – les rires, les cris et surtout, l'impression que tout le monde savait ce qui se passait sauf moi.

Ce qui s'avéra être vrai. Normalement, les journalistes accueillent ce genre de nouvelle avec étonnement et fournissent un effort collectif pour connaître la vérité. Cette fois-ci, aucune investigation supplémentaire ne fut nécessaire. Je finis par avoir le courage d'admettre mon ignorance et par demander ce qui se passait.

Un reporter dans ma rangée se retourna vers moi, plaça un doigt sur le côté droit de son nez et inhala puissamment par sa narine gauche.

« Vraiment ? »

Vraiment : Johnson, me dit-on, avait fait l'objet d'un contrôle positif à la cocaïne et ce n'était pas la première fois. Il avait fait une pause de trois mois début 2012, et son excuse était qu'il s'était blessé au dos en soulevant un jet ski. Dans les cercles médiatiques, tout le monde savait que cela ne tenait pas debout : il avait fait l'objet d'un contrôle positif à la cocaïne et avait été suspendu par le PGA Tour.

Tout cela conduit à une question évidente : comme avait-il pu mentir sur une blessure alors qu'il était suspendu ?

La réponse à cette question plonge au cœur de la nébuleuse stratégie du PGA Tour au sujet du dopage. Contrairement à pratiquement toutes les autres organisations sportives professionnelles, celui-ci ne divulgue pas les suspensions qu'il inflige. Cela veut dire que quand ils ont annoncé à Dustin Johnson qu'il ne pourrait pas jouer pendant trois mois en 2012, lui et ses agents étaient libres d'inventer l'excuse qu'ils voulaient – en l'occurrence, une blessure du dos causée par un jet ski qui dura exactement trois mois.

Tout journaliste connecté connaissait la vraie raison mais mon ignorance à propos de ce qui était arrivé en 2012, avant que je ne couvre le golf, montre à quel point la stratégie du PGA Tour peut cacher efficacement la triste vérité au public. La seule manière dont nous apprenons la vérité, c'est quand la police ou les tribunaux sont impliqués - Matt Every, par exemple, ne put nier la raison de son absence après que son arrestation pour possession de marijuana a été rendue publique.

Le manque de transparence du PGA Tour s'étend aux amendes infligées sur le parcours pour jurons et jeu lent, mais il y a une exception. Depuis le début des contrôles antidopage en 2008, le management est censé annoncer les suspensions de joueurs pour prise de substances visant à améliorer les performances. C'est arrivé à exactement deux reprises, à des joueurs discrets en tous points : Doug Barron et Bhavik Patel.

C'est là que la formulation du règlement du PGA Tour se complique : une suspension doit être annoncée, mais un test positif n'entraînant pas de suspension peut être passé sous silence. En d'autres mots, si Tiger Woods était contrôlé positif et que Tim Finchem décidait que ce serait mauvais pour les affaires si c'était rendu public, il n'y aurait aucune suspension et nous ne le saurions jamais.

Le fait que les golfeurs sont des employés contractuels non syndiqués permet au circuit américain de fixer et définir sa propre politique et il ne fait pratiquement aucun doute que sa vocation est surtout de sauver les apparences – il suffit de lire certaines citations des gens au pouvoir pour savoir dans quelle direction souffle le vent.

« Pourquoi n'en parlons-nous pas ou ne donnons-nous pas de détails ? Et d'une, nous n'avons pas l'impression que les gens y attachent une grande importance, a expliqué Tim Finchem en 2009. Nous ne recevons pas de mails de fans disant "Pourquoi vous ne nous racontez pas" ?, donc nous ne pensons pas qu'il y ait une demande pour ces informations. Deuxièmement, honnêtement nous n'en avons pas tellement et nous ne voulons pas mettre ces choses-là à l'esprit des gens. »

Quand on lui demanda pourquoi cette règlementation existait en 2013, le vice-président exécutif chargé de la communication, Ty Votaw, dit à *Sports Illustrated* que le but était de « s'assurer que nous sommes vus comme un sport propre. »

Le fil conducteur, ici, c'est le besoin de sembler être quelque chose plutôt que de l'être vraiment. Le PGA Tour avait cédé à la pression en instaurant une politique de dépistage en 2008 pour mieux projeter une image propre, et ils gardaient les détails secrets pour la même raison. C'est une absurdité bureaucratique toute kafkaïenne, mais aucun journaliste ne peut y faire quoi que ce soit.

A moins, bien entendu, d'avoir une source à l'intérieur et de tout révéler au grand jour. C'est exactement ce que les journalistes de *Sports Illustrated* Michael Bamberger et Mike Walker firent le vendredi 1er août.

Si quiconque avait des doutes sur la nature du « congé » de Dustin Johnson, ils disparurent quand leur article parut. Non seulement le PGA Tour lui avait imposé une suspension de six mois après un contrôle positif à la cocaïne, dit leur source, mais les vieilles rumeurs étaient aussi vraies. Pour la première fois, un grand magazine avait raconté que sa blessure de jet ski était une couverture et que ses trois mois d'absence étaient dus à une première suspension liée à la cocaïne (il avait aussi eu un contrôle positif à la marijuana en 2009).

La nouvelle se répandit et le PGA Tour chancela. Mais les organisateurs avaient encore une cartouche et ils n'hésitèrent pas à l'utiliser. Leur politique consiste à ne pas faire de commentaires sur les suspensions liées au dopage mais dans ce cas précis, ils changèrent leur fusil d'épaule pour publier un communiqué de presse :

« Concernant les informations publiées dans la presse affirmant que Dustin Johnson a été suspendu par le PGA Tour, nous souhaitons préciser que Monsieur Johnson a pris un congé volontairement et n'est pas suspendu par le PGA Tour. »

Faire cette déclaration en plein scandale médiatique, de façon opportuniste et en dépit de la réglementation en vigueur, revenait à jouer sur les mots dans le but de tromper et d'occulter maladroitement la vérité.

Peut-être que Dustin Johnson n'avait pas été « suspendu » au sens strict du terme mais puisque le PGA Tour ne réfutait pas le fait qu'il avait été contrôlé positif à trois reprises et ne jouerait pas pendant six mois suite au dernier en date, les affirmations de Bamberger et Walker tiennent la route. Plutôt que de le « suspendre » d'emblée, est-ce que le Tour avait proposé à Johnson le choix de prendre un congé volontaire ? Si c'est vrai, cette approche lui a permis de présenter les choses de la manière qu'il voulait et d'éviter que les drogues ne soient mentionnées explicitement, ce qui aurait dû être avantageux pour lui et pour le PGA Tour.

De façon ironique, le culte du secret semble maintenant desservir et les joueurs, et les agents. La saga de Johnson, en particulier, sert de mise en garde. Les joueurs en faute devraient y réfléchir à deux fois à l'avenir car toute fuite anonyme provenant d'employés du PGA Tour pourrait les mettre à découvert, leur propre version mensongère réduisant leur crédibilité à néant. Et même si le PGA Tour avait fait de son mieux pour créer une diversion, personne dans la presse ne fut dupe.

Aucune information publiée dans *Sports Illustrated* ne surprit qui que ce soit dans le monde des médias, en dehors de moi, mais elles étaient rendues publiques pour la première fois. Cela déclencha une fureur à Akron – tout à coup, la politique antidopage du Tour était au cœur de tous les débats. Bob Harig, d'ESPN.com, et Karen Crouse, du *New York Times*, étaient les plus lourdement armés et le vendredi, cette dernière eut comme moi l'idée de parler à Matt Every à l'issue du deuxième tour. Comme d'habitude, il eut une vision singulièrement honnête de toute l'affaire : s'il n'avait pas été exposé dans les journaux, il aurait lui aussi inventé quelque chose pour dissimuler sa suspension parce que cela aurait protégé son image vis-à-vis des spectateurs et des sponsors. Every était sous contrat avec Bridgestone au moment de son arrestation et même s'ils avaient fini par décider de ne pas le lâcher ils n'étaient à l'évidence pas contents – ils auraient pu le faire et Every serait devenu indésirable pour d'autres équipementiers.

Tout le système semble avoir une solution facile : si le PGA Tour veut préserver l'image de tout le monde, y compris la sienne, et garde secrets les contrôles positifs, pourquoi procéder à des contrôles ?

Comme Matt Every le remarqua, les drogues dites récréatives n'aident personne sur le parcours et à moins qu'un joueur devienne accro, elles ne peuvent pas faire beaucoup de mal non plus. Même si c'est le cas, peu importe. La nature darwinienne du golf punit quiconque est en difficulté et un héroïnomane ne peut pas faire long feu au plus haut niveau du golf professionnel. Dans les faits, il n'y a aucune raison importante de contrôler de telles drogues, au-delà de la moralité, et si c'était vraiment important pour le Tour ils auraient commencé leurs contrôles bien avant 2008. Autant que je sache, les drogues n'ont pas été inventées cette année-là.

C'est de la poudre aux yeux. Le PGA Tour veut seulement laisser penser que la consommation de drogue le préoccupe. Alors pourquoi ne pas se débarrasser de tout le système, dépister les produits dopants et laisser les drogues récréatives en dehors ?

Impossible : cela serait inacceptable du point de vue des relations publiques, vis-à-vis de la base conservatrice du public. Pas question de revenir en arrière donc, mais pas question non plus d'engager de l'argent pour satisfaire aux exigeances de transparence. Et l'étrange mascarade se poursuit.

« Je peux résister à tout sauf à la tentation. »
Oscar Wilde

Et Dustin Johnson ? Celui « par qui le scandale arrive » fut absent jusqu'en février.

Agé de trente ans, il avait été suspendu à un moment intéressant de sa carrière. Pas besoin d'être un expert pour voir que c'est l'un des plus grands athlètes dans le golf. Agile et doué pour son mètre 93, il peut « dunker » un ballon de basketball facilement et swingue avec la combinaison divine de finesse et de puissance que d'autres joueurs tueraient pour avoir le temps d'un seul week-end. Avant que Rory McIlroy ne le dépasse cet été-là, il avait à son actif le plus de victoires sur le PGA Tour pour un joueur de 30 ans ou moins et il était perçu depuis longtemps comme une superstar en puissance. Il est le premier joueur, depuis Tiger, à avoir remporté un tournoi lors de sept saisons consécutives après l'université, et entre 2008 et 2013 c'était une véritable planche à billets, ne finissant jamais en dehors du top 15 de la FedEx Cup. En 2014, il termina dans le top 30 en manquant les deux derniers mois de la saison.

Mais si l'on se fie aux critères élevés du golf, il semble manquer quelque chose dans son CV et ce quelque chose, c'est un majeur. En 33 tournois du Grand Chelem, Johnson a enregistré sept top 10, y compris des deuxièmes places au British Open de 2011 et à l'occasion de son raté le plus conséquent de tous, le Championnat US PGA de 2010.

Encore et encore, son entourage exprime le même sentiment. « S'il s'y consacre mentalement, il va devenir le meilleur joueur au monde. » D'accord, mais quand cela va-t-il arriver ?

Une chose qui va de pair avec l'absence de victoire en majeur, c'est l'impression qu'il n'est pas beaucoup plus qu'un sportif pas très futé, dans un sport qui exige de ses grands champions d'être rusés et intelligents. Ses interviews sont ternes, il semble à peine se rendre compte qu'on lui parle, il a le regard éteint et semble ne ressentir aucune émotions, comme s'il ne se passait pas grand-chose en-dessous de sa casquette.

J'ai passé une heure avec lui et son jeune frère, Austin – que tout le monde appelle A.J. et qui le caddeye depuis fin 2013 – au pro-am du Colonial, à Fort Worth. Ce qui m'a le plus frappé pendant cette heure, c'est à quel point il était d'humeur égale à chaque instant. On a l'impression que rien ne peut l'atteindre, et il est difficile de savoir si c'est parce qu'il n'est pas très malin, ou parce qu'il a décidé d'être insondable.

Je dois admettre qu'il y a eu des moments où il m'a déconcerté. A un moment, sur un départ, un de ses partenaires de pro-am s'est approché pour lui demander un autographe.

« Est-ce que je peux oser ? », lui a-t-il demandé en lui tendant un drapeau jaune qui était rempli d'autres signatures. Johnson lui a à peine adressé un regard en signant à un endroit vide sur le drapeau.

« Voilà », lui dit-il.

« Est-ce que vous pourriez juste écrire "pour Steve" », lui demanda-t-il, indiquant la signature.

Johnson acquiesça, ou en tout cas il en donna l'impression. Il prit le drapeau lentement – il fait tout avec la même langueur, comme s'il n'avait jamais été pressé ou inquiet de sa vie – et écrivit « Tous mes vœux » au-dessus de son nom.

L'homme regarda à nouveau et hésita quand il se rendit compte que le nom Steve n'apparaissait toujours nulle part dans la signature. Il fit une nouvelle tentative.

« Est-ce que cela vous dérangerait de le signer "pour Steve" ? », lui demanda-t-il à nouveau.

Dustin Johnson se retourna lentement, il jeta un œil au drapeau, toujours invraisemblablement calme mais un peu perplexe.

« Ils ont déjà leur nom là », dit-il, pointant vers la partie en haut et à gauche où un autre joueur avait écrit « pour Steve » au-dessus de sa signature.

L'homme dévisagea Dustin Johnson, essayant de déterminer si c'était une blague. Quand celui-ci le regarda fixement avec ses yeux vides, il lâcha l'affaire – on ne se dispute pas avec un joueur professionnel, même quand on a payé 10 000 dollars et fait ce qui semblait être une demande très simple.

« Ouais, dit-il. C'est super » Et il partit.

Même si ce n'était pas son activité préférée de la semaine, Johnson fut cependant drôle et amical avec ses partenaires de pro-am pour l'essentiel de la partie. Il lit les putts, il chiqua et cracha du tabac et il jura après avoir tapé des mauvais coups, comme s'ils étaient des potes de bar jouant 9 trous au parcours municipal du coin.

Son frère, A.J., fut tout autant désinhibé. Quand le préparateur physique de Johnson arriva, je lui dis que j'avais lu quelque chose sur lui sur Internet.

A.J. lui jeta un regard. « J'ai lu quelque chose sur toi dans les toilettes », dit-il, pince-sans-rire.

Quand Dustin avait embauché son frère, fin 2013, il avait plaisanté avec quelqu'un de l'agence de presse AP sur le fait qu'il n'avait pas vu son CV et « ne l'aurait sans doute pas cru de toute façon. » Mais maintenant, en dehors des taquineries, Dustin essayait de le mener à la baguette.

« Quelle distance, A.J. ? », demanda-t-il sur un long par 4, tandis que son frère se reposait à l'ombre d'un pacanier. A.J. prit son carnet en tâtonnant et se rapprocha alors que le ton de son frère se durcissait. « Quelle distance, A.J. ? Combien, A.J. ?! »

Il obtint sa réponse, puis ils reprirent leurs blagues habituelles. Je me demandai ce que son équipe pensait de cette relation. Personnellement, je trouvai cela divertissant mais même avant sa suspension, Johnson n'avait pas l'air capable d'être souvent sérieux. Cela ne les empêcha pas de gagner ensemble en Chine et il eut de bons résultats en 2014 – peut-être que la dynamique fraternelle fonctionnait.

D'une certaine manière, les Johnson avaient eu un rapport classique au sport pendant leur enfance. Comme ils ont grandi à Columbia, en Caroline du Sud, ils adoraient jouer dehors et passer des journées sur les bateaux de leurs copains au lac Murray en été. Dustin commença à jouer au golf au Mid Carolina Club, dont son père était le pro. Quand je demandai ce que leur mère, Kandee, faisait, Dustin ne sut me répondre et A.J. dut expliquer qu'elle enquêtait pour l'état sur les demandes d'indemnité pour accident du travail. En regardant ses parents, Dustin réalisa tôt qu'il détestait l'école et ne voudrait jamais un boulot où il serait enfermé à l'intérieur.

« J'aurais pu avoir des 20 sur 20 sans problème, me raconta-t-il. Mais je n'en avais pas envie. Je n'avais pas envie de faire d'efforts. J'ai toujours été très bon en examen. J'avais 20 à chaque fois, mais en ce qui concerne mes devoirs il n'y avait aucune chance que je les fasse. Aucune chance. »

Les Johnson avaient de qui tenir, athlétiquement parlant : même s'il n'a jamais joué un match en NBA, le père de sa mère avait été recruté par les Lakers et son père était un excellent joueur de football américain au lycée. Ce qu'ils n'avaient pas, c'était de l'argent. Johnson devint très vite doué pour en gagner tout seul, ce qui se résumait d'habitude à arnaquer des hommes au club. Il y occupa aussi des emplois dans tous les services possibles : caddy master, équipe de terrain, restaurant, pro-shop etc. Cela lui procurait un peu d'argent et surtout, des seaux de balles gratuits au practice, ce qui fut crucial dans son évolution en tant que joueur. Je lui racontai que j'avais aussi été green-keeper au lycée, enlevant de mauvaises herbes pendant des étés entiers – un travail dur, chaud et misérable.

« Tu m'étonnes, dit-il. Je sortais les voiturettes le matin, j'allais jouer un peu, je lavai les voiturettes et ensuite j'allais désherber. Parfois, je prenais un pack de six au frigo et j'allais désherber avec quelques bières fraîches. »

Après le travail, il participait à des matches avec enjeu, récoltant quelques dollars de plus et affûtant ses instincts compétitifs.

Pour s'amuser, il se rendait avec Austin dans une carrière et sautait d'une corniche située 25 mètres au-dessus de l'eau. Une fois, A.J. était tombé du mauvais côté et Dustin avait dû plonger pour aller le repêcher.

Les choses commencèrent à mal tourner au tout début de son adolescence, quand Scott et Kandee divorcèrent et que son père perdit son emploi au Mid Carolina Club. Johnson commença à sécher des cours – « Pour me faire aller à l'école, c'était mission impossible », dit-il – et il fut viré de l'équipe de golf par voie de conséquence.

Six mois après avoir fêté ses 16 ans, la situation s'assombrit vraiment. En 2009 dans *Golf Digest*, Jim Moriarty raconta l'expérience traumatisante que Dustin avait vécue quand Steve Gillian, le grand frère de son ami Clint, avait constitué un groupe de garçons pour cambrioler une maison. Les détails du vol sont consultables sur le site du greffe des instances judiciaires de Caroline du Sud, et leur lecture n'est pas agréable. Auparavant, Johnson avait vendu des montres volées par Gillian à un prêteur sur gages mais là il atteignit un nouveau niveau de crime. Parmi les objets volés par le groupe, il y avait un revolver.

Quand ils retrouvèrent Gillian à une station-service après-coup, il les engueula parce qu'ils n'avaient pas volé de choses assez précieuses. Il demanda ensuite à Dustin Johnson d'acheter des balles pour le pistolet, ce qu'il fit, sous la contrainte, dans un magasin Walmart. La nuit suivante, Gillian attaqua un groupe de lycéens chez eux parce qu'ils avaient viré un de ses amis de leur soirée. Il brisa le nez de l'un d'entre eux avec la crosse et en agressa plusieurs autres. Quand son ami Jason Ward le prit à partie – « arrête de t'en prendre à ces petits lycéens » –, il devint enragé et Ward dut le frapper et le maintenir au sol pour se protéger. Quand il laissa enfin son ami se relever, ils quittèrent la maison ensemble. Plus tard dans la nuit, Gillian utilisa le revolver que Dustin Johnson avait aidé à voler, et les balles provenant de Walmart, pour abattre Ward.

En plus de la colère, une partie de la motivation de Gillian était de gagner en « crédibilité dans la rue », pour sa carrière dans la musique, en tuant quelqu'un. Il fut condamné à la détention à vie sans possibilité de libération conditionnelle et son appel fut rejeté, à la fois au niveau de la cour d'appel et à celui de la Cour Suprême, il est donc toujours en prison. La punition de Johnson fut relativement légère. Il dut seulement payer pour les objets qu'il avait volés et accepter de témoigner – ce qui ne s'avéra pas nécessaire. En 2009, il fut gracié pour le cambriolage.

Il termina le lycée mais dut aller habiter chez sa grand-mère pour prendre des cours supplémentaires au Midlands Technical College afin de pouvoir aller dans une université. Au bout d'un an, il rejoignit celle de Coastal Carolina. La plupart des étudiants le regardaient d'un œil désapprobateur en raison de son passé. Son head coach, Allen Terrell, était d'après Dustin Johnson un « dur à cuire » mais exactement le genre d'entraîneur dont il avait besoin.

Il s'épanouit dans cette équipe et quand il passa pro il obtint sa carte presque immédiatement par le biais des qualifications. A la fin de sa première saison, au Turning Stone Resort Championship – un tournoi joué dans l'état de New York sur des terres appartenant à la nation indienne Oneida, maintenant disparu – il s'inquiéta quand il tapa socket sur socket au practice. Il en tapa cinq d'affilée qui faillirent toucher d'autres joueurs et il dut aller de l'autre côté du practice pour être sûr de ne blesser personne.

Malgré ce début difficile et une autre socket pendant le tournoi, il n'avait qu'un trou de retard sur Robert Allenby quand il arriva au 12 le dimanche.

Au 17, il avait encore un coup à reprendre et il envoya une bombe en guise de drive sur le long par 4 avant de poser son coup de wedge à moins de deux mètres. Il réussit le birdie pour revenir au niveau d'Allenby et il eut une si grosse montée d'adrénaline – « j'étais complètement boosté » - qu'il tapa le drive le plus long de sa vie, d'après lui, sur le par 5 du 18. Il survola le green sur son approche mais un excellent chip lui laissa un putt de 2m40 pour birdie. Allenby rata de 3m70 et Johnson rentra le sien pour remporter son premier tournoi du PGA Tour.

De là, il ne regarda jamais en arrière, l'emportant à Pebble Beach la saison suivante et commençant sa série de top 15 dans la FedEx Cup. A l'U.S. Open 2010, il avait trois longueurs d'avance sur Graeme McDowell lors du dernier tour. Sous l'effet de la pression, il avait accéléré le rythme. Chaque coup, chaque putt et même la façon dont il marchait entre les trous, était rapide. Rapide, ce n'est pas le style qui lui réussit, il joua 82 et McDowell remporta le tournoi.

Au Championnat US PGA en août, il avait tiré les leçons de cette expérience, il avait gardé son rythme, et était arrivé au dernier trou avec un coup d'avance avant d'écoper d'une pénalité tristement célèbre pour avoir touché à un obstacle - et ainsi perdre une occasion ne serait-ce que de participer au play-off.

« Vous savez, si je devais tout refaire je jouerais sans doute bois 3 au départ et non driver, dit-il au sujet de ce dernier trou. J'ai tapé ce coup de départ facile, je l'ai un peu talonné et il y avait tellement de vent qu'il s'est transformé en slice et s'est dirigé vers la colline et la droite. »

Ce n'était pas forcément rédhibitoire, pour autant qu'il sache. Il sortit de la zone sablonneuse légèrement piétinée car elle avait été recouverte par le public un instant avant – c'était certainement la première fois que des spectateurs avaient le droit d'assister à un tournoi dans un bunker -, toucha le green et se donna la chance de remporter le tournoi sur un putt de longueur moyenne.

Il le manqua, ce qui est heureux pour la PGA américaine car autrement il aurait commencé à fêter sa victoire. Au lieu de cela il concéda un bogey, ravala sa déception et se prépara à disputer un play-off.

Les responsables lui dirent ce qui s'était passé seulement quand il alla rendre sa carte.

« J'ai été furieux pendant environ trente minutes, me dit-il. Au bout du compte, ce n'est qu'un jeu dont je vis bien donc pourquoi devrais-je être furieux » ?

Avec la plupart des joueurs, je poufferais à l'idée qu'il le prenne si bien, mais avec Johnson je pense que j'y crois. Il a l'étrange capacité d'occulter les évènements malheureux de sa vie, ce dont je fus le témoin quand je lui parlai du meurtre, et de l'influence qu'il avait eu sur sa vie.

« Merde, je ne sais pas », dit-il. Il semblait vraiment avoir du mal à se souvenir d'un évènement impossible à oublier pour la plupart des gens. « Je n'y ai pas vraiment pensé depuis longtemps. C'est surtout que j'ai eu de mauvaises fréquentations. Tout le monde fait des erreurs et vous savez, j'en ai commis beaucoup mais j'ai toujours été très bon pour en tirer des enseignements et ne pas les commettre à nouveau. »

De nombreuses personnes ne seraient pas d'accord sur ce point. Dans l'article de Moriarty, il cite un juge qui a cru à cette rédemption. « De tous les gens que j'ai condamnés, je pense qu'il est un exemple brillant de ce qui peut être fait, dit-il. Honnêtement, c'est une belle histoire, la façon dont il a repris sa vie en main. »

Cet article a été publié en février 2009. Nous savons maintenant que Dustin Johnson a été contrôlé positif plus tard cette même année, et arrêté pour conduite en état d'ivresse. Dans une vidéo de son arrestation, on peut le voir trébucher dans l'obscurité tandis qu'il essaie de marcher le long d'une ligne devant un officier de police avec une lampe torche. S'ensuivirent deux contrôles positifs à la cocaïne et deux suspensions (ou quasi-suspensions, pour jouer sur les mots). Johnson est plutôt la preuve que l'on devrait toujours faire attention avant de déclarer une personne débarrassée de ses démons.

« Le passé n'est jamais mort, a écrit William Faulkner. Il n'est même pas passé. » Cette sagesse s'applique aux golfeurs, et pas seulement Dustin Johnson..

En ce qui concerne son avenir, il y aura des sceptiques et il y aura ceux qui préfèreront croire à sa rédemption. Tout ce que nous savons vraiment, c'est qu'il est trouble, et qu'il est impossible de prédire la suite de son histoire pour la prochaine décennie. Ses agents, le PGA

Tour et Johnson lui-même ont créé un écran opaque autour de lui et pour l'instant, on ne peut qu'essayer de deviner l'avenir d'un homme essayant de sortir de la malédiction.

20

AKRON, OHIO

Que faire du "problème Sergio" ; Jason Dufner lâche son putter ; Rory-Sergio II : le duel du Bridgestone

« Ce n'est plus le Sergio qui a envisagé d'arrêter de jouer, ou menacé du poing les dieux du golf. Il est satisfait de son sort, de sa vie, et cela joue sur son jeu… Il n'est pas nécessaire de l'avoir entendu récemment pour le comprendre. Ce bonheur se lit sur son visage, son sourire n'a pas été aussi radieux depuis des années. »

Jason Sobel, GolfChannel.com

Comme s'il était déterminé à prouver que la paix intérieure nouvellement trouvée pouvait produire des résultats concrets sur le parcours, Sergio excella au WGC-Bridgestone Invitational le vendredi, n'ayant besoin que d'un putt sur onze trous de rang, et signant des birdies sur les sept derniers trous pour égaler le record du Firestone Country Club, avec une carte de 61. Il fut brillant, et prouva sa capacité à rivaliser avec les meilleurs joueurs au monde.

Il joua 67 le samedi et avec un score cumulé de -14, il comptait trois coups d'avance à l'entame du dernier tour. Et même si remporter un volet des World Golf Championships n'est pas tout à fait comme remporter un tournoi majeur, 76 des meilleurs joueurs du monde étant présents, c'est ce qui s'en rapproche le plus. Le jeu de Sergio n'avait jamais été aussi bon, et il parut vraiment satisfait. Cette semaine-là, des rumeurs selon lesquelles il aurait demandé en mariage sa compagne,

Katharina Boehm, persistèrent, et un organe de presse affirma qu'elle avait confirmé leurs fiançailles. Heureux en amour et heureux au golf, il avait l'occasion de remporter un gros tournoi et d'effacer certains des mauvais souvenirs des années passées.

Il y avait deux problèmes. Premièrement, sur les onze fois où il s'était trouvé en tête après 54 trous, il ne l'avait emporté qu'à trois reprises. Deuxièmement, et encore plus troublant : le joueur en chasse, avec lequel il jouerait ce dimanche, était Rory McIlroy. Et si ce dernier s'imposait, il prendrait la place d'Adam Scott en tête du classement mondial.

« Je suis comme je suis. Et pour le meilleur et pour le pire, ce que vous voyez est ce que vous obtenez. Donc de même que ma personnalité m'aide beaucoup, parfois elle me dessert. »
Sergio Garcia

Au Players Championship, un ami qui travaille pour le PGA Tour m'avait indiqué que Sergio Garcia ferait une brève apparition à une démonstration pour des enfants en dehors du parcours, près des tentes des sponsors. Vas-y, me dit-il, et peut-être que tu pourras lui parler seul à seul.

Je m'y rendis donc et le trouvai égal à lui-même, débraillé et radieux : tout de noir vêtu, plaisantant avec les enfants, leur donnant quelques conseils. Quand il en eut fini et que ses agents s'occupèrent de le ramener au vestiaire, mon ami parvint à m'obtenir une place à l'arrière de sa voiturette à quatre places, reléguant sa jolie compagne allemande dans un autre véhicule.

Il s'avéra que ces quelques minutes seraient mon seul face à face avec Sergio, un personnage qui m'a frappé – et me frappe toujours –à la fois très complexe et très simple, mais jamais entre les deux. Lors de ce bref voyage, j'essayai de faire la conversation. Qu'est-ce qui est plus drôle, demandai-je, une démonstration pour les enfants ou une conférence de presse ? Une démonstration pour les enfants. Est-ce qu'on n'a pas trop chaud quand on porte du noir par une journée comme celle-ci ? Si, un peu. Un silence gênant s'installa entre nous alors – je désirai lui poser les questions importantes mais comme il regarda son téléphone et sembla être vaguement distrait, le moment ne me parut pas approprié.

Mais je n'avais pas le choix, n'est-ce pas ? Tandis que les gens devant lesquels nous passions criaient son nom, et qu'il leur répondait d'un signe tête, je me demandai à voix haute s'il arrivait que sa célébrité devienne un fardeau.

« Je n'ai jamais vu les choses comme ça, répondit-il. C'est merveilleux d'exceller au golf et je m'en réjouis, mais en fin de compte je suis comme vous ou n'importe qui d'autre. »

Une réponse prudente, et banale. « Ce n'est pas ce que je voulais dire, dis-je, je pensais à l'attention de tous les instants. »

« Mais c'est ce que moi je veux dire, m'interrompit-il. Si je disais que je ne peux pas aller au restaurant parce que les gens vont me reconnaître et me déranger, cela reviendrait à me mettre au-dessus d'eux. Et si vous vous tenez à l'écart des gens parce que vous avez peur de ça, ou si vous n'êtes pas naturel, ils seront pires quand ils vous verront parce que vous vous êtes caché. Si vous êtes dans les parages et qu'ils vous connaissent, cela rend les choses plus faciles pour vous. Si vous restez éloigné tout le temps, cela crée une séparation entre eux et vous, et rend votre vie plus difficile. »

Sergio m'avait surpris. Encore.

Mais je n'étais pas dupe : l'honnêteté de Sergio ne lui avait pas toujours été profitable, parce qu'elle est guidée par ses émotions.

Comme il l'a souvent admis, il est invariablement fidèle à lui-même. Le seul problème, c'est que Sergio change rapidement d'un jour sur l'autre, comme quiconque est gouverné plus par les émotions que par la froide logique. En réagissant, ils oublient les vérités plus stables qui gouvernent leurs vies, et que par moments il vaut mieux réprimer certaines impulsions et garder son calme. S'ils perdent le contrôle, le résultat peut les hanter longtemps après que la raison l'ait emporté.

Sergio n'a jamais appris à garder son calme et les pensées qu'il verbalise sous pression ne représentent pas toujours ses croyances profondes – elles ne font que symboliser une émotion passagère. Les mots poursuivent néanmoins leur vie, gravés à jamais.

Malheureusement pour Sergio, il joue de la même manière. Dans un jeu qui récompense la patience et même la tempérance, il fluctue rapidement entre les extrêmes émotionnels, capable d'être remarquablement brillant et inévitablement, d'énormément décevoir. Contrairement à son compatriote José Maria Olazabal, il n'est pas capable de s'endurcir sur commande quand la victoire est à sa portée. Et contrairement à Seve Ballesteros, il n'est pas capable de canaliser sa passion et de la transformer en arme décisive sous pression. Au lieu de cela, il est soumis à ses caprices – un prisonnier plutôt qu'un maître de son propre esprit.

C'est comme cela depuis le début. La façon dont Sergio se conduit quand il est stressé, que ce soit sur le parcours ou en dehors, a éclipsé sa vraie personnalité, réfléchie, qu'il incarne dans des périodes plus calmes.

La carrière de Sergio Garcia est indissociable de celle de Tiger Woods. Il en est ainsi depuis le moment où il s'est révélé au grand public en 1999, lors du dernier tour du Championnat US PGA. Garcia, qui n'avait que 19 ans et dont c'était la première saison professionnelle, avait audacieusement livré un duel spectaculaire avec Tiger Woods sur le retour de Medinah, et il fut en position de réaliser un renversement stupéfiant. Après avoir enquillé un putt pour birdie au 13, il dévisagea longuement Tiger dans le groupe derrière – un défi osé à l'égard du meilleur joueur au monde.

Au 16, Sergio n'avait qu'une longueur de retard mais il envoya son drive au pied d'un chêne rouge, presque trop près pour envisager, et encore moins exécuter, un coup. Plutôt que de recentrer, il tenta le coup avec un fer 6, s'agitant et tournant la tête. Dieu sait comment, il arriva à la contacter proprement et pendant que la balle volait vers le trou, Sergio la suivit en sprintant pour mieux la voir rouler jusque sur le green. Le public explosa de joie et Sergio se délecta des applaudissements, la main sur le cœur et le sourire en coin.

C'est ce même enthousiasme enfantin qui lui avait valu le surnom de El Niño, et il mit le public dans sa poche. Tiger la superstar l'emporta avec un coup d'avance mais peu importe, semble-t-il : un vrai rival était apparu.

Il y avait peut-être eu des signes avant-coureurs de son inconstance – il avait pleuré dans les bras de sa mère après avoir raté le cut au British Open en 1999, et s'était énervé contre des journalistes qui en avaient parlé à Medinah – mais ils pouvaient être attribué à la jeunesse de l'Espagnol. Son courage, ce dimanche-là, avait montré que l'avenir lui réservait de grandes choses. A vrai dire, il a eu des moments de gloire. Il s'est imposé à huit reprises sur le PGA Tour, y compris au Players Championship en 2008, et onze fois en Europe. Il a toujours été costaud lors de la Ryder Cup, enregistrant 18 victoires, neuf défaites et cinq matches nuls, et il ne perd pratiquement jamais en double. En dehors de quelques coups de mou, il a passé la plupart des quinze dernières années dans le top 20 mondial et il est grimpé jusqu'à la deuxième place du classement. Avec ces performances, il fait partie des meilleurs joueurs de sa génération.

Alors pourquoi, quand on pense à Sergio, des images de déception et d'humiliation publique viennent-elles à l'esprit ? Pourquoi l'indulgence dont il avait pourtant bénéficié à Medinah a-t-elle laissé la place aux railleries ? Quand le public a-t-il cessé de l'aimer, depuis quand n'est-il plus un espoir du golf ?

Tournons-nous une nouvelle fois vers Tiger. En 2000, le lendemain de sa victoire au WGC-NEC Invitational, il a affronté Sergio lors de la Bataille de Bighorn. Vous n'avez peut-être jamais entendu parler de cet évènement, à moins d'être obsédé par le golf: c'était un évènement organisé par l'émission de télévision « Monday Night Golf » (sur ABC) – vite retirée de l'antenne - que personne dans la profession ne prenait au sérieux.

Tiger arriva, affaibli par un début d'état grippal, et donna l'impression d'avoir envie être ailleurs.

Sergio, de son côté, n'attendait que ça. Agé de vingt ans à l'époque, l'Espagnol joua le plomb au retour et s'anima sur les derniers trous. Quand il s'imposa 1-up, il « fêta sa victoire comme s'il avait gagné au loto » pour citer Michael Bamberger, de *Sports Illustrated*. Ce n'était pas une réaction très appropriée, compte tenu des circonstances, et cela irrita son adversaire. Non pas que Tiger allait se plaindre – il avait sa façon à lui de régler ses comptes.

Sergio avait mis au défi le meilleur joueur au monde, et maintenant il avait la difficile tâche d'assurer dans des tournois qui comptaient vraiment. Tiger, cependant, l'esprit de compétition développé à un niveau pathologique, n'était prêt à laisser personne lui tenir tête - ni Phil Mickelson, ni David Duval et certainement pas Sergio Garcia. Sans le savoir, la jeune star avait dessiné une cible sur son propre dos ce jour-là et c'est une cible que Tiger ne manquerait jamais. Chacune des sept fois où ils ont joué ensemble le week-end depuis ce jour fatidique, Tiger a rendu la meilleure carte. Plus remarquable encore, il a remporté les sept tournois.

Un joueur comme Woods a un peu de Michael Jordan en lui. Il aime avoir un ennemi – peut-être en a-t-il même besoin – et voir Sergio le mettre au défi avec ce sourire malicieux à Medinah et brandir le poing après une victoire sans importance à Bighorn, cela lui avait donné un rival à écraser. Et il se fit un plaisir de le faire.

Puis il y eut le British Open de 2006 à Hoylake, où Tiger partit dans le dernier groupe avec Sergio, tout de jaune vêtu. Tiger l'emporta et aurait apparemment envoyé le SMS suivant à des amis : « Je viens d'achever Titi. »

Golf.com, 2013

Même sans Tiger, Sergio craquait sous pression. La deuxième place au Championnat US PGA en 1999 est le premier de ses 19 top 10 dans les tournois majeurs sur les quinze années suivantes. Il ne remporta aucun de ces tournois et même s'il excella en double lors de la Ryder Cup, sa réussite est moins grande en simple : trois victoires et quatre défaites. Livré à lui-même sur les plus grandes scènes golfiques, Sergio joue comme un homme qui n'a pas confiance en lui.

Certains de ses échecs furent plus dramatiques que d'autres. Au British Open de 2007, il avait trois coups d'avance sur Steve Stricker et six sur tous les autres. Son effondrement ce jour-là fut une lente agonie, et au 18 il eut encore une chance de remporter la Claret Jug avec un putt de 2m40. Il le manqua et après avoir perdu un play-off sur quatre trous contre Padraig Harrington, il accusa la fatalité.

Au Championnat US PGA de 2008, il mena pendant la journée du dimanche jusqu'au 16, avant d'envoyer son approche dans l'eau et de laisser Harrington le reprendre à nouveau.

Plus souvent, ses nerfs le sabotèrent bien avant les derniers trous. Quand Sergio approche du but dans un majeur, son malaise et son anxiété sont palpables. On voit à sa façon de bouger et d'agir qu'il a la frousse, et dans ces moments-là, on croirait que le danger le guette à chaque tournant. Inconsciemment, il cherche un moyen de tout foutre en l'air afin d'échapper à la pression. Après s'être écroulé, il hausse les épaules – croyant peut-être sincèrement qu'il a simplement encore été malchanceux – et se plaint de sa mauvaise fortune ou feint de ne pas souffrir.

Le moment le plus triste arriva au Masters en 2012, quand un troisième tour médiocre l'exclut de la compétition et qu'il se plaignit auprès de reporters espagnols de toujours devoir se contenter de la deuxième place. « Je ne suis pas assez bon », dit-il. Ce fut presque pire l'année suivante à Augusta, puisqu'après avoir pris la tête sur une carte de 66 il dit, l'air désolé : « Profitons-en tant que ça dure. » Et comme pour confirmer son infortune, cela ne dura pas.

Ce n'était que le dernier exemple d'apitoiement en date de la part de Garcia, qui avait prouvé son talent à jouer les martyres. Son attitude défaitiste se manifeste par des décisions étranges, comme la fois où il avait grimpé dans un arbre pour jouer un coup depuis les branches à Bay Hill, se blessant à l'épaule gauche en swinguant et à la cuisse en sautant, ce qui le força à abandonner plus tard dans la partie. Dans les majeurs, il prend d'énormes risques, mais pas avec l'idéalisme sauvage de Phil Mickelson. Il semble plutôt qu'il cède à une pulsion destructrice, intimement liée à son pessimisme maladif – « autant le tenter parce que de toute façon je vais perdre. »

Cette attitude fait le jeu de son penchant romanesque, qui semble toujours s'imposer quand l'enjeu est élevé. Dans le feu de l'action, il lui est impossible de se comporter normalement, ce qui peut donner lieu à de brillants résultats comme le coup de Medinah ou, plus fréquemment, des effondrements complets.

Je pense que je comprends le problème majeur de Sergio : son attitude est inadaptée au golf, qui punit l'échec beaucoup plus qu'il ne récompense la réussite. Dans ce sport, un moment magique peut vous faire gagner un coup, et une grosse erreur, gâcher un tournoi entier. Un risque qui ne paie pas va discréditer trois ou quatre réussites, et saboter des heures de dur labeur.

Dans la plupart des tournois, le vainqueur est simplement celui qui foire le moins. Sergio n'est pas adapté à cette réalité terre-à-terre – il obtiendra peut-être les succès les plus dramatiques, mais il ne fera jamais le moins d'erreurs.

« Cela se résume à un nouveau triomphe de Woods sur Garcia, qui s'inflige encore une défaite. L'Espagnol est talentueux mais apparemment tourmenté par des démons de sa propre création. »

Monte Burke, Forbes.com

Quand vous vous placez de son point de vue, sur des années la réalité des choses doit sembler profondément injuste. Pendant qu'il déprimait après avoir été largué par la fille de Greg Norman, Tiger, lui, trompait son épouse avec au moins onze femmes. Alors que Sergio est drôle, charmant et gentil avec ses fans, Tiger reste distant et froid. Alors que Sergio se démène pour l'Europe lors de la Ryder Cup, Tiger traite cette compétition comme un simple travail de routine. Alors que Sergio est apprécié par ses collègues, Tiger déplaît à beaucoup d'entre eux et il est simplement toléré par d'autres – bon pour le golf, mais égocentrique et antipathique.

Et pourtant, les spectateurs adorent Tiger parce qu'il gagne et détestent Sergio parce qu'il pleurniche. Même après la descente aux enfers de Tiger, il a conservé une énergie magnétique qui attire les gens. Le slogan de la campagne de publicité qui a accompagné le retour de Tiger Woods était « Winning takes care of everything » (Gagner règle tout), et même si c'est exaspérant et cynique, c'est d'une vérité incontestable. Son pouvoir d'attraction est toujours là.

Pendant ce temps-là, les relations entre ces mêmes spectateurs et Sergio se sont détériorées. Ils ont senti l'absence de courage, ils ont entendu ses apitoiements et ils ont été témoins de son manque de responsabilité. Il est possible de respecter un loser à répétition qui s'incline dignement, mais quelqu'un qui ne regarde pas ses échecs en face ne mérite que le dédain. Et ce dédain, associé aux défaites permanentes, est devenu le fardeau de Sergio. On peut comprendre que Tiger, et tout ce qu'il représentait, soit devenu une obsession pour lui.

Celui-ci n'avait pas besoin de faire trop d'efforts pour lui rester à l'esprit. Il suffisait qu'il continue de gagner et se rappelle à son bon souvenir avec un mot subtil ici ou là. Tout ça semblait même l'amuser.

Peut-être que Sergio le savait et que cela explique le scandale qui anima la préparation du dîner consacré aux prix décernés aux joueurs du circuit européen, fin mai. Steve Sands, de Golf Channel, demanda à Sergio en plaisantant s'il prévoyait d'inviter Tiger à dîner quand il le verrait la prochaine fois, à l'U.S. Open. « Tous les soirs, répondit-il. Nous servirons du poulet frit. »

En 1997, Fuzzy Zoeller avait spéculé que Tiger servirait du poulet frit et du chou vert au dîner des champions l'année suivante, le qualifiant aussi de "boy". C'était une manifestation assez évidente de racisme doublée de condescendance. La réaction fut rapide et sévère :

Zoeller perdit deux sponsors (Kmart et Dunlop) et on n'entendit plus jamais parler de lui.

La réaction au commentaire de Sergio fut non moins soudaine et il convoqua une conférence de presse pour aborder la situation. Il commença par s'excuser auprès de ses fans, de Tiger, de ses collègues européens etc. Il eut très peu le choix les jours suivants. Il laissa une lettre manuscrite dans le casier de Tiger et fit acte de contrition dès qu'il le pouvait. Il fut agressé par des spectateurs chez lui et à l'étranger, mais il avala la pilule avec un silence stoïque.

Le chapitre fut enfin clos. La plupart des gens comprirent que contrairement à Zoeller, Sergio était profondément inoffensif – il est dur d'imaginer un fond de racisme tenu secret chez lui, mais très facile d'imaginer sa haine pour Tiger le faire déraper à un mauvais moment. Et même si cet incident a entaché son image, l'histoire du poulet frit seule, ne l'aurait jamais enterré. Tout ce que cela a vraiment montré – comme si nous avions besoin de plus de preuves –, c'est que Sergio est l'exemple le plus fascinant de joueur de golf doué pour se laisser piéger.

En 2014, il avait retrouvé sa confiance en lui et Tiger avait disparu de la scène. Mais, cruelle ironie, Sergio se retrouva à jouer les seconds rôles au British Open. Il endossa un costume familier, jouant dans l'ombre d'une star du golf, connu pour être impitoyable avec ses ennemis. Sergio et Rory s'aimaient bien, mais sur le parcours McIlroy était manifestement le nouveau Tiger. Et sans sourciller, l'Espagnol de 34 ans descendit d'un cran – destiné, semble-t-il, à toujours regarder d'en bas.

Mais revenons à nos moutons : pendant la semaine du WGC-Bridgestone, je séjournai dans l'arrière-pays de l'Ohio, quelque part entre Akron et Cleveland, au bord d'un étang rempli de grenouilles qui sortaient la nuit pour me tourmenter avec leurs coassements. Dans une chambre en face de la maison, il y avait Dave, un gentil canadien qui était venu depuis le fin fond de l'Ontario avec sa femme pour la même raison : le golf. Nous échangeâmes des histoires tous les soirs et le samedi, il me raconta qu'il avait été particulièrement surpris de voir Jason Dufner donner son putter à un enfant au milieu de sa partie. Un Scotty Cameron, en plus !

Je lui demandai de me raconter son histoire une seconde fois, et essayai de déceler des incohérences dans son récit. Comme tout bon témoin, il répéta chaque détail mot pour mot. Le Canadien semblait dire vrai et j'admets que certains éléments rendaient l'anecdote plausible : Dufner a un côté impulsif, surtout quand il est frustré, et même si sa vie en dépendait il serait incapable de bien putter. Je l'avais suivi au Championnat US PGA l'année précédente et cela reste l'une des victoires les plus remarquables que j'aie jamais vues en Grand Chelem, pour la simple raison qu'il n'avait fait montre d'aucune assurance sur le green. Il avait tapé de beaux drives et des fers d'une redoutable précision, avant de trembler sur des putts pour birdie de moins d'un mètre, dont il ne rentrait qu'environ la moitié. Cette combinaison lui avait quand même permis de s'imposer.

« J'aime bien Duf, avait dit Keegan Bradley au début de la semaine. Il me fait rire. C'est un gars bizarre mais aussi l'un des tout meilleurs joueurs donc j'aime bien jouer avec lui. Tout ce qu'il fait est bien et je le regarde jusqu'au moment où il arrive sur le green… Quand il a un putter dans les mains, je ne regarde pas. »

Il n'y a aucun sujet tabou entre ces deux-là et ils s'asticotent sans arrêt, au point que parfois cela va trop loin et l'un des deux termine furieux. Bradley aime particulièrement se moquer de Dufner au sujet du Championnat US PGA qu'il avait perdu en 2011, lui offrant son premier et seul titre majeur. Cela me parut être un sujet plutôt sensible et je lui demandai s'il avait au moins attendu un certain temps avant d'envoyer sa première salve.

« Ouais, sans doute un an et demi, répondit-il, et puis ça s'est débloqué. Lui aussi est cruel avec moi. Il y a eu quelques situations délicates, mais j'aime ça. C'est dur mais il faut encaisser. »

Il débina un peu plus le putting de Dufner et je me souvins de cette conversation en écoutant mon ami canadien. Que savait-il de Dufner ? Gars bizarre, incapable de putter, un peu impulsif. Ce que Dave racontait avait du sens, mais avait-il vraiment donné son putter ?

Le jour suivant, avant même que les leaders n'aient pris le départ, Dufner boucla le tournoi sur une carte de 77, plongeant à +14 pour la semaine. Il m'évita dans la zone d'interview, mais dans une tentative désespérée je le trouvai dans le vestiaire en train d'attendre son repas et de s'enfoncer, lentement mais misérablement, dans un fauteuil en cuir. Il avait vraiment l'air de ne pas avoir envie d'être abordé par un journaliste.

« Bonjour Jason », dis-je, en m'asseyant à côté de lui. Je savais qu'il fallait éviter les civilités. « J'ai entendu dire que vous aviez donné votre putter à un gamin hier. Je voulais vérifier si c'était vrai. »

« Ouais », dit-il, les yeux rivés droit devant lui.

« C'était au 12 ? », demandai-je.

« 10. »

Il avait donc joué huit trous sans putter.

« Avec quoi avez-vous putté ? »

« Bois 3. »

Il se trouve que le gamin l'avait suivi pendant le reste de la partie, putter à la main.

« Y a-t-il quelque chose d'autre que je devrais savoir ? », demandai-je encore, sentant que je n'étais plus le bienvenu. Il me regarda pour la première fois.

« Non. »

Ce ne fut pas la seule nouveauté à Akron – dieu merci, car Akron est une ville qui a justement besoin de nouveautés.

Au début de la semaine, après un coup raté Bubba avait crié « je n'arrive pas à me concentrer » au pauvre Ted Scott. Steven Bowditch avait raconté à un journaliste australien que les tournois estampillés WGC étaient ses préférés, vu que l'on y gagnait de l'argent même quand on jouait 80 quatre fois. En passant devant Jonas Blixt au niveau du club-house alors qu'il signait des autographes, je lui demandai s'il pouvait signer mon carnet de notes et il me répondit « j'aimerais signer sur votre torse » avec ce sourire suédois impénétrable. Une femme au départ du 9 dit à Rory qu'elle l'aimait comme son propre fils. Après avoir raté une série de putts courts le vendredi, Graham DeLaet passa ses nerfs sur son sac. Un spectateur cria à David Feherty « bravo, mec ! » alors qu'il passait devant lui, ce à quoi il répondit sans même sourire « je suis une femme. » Jason Day abandonna après sa partie du vendredi en raison de vertiges probablement dus à la combinaison d'injections de cortisone et d'anti-inflammatoires pour sa gorge – l'aboutissement parfait d'une année sabotée. Et le samedi, Tiger engueula un caméraman qui était trop près : « Est-ce que vous pouvez me laisser de la putain de place ? »

Tout cela se passa avant le principal évènement, le dimanche, quand Tiger se blessa au dos au 2 et ne put soutenir la douleur que jusqu'au départ du 9, où il abandonna. Une voiturette l'amena au parking, et pendant que des hordes de journalistes sprintaient depuis la salle de presse, il boitillait jusqu'à sa voiture en grimaçant tout du long. Nous l'encerclâmes et comme des enfants curieux regardant un animal de foire, nous l'observâmes enlever ses chaussures Nike, geindre un peu pour les caméras et disparaitre derrière les vitres teintées d'un crossover.

En quittant le vestiaire le dimanche après avoir retrouvé Jason Dufner, j'avais vu quelque chose d'étrange à une table dans la zone de restauration : Rory et Sergio – avec une poignée d'agents et de caddies – déjeunaient ensemble avant le dernier tour. Je savais qu'ils étaient copains mais cela me fit quand même drôle de les voir l'un comme l'autre frayer avec l'ennemi juste avant la bataille.

Rory avait un visage impassible, souriant si nécessaire, riant poliment aux blagues mais scrutant chaque visage dans son silence d'avant-partie habituel. Sergio, d'un autre côté, faisait sa pipelette, tchatchant nerveusement et riant fort comme les gens qui veulent absolument donner l'impression qu'ils s'amusent. S'il m'apparut transparent, j'imagine qu'il en était de même pour Rory.

Quand ils se rendirent au practice, la scène resta inchangée : Rory seul d'un côté avec son caddie et son père, concentré et isolé. David Feherty fit la tournée des popotes, s'arrêtant brièvement pour bavarder avec Rory avant d'aller voir Marc Leishman. Il raconta une histoire qui devait être très drôle parce qu'elle attira bientôt Sergio et Justin Rose. Je manquai la plupart des détails mais m'approchai suffisamment pour voir le clou du spectacle. Feherty prit une pause dramatique après s'être tourné sur le côté, ensuite il s'accroupit et ce fut la chute : « Il s'est chié dessus ! »

Sergio et Rose rirent de plus belle, Leishman sourit en rougissant et Fehery secoua la tête. « C'était la belle époque », dit-il avant de partir.

Mais Sergio ne pouvait pas rester tranquille très longtemps. Il alla voir Adam Scott, avec qui il échangea brièvement quelques mots à propos du room service, puis alla demander à un caméraman comment il se sentait avec la chaleur. « Quand on est aussi cool (qui veut aussi dire frais en anglais, ndt) que moi, on n'a jamais chaud », lui répondit-il. « Ah bonne réponse ! Bonne réponse ! », s'esclaffa Sergio.

Le tonnerre gronda dans le ciel mais les nuages noirs passèrent et le moment d'aller au départ arriva.

Derrière Rory et Sergio se dessinait la tour de l'horloge en briques du club-house, et le public s'était massé le long des gradins et des chemins. En regardant cette scène, j'étais convaincu que Rory l'emporterait. Mais même les grands joueurs ont de mauvaises journées et peut-être que le moment était venu pour Sergio d'exorciser un démon ou deux…

Avec trois coups de retard, Rory savait qu'il devait reprendre Sergio aussi tôt que possible afin de donner le ton. Plus rapidement il forcerait Sergio à serrer les dents, plus vite il pourrait le battre grâce à son jeu sous pression supérieur.

Rory prit son driver sur le petit par 4 en montée, l'envoyant à 288 mètres dans le rough à gauche, tandis que Sergio joua la sécurité. Son approche fut médiocre compte tenu du fait qu'il était à 118 mètres du drapeau : il se mit à neuf mètres. Rory, auquel il restait 71 mètres à parcourir, choisit de viser dans le mille en espérant éviter les branches d'un arbre. La balle effleura les feuilles en chemin mais cela la freina et lui permit de s'arrêter à moins d'un mètre du trou ! Après que Sergio ait mis son putt près du trou sans le rentrer, Rory enregistra son premier birdie.

Il avait déjà diminué son retard d'une unité et je ne pus m'empêcher de me demander s'il avait touché les feuilles exprès, sachant exactement comment cela affecterait la balle. C'était une théorie stupide, et erronée, mais le jeu de Rory poussait des gens comme moi à avoir des raisonnements étranges.

Au 2, un par 5, un autre missile de Rory trouva sa cible – entre les nombreux épicéas, pins, chênes, érables et liquidambars –, 284 mètres plus loin sur le fairway. Il atteignit le green avec un fer 5 et deux putts lui permirent de réaliser un nouveau birdie. Sergio gratta un peu son deuxième coup – « Est-il juste de dire que s'il avait tapé encore plus loin derrière la balle, il aurait dû l'ajouter à son score d'hier ? », demanda Feherty à un autre journaliste en avançant. Il se mit à moins de deux mètres grâce à une approche correcte mais tapa son putt pour birdie avec hésitation et regarda la balle dépasser le trou. Deux coups de perdus.

Le drive de Rory au 3 (un par 4 de 404 mètres) fut encore meilleur: 303 mètres en plein fairway. Pratiquement 40 mètres moins loin, la balle de Sergio avait atterri dans le rough après avoir heurté la main d'une spectatrice et fait tomber son alliance. Une recherche s'organisa et le bijou fut enfin retrouvé, mais pas le jeu de Sergio puisqu'il n'arriva pas à toucher le green.

Là encore Rory fut meilleur, envoyant une approche parfaitement dosée par-dessus le petit étang protégeant le green et se laissant un putt de moins de trois mètres pour birdie. En route vers le green, un spectateur dit à son copain au sujet de Sergio « c'est l'antithèse du joueur qui ne craque pas sous pression. »

Se débattant maintenant désespérément, Sergio se mit à moins de deux mètres et regarda Rory enquiller son putt pour birdie. Trois coups envolés et il devait rentrer un putt délicat pour le par afin de rester en tête. Quand il le rata, il regarda, incrédule, un endroit sur le green avant de boucler son bogey. Dégoûté, il envoya sa balle à la personne qui portait le scoreboard.

Quatre coups ! Avec trois birdies en trois trous, le WGC-Bridgestone avait un nouveau leader : Rory McIlroy.

Je pourrais continuer – il restait 15 trous – mais à quoi bon ? A ce moment-là, tout le monde savait que le tournoi était plié. Au début de la journée, la plupart d'entre nous pensaient que même avec trois longueurs d'avance, Rory serait trop compliqué à gérer pour ce pauvre Sergio. A la limite, nous avions même sous-estimé le temps qu'il faudrait pour qu'ils échangent leurs places. Le coussin d'avance avait disparu en l'espace de trois trous et malgré son nouvel état d'esprit et sa vie sentimentale satisfaisante, Sergio était encore Sergio.

Cela me rappela la conférence de presse à la Ryder Cup de 2012, où les joueurs et capitaines américains avaient insisté sur le fait que Brandt Snedeker, malgré sa tendance à s'effondrer dans les grands moments, était férocement compétitif. C'était peut-être vrai, pour autant que l'on sache, mais quand il avait dû monter au créneau au 18 contre Rory et Graeme McDowell lors du premier match le vendredi, il avait envoyé son départ 35 mètres dans le rough et son équipe avait perdu. Et le dimanche, il s'était incliné 5 et 3 devant Paul Lawrie tandis que les Européens renversaient la vapeur pour obtenir une victoire spectaculaire.

Leçon apprise : être un winner, cela requiert plus que la simple envie de gagner. Si l'espoir était à la base de la carrière d'un joueur, tout le monde serait Rory McIlroy.

Malgré tout son talent, Sergio a quelque chose qui l'affaiblit. Les poules auront des dents avant qu'il batte Rory McIlroy en face à face dans le dernier tour d'un tournoi important – tout du moins sans l'équivalent d'une baignoire d'anxiolytiques pour apaiser son cerveau agité.

Rory fut gentil après-coup. Il brandit vaguement le poing sur le green du 18, où il l'emporta de deux coups grâce à une carte de 66, et prit Sergio dans ses bras. L'éternel deuxième tenta de ne pas se laisser abattre, comme il le fait toujours, mettant son chagrin en sourdine et remarquant que la « vitesse des greens » avait changé après la pluie, ce qui l'avait apparemment décontenancé.

Dans la salle de presse, les responsables du PGA Tour retirèrent les deux drapeaux espagnols miniatures qu'ils avaient préparés et les placèrent sous une plante en pot. Il les remplaçèrent par des drapeaux de l'Irlande du Nord, près du trophée coloré, de chaque côté du siège prévu pour le nouveau numéro un mondial.

Le samedi soir, Rory s'était laissé aller à imaginer atteindre ce niveau. Il s'était arrêté de rêver avant d'aller trop loin – « Sergio a encore trois coups d'avance avant la journée de demain » – mais on ne peut pas s'empêcher de penser qu'il savait exactement ce qui arriverait le dimanche.

Quand le rêve s'était réalisé, il nous avait épargné la fausse modestie. Quelqu'un lui avait demandé combien de victoires importantes il pensait pouvoir remporter avant la fin de la saison et il avait commencé à compter sur ses doigts – calculant le nombre de tournois qu'il restait. Cela en fit rire quelques uns d'entre nous, mais il parut simplement crédible, pas le moins du monde arrogant ou présomptueux.

Après la séance de questions-réponses, pendant qu'il signait des drapeaux et des casquettes, et même un imbécile qui s'était fait tatouer son visage, je finis par lui poser la question la plus importante : quel film avait-il regardé la veille au soir ? Que peut-on choisir après *Jackass 2*, qu'il avait regardé le samedi soir à Hoylake ?

« Hier soir. Ce que j'ai regardé hier soir… J'ai zappé, il y avait… », dit-il avant de fixer le plafond.

Quand il baissa les yeux, il souriait.

« *Kick-Ass 2*. »

21

GREENSBORO, CAROLINE DU NORD

Intolérable cruauté au Wyndham

Sacré dilemme : vous avez un putt de 15 mètres à jouer sur le green du 18. Si vous le rentrez, vous partez en play-off et avez l'occasion de gagner votre premier tournoi du PGA Tour depuis 2010, de récupérer une exemption de deux ans et une invitation pour le prochain Masters. Mais voilà le hic : si vous prenez trois putts, vous perdez votre carte et gagnez le droit d'affronter 130 golfeurs affamés et désespérés sur les quatre semaines des finales du circuit Web.com pour 25 places. Alors, est-ce que vous prenez le gros risque ou est-ce que vous vous rapprochez pour conserver votre carte ?

Si vous êtes Heath Slocum au Wyndham Championship, il y a une seule réponse : vous allez chercher la victoire. Et dans ce cas, votre putt pour birdie dépasse le trou d'1m80, vous ratez le suivant et arpentez le bureau de scorage avec des yeux écarquillés en essayant d'expliquer votre traumatisme à une demi-douzaine de journalistes de télévision, de plus en plus en état de choc. « Tout s'est ligué contre moi », dit-il, les yeux allant d'un visage à l'autre, à la recherche de réponses qui n'y étaient pas.

Le PGA Tour fait preuve de cruauté tout au long de la saison, mais il garde le meilleur pour la fin. Il y a très peu de lauriers à récolter à Greensboro, en Caroline du Nord – le Wyndham Championship, dernier tournoi de la saison régulière, est un évènement mineur dont se dispensent de nombreux joueurs –, mais beaucoup de douleur. Si on se fiait aux apparences, on pourrait croire que c'est un truc sympa – sur place, on trouve des tentes de réception à thème tropical, des concerts live, des sculptures de sable et pour une raison que j'ignore, de la neige artificielle à la base des cèdres qui bordent les trottoirs – mais le vernis ne parvient pas à masquer le stress.

Sur le parcours, les joueurs tentent désespérément de survivre. Ils ne luttent par pour des trophées, des exemptions ou des millions de dollars mais simplement pour garder leurs boulots. L'échec ici rime avec relégation au plus bas du Web.com Tour, ou pire. C'est leur dernière occasion d'éviter le purgatoire – un endroit duquel certains des joueurs, avec du temps et de la chance, se hisseront de nouveau au sommet.

Et d'autres non.

Nicholas Thompson, qui venait de signer une carte de 69 qui l'avait ramené dans le par total, sentait déjà que Robert Allenby était l'homme à rattraper s'il voulait se qualifier pour le premier tournoi des play-offs de la FedEx Cup. A partir de là, tout était possible. Un bon résultat au Barclays, dans le New Jersey, lui permettrait d'aller disputer le Deutsche Bank Championship dans le Massachusetts, puis le BMW dans le Colorado et – qui sait ? – peut-être même le Tour Championship, final de la saison avec son énorme dotation et son champ prestigieux. Cela peut avoir l'air d'un pur fantasme mais des rêves similaires s'étaient déjà réalisés auparavant. Il lui suffisait de décrocher son billet pour le premier tournoi. Mais si on ne termine pas dans les 125 premiers de la FedEx Cup, c'est retour chez soi.

A l'extérieur du bureau des scoreurs au Sedgefield Country Club, dans la chaleur étouffante de la Caroline du Nord, il s'assit à côté de Tom Alter, du PGA Tour, et fixa les deux ordinateurs posés sur une nappe noire. Il savait que sa situation était précaire : il était classé 123ème au début de la semaine et un résultat moyen l'avait fait sortir des clous. Le dimanche matin, alors qu'il restait un seul tour à jouer dans la saison régulière, il était l'un des deux joueurs qui s'étaient mis en danger. L'autre était Allenby et même si Thompson avait fini tôt le dimanche, il avait identifié l'Australien comme sa cible prioritaire.

En fait, de tous les joueurs du champ, Allenby est celui qui allait connaître la journée la plus intéressante, passant tantôt au-dessus, tantôt en-dessous de la ligne fatidique, de manère imprévisible. Son sort dans la FedEx Cup fut malmené comme une bille de roulette, tournoyant vers le rouge puis le noir, le rouge, le noir, pendant les huit heures qui précédèrent la fin du tournoi. Ces vicissitudes qui retournent l'estomac auraient été fascinantes dans des conditions normales, mais un fait les rendait encore plus intéressantes : Allenby ne jouait même pas ! Il avait manqué le cut vendredi et il patientait maintenant à l'écart, soutenu par un ami proche.

« Ce que je veux que vous me disiez, dit Thompson à Alter, son irritation commençant à être visible, c'est à quelle place je dois finir pour rattraper Allenby. »

Alter, qui est vice-président chargé de la communication pour le PGA Tour et m'avait laissé le suivre pendant la journée la plus rude dans le calendrier golfique, trouva vite la réponse : la 68ème place.

Dans ce genre de journée, il est dans une situation très délicate et peu enviable. N'importe quel idiot peut annoncer de bonnes nouvelles, pour le reste, un certain doigté est indispensable. Encore et encore, il dut prononcer des condamnations à mort de toutes sortes et communiquer quelques rares bonnes nouvelles seulement.

Heureusement, il a été bien choisi : Alter sait être réconfortant. Il était précis aussi. En utilisant plusieurs simulations informatisées et son expérience, il avait une idée très claire des chiffres que devraient atteindre les joueurs à la fin de la journée pour respecter certaines échéances. Pour terminer dans les 125 premiers de la money list et avoir l'occasion de conserver sa carte, il m'annonça le dimanche matin qu'il faudrait gagner environ 712 000 dollars. Pour terminer dans les 125 premiers de la FedEx Cup et obtenir une place en play-offs, il estima qu'il faudrait environ 450 points. Il s'avéra que le 125ème de la money list gagna 713 337 dollars et que le cut se fit à 438 points.

Sachant qu'il devait progresser jusqu'à la 68ème place, Nicholas Thompson resta rivé à l'ordinateur. Derrière lui, penché sur une barrière Wyndham et agitant frénétiquement une casquette de baseball, un petit chasseur d'autographes appelait son partenaire du jour.

« Monsieur Malinari », cria-t-il à l'intention de Peter Malnati. Le même gamin écorcherait ensuite le nom de Jeff Overton, « Everton », et interpellerait Brooks Koepka avec ce qui sembla être une version bâtarde de la capitale du Kansas : “Kopeka”. Et ce n’était même pas le plus remarquable des garnements : à dix mètres de là, un garçon portant un t-shirt avec l’inscription Got Jesus? (Tu as Jésus dans ta vie ?, ndt) demandait à chaque joueur de signer sa tasse à café blanche.

Si ce cirque dérangeait Thompson, il ne le montra pas. « Est-ce que je suis revenu à la 69ème place ? », demanda-t-il, voyant son nom à cet endroit sur l’ordinateur. Son espoir disparut aussi vite qu’il était apparu – une erreur d’identité.

« Ah, c’est Michael Thompson. Merde ! »

Quand il vit enfin son nom, plus loin à la 73ème place il prononça son décès et partit.

Même sans avoir une place au Barclays, Thompson avait un joli filet de sécurité : sa place sur la money list était assurée et il conserverait sa carte en 2015. Mais ce fut un cas rare ce dimanche.

J. J. Henry, qui était trop loin sur le money list et avait besoin de passer le cut au niveau des points de la FedEx Cup, eut une possibilité d’eagle au 15 qui lui aurait permis de sauter de la 130ème place à la 124ème. Il ne fit « que » birdie, ce qui le fit monter au 126ème rang avec trois trous à jouer. Alors qu’il avait besoin d’un dernier birdie sur le difficile par 4 en montée du 18, son approche atterrit dans le bunker de green, il concéda un bogey et perdit sa carte.

Le Canadien Brad Fritsch, qui avait commencé la semaine à une 163ème place rédhibitoire, parvint à défier le destin en se hissant dans le dernier groupe du dimanche. Il avait encore une occasion de conserver une partie de sa carte en finissant dans les 150 premiers et après un début de partie correct, il n’avait plus besoin que d’un birdie sur l’un des six derniers trous. Il eut sa meilleure occasion au 15 mais il n’arriva pas à rentrer un putt d’1m50. En ne parvenant pas à toucher le green du 18 en régulation, il s’était condamné à la 151ème place et à un périple aux finales du Web.com.

A Greensboro, il y avait un enjeu pour tout le monde. Même au sommet, un joueur comme Patrick Reed espérait protéger sa place au Tour Championship, avec son champ de 30 joueurs, contre les aléas des trois premiers tournois des play-offs. Un cran en-dessous, d’autres s’évertuaient à assurer des places au BMW Championship (70 joueurs) ou au Deutsche Bank (cent). Puis il y avait des joueurs comme Thompson et Allenby, qui se situaient autour de la 125ème place mais avec l'occasion, fut-elle mince, de récupérer leur carte aux finales du Web.com, tant qu'ils finissaient dans les 200 premiers.

D'autres ne pouvaient pas s'offrir ce luxe comme Kevin Foley, l'ancien étudiant de Penn State âgé de 27 ans qui avait décroché l'une des dernières cartes par le biais du Web.com l'année précédente, mais avait eu du mal à rentrer dans le champ des tournois du PGA Tour en 2014. Quand il y était parvenu, il s'était avéré incapable de passer le cut et l'énergie négative s'était accumulée. Il était arrivé à Greensboro après avoir raté six cuts d'affilée, relégué à la 208ème place de la FedEx Cup. S'il voulait au moins pouvoir aller aux finales du Web.com – un sort que la plupart des autres joueurs tentaient d'éviter – il devait retrouver son jeu et faire partie des 200 premiers.

Il passa le cut et quand il enregistra des birdies au 15 et au 16 dimanche, il sembla qu'il ait réussi. Peu importe qu'il ait raté un putt d'1m20 pour le par au 18, pensions-nous, il en avait assez fait. Les ordinateurs confirmèrent qu'il avait atteint le 200ème rang, envoyant David Duval dans les choux, et nous étions relativement sûrs que personne ne pourrait le rattraper. Sa mère était venue le voir jouer et attendait encore derrière les barrières bleues. Un échec après cela serait une façon terrible de terminer le week-end.

Mais attendez. Il restait un joueur sur le parcours… Doug LaBelle II. Il était juste en-dessous de Foley et se trouvait déjà au 15. Pour le dépasser, il faudrait qu'il joue -2 sur ses quatre derniers trous. On ne pouvait que souhaiter à Foley que même la loi de Murphy ne puisse être aussi cruelle, parce que la place de 201ème est violente : vous allez directement à la deuxième étape de l'épreuve des cartes du Web.com et même si vous en réchappez, votre récompense est d'affronter tous les perdants des finales de ce circuit lors de la dernière étape. Le moindre faux-pas et vous vous retrouvez fissa au golf de troisième ordre – de tristes circuits portant le nom de tristes restaurants de centres commerciaux. Ou, pire encore, un boulot derrière un bureau… LaBelle fit un birdie au 15. Et un birdie au 16 pour dépasser Foley. Au 17 il fit le par. Il toucha le fairway et le green au 18, et fit le par après deux putts. Nous étions bouche bée. Foley termina 201ème.

Et qu'en est-il de Jason Allred, qui avait signé le come-back de l'année en sortant de l'obscurité en février pour lutter contre Bubba

Watson au Northern Trust Open, finissant troisième et gagnant plus d'argent – 388 600 dollars – que sur tout le reste de sa carrière ?

Son troisième enfant, Lucy Hope, avait maintenant six mois et sa naissance avait coïncidé avec la renaissance de la carrière de son père. Il n'avait pas eu de carte du PGA Tour depuis 2008, mais il en était plus proche que jamais, après avoir passé l'année à se battre pour une place dans le champ par le biais des qualifications du lundi et des invitations octroyées par des sponsors. Pendant ce temps-là, il était aussi devenu le chouchou des médias – avec son attitude gracieuse et sa gentillesse permanente, tout le monde l'appréciait.

Depuis Los Angeles, il n'avait pas pu participer à beaucoup de tournois mais il avait mis toutes ses occasions à contribution – quinzième au Memorial, sixième au Barracuda Championship – pour s'approcher d'une catégorie pleine pour 2015. Il avait joué 69, 66 et 67 lors des trois premiers tours et avait besoin de gagner environ 100 000 dollars, ce qui se traduisait par une carte de 68 ou moins.

Mais ce n'était pas une journée à happy ends. Il savait très bien ce qui était en jeu quand il commença sa partie, et dans le golf cela ne suffit pas toujours. Il joua tendu et la fin arriva tôt : au 8, il envoya deux coups hors limite, concédant un impensable quadruple bogey. Il perdit toute l'avance qu'il avait construite sur trois journées – et sur une saison, même –, et même un gars optimiste comme Allred savait qu'il n'avait plus aucune chance. Quand il finit sa partie deux heures plus tard, tout ce qu'il put faire c'est étreindre sa femme, Kimberly, et retenir ses larmes.

Camillo Villegas est, d'après le coach de l'université de Floride Buddy Alexander, le genre de personne qui numérote ses chaussettes pour pouvoir les apparier quand elles sortent du lave-linge. Il émergea du chaos pour remporter le Wyndham Championship et enregistrer sa première victoire en quatre années. Mais personne n'y prêta réellement attention – son bonheur fut obscurci par tous les nuages sombres de cette journée.

Au milieu des vacillements et chagrins, les victimes s'amoncelèrent à droite et à gauche. Parmi elles se trouvait Nicholas Thompson, qui avait échoué à la 126ème place et n'irait pas au Barclays. Slocum non plus, ni d'ailleurs Martin Laird, qui avait eu besoin d'un birdie au 18 et avait, comme tant d'autres, trouvé le sable à la place.

Celui qui s'y rendrait à leur place, à l'abri à la 125ème place après avoir survécu à cette journée d'agonie, c'est Robert Allenby. C'est sans doute un triomphe pour les cyniques : la grande victoire revint à un joueur qui n'était pas là !

22

LOUISVILLE, KENTUCKY

Le Championnat US PGA ; le grand schisme et une crise identitaire ; le mauvais traitement de Valhalla ; le nouveau Roi

« J'ai été en forme et j'ai bien joué, ces derniers mois. J'avais fait remarquer au début de l'année que le golf cherchait sa nouvelle star. J'avais l'impression d'en être capable. »
Rory McIlroy

Le moment qui a défini Rory McIlroy est survenu dans la chaleur accablante du Kentucky, au Valhalla Golf Club, lors du dernier tour du Championnat US PGA. Indéfectible, le soleil de plomb semblait épaissir le sang de tous les joueurs sur le parcours et le rythme de jeu était léthargique. McIlroy entama la journée avec une avance de deux coups mais Phil Mickelson et Rickie Fowler, jouant devant, la gommèrent rapidement.

Au 6, Rory et Phil se retrouvèrent à égalité à -12 et après trois birdies, Rickie les menait d'un coup. Pour Fowler, c'était la première fois – littéralement, le premier trou – qu'il menait dans un majeur lors du dernier tour.

Un retard dû aux conditions météo avait forcé la PGA à resserrer les dernières parties, et au début de l'après-midi plusieurs groupes se retrouvèrent en même temps sur les départs. Ce fut le cas au 6, un long par 4 où Rory trouva Mickelson et Fowler, attendant de taper leurs tee shots.

Le partenaire de jeu de Rory, Bernd Wiesberger, s'approcha et échangea quelques mots avec eux. C'est ce à quoi on s'attend – malgré la pression, les convenances veulent que l'on échange des civilités et fasse comme si c'était une partie ordinaire lors d'une journée ordinaire. J.P. Fitzgerald, le caddie de Rory, fit de même. Phil et Rickie regardaient le fairway en poursuivant leur conversation – sur les parcours qu'ils avaient joué – et Phil jonglait sans réfléchir avec une balle, la faisant rebondir sur la face de son hybride.

A trois mètres d'eux, Rory McIlroy était assis sur un banc, bouillonnant et immobile, les yeux dans le vide, créant ainsi une drôle d'ambiance. Difficile de ne pas remarquer qu'il n'avait pas salué ses collègues – pas un signe de la main, pas un hochement de la tête et même pas un regard dans leur direction. Il s'était simplement assis, en contemplation.

Son silence affecta Phil et Rickie. Ils jetèrent un regard au banc où Rory était assis et ils parurent troublés - déstabilisés par le fait qu'il n'avait pas dit bonjour. Une fois qu'il était devenu clair qu'il ne leur parlerait pas, ils firent les cent pas, regardèrent devant eux et essayèrent d'ignorer le meilleur joueur du monde. L'accueil glacial de McIlroy leur donna deux options : aller le voir et crever l'abcès ou faire comme si de rien n'était. Ils choisirent cette dernière.

Ils savaient que paraître contrarié serait un aveu de faiblesse et ils feignirent l'indifférence. Pendant ce temps-là, ils maudirent sans doute le retard – la liberté du fairway les appelait, loin de cette tension, alors que Rory, semble-t-il, aurait pu rester confortablement installé à cet endroit pendant des heures.

C'était un moment court, mais je ne peux pas m'empêcher de le garder à l'esprit. Les jours qui suivirent le tournoi, je tentai d'analyser ce qui s'était passé sur ce départ. Le silence de Rory était-il simplement le résultat de sa frustration, due à un début de partie moyen ? Se comportait-il simplement comme au practice, restant à l'intérieur d'une petite bulle, sans amis, agents et journalistes pour se libérer de toute distraction ? Y avait-il une part d'intimidation intentionnelle ?

Peu importe quelle théorie était correcte, ou si c'était un mélange de tout cela. Ce qui importe, c'est que Rory lui-même – imperturbable, le regard fixe – avait l'air complètement à l'aise. Qu'il l'ait fait exprès ou non, c'est une prouesse de psychologie sportive. Il était en paix avec lui-même, et au diable les mondanités.

Il avait une confiance totale en lui – c'est une liberté qui délivre du doute, alors qu'au même moment vos ennemis luttent contre leurs démons et courent après l'excellence. Rory avait l'intelligence sans pitié d'un gangster – la capacité de révéler les névroses de ceux qui l'entourent, et inconsciemment de les exacerber, les exploiter. Sa présence dominait le départ et il n'avait pas eu à prononcer le moindre mot. Tous les autres – y compris deux des meilleurs joueurs du monde – avaient réagi à son silence.

Je n'avais jamais rien vu de tel. C'est le Rory qui resta dans ma tête longtemps après la fin de la saison. Oubliez le philosophe attentionné qu'il devient en salle de presse, l'icône au visage jeune qui suscite des cris d'adoration dans le public ou le voyou souriant qui fait les gros titres en dehors du parcours. Ce jour-là à Valhalla, au départ du 6, l'essence de Rory était apparue : Rory, le chef de meute. Celui qui possède l'instant.

Question : Il y a beaucoup de jeunes joueurs cette année qui gagnent des tournois, après avoir passé leur jeunesse à vous regarder jouer. Vous étiez leur idole, leur source d'inspiration. Et aujourd'hui, ils jouent contre vous. J'aimerais savoir ce que ça fait, si c'est bizarre d'une certaine façon ou si ça vous flatte.

Phil Mickelson : Ça me fait me sentir vieux, c'est tout (rires). Vous savez, quand quelqu'un dit, ouais, je vous regardais à la télé quand j'avais six ans, comment répondre à ça ? Super (rires).

Il y eut des coups d'éclat et des drames dès le départ à Louisville, et si vous étiez journaliste et ne vouliez pas être distancé, il valait mieux démarrer sur les chapeaux de roue. C'était « le dernier appel de la gloire », comme le Championnat US PGA s'était jadis appelé – le quatrième et dernier majeur de l'année. C'est aussi le seul majeur connaissant de façon persistante une grave crise d'identité.

Elle vient du « grand schisme » de 1968, un épisode dramatique de l'histoire du golf qui vit plus de deux cents joueurs professionnels en activité, menés par Jack Nicklaus et quelques autres, tenter de s'éloigner de la PGA américaine pour fonder une organisation séparée. Pendant des années, leur frustration avait augmenté, surtout en raison de l'habitude qu'avait la PGA de ne pas rétrocéder les droits de retransmission télévisée, de plus en plus conséquents, aux joueurs qui les avaient gagnés. Le tournant décisif, c'est quand Arnold Palmer se joignit à la rébellion et qu'un financement fut trouvé – avec l'aide de mafiosi de Las Vegas, à en croire un article de *Vice Sports* citant des notes de service du FBI. En 1975, le nom de PGA Tour avait été adopté.

Cela fit de la PGA l'organisation mère d'un vaste réseau d'enseignants de golf, plutôt que de joueurs professionnels.[1] Il y eut cependant deux exceptions notables. La PGA conserva le Championnat US PGA, une marchandise très précieuse, et aussi un évènement modeste disputé en match-play appelé la Ryder Cup, dont chaque édition voyait des joueurs américains mettre une trempe à un groupe pathétique de Britanniques tous les deux ans.

Le schisme ne mit pas fin au Championnat US PGA, et ne lui fit pas perdre son statut de tournoi majeur, mais il déclencha la crise d'identité qui le secoue depuis. Chacun des trois autres tournois du Grand Chelem s'est fait une place importante dans le monde du golf – l'U.S. Open est le championnat américain, le British Open est l'épreuve reine pour toute l'Europe et le Masters est arrivé à se parer de tellement de prestige qu'il les a tous éclipsés, en quelque sorte. Mais le Championnat US PGA, c'est quoi ? Avant 1968 c'était le majeur des joueurs, mais cela changea quand ils perdirent l'élément primordial : les joueurs eux-mêmes. Le PGA Tour prit même une initiative qui dut irriter ses précédents dirigeants quand il fonda un tournoi appelé The Tournament Players Championship.

Quelle place restait-il alors pour le Championnat US PGA ? Celle d'une sorte de reste historique – un vestige qui dut se battre pour être reconnu au fil du temps. Aux débuts du PGA Tour, son directeur exécutif, Deane Beman, ambitionnait même de faire du Players Championship le quatrième majeur, et la question du tournoi qu'il aurait remplacé ne se pose même pas.

Même aujourd'hui, le tournoi affiche le moins bon audimat des trois majeurs américains, et un sondage mené auprès des joueurs par *Sports Illustrated* en 2012 a révélé que s'ils pouvaient choisir quel ma-

1. Même si, comme l'a expliqué Adam Schupak dans son excellent livre intitulé Deane Beman : Golf's Driving Force (l'élément moteur du golf, ndt), ils ne devinrent des entités différentes qu'au début des années 90.

jeur remporter, seuls 2% opteraient pour le Championnat US PGA. D'où des slogans comme « Le dernier appel de la gloire » - modifié en 2013 à la demande du PGA Tour qui craignait qu'il éclipse les play-offs de la FedEx Cup, ou le programme officiel de 2014 qui portait la mention « C'est Majeur » - presque comme s'il fallait le rappeler aux spectateurs.

Ce genre d'insécurité n'était pas de bon augure pour 2014, une année déjà historiquement mauvaise au niveau de l'audimat. Les chiffres racontaient une bien triste histoire : sans Tiger Woods, le Masters fournit à CBS ses plus mauvais résultats depuis 1957 (ESPN s'en sortant encore plus mal lors des premiers tours), le British Open sur ESPN égala son deuxième moins bon dimanche depuis 1981 et l'U.S. Open enregistra le pire dimanche de son histoire, pendant que Martin Kaymer s'imposait facilement.

La PGA avait cependant un as dans sa manche - Valhalla Golf Club, qu'elle avait acheté petit à petit entre 1993 et 2000. Le parcours avait accueilli deux Championnats US PGA et la Ryder Cup en 2008, et les drames qui s'y jouaient régulièrement amélioraient sa réputation de terrain basique. C'est là que Mark Brooks s'était imposé face au local, Kenny Perry, en play-off en 1996, et là que Tiger Woods avait survécu au plus grand duel de sa carrière contre Bob May, rentrant un putt pour birdie au 18 pour provoquer un play-off sur trois trous, qu'il avait remporté d'un coup. C'est aussi le lieu où l'Amérique a remporté son seul triomphe des quinze dernières années en Ryder Cup – cet évènement quelconque en match-play que la PGA avait gardé dans sa poche arrière après le schisme, et qui avec le temps devint l'une des plus grandes vitrines du sport mondial.

Il se trouve que Valhalla fut à nouveau au rendez-vous en 2014, avec un dernier tour tellement spectaculaire qu'il inversa la tendance de la saison au niveau de l'audimat et afficha la meilleure audience du Championnat US PGA en cinq ans. Cela commença à devenir amusant bien avant le premier tour. Pour commencer, Bubba se ridiculisa au concours de drive et se mit à dos la moitié des journalistes. Ce n'était que le début d'une longue semaine qui le vit jurer librement sur le parcours, se plaindre du temps et, quand il eut réalisé la tournure désastreuse qu'avaient pris les choses, essayer d'éviter toute personne munie d'un stylo ou d'un enregistreur.

Et puis il y eut Tiger, qui nous surprit tous en se pointant le mercredi et annonçant son intention de jouer. Nous avions supposé que son dos ne guérirait pas à temps mais il était là et il parlait encore de participer à la Ryder Cup – ce qu'il voulait « désespérément », comme il le dit à Tom Watson.

Le seul problème, c'est que la simple idée que Tiger s'approche à moins d'un kilomètre de la sélection américaine était scandaleuse. A moins d'une victoire à Valhalla, il n'avait rien fait prouvant qu'il méritait une wild card du capitaine, mais ce n'était qu'un nouvel exemple de sa confiance inconditionnelle en lui-même. La même certitude qui l'avait porté vers quatorze titres majeurs l'empêchait maintenant de voir les choses avec réalisme, ou d'admettre qu'il devrait peut-être ralentir et rester chez lui pendant quelques mois.

Du côté européen, les dés étaient pipés en faveur de Paul McGinley. Je le regardai avoir une longue conversation avec Victor Dubuisson pendant la partie d'entraînement du Français – une chose que je pensais impossible – et entre deux haussements d'épaule caractéristiques Victor sourit une fois ou deux. L'espace d'un instant, je me dis que j'avais peut-être sous-estimé McGinley, un joueur moyen à son époque, et un choix en apparence étrange en tant que capitaine.

Quand Victor partit, je fus stupéfait de le voir signer quelques autographes le long des cordes. « Parlez-vous français ?! », cria l'un des spectateurs, s'attirant un regard furieux de Dubuisson et les rires du public. Les Kentuckiens commencèrent à lui crier des phrases absurdes, comme quand quelqu'un aboie à un chien pour voir sa réaction.

« Sacrebleu ! »

« Comment allez-vous ? »

Au bout du compte, le public de Valhalla s'avéra être le meilleur, le plus exubérant de la saison. Le bruit et la passion dépassèrent tout ce que nous avions vu le reste de l'année, et il mérita le final auquel il eut droit le dimanche.

En même temps, ce n'était pas un groupe de personnes délicates ou subtiles. Le samedi, je commis l'erreur de porter une casquette de l'université de Duke, oubliant que j'étais au cœur du pays des Wildcats de l'université du Kentucky, où le basket-ball règne en maître et où Duke est un ennemi juré. Je ne raconterai pas mes aventures de cet après-midi, si ce n'est pour dire que « enculé de Duke » est sans doute l'un des plus beaux noms qui m'ait été donné. A la fin de l'aller, je mis ma casquette dans ma poche.

« Ici, dans la chaleur et l'humidité et le Bluegrass (herbe locale, également style musical qui a fait la réputation de l'état, ndt), Valhalla est gauche, difficile à aimer, et il essaie encore de murir et d'être accepté.

Est-ce que cela pourrait arriver cette semaine ? Eh bien, cela va être un combat. Disons simplement que les chances pour que Valhalla gagne le respect cette semaine sont aussi bonnes que celles pour que le Kentucky Derby passe des chevaux aux tondeuses à gazon. »

Thomas Bonk dans le LA Times avant le Championnat US PGA de 2000

Dans la mythologie nordique, Valhöll est le lieu où les guerriers tombés au champ d'honneur sont amenés pour que leurs esprits puissent festoyer avec Odin, le dieu des guerriers, et se préparer pour une bataille apocalyptique appelée Ragnarök. Je vous conseille de complètement effacer cette image de votre esprit parce qu'elle n'est pas adaptée au parcours portant son nom à l'est de Louisville – une parcelle de terrain vallonné reconstituée dans la vallée de l'Ohio. Ce Valhalla-ci est proche du site de plusieurs escarmouches de la Guerre de Sécession où en 1862, les États confédérés d'Amérique furent à une quinzaine de kilomètres de capturer Louisville et tout l'état du Kentucky avant d'être repoussés.

Les eaux lentes et brunes de Floyds Fork, un affluent de la Salt River, sillonnent le parcours. Les érables sycomore et les bouleaux poussant sur ses rives créent une atmosphère d'antan. L'aller se trouve essentiellement sur une plaine, le retour montant vers un terrain plus élevé bordé d'érables, de chênes et de noyers. On atteint le sommet au 18, un par 5 en montée qui suit la crique de Brush Run, où une mare bordée de pierres attire les drives égarés côté droit.

Cela pourrait être le bon moment pour parler de la chaleur. Dans cette région, le climat est subtropical humide et cela vous dit à peu près tout. Une brise souffle occasionnellement depuis l'est, mais j'insiste sur le mot occasionnellement – la plupart du temps, la chaleur est emprisonnée dans la vallée et quand les températures atteignent et dépassent les trente degrés cela devient absolument infernal. C'est particulièrement vrai quand il fait humide – dans la plupart des régions des Etats-Unis, la pluie arrête une vague d'humidité mais dans le Kentucky, cela ne fait qu'empirer les choses. Ce dimanche-là, dans la chaleur moite de l'après-midi qui suivit un report causé par la pluie, Igor Guryashkin du *Voice-Tribune* de Louisville exprima la situation mieux que personne en scannant le public suant à grosses gouttes sans broncher.

« C'est la classe moyenne supérieure du Vietnam », murmura-t-il.

Les joueurs et les journalistes ne sont pas tendres avec le parcours : certains pensent qu'il est trop facile, tandis que d'autres disent que certains éléments comme le green en île du 13 sont trop artificiels, et que le parcours manque de caractère. Personnellement, en dehors de la chaleur étouffante, je l'ai adoré : les roughs en bluegrass, la végétation dense et la riche couleur ambrée des eaux de la rivière lui donnent un aspect unique. Il y avait un petit côté suranné, et arpenter le parcours m'a donné l'impression de plonger dans le folklore national. Le Valhalla du Kentucky ne m'a pas donné l'impression d'être très nordique mais je ne fus pas surpris qu'il donne toujours lieu à des fins spectaculaires, comme pour ajouter des chapitres à une mythologie distinctivement américaine.

Le jeudi, au Championnat US PGA, les vainqueurs de trois autres majeurs de l'année jouent dans le même groupe. On peut rarement compter sur le golf pour livrer le duel du dimanche idéal – combien de fois est-ce que Tiger et Phil s'étaient affrontés sur la fin d'un majeur, ou Jack et Arnie ? – donc ce « threesome » est ce qui se fait de mieux en général. Il procure au moins un théâtre unique pour les plus grandes stars de l'année, même si cela ne dure que deux jours. J'étais particulièrement content cette année parce que le mélange de Rory McIlroy, Martin Kaymer et Bubba Watson associait des personnalités fortes et il n'y avait aucun moyen de prévoir s'ils feraient bon ménage.

Malheureusement, cela ne mena pas à grand-chose si ce n'est une représentation pour le Nord-Irlandais. Les premiers tours à Valhalla furent marqués de son empreinte, et montrèrent à nouveau ce qu'il avait appris au cours du dernier mois : personne ne lui arrivait à la cheville. Le jeudi, il était déjà à -3 à la fin de l'aller – et beaucoup d'entre nous prédîmes sa victoire – quand il commit deux erreurs rares. Un double bogey au 10 et un putt pour le par manqué au 11 détruisirent le bon travail de l'aller et le ramenèrent dans le par sur la journée. Il jeta son putter sur son sac après le 11 et se rendit au départ suivant en sachant qu'il avait gâché son bon début de partie. Je me demandai si nous allions enfin le voir se complaire dans son malheur et laisser le découragement pourrir le reste de sa partie.

Mais c'est du Rory de 2014 dont nous parlons, et j'aurais dû faire preuve de plus de discernement. Il sortit de son malaise et signa quatre birdies de rang, rentrant putt sur putt, pour remonter à -4 au 15. Au 16 et au 17, il eut deux nouvelles occasions de birdies et il réagit avec étonnement quand il rata les putts. Comme tout le monde : il les tapait tellement parfaitement que tout raté donnait l'impression d'être une anomalie. Au 18 il était toujours au top, il atteignit le green en deux et manqua son putt pour eagle de quelques centimètres. Quand il poussa la balle dans le trou pour le birdie, il boucla une série de sept trous joués en -5 – une spectaculaire rafale finale.

Il commença modestement le vendredi mais dès l'aller, il rivalisa avec Bubba au départ et l'outdriva parfois. Les veines de ses avant-bras gonflées et la transpiration coulant de son front, Rory envoya drive après drive avec la même puissance – et une plus grande précision – que le joueur le plus long en exercice. Ce n'est pas surprenant que Kaymer ait admis avoir été intimidé : même Bubba, dans son monde à lui, avait dû le remarquer.

Le parcours était préparé pour les joueurs longs cette semaine-là, et compte tenu de l'humidité, les joueurs plus courts comme Graeme McDowell ne bénéficieraient pas d'alternance avec des parcours secs et durs.

« Je me tape la tête contre un mur, dirait-il plus tard. C'est impossible pour moi d'être compétitif à moins de mettre des coups d'hybride à trois mètres toute la journée, ce que je ne peux pas faire. Regarder la retransmission cet après-midi m'a déprimé : voir Rory taper fer 9 au 17, c'est … j'y ai joué un fer 3 ce matin. » Rory finit le deuxième tour avec un eagle au 18 et une avance d'un coup sur Jason Day et Jim Furyk, tous deux à -8. Rickie Fowler était tapi un coup derrière, tentant de devenir le troisième joueur dans l'histoire du golf à s'être classé dans les cinq premiers des quatre majeurs lors de la même année. Phil Mickelson se trouvait à -6, faisant l'une de ses rares apparitions près de la tête d'un tournoi en 2014, qu'il fut majeur ou non. Tiger rata le cut et personne ne fut surpris.

Dans le dernier groupe le samedi, Rory et Jason jouèrent l'aller dans le par, laissant le reste du champ les rattraper. Quand Day envoya une balle à gauche de la crique au 2, David Feherty arriva à la retrouver dans les hautes herbes. Cela permit à Day de traverser la crique pieds nus et de toucher le green pour sauver le par, pendant que les gens du coin faisaient la grimace en priant pour qu'il ne tombe pas sur une vipère.

Aux 10 et 15, Day succomba aux mêmes retournements qui avaient découragé Kaymer : il mit ses approches plus près mais regarda Rory rentrer des putts plus longs avant de rater les siens. Après le 15, ils étaient à -2 sur la partie mais Rory était prêt à livrer un assaut final de son cru. Un putt de 4m60 pour birdie au 16 le porta à -12 et après une belle sortie de bunker au 18 il fit face à un mur de photographes et enquilla son putt de deux mètres pour birdie. Il finit à -13, un coup devant l'Autrichien Bernd Wiesberger. Fowler et Mickelson avaient bien terminé leur partie derrière eux et joueraient dans l'avant-dernier groupe le dimanche.

Pour Fowler, ce serait la quatrième occasion de remporter un majeur alors qu'il n'était pas en tête, et sa plus grande chance d'y arriver. Pour ce faire, il devrait prouver qu'il pouvait résister à l'inévitable sprint final de Rory et clore le tournoi sur un coup d'éclat.

La pression des tournois majeurs n'était pas étrangère à Phil mais il avait reconnu après le premier tour que son année décevante – et notamment zéro top 10 à ce moment-là – avait atténué ses réflexes et l'avait rendu plus susceptible d'être nerveux. Sa saison avait indéniablement pâti d'une enquête du FBI, qui menaçait de l'impliquer dans un scandale de délit d'initié avec un expert en jeux d'argent de Las Vegas et un investisseur milliardaire. Mickelson fut lavé des accusations en juin, même si le *New York Post* affirma fin août que des enquêtes sur un sujet connexe se poursuivaient. Ils notèrent aussi que Mickelson avait été accosté publiquement par des agents du FBI à plusieurs reprises au cours de la saison, y compris une fois au Memorial en juin. Le stress avait eu un effet néfaste sur son jeu et il ne retrouvait la forme que maintenant.

Il devrait se mettre très vite dans le jeu ce dimanche s'il voulait reprendre trois coups à Rory. A la fin du printemps, des questions liées à l'âge avaient commencé à tomber sur des joueurs plus âgés comme Phil, Tiger et Jim Furyk. Ce serait l'occasion de frapper un grand coup pour les vieux et de remettre un peu en question le jeunisme à tout prix lors du dernier majeur de la saison.

« Vous savez, je suppose que ça commence à avoir l'air tigresque. J'ai dit aux garçons au British Open que je ne pensais pas que nous verrions tout de suite une nouvelle ère à la Tiger, avec quelqu'un qui créerait sa propre ère. Je ne ravale pas mes paroles mais je commence à les mâcher. »

Graeme McDowell le dimanche pendant que les leaders prenaient le départ

La pluie détrempa Valhalla le dimanche matin et de l'eau apparut sur de nombreux fairways et greens, rendant les conditions très difficiles pour les premières parties. La PGA laissa la première vague jouer tant qu'ils le pouvaient – des agneaux sacrifiés, d'une certaine façon, dans la lutte visant à s'assurer que les joueurs qui comptent terminent avant la tombée de la nuit –, mais finalement ils durent rappeler les joueurs juste avant 13 heures. Ce sont des situations cauchemardesques pour tout majeur : la course à l'audimat est déjà suffisamment dure en tant que telle, une fin de tournoi le lundi matin et c'est l'échec assuré.

Quand le jeu reprit deux heures plus tard, l'action ralentit considérablement. Pire, les sentiers sur le parcours s'étaient transformés en bourbiers, ce qui laissa présager des glissades et des chutes pour les 46 000 spectateurs. Le seul point positif pour Valhalla, c'était son nouveau système d'irrigation qui fonctionna à merveille pour évacuer les plus grosses concentrations d'eau et rendre le parcours jouable à 14h40. Sans cela, une fin le lundi aurait été inévitable. Mais avec un départ de Rory et Wiesberger à 16h19, il y avait encore un léger espoir d'en terminer ce dimanche.

Au practice avant cela, le soleil fit un retour en force et la combinaison de chaleur torride et d'humidité rendit l'air lourd et étouffant. A tel point que nous attendions avec impatience que le dirigeable de la chaîne de télévision passe, et qu'il masque le soleil.

Butch Harmon suivit Rickie, puis il alla voir Phil. Pour des raisons que je ne comprends toujours pas, Phil était habillé en noir de la tête aux pieds, y compris un pantalon à rayures qui donnait l'impression qu'il se rendait à une réunion de la pègre dans les Catskills. Comme d'habitude, Rory s'isola des autres joueurs. Les caméramen les pourchassèrent tandis qu'ils allèrent du practice au putting green, sous la tour de l'horloge Omega géante du club-house. Je suivis Phil et Rickie jusqu'au premier départ, où un spectateur provoqua beaucoup de rires en criant « allume-les, petit homme » à Fowler. Un autre encouragea Phil avec un « c'est ton jour ! Rory va craquer. »

Au 1, un par 4 court en dogleg gauche, Phil réussit un birdie et enflamma les milliers de spectateurs. On ne se demanda pas qui serait le joueur préféré du public – même l'un des sinistres policiers sortit de son personnage pour applaudir, sa moustache épaisse se contractant de plaisir.

Rickie envoya son drive dans la crique au 2, ce qui dut faire plaisir aux concepteurs du parcours parce qu'ils avaient bougé le green d'une vingtaine de mètres à gauche pour mettre cet obstacle d'eau en jeu. Il prit une pénalité et sauva le bogey mais au 3, un long par 3 de 187 mètres, son approche survola les eaux boueuses de Floyds Fork pour se poser sur le green mou, à moins d'un mètre du trou. Phil se mit près lui aussi, à trois mètres, et tous deux rentrèrent leurs putts pour birdie.

Le 4 est un par 4 court qui tourne de façon appuyée vers la gauche, et les joueurs visent la droite du fairway pour se donner l'ouverture sur le milieu du green, à l'abri des bunkers. C'est exactement là que la balle de Rickie arriva, et cela lui laissa 70 mètres jusqu'au drapeau. Un joli coup de wedge lui laissa un putt d'1m80 pour birdie qu'il enquilla à nouveau. Quand on apprit que Rory avait pris trois putts sur le green du 3, cinq joueurs étaient à égalité à -12 dont Phil, Rickie, Wiesberger et Henrik Stenson.

La chaleur humide était suffocante mais cela n'affecta pas Fowler, qui continua de briller au 5 avec un nouveau drive parfait de 280 mètres. Il attaqua le drapeau sur son approche, qu'il laissa au bord du green. Après que Phil se soit extirpé du rough, Rickie se prépara à jouer un chip de six mètres, toucha parfaitement la balle et la regarda tomber dans le trou. A ce moment-là, il fut en tête d'un majeur pour la première fois de sa vie. Lui et Phil se tapèrent dans la main, appréciant visiblement chaque minute de leur excellent aller, et les spectateurs hurlèrent leur approbation.

Rory fit le par et resta à une longueur de Fowler pendant que ce dernier attendait au départ du 6. Il marcha pour les y rejoindre et c'est là que l'étrange scène qui resta dans ma tête longtemps après le tournoi se déroula – Rory dans un état à moitié hypnotique, fou, assis seul, bouche ouverte, dans un silence malveillant. Les spectateurs et les commissaires de parcours se massèrent en haut de la colline derrière le green du 7, tenant des jumelles et des panneaux invitant à rester silencieux. Ils levèrent les bras au ciel de désespoir quand le putt pour eagle de Phil refusa de prendre la dernière pente et de tomber, gémissant de concert. Il réalisa cependant un birdie, tout comme Rickie qui avait réussi à imprimer du backspin à sa balle malgré un lie délicat dans le bunker, et à rentrer son putt d'1m80.

Cela lui laissait un coup d'avance sur Phil et Henrik Stenson, qui avait aussi fait un birdie au 7.

Derrière eux, Rory prit le contrôle de la partie à Wiesberger, qui avait concédé un bogey au 6 et ne signerait aucun birdie sur un parcours pourtant très propice. Contrairement à Phil et Rickie, qui s'alimentaient mutuellement en énergie, Rory était lancé dans une poursuite solitaire. Un bogey au 6 le ramena à -11, à trois coups du leader, mais il se rattrapa avec un approche-putt joué juste avant le bunker de Rickie au 7 pour réaliser un birdie.

Quand Stenson rentra un putt de huit mètres au 9 et que Mickelson l'imita avec un putt de trois mètres sur le même trou, il eut deux longueurs de retard sur trois joueurs.

Au début du retour, on eut l'impression que l'aura immortelle de Rory avait disparu. Stenson et Mickelson ne purent faire de birdie au difficile par 5 du 10 mais Fowler y arriva, enquillant un putt de 8m50 pour prendre la tête seul à -15 avec huit trous à jouer.

Rory vit Fowler rentrer son putt depuis le fairway du 10, où il attendait de jouer, et le grondement du public lui indiqua qu'il avait désormais trois coups de retard sur son rival américain. Il ne pouvait plus trop se permettre d'attendre pour passer à l'action. Il avait déjà consenti cinq coups à Fowler, qui était en grande forme, et même s'il arrivait à le rattraper, Mickelson et Stenson lui étaient aussi passés devant.

Avec 257 mètres jusqu'au trou, il avait un choix difficile à faire. Personne n'avait touché le green en deux coups de la journée – même Bubba Watson. Rory avait un mauvais souvenir de jeudi, quand il avait tenté un coup similaire avec un bois 3 et l'avait envoyé hors-limite, et fini avec un double bogey qui avait gâché son bon départ. Si

Fowler n'avait pas rentré son long putt pour birdie, Rory se serait placé sur le fairway.

Ce n'était plus possible alors il sortit son bois 3 à nouveau. Comme il l'expliqua plus tard, il voulut taper un « draw haut prononcé » et laisser la balle tourner de droite à gauche pour se poser sur le green. Mais dès qu'il tapa son coup sa bouche se tordit de dégoût – le balle partit basse et à gauche, pas du tout ce qui était prévu. Il la vit dériver et se demanda s'il se dirigeait vers une nouvelle pénalité consécutive à un hors-limite, ce qui aurait enterré ses chances de victoire pour de bon. Etrangement, la balle commença à tourner vers la droite en fade en suivant les contours du fairway. Rory avança rapidement vers l'avant, observant attentivement la balle atterrir sur une zone d'herbe dure et rebondir vers le green. Elle n'arrêta pas de rouler avant d'être à deux mètres du trou.

C'était de loin le meilleur coup du tournoi et le plus important joué par Rory cette année. Le fait qu'il ait simplement de la chance ne fit aucune différence pour ceux qu'il pourchassait – tout ce qu'ils surent, en entendant le public, c'est que Rory avait fait quelque chose d'extraordinaire au 10. Quand il rentra son putt pour eagle, il rattrapa Mickelson et Stenson d'un seul coup et notifia à Fowler qu'il était à ses trousses, à un coup seulement.

L'élan de Phil et Rickie fut brisé par ce coup de bois 3, et le ton du tournoi changea complètement. Les occasions manquées – le putt de 2m40 raté par Stenson au 11 alors qu'un birdie l'aurait porté en tête ou celui de 3m70 de Phil au 10 – devinrent tout à coup des erreurs fatales. La situation n'était plus confortable à Valhalla : toute occasion manquée pourrait être celle qui enterrerait leurs chances de l'emporter. Le meilleur joueur du monde était sur leur piste et tout le monde savait qu'il les rattraperait vite.

Pour Rickie et Phil, le challenge consistait maintenant à reproduire leur série de birdies au retour, où la pression serait toute autre. Etrangement, ils devaient poursuivre leur effort collectif contre Rory – si cela devenait un combat entre loups solitaires, tout le monde savait qui l'emporterait.

L'eagle de Rory l'avait transformé en prédateur et au départ du 11 il ne tenta même pas d'éviter le bunker, préférant le survoler avec un fer 6. Le résultat fut excellent mais il manqua de peu son putt pour birdie de quatre mètres, laissant à ses concurrents un sursis. Le 12, avec son approche en descente, faillit anéantir Phil. Il fut imprécis et n'eut d'autre choix que d'envoyer son troisième coup 8m50 au-delà du trou. Pratiquement assuré de concéder un bogey, il rentra le long putt et brandit le poing de soulagement. Rickie s'était aussi égaré mais un bon chip lui laissa un putt court pour le par. Devant eux, après une excellente approche vers le green en île du 13, Stenson enregistra un birdie et rejoignit Fowler en tête.

Avant que Rickie et Phil n'arrivent au départ du 13, Rory envoya son approche à 2m40 au 12. Cela sembla être le moment où il allait les rattraper mais là encore, étonnamment il manqua son court putt pour birdie. Un nouveau trou, un nouveau sursis, mais Rory était manifestement bien réglé et ce n'était qu'une question de temps avant qu'il convertisse ses occasions. Phil et Rickie, de leur côté, avaient commencé à peiner après leur festival de birdies. Rory leur avait ravi l'initiative et si Phil et Rickie ne la lui reprenaient pas rapidement, ils seraient condamnés à l'échec.

Quand les journalistes critiquent Valhalla, ils mentionnent inévitablement le 13, un court par 4 avec un green en île que beaucoup considèrent comme une nouveauté futile. Contrairement à Sawgrass, le trou y est tellement court que les joueurs peuvent jouer un fer au départ, en toute sécurité, et se laisser la distance qu'ils veulent – entre 80 et 95 mètres en général. Il est joli, avec un mur circulaire de pierres montant des eaux et encadrant le green, mais pour des joueurs pros il a peu de sens. Ce fameux dimanche, la PGA américaine tenta d'augmenter sa difficulté en plaçant le drapeau complètement à droite, à quelques mètres seulement de l'eau.

Phil l'attaqua, les yeux brillant maintenant de ferveur, et posa son wedge à 3m70 du trou. Rickie, en revanche, tapa un coup médiocre qui lui laissa un putt de pratiquement dix mètres qu'il n'avait aucune chance de rentrer. Phil eut une chance de se retrouver seul en tête mais il tapa son moins bon putt de la journée – il ne l'avait pas bien lu du tout - et Stenson redescendit à -14 après un bogey au 14.

Leurs faux-pas donnèrent à Rory sa troisième occasion de revenir à hauteur des leaders, et cette fois-ci il ne la gâcha pas. A 84 mètres, il ignora l'eau et envoya son coup de sand wedge en direction du drapeau. Elle s'arrêta à soixante centimètres et il rentra son putt pour birdie en brandissant le poing et en faisant tourner son putter. Les trois joueurs étaient maintenant à -15 avec cinq trous à jouer. Sur le papier, Phil et Rickie avaient encore une meilleure journée que Rory, mais pour ce dernier c'est comme si les compteurs avaient été remis à zéro. Il était dans la bonne dynamique et surtout, ils se battaient sur son terrain : les derniers trous.

Fowler lui rendit un service au 14, un par 3 délicat, quand il envoya son coup de départ en push. La balle s'envola en direction du public et atterrit dans la boue en-dessous du trou. Il se dégagea sans pénalité et joua une belle approche lobée mais n'arriva pas à rentrer son putt de 5m50 pour le par. Au loin, on pouvait apercevoir de Rory – il avait l'air impatient – et après que Phil ait réussi le par Rory envoya un coup de départ similaire, incapable d'atteindre le bon plateau et l'obligeant à prendre deux putts.

Les concepteurs du parcours avaient modifié le green du 15, remplaçant une zone d'herbe juste après la crique par un bunker, et ce changement eut l'effet désiré, forçant les trois joueurs à taper leur approche bien au-delà du drapeau placé au début du green, à droite. Rory s'en approcha le plus mais il ne rentra pas plus son putt de 5m50 pour birdie que ses adversaires, et au départ du 16 Phil et Rory étaient toujours à égalité avec Rickie, à une longueur.

Le 16 est l'un des plus durs du parcours – un par 4 relativement long (472 mètres) avec un fairway étroit et une montée progressive. Le ciel s'était assombri sur Valhalla et le badinage facile entre Phil et Rickie avait disparu sur les trois derniers trous. Qu'ils le veuillent ou non, ils étaient maintenant seuls contre Rory. Ayant perdu sa capacité à mettre ses approches près du trou, Rickie était particulièrement en difficulté. Avec un tee shot difficile à jouer, il envoya une nouvelle balle en push, par-dessus les arbres et la crique côté droit, et dans le rough du fairway du 15. Pour aller à sa balle, il dut faire le tour du green du 15, où Rory et Wiesberger puttaient. Une nouvelle fois, Rory ne lui adressa pas un regard.

Par chance, Rickie avait une petite fenêtre de tir et pouvait encore aller au green avec une balle haute en draw au-dessus des arbres. Lui et son caddie, Joe Skovron, marchèrent vers l'avant, puis vers l'arrière en repérage, et pendant ce temps-là Phil envoya son deuxième coup dans le rough à gauche, pratiquement vingt mètres avant le green. Tandis que Rickie attendait que Skovron revienne, Rory prit l'initiative sans précédent de taper son drive. S'il était parti à droite, il aurait pu atterrir vers Rickie, voire le toucher, mais il était tout droit – une beauté de 300 mètres en plein milieu du fairway. C'est comme s'il avait voulu souligner la symbolique du moment : il était littéralement sur leurs talons maintenant.

Rickie réalisa qu'il n'avait pas le choix et tenta d'atteindre le green. Le coup qui s'ensuivit est sans doute le plus impressionnant qu'il ait joué de la journée – un draw pratiquement parfait qui toucha l'avant du green et roula jusqu'au bord du fond. De là, il tapa un putt de trente mètres et un autre beaucoup plus court pour sauver le par. Phil était lui aussi en difficulté et faillit s'en sortir de façon spectaculaire quand son chip toucha le bord du trou. Au lieu d'y tomber, elle poursuivit sa route et le presque birdie devint un putt de trois mètres pour le par. Sa ligne n'aurait pas pu être meilleure, mais la vitesse ne suivait pas, et la balle s'arrêta à dix centimètres du trou. Les spectateurs amassés sur la colline gémirent en chœur.

L'échappée était terminée. Sur le fairway, Rory McIlroy était à nouveau seul en tête.

Il était 20 heures passées et les joueurs commençaient à lutter aussi contre l'obscurité. Au 16, Rory manqua un putt de 6m70 pour birdie qui aurait achevé le tournoi, mais ni Phil ni Rickie ne purent en profiter au 17. Une fois encore, Rickie fut trop loin du trou pour faire mieux que deux putts et Phil eut besoin d'un chip brillant depuis le rough pour sauver le par. Derrière eux, Rory envoya son drive dans un bunker côté gauche, mais il avait parcouru 291 mètres avant de s'y loger, et il y bénéficiait d'une bonne vue du green. Il saisit son fer 9, envoya la balle dans le ciel sombre et fit tournoyer son club en la regardant retomber. Elle s'arrêta à 3m30 du trou et il eut une occasion de porter son avance à deux coups.

Son putt était en pente et il visa bien à côté du trou. Au moment où il ramena son putter en arrière, le résultat sembla inévitable : le putt rentrerait et le loup solitaire arriverait au dernier trou avec deux longueurs d'avance, prêt à parachever un été stupéfiant. Et c'est exactement ce qui arriva.

Le plus gros souci de Rory, maintenant, était de terminer la partie : il était pratiquement 20h30 quand il se dépêcha d'arriver au départ du 18, où Phil et Rickie venaient de taper leurs drives. Il savait qu'à partir du moment où lui et Wiesberger auraient tapé les leurs, la PGA leur donnerait la possibilité de terminer le trou. Le problème, c'est qu'ils devraient attendre que les autres aient dégagé le fairway et pendant ce laps de temps – qui sait ? – la sirène pourrait retentir pour signifier la suspension du jeu. Rory avait joué le retour avec un appétit vorace et s'il y a bien une chose dont il n'avait pas envie, c'était de perdre son élan et laisser son instinct de tueur s'envoler pendant la nuit. A la télévision, les commentateurs de CBS affirmaient qu'il aurait tout intérêt à éviter les dangers associés à l'obscurité, mais quand Rory a une chose en tête il est difficile de l'en dissuader, et reporter la fin du tournoi ne faisait pas partie de son programme.

Il alla trouver Fowler alors qu'il commençait à s'éloigner du départ.

« Nous voulons jouer maintenant », dit-il après un préambule concis.

D'après Bryan Curtis du site web Grantland, qui était présent sur la scène – j'étais quelques pas derrière au départ - Fowler eut l'air « déconcerté et à moitié effrayé. »

« Tu veux que je le dise à Phil, et à eux ? », demanda Fowler en regardant le fairway, où se trouvait Mickelson.

On entendit un grondement de tonnerre quand Fowler partit. Il rattrapa Phil et deux responsables donnèrent leur accord pour laisser le dernier groupe jouer. Dans sa hâte, Rory envoya son drive à droite – dangereusement près de la crique bordant ce côté du trou. Le ciel était trop sombre pour suivre sa course depuis le départ mais David Feherty fut prévenu par radio et il transmit le message à Rory : sain et sauf. La balle s'était arrêtée quelques mètres seulement avant la ligne rouge signifiant le début de l'obstacle – seul le terrain meuble avait ralenti sa course avant l'eau. La précipitation de Rory pour en finir ressemblait maintenant à un énorme risque, du genre qui pourrait lui coûter le titre qu'il semblait avoir gagné au 17.

Des nuages orageux firent leur apparition et la pluie commença à tomber alors que le soleil couchant brillait au-dessus du club-house. Rory regarda impatiemment Wiesberger taper, puis se dépêcha d'aller à sa balle. Il attendit que Phil et Rickie aient joué leurs approches – tous deux ayant l'impression que Rory ferait au moins le par et qu'ils avaient besoin de réussir un eagle. Rickie atteignit le green, sa balle terminant à quinze mètres du trou, tandis que celle de Phil s'arrêta vingt bons mètres avant.

Ils commencèrent à monter vers le green et derrière eux, Rory leva les bras en l'air en signe de protestation.

« Est-ce qu'on peut jouer ? », cria-t-il, mais ils poursuivirent leur ascension. Il demanda alors à des responsables d'intervenir et le verdict finit par atteindre les oreilles de Phil et Rickie : Rory pourrait jouer. Pendant que Wiesberger jouait son troisième coup, Phil eut une discussion animée avec un responsable – il était normal de laisser les joueurs derrière taper leurs coups de départ, par courtoisie, mais aller jusqu'au green ? Il n'y avait aucune raison de le faire et Phil s'emporta presque. Il voulait une occasion de réussir un eagle ou un birdie, et mettre la pression sur Rory pour son approche.

A l'issue de la partie, lui et Rickie n'alimentèrent pas la polémique publiquement – ils dirent tout au plus qu'ils ne s'attendaient pas aux coups d'approche, et que cela n'aurait probablement rien changé – mais en privé, Phil était furieux.

L'ironie de la chose, c'est que Rory voulait tellement en terminer qu'il finit par bâcler un trou plutôt facile. Il envoya son approche dans le délicat bunker frontal et Phil rentra presque son chip pour eagle – un coup incroyable qui à quelques centimètres près aurait pu vraiment mettre la pression sur le leader. Il rentra son putt court pour birdie et Rickie s'en sortit encore moins bien : dans l'obscurité quasi-totale, il manqua un putt de 2m40 qui lui aurait permis de rester à égalité avec Phil.

Ils quittèrent le green encore énervés de la façon dont s'était déroulé le dernier trou, et il ne resta que le dernier groupe. Comme au British Open, la dernière épreuve de Rory consistait à sortir la balle du bunker et prendre deux putts. Mais contrairement à Hoylake, il devait laisser la balle en-dessous du trou pour éviter de faire une erreur lourde de conséquences. Il se mit à dix mètres du trou, ce qui n'était pas idéal compte tenu des circonstances. Il tapa son putt pour birdie et le regarda rouler, rouler, rouler tandis que les flashes illuminaient l'obscurité et que le vent et la pluie fouettaient les drapeaux au-dessus du scoreboard. Quand sa balle s'arrêta, elle était à 25 centimètres du trou.

Il dut marquer sa balle pour attendre que Wiesberger finisse et pendant ce temps-là il observa toute la scène, du public au green. Dans le crépuscule, ses yeux étaient impressionnants - éclairés par une énergie brute - il respirait profondément, donnant l'impression qu'il pourrait entrer en lévitation au-dessus de l'herbe.

Quand il aurait poussé la balle dans le trou, il deviendrait le troisième plus jeune joueur, après Jack et Tiger, à remporter quatre majeurs. Cela renforcerait sa renommée comme nouvelle superstar du golf, et lui donnerait l'ascendant sur tous ses pairs. En attendant, tout ce que l'on pouvait voir, c'était cet instinct d'animal féroce pendant qu'il observait son territoire – le terrain de bataille sur lequel il s'était battu, défendant le moindre centimètre bec et ongles.

Sombre, Fowler répondit à quelques piètres questions après sa partie.

« C'est la première fois que ça fait vraiment mal », dit-il, et on vit qu'il le pensait.

« A quel point est-ce que Rory est bon ? », lui demanda-t-on.

« Ouais, il est bon », répondit Rickie, trop épuisé pour être énervé par cette question. Sa voix faillit faiblir et il sembla être au bord des larmes, mais il continua à répondre.

Amy Mickelson prononça quelques mots d'encouragement à l'intention de la soeur de Rickie, Taylor - « Ça brise le cœur mais mon dieu, quelle année ! » - et David Feherty alla trouver le père de Rory, Gerry, pour le féliciter.

Après avoir rempli ses obligations médiatiques, Rickie disparut enfin dans le vestiaire avec Sam MacNaughton, qui l'avait protégé de questions redondantes et avait calmé une dame qui n'arrêtait pas de jacasser, allant jusqu'à lui demander un autographe pendant une interview TV. Je suis prêt à parier n'importe quoi qu'une fois seuls, passé le seuil de la porte gardée par deux policiers, Rickie a craqué.

Rory, de son côté, aurait pu rester toute la nuit. Il avait dominé ses adversaires par la seule force de la volonté, récupérant des coups après un mauvais départ jusqu'à ce finish écrasant. Sur le parcours on avait vu une force de la nature mais sur le podium, il était drôle, sagace et éminemment humain. Je l'interceptai après sa conférence de presse, juste avant qu'il parte dans une voiturette. A ce moment-là, je voulais savoir ce qu'il avait regardé le samedi soir, après *Jackass 2* et *Kick-Ass 2* à Hoylake et Akron. Cette fois-ci, il me répondit Suits, une série de la chaîne américaine USA sur des avocats – sa seule réponse décevante de la semaine, autant que je puisse en juger.

Il partit, vers là où les héros vont après Valhalla, et le dimanche que nous avions attendu toute la saison prit fin. Pendant une année, au moins, le Championnat US PGA pourrait mettre de côté sa crise identitaire et revendiquer le titre de meilleur majeur de l'année. Le public fervent, le parcours saisissant et le sprint délirant du dimanche avaient préparé le spectaculaire finish au terme duquel un joueur de 25 ans avait assailli les portes du château et pris sa place sur le trône laissé vacant du golf.

SEPTEMBRE

UN DERNIER PETIT EFFORT

23

EAST LAKE, GÉORGIE

Les play-offs de la FedEx Cup : l'ascension de Billy Horschel ; Rory et Billy au Tour Championship

« Matt Every maltraitait le pauvre petit Billy Horschel, quand il était en première année. Billy adorait parler et parfois ses mots allaient plus vite que sa pensée. Certaines de ces conversations étaient absolument comiques à regarder. Ils discutaient de tout… Peu importait. Matt pouvait l'orienter dans la mauvaise direction, au point que Billy prenait parfois partie pour et contre une même question. »

Le coach de l'université de Floride, Buddy Alexander

Au 18 du Deutsche Bank Championship, avec un coup de retard sur Chris Kirk dans le deuxième des quatre tournois des play-offs de la FedEx Cup, Billy Horschel envoya un drive à 290 mètres côté droit du fairway. De là, il vit Kirk rater son putt pour birdie et se tourna vers son caddie, Micah Fugitt.

« Je vais la mettre sur le green, faire eagle et on va gagner le tournoi », dit-il.

Situé à 193 mètres du trou, il visa le drapeau avec son fer 6. Au plus profond de lui-même, il comprenait que ce coup lui donnait non seulement une occasion de l'emporter mais d'être invité à disputer la Ryder Cup par le capitaine – contrairement au timoré Kirk, il avait exactement le genre d'énergie que Tom Watson convoitait. La balle était plus basse que ses pieds mais il était plus haut que le green. Avant de taper son coup, Horschel se rappela de « rester dans le coup » - ne pas se relever trop tôt et risquer de l'envoyer à droite.

C'était une stratégie judicieuse, mais il compensa trop et fit une gratte. Il sut immédiatement que c'était son pire coup de la journée. Sa balle atterrit avec un bruit sourd dans la végétation protégeant le green. Il prit un drop de pénalité, concéda un bogey et finit deuxième à égalité avec deux autres joueurs.

Horschel avait toujours eu du mal à maîtriser sa colère et après avoir dominé sa rage pendant une grande partie de la saison 2013, elle avait commencé à refaire surface pendant l'été. Je l'avais vu taper violemment dans une poubelle à Greensboro et quand il arriva pour rendre sa carte après sa gratte et que Tom Alter lui dit qu'il avait reculé au classement de la FedEx Cup, il poussa un cri d'angoisse et frappa dans sa main avec le poing.

Sa rage est très impressionnate vue de près, et Alter se demanda brièvement s'il n'allait taper dans un mur et se casser la main. Il ne le fit pas : il se calma à temps pour parler aux reporters et tout ce qu'il put dire, c'est qu'au moment de taper son fer 6, il y avait cru.

Si je ne devais utiliser qu'un mot pour décrire Billy Horschel, je choisirais « nerveux. » Agé de 28 ans, il joue avec une énergie pure, sans filtre, et ses émotions sont toujours à nu. Parfois, cela lui fait pousser des cris de guerre tonitruants et lever le poing violemment. D'autres fois, cela se manifeste par une colère intense dirigée vers lui-même. La rage de Horschel arrive brusquement et quand elle frappe, vous sentez qu'il ne se contrôle pas totalement. Mais ces incidents passent aussi rapidement qu'ils arrivent. Alors qu'un joueur émotif comme Sergio Garcia a sans doute du mal à faire la différence entre l'image qu'il a de lui-même et ce qui se passe sur le parcours, Horschel retrouve son état naturel presque instantanément – il ne tient pas en place, donc pourquoi est-ce que ses émotions devraient être différentes ?

Il a un côté innocent : il a le corps d'un grand athlète mais le visage ouvert d'un enfant curieux. Il bouge par à-coups, fasciné par tout ce qui l'entoure, jacassant sans cesse, et il n'y a aucune prétention chez lui. Il fréquente socialement plus de caddies que de joueurs, pour la simple raison qu'il se sent plus proche d'eux.

C'est aussi l'un des joueurs agités typiques du PGA Tour. Il a du mal à garder son calme quand le jeu est lent, son tempérament étant plus adapté à des sports qui demandent de courir ou sauter : il fait du snowboard en hiver, et au diable les blessures possibles, et quand nous avons discuté il a déploré l'absence de rencontres de flag football (version du football américain où on arrache des bandes de tissu au lieu de plaquer, ndt) sur le circuit.

Ce style hyperactif le rend unique dans le golf et c'est pour cela que l'histoire de Buddy Alexander est si drôle. Matt Every et Billy Horschel sont très différents et vous pouvez imaginer comment ça s'est passé : Every avec son intelligence rusée, cynique, lançant calmement des piques à Horschel pendant que le plus jeune des deux sautait du coq à l'âne, gardant à peine une trace de ses pensées, pendant que le joueur en dernière année le faisait tourner en bourrique.

Et on imagine très bien Horschel revenant avec une énergie nouvelle le jour suivant, imperturbable et pas découragé, convaincu que cette fois-ci il est armé avec les munitions logiques dont il a besoin pour s'imposer.

Plus que tout, Horschel est implacable et irrépressible, et c'est pour ça que le fer 6 gratté au Deutsche Bank ne l'a pas hanté, alors qu'il avait annoncé qu'il allait gagner et avait donc eut l'air un peu idiot.

« Peut-être que c'est juste la façon dont je regarde la vie, me dit-il au Tour Championship à Atlanta. Je ne me suis pas dit que c'était si mauvais. Je me remets facilement et je passe à autre chose, et je pense que c'est pour ça que j'ai été capable de rebondir plus vite que d'autres. »

Il avait tellement bien tourné la page qu'il tomba des nues lorsqu'il se connecta à son compte Twitter et se rendit compte que des légions de soi-disant fans en faisaient des tonnes, disant qu'il avait craqué, et critiquant son jeu.

Cela ne lui serait jamais venu à l'esprit de voir les choses comme ça, et il n'avait pas prévu cette attaque. Cela ne fit qu'augmenter sa détermination – il savait qu'il jouait bien et il pourrait maintenant leur répondre en remportant le tournoi suivant.

Le samedi, il prit la tête du troisième volet des play-offs, le BMW Championship, grâce à une carte de 63. Le dimanche, il s'isola du reste du champ et finit par se détendre sur le fairway du 18 – où il se rendit compte qu'il avait vraiment vraiment besoin d'aller aux toilettes.

Il commença donc à sprinter vers des toilettes mobiles alors qu'il passait sur une chaîne de télévision nationale. Il revint à temps et l'emporta de deux coups. Sa victoire le fit remonter à la deuxième place du classement de la FedEx Cup et lui donna une bonne occasion de remporter le prix de dix millions de dollars destiné au vainqueur du Tour Championship.

« Je ne vais pas m'avancer et garantir une victoire, dit-il aux journalistes dans le Colorado en parlant d'Atlanta, mais je peux dire que je vais sans doute très bien jouer et que j'aurai une chance de l'emporter le dimanche. »

« Je pense que la façon dont j'ai été élevé est "old school". Je pense que c'est la bonne. Je dirais que tout enfant devrait être élevé comme je l'ai été. Si je devais changer une chose, c'est peut-être que les parents aient eu quelques dollars de plus, de manière à ce que ça n'ait pas été aussi juste parfois. »

Billy Horschel

Horschel est né à Grant, un vieux village de pêcheurs sur la lagune d'Indian River, à environ trois kilomètres des îles barrières qui séparent la Floride de l'Océan Atlantique. C'est petit – moins de 4 000 habitants – et la seule chose qui le fasse sortir du lot, c'est un festival consacré chaque année aux fruits de mer.

« On peut dire que c'est dans les bois, me dit-il. C'est à une trentaine de kilomètres de la civilisation et tous nos amis habitaient à cette distance de chez moi. Ce n'est donc pas comme s'ils pouvaient venir me voir à vélo. »

Son père, Billy Horschel Senior, était le fils d'un charpentier qui avait joué au football américain à l'université de Carson-Newman, dans le Tennessee, pendant une saison, avant d'arrêter et de se lancer dans le bâtiment. Deux de ses frères ont joué au football américain en première division, à Cincinnati et Miami, et il se débrouillait suffisamment bien au rugby pour qu'une équipe anglaise lui propose un contrat avant qu'il se blesse au genou. Il était surtout spécialisé dans les cloisons sèches et le stuc, et il avait construit sa propre maison avec ses deux frères qui avaient des entreprises dans la toiture. Lui et sa femme, Kathy, eurent deux garçons ensemble : Billy et Brian.

Aucun n'avait eu de diplôme universitaire et quand la conjoncture dans le bâtiment n'était pas bonne, ils pouvaient manquer d'argent. Kathy travailla dans le service achats de plusieurs sociétés, mais dès qu'elle prenait du galon dans l'une d'entre elles, elle fermait boutique et elle devait recommencer à zéro. Ils furent contraints de prendre une deuxième hypothèque sur leur maison et ils accumulèrent des dettes sur des cartes de crédit pour rester à flot.

Billy ne fut pas au courant des problèmes de la famille pendant une enfance heureuse, qu'il passa sur leur hectare de terrain à pratiquer tous les sports possibles à une exception près.

« On ne jouait pas au foot, dit-il, parce que ça insupportait mon père d'en regarder. »

Tout le reste était autorisé : le football américain, le basketball, le baseball, le tennis, le bowling et même le golf. Quand il avait trois ans, Billy avait suivi son père pendant qu'il tapait des balles dans le jardin et avec son frère, qui était encore bébé, ils utilisaient les clubs de leur père pour swinguer dans l'herbe. Il supplia son père de le laisser jouer sur un vrai parcours, et ils passèrent un accord : s'il arrivait à envoyer une balle de la cour par-dessus une crique à une centaine de mètres, il pourrait aller jouer dans la cour des grands. Billy s'entraîna seul pendant des semaines pendant que son père était au boulot et un jour, quand il avait cinq ans, il y arriva enfin. Le seul problème, c'est que son père travaillait et il attendit donc dans la contre-allée pendant deux heures, extatique, pour lui annoncer la bonne nouvelle.

Billy Horschel Senior était dur, et pas seulement au sujet du golf – lui et sa femme avaient une approche de l'éducation de leurs enfants de la vieille école.

« Ils étaient très stricts et ils nous punissaient, explique Billy. On ne pouvait pas se permettre quoi que ce soit. On n'a jamais été interdit de sortie et on ne nous a jamais rien confisqué, comme un téléphone ou une télévision. On n'a jamais eu ça. Quand on faisait une bêtise, on payait le prix… Mon père nous a fouetté avec une ceinture une fois ou deux. »

Il se souvient encore de la fois où il avait répondu à sa mère, et attrapé sa main quand elle allait lui donner une claque. Il pensait que c'était intelligent de sa part, mais elle avait prononcé des mots qui l'avaient effrayé au plus haut point : « Attends que ton père rentre à la maison. »

En même temps, ses parents les aimaient et son père n'avait poussé Billy dans le sport que parce qu'il l'avait souhaité. En grandissant il se montra très doué pour le baseball et le golf, et ses parents firent leur possible pour qu'il participe à des tournois locaux et voyage autant que leurs moyens le permettaient.

A l'école, Billy réprima son exubérance naturelle au début parce qu'il avait honte d'un défaut d'élocution dont se moquaient ses camarades. Quand il prononçait la lettre R, on entendait W et un mot comme rouvrir devenait wouwrir. De la crèche à la sixième, il manquait fréquemment la classe pour aller travailler avec un orthophoniste. Même avec ce défaut, il ne resta pas embarrassé trop longtemps et il devint rapidement l'un des gamins les plus extravertis de l'école. Puis, en sixième, une nouvelle école ouvrit plus près de leur domicile et il hérita d'une bande de copains toute neuve. Quand on lui fit manquer la classe pour aller voir un orthophoniste, certains camarades se moquèrent de lui. C'en était trop pour Billy.

« Je suis rentré à la maison un jour et j'ai dit "Maman, ce n'est plus possible. Tu sais quoi, c'est comme ça que je parle et je n'arrive pas à le corriger. C'est moi et ça me rend un peu différent mais je n'arrive pas à supporter de continuer à faire ça", me raconta-t-il.

Kathy céda et Billy arrêta ses séances d'orthophonie. On entend encore son défaut quand Horschel parle, surtout quand il est excité. Il faut tout de même faire bien attention et c'est suffisamment subtil pour que des gens qui le rencontrent pour la première fois croient qu'il vient de Boston.

A ce moment-là de notre conversation, je me souvins de Keegan Bradley et du fait qu'il se souvenait encore des noms et des visages de tous ceux qui lui avaient causé du tort dans la vie. Je me demandai si Horschel était pareil, et lui demandai donc s'il pensait encore aux gamins qui s'étaient moqués de lui.

« Non, non, non », me répondit-il en insistant, montrant ainsi la différence qui existe entre les deux jeunes joueurs. « C'était plus ou moins drôle parce que j'étais plutôt beau joueur. Je ne me suis jamais battu, je n'ai jamais eu de problème. J'en avais juste assez d'entendre la même chose. »

Quand il arriva au lycée, il eut un choix difficile à faire entre le baseball et le golf mais un coude fracturé le rendit beaucoup plus simple.

« Je suis très compétitif, dit-il, et je ne supportais pas de jouer au baseball, au football et tous ces autres sports où il y a toujours un gamin qui se traîne et y accorde moins d'importance. Et tous les parents disent “C’est censé être amusant” mais je dis “Ce n’est pas amusant ! C’est amusant quand on gagne” ! »

D’une certaine façon, le golf est le sport pour lequel l’énergique Horschel semble le moins adapté. Il s’améliora quand même rapidement et son engagement devint sérieux.

Faire la fête ne faisait pas partie de son programme et de toute façon ce n’était pas permis – ses parents lui imposaient un couvre-feu de 22 heures. Pendant que d’autres lycéens sortaient et avaient une vie sociale, Billy lisait un livre et sombrait dans le sommeil. Il travaillait dans un golf l’été et tous les week-ends pendant l’année scolaire, ses parents le déposaient à 6h30 le matin et il restait s’entraîner jusqu’au coucher du soleil. Il développa une tendance perfectionniste, à cette époque – le genre qui à la fois sert et dessert. Son jeu s’améliora mais sa capacité à s’emporter quand les choses allaient de travers aussi. Comme la plupart des joueurs professionnels, il devint son critique le plus féroce.

Horschel avait toujours rêvé de jouer pour l’université de Floride et Buddy Alexander avait fait le déplacement pour le voir jouer à l’U.S. Junior Amateur quand il avait 17 ans. Ils avaient discuté au practice et le coach l’avait suivi sur quelques trous, mais Horschel avait fait mieux que seulement deux des 156 autres joueurs, et il ne s’était pas qualifié pour la phase en match-play.

Comme avec Every, Alexander ne s’attendait pas à ce que Billy devienne plus qu’un joueur universitaire moyen et il ne lui proposa qu’une bourse « riquiqui ». Cela rendit la décision difficile dans la famille Horschel, qui commençait à sortir de l’endettement, parce que quatre années à l’université pèseraient sur leurs ressources. Ils finirent par décider que l’éducation de Billy valait la peine de courir le risque, et il alla s’installer à Gainesville.

« Le fait d’y être allé est l’une des principales raisons pour lesquelles j’évolue sur le PGA Tour aujourd’hui, affirme-t-il, et cette raison a un nom : Buddy Alexander, qui pour moi est le meilleur coach dans toute l’histoire du golf. »

Comme Every, il réalisa des progrès remarquables lors de sa première année et au printemps, il remporta le West Regional en Arizona et se classa dixième de la finale du Championnat national universitaire. Lors de sa deuxième année, il fut désigné joueur de l’année du championnat SEC et quand il obtint son diplôme, il avait été élu parmi les dix meilleurs joueurs du pays trois fois.

L'évènement le plus mémorable de sa carrière amateur était arrivé à la Walker Cup en 2007. Le samedi après-midi, il y affronta Rory McIlroy, dont c'était l'un des derniers tournois au niveau amateur. Le match fut serré tout du long et Rory s'inclina 1-down au 18 quand il rata un putt de 90 centimètres. Horschel s'était comporté avec son exubérance habituelle et cela n'avait pas plu à Rory, qui raconta plus tard à John Huggan, de Golf Digest, que ses pitreries l'avaient rendu furieux.

"Par exemple, il avait fait une sortie de bunker au 14 lors du foursome dans la matinée. C'était un super coup et sa balle s'était arrêtée à quelques centimètres du trou, mais il a descendu la colline en courant et en braillant à pleins poumons. Il était tellement bruyant et odieux".

Horschel, lui, n'avait pensé qu'à s'amuser.

« J'étais tombé sur le chouchou du public, dit-il à la presse après son match. Tout le monde était pour lui. Il y avait beaucoup de monde et ça m'allait… Je les entendais encourager Rory et de temps en temps je disais "Allez, Billy" ! pour plaisanter. »

L'après-midi suivant, ils se retrouvèrent. Cette fois-ci, Rory joua lentement exprès pour contrarier Horschel. C'était une bonne stratégie : si vous voulez faire enrager votre ennemi, provoquez-le. Rory lui fit aussi le coup du silence. Pour ceux qui y prêtaient attention, c'était un premier aperçu de l'ascendant psychologique dont Rory ferait preuve plus tard, en chemin vers la place de numéro un mondial. Il se vengea, battant Horschel 4 et 2, et aucun d'entre eux ne savait alors que ce match aurait des répercussions plus tard dans leurs carrières.

« C'était super de gagner », dit McIlroy à Brian Keogh, de l'Irish Golf Desk, à l'époque. « Surtout contre lui. Je ne l'aime pas beaucoup, honnêtement… Il n'était pas agréable à fréquenter. »

Horschel passa pro en 2009 et au McGladrey Classic en 2011, il commença le dernier tour à un coup du leader. Il joua 75, ce jour-là, et s'énerva tellement sur le parcours que sa famille et ses amis le prirent à partie après-coup – une intervention qui le laissa humilié par son propre comportement. Encore pire, il explosa aux cartes d'accès, ce qui ne lui ouvrit pas la porte de tous les tournois en 2012. Cela prit du temps mais il retrouva sa confiance. Une place de quatrième aux cartes cette année-là – son troisième succès en quatre tentatives – lui permit de revenir sur le Tour, et il était fin prêt pour jouer dans la cour des grands.

Au mois de janvier lors de cette saison-là, le joueur australien Matt Jones mit à contribution Stephanie Wei, une journaliste, pour un canular. Comme Horschel avait dû passer par les cartes d'accès aussi souvent, certains spectateurs et reporters le prenaient pour un nouveau joueur à chaque fois qu'il revenait sur le PGA Tour. Cela arrivait depuis 2010, et ce fut encore le cas en 2013. Il en avait assez de s'expliquer et le plan de Jones était simple : Wei irait le trouver et lui demanderait si elle pouvait lui poser quelques questions sur la vie sur le Tour en tant que nouveau venu. Quand elle le fit, Horschel se mordit la langue, tourna la tête vers le côté et tenta de maîtriser son irritation. Juste au moment où il allait la rabrouer, Jones éclata de rire.

Heureusement pour lui, son anonymat allait prendre fin. Au Zurich Classic en avril, il entama le dernier tour, disputé sous la pluie, deux coups derrière Lucas Glover et déchira le parcours. Au 18, Glover avait disparu et il avait un coup d'avance sur D.A. Points. Après avoir envoyé son drive dans le rough à gauche, il entendit un bruit que personne ne souhaite entendre : le retentissement de la sirène météo. Pour un joueur avec l'énergie nerveuse d'Horschel, cela sembla être la pire issue possible. Il s'assit à l'intérieur du club-house avec deux de ses bons amis, Matt Every et Chris DiMarco, et patienta. Quand ils retournèrent sur le parcours, il se replaça sur le par 5, posa un coup de wedge à huit mètres du trou et regarda Points se mettre à 1m50 pour le birdie.

Pour Horschel, cela signifiait que s'il ne rentrait pas son putt il partirait sans doute en play-off. Le putt tournait de droite à gauche en s'éloignant de l'eau et Horschel tenta le coup. « Rentre ! Rentre ! », cria Nick Faldo sur CBS, et elle le fit – Horschel avait remporté son premier tournoi, et il laissa échapper un cri primal avant de prendre sa tête dans ses mains avec incrédulité.

Il gagna trois millions et demi de dollars cette année-là, dont il utilisa une partie pour prendre soin de sa famille en remboursement pour leurs sacrifices. Il continua à consulter un psychologue du sport pour contrôler ses nerfs et sa frustration sur le parcours, mais vers le milieu de l'année 2014 il retomba dans ses vieux travers : il regarda trop Golf

Channel, scruta les leaderboards et se laissa envahir par l'information. Trop de données, cela peut déconcentrer une personnalité atteinte du trouble du déficit de l'attention comme Horschel, et il devint frustré sur le parcours un peu comme il l'avait été en 2012. Après avoir raté le cut au Barclays, premier tournoi des play-offs de la FedEx Cup, quand il rentra chez lui il dit à sa femme, Brittany, qu'il aimerait que la saison se termine – la saison 2014 était gâchée et il avait besoin de repartir à zéro.

Puis il y eut le Deutsche Bank où son coach, Todd Anderson, procéda à quelques ajustements sur son grip au putting. Cela eut un impact immédiat : il s'imposa dans le Colorado et avec un champ réduit à 29 joueurs pour le dernier tournoi de la saison il avait le chèque de dix millions de dollars dans sa ligne de mire. Pour atteindre les plus hauts sommets de sa jeune carrière, il devrait cependant vaincre son ancien adversaire de Walker Cup : Rory McIlroy.

Les jeunes stars de la discipline étaient bien représentées parmi les joueurs présents au tournoi clôturant la saison, rendant manifeste le changement générationnel en cours. Il n'y avait plus Tiger Woods ni Phil Mickelson, et à leur place on eut droit aux porte-drapeaux de la nouvelle vague : Jordan Spieth, Rickie Fowler, Rory McIlroy, Jason Day, Hideki Matsuyama, Russell Henley, Morgan Hoffmann, Patrick Reed, Billy Horschel, Brendon Todd et Chris Kirk. Il y avait aussi un groupe de joueurs un peu plus âgés essayant de prendre le jeu à leur compte comprenant Adam Scott, Justin Rose, Bubba Watson, Hunter Mahan, Sergio Garcia et Martin Kaymer. En tout, il y avait seulement six joueurs au-dessus des 35 ans et quatorze d'entre eux – presque la moitié – avaient moins de trente ans.

Mais tout est question de dynamique dans la FedEx Cup, et les joueurs qui se retrouvèrent dans le dernier groupe le dimanche sont ceux qui avaient été le plus en forme lors du mois écoulé : Rory McIlroy et Billy Horschel. Ce jour-là, le parcours était trop difficile pour que quiconque puisse les menacer et il devint de plus en plus évident que le gros chèque irait dans la poche d'un des deux golfeurs.

Horschel arriva au départ du 1 avec un pantalon flashy et demanda à Tim Finchem, le directeur exécutif du PGA Tour, s'il l'aimait. Finchem hocha la tête mais Horschel ne le laissa pas s'en tirer à si bon compte: « Donc vous n'allez pas me dire d'en changer ? »

Rory arriva ensuite, avec derrière lui un J.P. Fitzgerald qui avait l'air fatigué, mais c'est le joueur et non le caddie qui était épuisé. Pendant qu'Horschel enregistrait deux birdies à l'aller, Rory prit le par 3 du 6 par le mauvais bout, envoyant son coup de départ dans l'eau et concédant un couteux double bogey. Il boucla l'aller sur un drive égaré et au départ du 10 il était redescendu à -7, soit quatre coups derrière Horschel.

Rory avait le même air déterminé qu'à Valhalla mais il y avait aussi quelque chose d'autre sur son visage – quelque chose de presque résigné. C'était une différence subtile mais la vérité, c'est que perdre la FedEx Cup était acceptable, contrairement à un majeur. Après s'être incliné devant Chris Kirk au Deutsche Bank, on avait l'impression qu'il s'était essoufflé. Kaymer avait montré après Pinehurst qu'un joueur ne peut résister qu'à une certaine quantité de stress avant que son cerveau ne s'arrête de lui-même, et Rory avait perdu au moins une partie de son mordant.

Il eut encore une occasion de reprendre deux coups à Horschel quand celui-ci envoya sa balle dans le rough à droite au 10 et concéda un bogey. Mais il manqua son putt pour birdie de six mètres et celui de 90 centimètres qui s'ensuivit, concédant un nouveau bogey. Quand il n'arriva pas à faire approche-putt depuis le rough au 11, descendant à -5, la réalité le rattrapa : il n'avait plus aucune chance de l'emporter.

Horschel marchait maintenant avec détermination, stimulé par des « Go Gators ! » (cri d'encouragement des équipes de l'université de Floride, ndt) et sa propre anxiété permanente. Il rentra un putt pour le par de 2m40 au 13 et au par 5 du 15, il fit approche-putt depuis un bunker de green pour signer un nouveau birdie. Jim Furyk s'était porté à -10 grâce à un birdie sur ce même trou et Horschel ne menait maintenant que d'un coup. Quand il s'égara au 16, il commença à se parler à lui-même – « Allez, Billy, fais un meilleur swing que ça… Tu ne veux pas aller à gauche et la gauche c'est meilleur que la droite ! » - et McIlroy lui donna une tape dans le dos. C'était à la fois un geste d'encouragement, celui de quelqu'un qui s'avoue vaincu et un signe que l'animosité de la Walker Cup était de l'histoire ancienne, maintenant remplacée par un respect mutuel.

Sur le green du 16, Horschel eut un putt de plus de neuf mètres pour le par. Sous sa casquette Ping blanche, les yeux d'Horschel montraient sa concentration. Il repensa au long putt au Zurich qui lui avait octroyé sa première victoire et il lut la ligne parfaitement. Il ne se donna même pas la peine de demander à Micah Fugitt de lui donner son avis. Il la tapa volontairement – peut-être trop, et Fugitt se demanda si la balle n'allait pas dépasser le trou de trois mètres – mais elle toucha le bord droit et tomba dedans. Horschel brandit le poing autant de fois qu'à Zurich et le public explosa.

Il avait sauvé son avance d'un coup avec deux trous à jouer et il s'avéra que le voile du stress allait se lever. Comme il le fait si souvent aux moments les plus importants, Furyk fit une approche hasardeuse de 163 mètres au 17 et n'arriva pas à rentrer un putt de 3m70 pour le par. Horschel eut une tentative de birdie synonyme de porte close et il donna dans le théâtral en levant la jambe et criant « allez ! » quand il rata son putt. Au départ du 18 quelques instants plus tard, Horschel vit Furyk concéder un nouveau bogey. Ce dernier retomba à -8 et à égalité avec Rory McIlroy qui même affaibli, avait comme d'habitude sprinté sur la fin avec trois birdies sur les quatre derniers trous.

Horschel avait juste besoin de mettre son dernier tee shot sur le green du par 3 final. Quand la balle y atterrit sans encombre, il poussa un soupir de soulagement – il venait de devenir très très riche.

Depuis son enfance, Horschel avait eu des rêves prémonitoires – des visions d'évènements futurs qui arrivaient par la suite. Une fois, quand il avait dix ans, il avait rêvé qu'il recevrait un coup de batte de baseball sur la tête et quand cela arriva vraiment, les adultes qui vinrent le secourir l'entendirent dire « je l'avais vu venir ». Plus tard, à l'université, il rêva de l'endroit exact à Plantation, en Floride, où il épouserait sa femme plus tard.

En marchant vers le green du 18, Horschel parla à son caddie, Micah, d'un rêve qu'il avait fait au début de la saison, en décembre ou janvier –dans lequel il remportait la FedEx Cup. Ce rêve était plus flou que les autres. Il savait qu'il avait tenu le trophée dans ses mains dans le brouillard de son imagination, mais au-delà de ça tout était moins net.

Quand il s'était réveillé, il n'avait pas su comment le prendre – était-ce réel ? Est-ce que ça voulait dire qu'il gagnerait cette année ou à l'avenir ? – et il n'en parla qu'à sa femme. Au fil de cette saison difficile, il s'efforça d'oublier ce rêve car il n'allait manifestement pas devenir réalité.

Il y repensa ce dimanche matin-là et malgré sa nervosité habituelle, une tranquillité sous-jacente l'avait aidé au cours de la partie. Avec sa mère et son père dans le public, et sa femme chez eux, enceinte de leur premier enfant – une fille prénommée Skylar qui allait arriver deux jours plus tard –, il savoura ce moment. Quand il rentra son putt pour le par et la victoire, ce fut plus fort que lui et le fier ancien étudiant de l'université de Floride fit avec ses bras le geste des fans des Gators (comme les mâchoires d'un alligator se refermant sur sa proie, ndt) à l'intention du public, qui le hua.

Les dix millions de dollars lui permirent de prendre soin de ses parents, qui lui avaient tant donné, et le trophée lui montra que ses rêves étaient encore bien réels. Il avait tout vu venir, mais quand il arriva en salle de presse quelques minutes plus tard on put voir qu'il avait pleuré.

24

WENTWORTH, ANGLETERRE, ET NEW YORK, NEW YORK

Les choix du capitaine

Au Deutsche Bank, près de Boston – le deuxième volet des play-offs de la FedEx Cup – tout le monde avait la tête à la Ryder Cup et aux joueurs que les capitaines allaient inviter à la disputer le mardi suivant le tournoi.

Ce serait le premier acte stratégique de Paul McGinley et Tom Watson, et le premier indice sur les styles qu'ils allaient donner à leurs capitanats.

Pour les Européens, les joueurs sélectionnés automatiquement ne seraient connus officiellement que le dimanche soir mais les spéculations allaient déjà bon train. McGinley choisirait presque assurément Ian Poulter, pour commencer.

Si Stephen Gallacher jouait bien en Italie mais ne se qualifiait pas, McGinley pourrait être obligé de le sélectionner pour ne pas perdre le soutien bienveillant des Ecossais. Cela lui laissait une invitation pour deux joueurs qui avaient fait leurs preuves en Ryder Cup : Lee Westwood et Luke Donald.

Les neuf places dans la sélection américaine avaient déjà été attribuées automatiquement après le Championnat US PGA. Watson avait été présent tout au long de la saison sur le PGA Tour, faisant de son mieux pour donner des réponses évasives sur les joueurs qu'il choisirait, et il continua à Louisville. Quand on lui parla de Tiger, il laissa la porte ouverte tout en donnant subtilement quelques indications laissant à penser que ce ne serait pas forcément une bonne idée.

« S'il joue bien et qu'il est en bonne santé, je le prendrai, dit-il. De toute évidence, il n'est pas en très bonne santé en ce moment et il n'a pas très bien joué. La question est donc, vais-je le choisir ? Eh bien, je suis incapable de le dire avant que les choses se précisent dans les trois ou quatre semaines à venir. »

Incapable de le dire, effectivement… Sauf qu'il est blessé et nul.

Il avait pourtant de moins en moins d'options. Dustin Johnson était suspendu et Jason Dufner dut abandonner lors du premier tour à Louisville en raison de douleurs dorsales récurrentes. Même son cocktail de médicaments – des anti-inflammatoires et un stéroïde – n'y faisait rien. « Ça ne sert à rien », dit-il à l'Associated Press avant de quitter le parcours.

Dufner descendit à la dixième place du classement, Phil Mickelson et Zach Johnson lui passant devant, et inutile d'être un génie pour comprendre que Watson devrait le laisser derrière.

Le sort de Tiger mit un peu plus de temps à se dessiner. Il avait manqué le cut à Valhalla, comme tout le monde l'avait prédit, mais même s'il ne pouvait pas disputer les play-offs FedEx Cup et n'aurait pas l'occasion de jouer en tournoi avant la Ryder Cup il continuait d'affirmer qu'il voulait faire partie de l'équipe.

Watson s'exprima peu, comme s'il donnait à Tiger l'occasion de se retirer de lui-même plutôt que de devoir lui annoncer la mauvaise nouvelle lui-même. Finalement, Tiger fit exactement cela deux jours plus tard. Il annonça avec regret, dans un communiqué, que sa santé ne lui permettrait pas de faire le déplacement. Nous ne saurons jamais si Watson lui a donné un ultimatum – « tu ne feras pas partie de l'équipe donc décide toi-même comment cette information est diffusée » – mais dans les faits, l'effet fut le même. Pour ce que ça vaut, Watson révéla plus tard qu'il avait appelé Tiger quand il s'était soi-disant « retiré », et non l'inverse.

Les sagas de Dufner et Tiger étaient les derniers éléments montrant que Watson ne lutterait pas à armes égales contre Paul McGinley et les Européens. Il ne pouvait pas se permettre d'erreur dans ses choix et il regarda donc attentivement le dénouement du Deutsche Bank. Keegan Bradley avait une grande chance d'être retenu après avoir aussi bien joué avec Phil Mickelson en 2012. Personne ne jouait aussi bien au jeu politique que Bradley – lui et Watson étaient devenus amis – et il était pratiquement sûr d'en être. Au-delà de ça, les deux autres wild cards étaient à prendre - Hunter Mahan avait un léger avantage après avoir remporté le Barclays grâce à neuf derniers trous spectaculaires, mais Brendon Todd, Chris Kirk, Webb Simpson, Harris English ou Ryan Palmer semblaient tous encore avoir une chance.

C'est Chris Kirk qui allait triompher dans le Massachusetts, et d'une façon surprenante : en battant Rory McIlroy à l'issue de 36 trous éreintants passés avec le meilleur joueur du monde. A l'aube de l'annonce des choix du capitaine, sa victoire semblait être l'argument le plus convaincant possible.

Mais Kirk était têtu et refusait d'admettre que la Ryder Cup avait la moindre importance pour lui. Lors de la conférence de presse après sa victoire, tout ce qu'il dit c'est qu'il prévoyait « de voir le match entre les équipes [de football américain des universités] de Géorgie et du Tennessee ce week-end-là. » Il fit de vagues commentaires sur le fait que ce serait un « plus » s'il était sélectionné mais il n'apparut pas très convaincant. Je tentai d'insister sur ce point quand je le croisai vers l'aire consacrée aux interviews, mais il n'en démordit pas.

« Je ne sais pas, dit-il. Peut-être que l'article serait meilleur si j'étais comme Keegan et que ça me faisait flipper, que j'étais très très excité et que ça me rendait dingue. Mais ce n'est pas le cas. »

Kirk et Watson avaient partagé une partie d'entraînement au British Open et quand Kirk avait eu des difficultés à l'aller – il souffrait encore du décalage horaire – Watson lui avait un peu mis la pression.

Il est peu probable que Kirk ait apprécié ses laïus – il se motive lui-même et n'est pas du genre à se chercher des mentors. Même le fait d'accepter de jouer avec Watson, ce qui revenait un peu à passer une audition, lui avait déplu et ils ne s'étaient pas parlé depuis.

La situation était encore aggravée par le fait que Watson avait un ego à satisfaire et désirait des joueurs enthousiasmés par le fait de jouer pour lui. Il se voyait comme un général – dur mais exaltant, sévère mais bien-aimé. Il appréciait les joueurs qui flattaient l'image à la John Wayne qu'il se faisait de lui. Malheureusement, Kirk était un mercenaire-né qui refusait catégoriquement de faire ne serait-ce qu'un pas vers Watson, et encore plus de quémander.

« Je pense qu'en tant qu'être humain, j'ai de l'empathie et une certaine compréhension des gens, et j'espère que cela apportera quelque chose à mon capitanat. Quand le débat sur la personne qui devrait être capitaine était en cours, les gens disaient "on a besoin d'un grand nom, un vainqueur de majeurs, qui a accompli beaucoup de choses dans le golf". Ça me donnait envie de hurler. Ce que je veux dire, c'est montrez-moi la corrélation entre le fait d'être un grand joueur et un grand capitaine. Et pas que dans le golf, mais dans n'importe quel sport. Il n'y en a aucune. »

Paul McGinley dans le Irish Independent, deux semaines avant la Ryder Cup

Lors d'une cérémonie qui eut lieu le mardi 2 septembre à Wentworth dans le Surrey, en Angleterre, Paul McGinley s'assit derrière un simple pupitre et parla pendant exactement une minute avant d'annoncer coup sur coup les trois joueurs qu'il avait retenus : Stephen Gallacher, Ian Poulter et Lee Westwood.

On s'attendait à ce que les deux premiers joueurs soient invités. Mais Westwood – l'un des grands joueurs européens de Ryder Cup mais au crépuscule de sa carrière, à 41 ans – était une surprise.

Fin 2012, quand McGinley avait été pressenti comme capitaine, son adversaire principal avait été Darren Clarke, Irlandais (fut-ce du Nord) lui aussi. Quand la femme de son bon ami était morte, McGinley avait même abandonné le Championnat US PGA de 2006 afin de pouvoir se rendre à l'enterrement. Le choix de McGinley pour 2014 s'imposait naturellement et Clarke lui avait écrit une lettre lui disant que ce rôle ne l'intéressait pas.

Ce vœu n'avait pas duré longtemps. Clarke avait changé d'avis après l'édition 2012 de l'épreuve et avait brièvement été candidat pour le poste avant de se retirer et de déclarer son soutien à Colin Montgomerie, affirmant qu'il ne croyait pas que McGinley avait la stature appropriée pour se retrouver face à Tom Watson. McGinley n'avait jamais remporté de majeur et seulement disputé la Ryder Cup à trois reprises, soutenait Clarke, et cela désavantagerait l'Europe. Cette manœuvre, plus que sa candidature, torpilla l'amitié entre McGinley et Clarke, et eut un effet considérable sur celle de McGinley.

La cause de Montgomerie prit de l'ampleur et sembla sur le point de déboucher sur un succès. A ce moment clé, Rory McIlory se prononça publiquement en faveur de McGinley. Son soutien déclencha une série d'autres émanant de Luke Donald, Justin Rose et Ian Poulter.

« Je ne pensais pas que la bonne chose à faire était de réagir à cela, dit Rory à propos de la mutinerie contre McGinley. La Ryder Cup se gagne sur le parcours de golf, pas sur des scènes où on fait des discours. »

Avec son intelligence, Rory savait que choisir un nouveau capitaine montrerait de l'appréhension et s'il n'était pas suffisamment motivé pour soutenir son presque compatriote, cela l'aida – pourquoi avoir peur des Américains ?

McGinley fut choisi mais avant le vote final, Lee Westwood afficha publiquement son soutien – à Darren Clarke.

Quand le moment vint de choisir les derniers joueurs et que le troisième et dernier fut entre Luke Donald et Lee Westwood, il sembla aller de soi que McGinley récompenserait la loyauté et retiendrait Donald.

Il n'en fit rien. Westwood fut agréablement stupéfait et Donald fut contrarié mais McGinley avait un plan. Et pour le mettre en œuvre, il ne pouvait pas être rancunier ou se laisser aveugler par son ego ou sa fierté. La raison de son choix ne serait pas révélée avant le début de l'épreuve, et en attendant c'était une indication intéressante de ce que nous pouvions attendre de la part du capitaine McGinley.

Dans la soirée, Golf Channel consacra quatre heures et demie à une émission spéciale sur la Ryder Cup et à l'annonce des joueurs retenus par Tom Watson. Le joueur légendaire apparut assis sur une grande scène, encadré par des images de drapeaux américains, son visage recouvert de maquillage, et il prononça avec hésitation une allocution d'une trentaine de minutes. Contrairement aux wild cards européennes, directes, cela ressembla à de la télé réalité de deuxième ordre, les trois choix étant étalés sur une demi-heure pour entretenir le suspense. Julius Mason fit du bon boulot en tant que présentateur mais Watson ne sembla pas arriver à se concentrer tandis qu'il présentait et justifiait ses trois choix : Keegan Bradley, Hunter Mahan et Webb Simpson.

Les deux premiers ne demandaient pas vraiment d'explication mais avec Webb Simpson, les choses devinrent un peu délicates. Non seulement il n'avait gagné aucun tournoi au cours de l'année 2014 mais il n'était pas particulièrement en forme et il avait raté le cut dans trois des quatre tournois majeurs. En le sélectionnant, Watson se privait également de Chris Kirk, qui venait de damer le pion au meilleur joueur européen.

« J'ai eu comme une révélation ce matin, expliqua-t-il sur scène. J'ai juste regardé la dernière édition de la Ryder Cup… J'étais en train de faire le ménage dans les stats, dossiers et autres ce matin, et il me restait les résultats de la Ryder Cup de 2012. J'ai jeté un oeil et j'ai vu Webb Simpson. 5&4. Webb Simpson. 5&4. Et je me suis dit, "ça doit être ce gars. Webb Simpson est mon prochain choix". »

C'est une belle histoire, même si elle est dérivée d'une vision tronquée de la performance de Simpson en 2012 : il avait effectivement fait équipe avec Bubba Watson pour remporter deux victoires faciles à Medinah, mais il avait aussi perdu un match en double avec Bubba face à Poulter et Rose, puis perdu son simple contre Poulter pour boucler la Ryder Cup, avec deux victoires et deux défaites.

Peu importe la sémantique, la vérité c'est que Watson ne s'était pas basé sur un dossier trouvé sur son bureau pour prendre sa décision. C'était une explication pratique mais ce n'est pas ce qui avait vraiment motivé son choix. La « révélation » dont il parlait était venue ce matin-là mais elle était venue, comme nous l'apprîmes plus tard, d'un échange de SMS avec Webb Simpson lui-même.

Comme Simpson le raconta aux médias à Gleneagles, avant l'aube ce mardi-là il se tournait et se retournait dans le lit de sa chambre d'hôtel à Denver. Il s'y trouvait pour disputer le BMW Championship et les choix du capitaine devaient être annoncés dans la soirée. Il pensait qu'il avait peu de chances d'être retenu, dit-il, et décida d'envoyer un SMS à Watson. Il reconnut que Watson avait une décision difficile à prendre, mais dit qu'il voulait vraiment faire partie de l'équipe et représenter les Etats-Unis.

Il reçut une réponse rapidement – il était environ quatre heures du matin à Denver mais cinq heures à Kansas City où Watson délibérait – disant simplement « c'est une décision difficile, Webb ». Une demi-heure plus tard, Watson l'appela et lui demanda pourquoi il devrait le prendre. Un peu groggy, Simpson sortit les mêmes arguments : il éprouvait de la « passion » pour la Ryder Cup, et voulait se venger pour Medinah. A la fin de cette conversation téléphonique, d'après Jason Sobel, de Golf Channel, Watson lui avait dit qu'il ferait partie de l'équipe.

A en croire la façon dont il avait présenté la chose, c'était le genre d'histoire qui réchauffe le coeur – Watson avait été influencé par la combativité de Simpson et avait rempli la douzième place avec la conscience tranquille. En fait, les choses n'étaient pas aussi claires puisqu'il avait même choisi un autre joueur avant ses échanges avec Simpson. Jason Sobel avait été le premier à sortir cette information un peu plus tard dans la même journée, et la plupart d'entre nous avions supposé qu'il s'agissait de Chris Kirk, et certains de Billy Horschel, qui s'était classé deuxième au Deutsche Bank mais n'avait commencé son ascension vers la FedEx Cup qu'après l'annonce des choix.

Nous nous trompions tous. Alex Miceli, de *Golf Week*, finit par révéler la vérité, à savoir qu'après le Deutsche Bank, Watson avait effectivement choisi trois joueurs mais que le troisième n'était ni Kirk ni Horschel. C'était Bill Haas, qui s'était classé neuvième ce week-end-là. Ce scoop était une étrange nouvelle : Haas avait été régulier toute la saison, ne ratant aucun cut, mais il n'avait pas gagné de tournoi ou été vraiment présent dans les majeurs. Il avait enregistré son seul top 5 à Wyndham, que la plupart des meilleurs joueurs avaient sauté. De plus, il était loin sur la liste des joueurs qualifiés automatiquement, en 28ème place, bien en-dessous de tous les autres candidats sérieux. Tom Watson n'avait jamais parlé de lui lors d'une conférence de presse avant la Ryder Cup et autant que je puisse en juger, personne d'autre non plus. Haas était un outsider par excellence – vainqueur à cinq reprises sur le PGA Tour, c'était un vétéran constant mais pas vraiment un choix stimulant.

Curieusement, l'un des rares joueurs ayant parlé de lui est Webb Simpson. Il a évoqué Haas à la conférence de presse de la Ryder Cup pendant laquelle il a raconté sa conversation avec Watson. Quand il avait parlé avec Watson ce fameux matin-là, il avait mentionné Haas (ainsi que Kirk et Horschel) comme une bonne alternative. Il est l'une des rares personnes qui avaient pensé à inclure Haas et cela n'a pas grand sens – sauf s'il savait déjà qu'il avait choisi Haas.

Ce qui nous amène à l'information qui fait que l'histoire de Simpson tourne un peu au vinaigre. Comme l'a écrit Alex Miceli, Watson avait appelé certains joueurs qualifiés automatiquement le lundi soir pour leur dire quels joueurs il choisirait. Quand les joueurs arrivèrent au practice le mardi matin, le bruit courait qu'il avait retenu Bradley, Mahan et Haas. Ils ne savaient pas que Simpson l'avait fait changer d'avis à l'aube mais – c'est le point essentiel – il est difficile d'imaginer que Simpson ne savait pas qui il avait choisi avant de lui envoyer son premier SMS le mardi matin. Il avait trop d'amis qui faisaient partie de l'équipe, dont bon nombre avaient été prévenus par Watson lui-même des joueurs qu'il allait choisir, pour ne pas être au courant. Si la nouvelle s'était répandue le lundi soir, comme nous le savons, Simpson en avait très certainement été informé.

S'il a vraiment évoqué trois joueurs lors de sa conversation avec Watson - Kirk, Horschel et Haas – et qu'il savait déjà qui il avait retenu, cela veut dire qu'il visait Haas, au moins subtilement. Sinon, pourquoi ne pas parler de Keegan Bradley et Hunter Mahan dans la discussion sur la « décision difficile » de Watson ? Simpson est intelligent, cependant : il savait que les places de Bradley et Mahan dans l'équipe étaient assurées et que s'il pouvait en trouver une de façon détournée, cela se ferait aux dépens de Bill Haas, le vulnérable troisième homme.

Cela devient encore plus accablant : lors de sa conférence de presse, Simpson a même laissé échapper que Keegan Bradley et Hunter Mahan avaient déjà reçu des appels de félicitations de la part du capitaine, quand il avait envoyé ses SMS, et qu'il avait appris qu'ils étaient retenus le lundi soir, avant de contacter Watson.

Le seul doute qui plane encore porte sur sa connaissance du fait que Haas avait été sélectionné, mais compte tenu de la façon dont les nouvelles se répandent entre les joueurs – et la variété de sources dans le réseau proche de Simpson – il parait ridicule d'imaginer qu'il n'était pas au courant.

Les gens raisonnables peuvent ne pas être d'accord avec son plaidoyer de dernier recours – le golf est un sport compétitif et s'il sentait Watson hésiter sur son troisième choix, qui nous dit qu'il avait tort de plaider sa propre cause, même aux dépens de Haas ? Cela donne un aspect impitoyable à tout le spectacle, mais ce qu'a fait Simpson n'est pas illégal et le golf, en fin de compte, n'est qu'un jeu – s'il a enfreint une règle, elle n'est pas écrite.

Le vrai problème, c'est Tom Watson. En divulguant ses trois choix avant de les avoir entérinés, il a donné lieu à un spectacle gênant à Denver, où un grand nombre de joueurs croyaient à tort que Bill Haas avait été retenu – y compris l'intéressé, sans doute. Quand Watson s'était laissé renverser par Simpson, un joueur à l'évidence en moins bonne forme que Haas, la farce avait commencé. D'une certaine manière, le leader américain était arrivé à transformer la simple tâche de choisir trois joueurs en un vaudeville embarrassant.

Les choix de McGinley nous avaient dit quelque chose d'important sur la façon dont il comptait mener la sélection européenne, mais il faudrait du temps avant que la vérité sur les manœuvres de Watson émerge. Gagner en Ecosse serait difficile pour les Américains contre une équipe européenne au grand complet, et il faudrait un capitaine fort et posé pour les aider à créer la surprise. A notre insu, alors que Webb Simpson radotait sur la rédemption devant les caméras de Golf Channel, Tom Watson avait déjà donné le premier signe indiquant qu'il n'était pas forcément l'homme de la situation.

25

ANTIBES, FRANCE

Le vrai Dubuisson

« Monsieur Ryan, je vais prendre le temps de répondre à vos questions, avec sincérité et force détails. Certaines vérités ne lui feront pas plaisir mais en tant que père, je veux que l'on sache la vérité une fois pour toutes. »

Alban Dubuisson, le père de Victor

Pour Paul McGinley, l'émergence de Victor Dubuisson comme star du match-play en Arizona a dû sembler être une incroyable aubaine : une nouvelle arme à déployer en Ecosse contre des Américains diminués. Au même moment, il se rendit compte que la personnalité du Français en faisait un challenge – comment gérer ce type ? Comment l'intégrer et s'assurer qu'il serait un plus pour l'équipe ? Tandis que le Français se rapprochait d'une qualification automatique, McGinley tentait de résoudre le mystère Dubuisson. Il se trouve que j'essayai de faire la même chose.

Fin 2014, j'exprimai ma frustration à un journaliste français après m'être heurté à un mur au sujet du passé de Dubuisson. La vedette naissante qui avait gagné son premier tournoi en Turquie l'année précédente – et s'était rendu célèbre en Amérique avec ses coups héroïques à l'Accenture Match Play Championship – était resté une énigme pour toute la presse américaine. Son passé était entouré de mystère, sa personnalité restait un code à déchiffrer.

Parfois, le secret provoquait de formidables confusions. Le journal britannique *The Daily Mail*, pour commencer, avait affirmé que Dubuisson habitait au Honduras – un détail fascinant, me dis-je, étant donné qu'il n'avait absolument aucun sens. Pourquoi un joueur évoluant essentiellement en Europe s'installerait-il en Amérique Centrale ?

J'essayai de comprendre pendant quelques minutes avant que la vérité s'impose à moi : le journaliste avait dû entendre un Français dire Andorre – le minuscule pays dans les Pyrénées où Dubuisson a vraiment élu domicile pour échapper aux taux d'imposition dissuasifs de l'Hexagone – et il avait cru entendre Honduras. La rédaction ne s'est pas laissé décourager, puisqu'elle a publié les mêmes informations en septembre – toujours convaincue, des mois plus tard, que Dubuisson faisait l'aller-retour entre les tournois européens et le petit pays des Caraïbes. C'est le genre de quiproquo qui prête à rire, mais aussi symbolique de tout le fiasco Dubuisson. Trouver des informations fiables sur lui est impossible.

Quand j'en ai parlé au journaliste français, il a simplement haussé les épaules – c'est la vie – et m'a dit que je devrais peut-être essayer d'entrer en contact avec le père du joueur sur Facebook. Je ne me réjouis pas de ce conseil, pensant que c'était un coup d'épée dans l'eau qui n'amènerait que plus de silence, en plus de l'obstacle supplémentaire de la barrière de la langue. En outre, Dubuisson n'avait-il pas dit qu'il n'avait pas de famille ?

A mon retour de la Ryder Cup, je repensai à cette conversation et décidai cependant de faire une petite recherche en ligne. Il s'avère que Dubuisson vient d'une famille de sportifs. Son oncle, Hervé Dubuisson, est considéré comme l'un des plus grands joueurs dans l'histoire du basketball français – le « Kobe Bryant français ». On trouve des articles dans lesquels on définit Tony Parker, le meneur devenu star avec les Spurs de San Antonio, comme le « Hervé Dubuisson de sa génération ». Dubuisson détient le record avec 254 matches joués pour l'équipe nationale. Il détient aussi le record de points marqués lors de sa carrière – 3 821 – et celui de points marqués dans un match – 51 contre la Grèce en 1985. Il a remporté de nombreux titres de meilleur marqueur et quelques titres de Champion de France, et pendant deux années il a joué avec son frère Alban – le père de Victor.

Quand je demandai à Alban de devenir mon ami sur Facebook, je m'attendais à tomber sur quelqu'un formé aux arts secrets de la famille.

A ma grande surprise, il s'avéra très enclin à parler de son fils. Cette volonté était antérieure à nos échanges : il avait déjà écrit beaucoup de choses sur lui sur Facebook. Les messages montraient un père qui était à la fois fier de ce que Victor avait accompli, plein d'espoir pour son avenir, et amer en raison de la tournure qu'avait prise leur relation. Ils n'avaient pas échangé un mot depuis quatre ans. Leur histoire me fit tout de suite penser à celle de Patrick Reed et ses parents. Voici un exemple typique de ses posts :

« Je suis fier de sa réussite mais quand il dit qu'il n'a pas de famille, c'est aberrant !! Ça me donne envie de vomir de lire toutes ces conneries, sans son grand-père, sa mère et moi-même il ne serait jamais au niveau où il est et n'aurait jamais réalisé son rêve d'aujourd'hui. C'est lamentable !! Mes amis sur Facebook qui ont suivi son ascension pourront en témoigner, je l'espère, mais c'est la vie et je lui souhaite la plus grande réussite, il est et restera toujours dans mon cœur. »

Alban et moi commençâmes à correspondre par e-mail. Avec l'aide d'un traducteur – une Parisienne pure souche – je commençai à reconstituer la vie de Victor Dubuisson.

Je découvris que même les détails de sa biographie généralement admise étaient faux. Dans chaque article publié sur lui en France ou à l'étranger, par exemple, son lieu de naissance est Cannes. En réalité, il est né le 22 avril 1990 à la Clinique St. Georges de Nice et même si sa famille a déménagé à plusieurs reprises, les Dubuisson n'ont jamais habité Cannes. Victor ne s'y est installé qu'après être passé pro, se satisfaisant apparemment de dire à tous les journalistes qui le lui ont demandé qu'il y était né et y avait grandi.

Alban avait joué au plus haut niveau de basketball professionnel français pendant deux saisons, remportant le titre national quand il évoluait au Mans avec son frère, mais il n'était pas assez bon pour y rester. Il continua bon an mal an dans une équipe de la Côte d'Azur de niveau inférieur mais quand il rencontra sa future femme, Cathy, ils décidèrent de démarrer une entreprise de nettoyage à sec. Alban arrêta le basket, les affaires prospérèrent, tout comme la famille qui s'agrandit avec la naissance de leur premier enfant, Victor.

Ils habitaient alors à Antibes, autre ville sur la côte, et quand Victor avait six ans ses parents l'inscrivirent au basketball, pensant qu'il pourrait reprendre le flambeau familial. Il détesta ce sport, au même titre que le tennis, le football, l'athlétisme et le judo – sans parler de l'école. Ils commencèrent à croire que leur fils n'était pas voué à faire du sport.

Son grand-père maternel, Léon, jouait au golf et un soir, alors que les parents de Cathy le gardaient, Léon commença à jouer avec son petit-fils sur un petit tapis de putting. C'est impossible de dire pourquoi cette activité intrigua le garçon, alors âgé de huit ans, mais il demanda rapidement à son « Papé » de l'emmener sur un vrai parcours. Léon passa prendre Victor à l'école un jour et lui acheta un fer 7 raccourci. Ils se rendirent sur un parcours dans la ville voisine de Biot, où ils s'entraînèrent à chipper et putter. Avant d'être rentré chez lui, Victor était accro.

Cette histoire entre en conflit avec un autre mythe populaire relatif à Dubuisson, selon lequel il aurait été attiré par le golf en regardant Tiger Woods remporter le Masters en 1997. Alban ne jouait pas au golf et ne le regardait pas, et s'il est vrai que Victor a commencé le golf à l'âge de huit ans avec son grand-père, cela a eu lieu au moins un an après la première victoire de Tiger dans l'épreuve. Là encore, nous nous heurtons sans doute à la tendance de Victor à exagérer en présence de journalistes.

Léon, soit dit en passant, est une autre victime de la loi du silence imposée par Victor à sa famille.

« Sans son Papé, que ferait-il aujourd'hui ? », demande Alban rhétoriquement dans l'un de ses lugubres messages sur Facebook. « Est-ce si difficile de dire merci et d'avoir la moindre reconnaissance envers son Papé ? Pour Victor, apparemment oui !!!! Tout ce que j'ai à dire c'est qu'aujourd'hui, son Papé et toutes les personnes qui l'ont accompagné pendant toutes ces années sont heureux pour sa réussite, même s'il ne mérite pas notre estime !!!! Il est à tout jamais dans notre cœur, le petit Victor en short que nous avons connu et qui nous faisait rêver. »

A l'époque, Alban était ravi de voir que quelque chose rendait Victor heureux, lui qui pouvait être morose. Les parents de Victor soutinrent la nouvelle passion de leur fils et il se montra immédiatement doué – ce n'est pas surprenant, compte tenu de ses gênes. Alban se mit au golf afin de passer du temps avec son fils, mais rapidement Victor le battit à chaque fois.

Rien ne pouvait détourner Victor de son obsession, et Alban l'inscrivit pour des tournois disputés le week-end contre des enfants qui avaient trois ou quatre ans de plus que lui – un autre écho à la saga de Patrick Reed. Alban sentit que c'était le meilleur moyen d'aider son fils à devenir compétitif et même s'il se « prit des branlées » au début, il croit que la difficulté a endurci Victor. Il dit s'être inspiré d'une biographie de Tiger Woods qui parlait du passé de son père Earl en tant que Marines, et il admet « ne pas toujours avoir été tendre » avec son fils.

Victor était un perfectionniste et avait la mauvaise habitude de lancer des clubs ou de taper le sol avec, et Alban essaya de lui dire qu'il devait accepter les mauvais coups et rester positif. Ils parlaient longuement de son attitude mais Victor avait tout de même du mal à gérer ses erreurs sur le parcours. Il lui fallut des années avant de garder son calme pendant une partie et même aujourd'hui, il a encore cette tendance perfectionniste. Selon Alban, son « amour vache » était limité à ces conversations.

Contrairement à ce que l'on a pu lire dans certains articles – un refrain qui est devenu récurrent -, Victor n'a pas arrêté l'école à l'âge de dix ans, et cela a toujours fait rire Alban. L'école est obligatoire en France jusqu'à l'âge de seize ans, mais Victor a tout de même eu recours au CNED (Centre national d'enseignement à distance) afin de faire l'école à la maison avec des supports en ligne pendant ses dernières années d'école.

La famille Dubuisson a déménagé à quelques kilomètres vers l'intérieur des terres à Opio et pendant les vacances, sa mère l'emmenait au Golf de la Grande Bastide, où il disputait des compétitions amicales contre les caddies et jouait 36 trous tous les jours. Le club lui permettait de jouer tant qu'il voulait moyennant le paiement d'une somme forfaitaire, ce qui fit faire des économies à ses parents et lui évita « l'ennuyeux » practice. Il expliqua à son père que jouer sur le parcours lui permettait de faire semblant de disputer un vrai tournoi. Aujourd'hui encore, il s'entraîne souvent en jouant contre trois amis, deux balles par trou, et il compte le moins bon de ses deux scores contre le meilleur de leurs trois coups.

Quand Victor avait douze ans, lui et son père jouèrent à la Grand Bastide pendant l'hiver, dans des conditions difficiles. Quand ils bouclèrent l'aller, Alban demanda son score à son fils. Victor le lui dit : -3.

« Je pensais qu'il me faisait une blague, écrit Alban, mais non. Il a fini à -8, il avait battu le record du parcours, en plus c'était la Coupe de Noël et les conditions de jeu n'étaient pas favorables. »

A Opio, réalisant le talent extraordinaire de son fils, Alban amena Victor à un technicien appelé Stéphane Damiano. Ils travaillèrent ensemble jusqu'à ce que Victor ait treize ans, moment auquel il commença à collaborer avec son oncle et l'un des enseignants les plus réputés de la région, Roger Diamano. Tous deux furent très impressionnés par le petit jeu de Victor et sa façon d'aborder le parcours avec une intelligence calme et impitoyable.

Ils découvrirent aussi que Victor nourrissait une profonde méfiance vis-à-vis de l'autorité, et avait une tendance tenace à ne pas honorer ses rendez-vous. Ils durent se battre pour gagner sa confiance, et lui pardonner quand il disparaissait. Stéphane Damiano, qui est devenu l'un de ses plus fervents supporters, a tout de même dit au *Monde* « [qu'] avec lui, il faut savoir passer l'éponge. »

Victor peut donner l'impression d'être égoïste mais une vérité plus complexe finit par émerger : il est centré sur lui-même, bien sûr, mais pas malveillant. Il ne se rend tout simplement pas compte que la vie pourrait être vécue d'une autre façon. C'est presque comme s'il y avait une barrière entre Victor et le monde des mondanités – avant d'être convaincu, il ne voit que de mauvaises intentions chez les autres et il ne voit par conséquent aucune raison de leur être loyal. Cela relève de la paranoïa et toute relation de bienveillance établie avec l'autre semble peu convaincante.

Quand il devint adolescent, Victor fut reconnu comme l'un des joueurs les plus doués en France. A l'âge de douze ans, il commença à s'entraîner avec le Pôle France Élite – un groupe composé des meilleurs joueurs du pays et subventionné par la Fédération Française de Golf. Cela ne se passa pas bien. D'après Alban, Victor n'en fit qu'à sa tête, refusant d'adhérer à leurs méthodes d'entraînement à moins qu'elles ne viennent de son propre coach. Il ratait des entraînements, ignorait les conseils et plus généralement, faisait un pied de nez à ceux qui essayaient de lui donner des ordres. Il disparaissait pendant des semaines sans explication, et bientôt ses amis ne dirent plus « poser un lapin » mais « faire une Dubuisson ». Exaspérée, la fédération finit par ne plus financer certains de ses déplacements en 2006, même s'ils le laissèrent voyager avec l'équipe nationale dont il faisait partie depuis l'âge de quinze ans.

Vers la fin de son adolescence, Dubuisson travailla avec un autre coach, Dominique Larretche, qui a dit au *Figaro* que son élève était une « Ferrari. » Sa vie n'était quand même pas simple. « C'était difficile de le coacher. Quand ça ne va pas, Victor aurait tendance à ne pas supporter une quelconque autorité, raconta-il. A la fin de notre collaboration, il y a eu des choses que je n'ai pas acceptées. »

Un autre coach, Benoît Ducoulombier, a dit au *Journal du Golf* que quand il avait essayé d'aider Dubuisson sur son putting, il s'était enfui en le regardant comme s'il était un terroriste. Il lui fallut une année avant de faire un nouvel essai, et le coach comprit que c'était mieux de laisser le joueur prendre la tête des opérations. S'il faisait l'erreur de prendre une initiative, Victor devenait très mal à l'aise et s'enfuyait.

Malgré cette irritabilité, le garçon prospéra et les titres arrivèrent vite – Champion de France amateur, Champion d'Europe des moins de 18 ans, Ryder Cup Junior, Champion d'Europe amateur et numéro un mondial amateur.

Quand il passa pro, il fut ralenti pendant pratiquement deux ans par le « staphylocoque doré », une infection bactérienne. Il s'accrocha, conserva sa carte du circuit européen alors qu'il jouait malade, et arriva bon an, mal an à Antalya, en Turquie, où à l'automne 2013 sa vie changea complètement avec sa première victoire sur l'European Tour.

« Et qui paye ? C'est papa. Aujourd'hui, la fédé de golf tire la couverture à elle, pour la réussite de Victor !!! Foutaises. Victor m'a adoré jusqu'à ce qu'il soit professionnel et qu'il gagne très bien sa vie. Son pognon, il peut se le fourrer où il veut, entouré par tous ces arrivistes et faux-culs qui l'entourent aujourd'hui. (...) Victor, juste un peu de respect et de reconnaissance pour les personnes qui t'ont accompagné durant ton début de carrière. »

Alban, sur Facebook

Quand Victor décide de couper les ponts, il le fait. Un article du *Monde* indique qu'il n'a pas parlé à son oncle Hervé, la star du basket, depuis plus de huit ans en raison d'une « brouille irréversible entre Hervé Dubuisson et la mère de Victor », et il a dit un jour à un journaliste français que son oncle était responsable de « l'éclatement de sa famille. »

Il n'est pas entré dans les détails, mais ce n'était que le début de son retrait vis-à-vis de sa famille. Quatre ans plus tard, son père et sa mère se séparèrent lors d'un divorce conflictuel, et Victor n'a pas encore pardonné ni oublié.

« Une rupture douloureuse entre sa maman et moi est arrivée, ce qui a beaucoup perturbé Victor qui est un garçon sensible, m'a dit Alban. C'est la raison pour laquelle il ne me parle plus depuis maintenant quatre ans. »

Et bien sûr, ce n'est peut-être qu'une partie de toute l'histoire entre le père et le fils. Là encore, nous ne savons rien de leurs rapports pendant les années déterminantes de la jeunesse de Victor. Peut-être que le divorce est la seule chose qui a mis Victor en colère, ou peut-être que c'était la goutte d'eau qui fait déborder le vase. Il y a peu d'indices et le seul élément à se mettre sous la dent vient du fait qu'il affirme ne pas avoir de famille et, peut-être, d'un autre post sur la page Facebook d'Alban. D'après lui, les derniers mots échangés entre eux ont été « Tu m'as cassé les couilles pendant toute ma carrière amateur » dans un SMS envoyé par Victor il y a cinq ans.

« Le golfeur accepte de rencontrer les journalistes à peu près aussi souvent que survient une victoire tricolore en Grand Chelem. De toute façon, dès qu'un micro approche, le jeune homme devient lui-même un cactus : insaisissable. »

Henri Seckel dans Le Monde, septembre 2014

Le deuxième plus grand talent de Victor Dubuisson, après son golf, c'est d'être rancunier. Cela dépasse sa famille et s'étend à tous ceux qu'il perçoit comme une menace. Il nourrit une animosité particulière à l'égard de la France et des médias français.

Le premier signe de cette antipathie est apparu en février 2011 dans un article de *L'Équipe* écrit par Phillippe Chassepot, dans lequel Victor dit « Quand je vois la réputation de merde qu'on me fait, et la mentalité insupportable de mon pays, je n'ai pas vraiment envie de jouer pour la France. »

Dans une interview accordée au *Figaro* en 2013, Victor s'épancha sur ce sujet : il dit qu'il appréciait les autres joueurs français sur le circuit européen, mais en ce qui concerne le pays, il ne se sentait pas soutenu parce qu'il était toujours critiqué. Pour preuve, il donna le fait qu'il n'avait aucun sponsor français, ce qui signifiait qu'ils n'aimaient pas son image.

Il est évident que le dégoût de Victor pour son pays a des racines plus profondes que son régime fiscal – il n'aime pas non plus ses journalistes. En juillet, il a dit à ses followers sur Twitter qu'il préférait se limiter aux médias anglais et américains, qui comprennent mieux le golf que les journalistes français, et avec lesquels il avait de meilleurs rapports.

J'ai discuté avec François Scimeca, de la Fédération Française de Golf, qui a rencontré Victor à l'Open de France quand il avait quinze ans. Il entretient de bons rapports avec Victor mais reconnaît qu'il y a des pièges quand on a affaire à la vedette fantasque.

« Il n'est pas très sympa avec la presse, m'a-t-il dit. Il ne l'aime pas. En France, personne n'a accès à lui facilement parce qu'il veut jouer au golf, vivre golf, avoir une vie en dehors et c'est tout. »

Peu importe que ses amis, agents et coaches lui disent qu'il doit accepter la présence des médias français, et que leur parler cordialement est l'une des obligations qui viennent avec les avantages de sa situation, la leçon n'a pas été apprise. Il évite toujours les journalistes à tout prix et déteste ouvertement le *Journal du Golf*, une filiale du géant des médias sportifs *L'Équipe*.

Benjamin Cadiou, un journaliste du *Journal du Golf* qui a fait les frais de l'imprévisibilité de Victor, a répondu à quelques-unes de mes questions pendant la Ryder Cup. Il a rencontré la star en herbe pour la première fois en 2007, à l'occasion d'une interview organisée par la fédération avec les meilleurs amateurs. Dubuisson était déjà timide et réticent.

« Notre relation est complexe, dit-il. C'est très difficile de communiquer avec ce genre de gars. Je ne me plains pas mais, mais c'est dur. »

Au début, explique-t-il, Victor adorait lire le magazine et affirmait qu'il l'avait lu tout le temps pendant son enfance, étant donné qu'il était gratuit et qu'il venait d'un milieu modeste – une autre exagération de la part de Dubuisson, en tout cas d'après son père qui dit que la famille vivait confortablement. Leurs rapports à moitié cordiaux se poursuivirent, avec quelques hauts et bas mineurs, jusqu'en 2014. En janvier, Benjamin Cadiou discuta avec lui pendant 90 minutes à Torrey Pines à l'issue desquelles il pensa avoir solidifié une bonne relation de travail. Le lendemain, Victor rendit une dernière carte de 76 et ne regarda même pas le journaliste quand il vint lui demander une réaction.

Plus tard dans la saison, il fit une interview vidéo avec Victor et lui demanda ce qu'il aimait faire en dehors du parcours. Le joueur sortit une clé de voiture de sa poche, la fit balancer et lui dit que c'était son principal hobby. Le moment semblait anodin mais Dubuisson s'énerva quand ce passage fut diffusé, et cela établit un modèle pour ses interactions avec les médias. Il dit quelque chose sans se soucier de l'impression que ça donne, et quand cela passe il accuse le média en question d'avoir soit déformé ses propos, soit utilisé quelque chose qu'il avait dit officieusement – une affirmation douteuse, étant donné qu'il n'a pas de nombreuses conversations privées avec des journalistes.

Benjamin Cadiou ne se fie à aucune information obtenue de Victor – il n'y a aucun moyen de vérifier chaque nouvelle rumeur et même quand l'info vient de Victor lui-même elle est susceptible d'être au mieux à moitié vraie. Les journalistes du *Journal du Golf* ont fini par en avoir assez d'être maltraités par la plus brillante star française et ont mis fin à leur longue attente stoïque au British Open. Philippe Chassepot a écrit un article intitulé « Le Malaise Dubuisson » qui commençait par ces mots :

Victor Dubuisson est en guerre contre la presse française. Depuis toujours. Mais il semble avoir franchi une nouvelle étape cette semaine au British, ce qui n'est bon pour personne : ni pour lui, ni pour nous. Petit résumé d'une semaine ordinaire avec Victor Dubuisson. Mardi, on l'a cherché, sans succès. Mercredi, on est allés le suivre sur quelques trous d'entraînement, mais on n'a pas réussi à accrocher son regard. Jeudi, après [son] +2 frustrant, il nous a dit « bonne journée » et s'en est allé. Hier, le Français s'apprêtait encore à s'en aller, avant que Benoît Ducoulombier [le coach de Dubuisson] ne le ramène à la raison et qu'il nous accueille d'un « Allez-y, posez-les vos questions nulles ! »

Chassepot écrivit ensuite au sujet de Dubuisson qu'il était « le sportif le plus écorché vif qu'on ait jamais rencontré » et l'accusa de « saillies paranoïaques ». Dans un épisode absurde, écrivit-il encore, Dubuisson était furieux après qu'un internaute l'avait traité de « pauvre type » en commentant un article, et avait reporté sa colère sur le magazine[1].

Chassepot précisa que contrairement aux tabloïds anglais, qui se feraient un plaisir de publier les côtés sombres d'une personnalité - « qui n'en manque pas » - le *Journal du Golf* avait respecté sa demande de respect de sa vie privée et familiale.

Il va sans dire que Dubuisson ne réagit pas bien à cet article. Il coupa immédiatement les ponts avec *L'Équipe* et ne leur a pas parlé depuis. Un caméraman français m'a raconté que Dubuisson était « encore un enfant, dans sa tête », et que c'était un « cauchemar pour nous d'essayer de lui parler ». La situation s'envenima tellement pour des journalistes comme Benjamin Cadiou qu'ils finirent par demander de l'aide à des journalistes étrangers compatissants: posez cette question, s'il vous plaît, et donnez-nous sa réponse car sinon nous n'aurons rien à écrire (je rendis ce service à plusieurs occasions).

« C'est fini, dit Cadiou à propos de sa relation avec Victor. Rien, absolument rien depuis. Et nous n'avons commis aucune erreur, c'est complètement injuste. Nous n'utilisons jamais de propos officieux dans nos articles. Il est très suspicieux et nous ne nous parlerons plus jamais. »

Question : Que pensez-vous de Victor ?

Lee Westwood : C'est très difficile de savoir quoi penser de Victor. Il est très timide. Il est assez imprévisible. Il a un sens inné du jeu. Il est très doué.

Victor a des défenseurs. Même ses coaches les plus frustrés dissent qu'il peut être humble et gentil, et que cela ne tourne mal que parce que c'est un garçon sensible qui a du mal à savoir comment se comporter sous la lumière aveuglante des projecteurs. Benjamin Cadiou pense qu'il est très malin, même si cela ne se ressent pas au sens académique. Les Damiano pouffent de rire à l'idée, qui a circulé au début, selon laquelle Victor est fainéant et même Larretche, le coach qui l'a trouvé trop difficile à gérer en 2010, a versé une petite larme quand il a gagné en Turquie.

1. Son coach actuel, Benoît Ducoulombier, a dit en janvier de 2014 que Victor avait été blessé par des messages sur les réseaux sociaux, et qu'il l'avait incité à s'en désinscrire.

Son père aussi se remet toujours de ses moments de colère pour exprimer son amour pour Victor. Le tout dernier message qu'il m'a envoyé, avant que notre correspondance ne prenne fin, était un peu déchirant. « Victor est une belle personne et très attachant, j'aimerais que vous le rencontriez un jour », m'écrivit-il.

Eh bien, je l'avais rencontré et même si je n'avais pas discerné ces qualités en lui, l'affection du père m'émut quand même. Pour tous les autres, Dubuisson est resté un mystère. Avait-il vraiment quitté l'école à dix ans ? Vivait-il seul, sans parents ? Etait-il fou ?

Après avoir ébloui le monde du golf en Arizona, Victor changea de numéro de téléphone sans avertir qui que ce soit, ce qui eut pour conséquence qu'il rata des SMS de quelques personnes et notamment Paul McGinley. Rien de neuf – sa réputation pour rater des rendez-vous importants se perpétuait et affectait maintenant ses sponsors. Apparemment, il posa même un lapin à l'un de ses héros, Thomas Levet, pour une partie d'entraînement en janvier, même si cette information vient du Daily Mail, qui croit toujours qu'il habite au Honduras.

Quoi qu'il en soit, forger des liens avec Dubuisson – et l'assimiler dans l'équipe – serait l'un des plus grands challenges de McGinley. Mais il avait un plan. Il mettrait à contribution Graeme McDowell – un homme dont le charisme et l'esprit en faisaient le complément parfait au français réservé – pour jouer le rôle du père. Sa tâche serait d'intégrer Victor au reste de l'équipe, atténuer son inconfort et sa nervosité et devenir son partenaire dans les groupes de la Ryder Cup.

26

AUCHTERARDER, CONTÉ DE PERTH, ECOSSE

La Ryder Cup ; un parcours américain en Ecosse ; l'ascension de McGinley ; l'éviscération de Gleneagles ; l'histoire de deux Capitaines ; la rébellion de Mickelson

« La plus grande forme de stratégie est d'être plus rusé que l'ennemi... Dans l'ancien temps, les grands guerriers ne gagnaient pas seulement des victoires, ils le faisaient avec facilité ; parce que leurs victoires étaient remportées sans difficulté apparente, elles ne leur apportaient pas de célébrité en raison de leur sagesse ou de respect pour leur courage. Etre prêt pour tous les cas de figure assure une victoire certaine, car cela signifie combattre un ennemi qui est déjà vaincu. »

Sun Tzu, L'Art de la guerre

La Ryder Cup commença en Ecosse moins d'une semaine après le référendum sur l'indépendance, qui avait fait déplacer 5,3 millions de citoyens. Ceux qui voulaient rester dans le Royaume-Uni avaient remporté 55,3% des suffrages, mais on pouvait encore voir les panneaux bleus « yes » aux fenêtres des appartements du joli quartier du West End de Glasgow - un bastion libéral, et l'une des rares villes à voter contre le courant –, en soutien d'un rêve envolé.

Depuis le centre-ville, des navettes amenaient toutes les heures les journalistes pour un périple de 72 kilomètres vers le nord-est, la ville d'Auchterarder et le Centenary Course de Gleneagles, par la M80 et l'A9. Nous traversâmes des plaines inondées, nous passâmes devant des champs vert foncé, où des troupeaux de moutons et de vaches paissaient, entourés de murs de pierre. Les premiers panneaux « no thanks » (non merci) – un refus poli à l'indépendance – apparaissaient tandis que l'on quittait la ville pour la campagne, et que la politique se faisait conservatrice. Le bus poursuivait péniblement son chemin sur des routes étroites vers le nord et bientôt, nous étions au début des Highlands.

Pour la première fois dans mes déplacements limités au Royaume-Uni, je ressentis une once de ce vieux sentiment américain – cette sensation d'être sur la route, en direction de l'inconnu, et que l'horizon pourrait être infini. L'Angleterre m'avait paru exiguë et oppressante mais je trouvai là les grands espaces verts qui m'avaient manqué. La différence c'est que contrairement à la jeune Amérique, l'Ecosse est chargée d'histoire.

Nous passâmes devant la ville de Stirling, où William Wallace a remporté sa grande victoire contre les Anglais. Quand la route se fit plus sinueuse et monta vers Gleneagles, nous quittâmes l'autoroute et passâmes par le village de Braco, où des passerelles pavées enjambaient des criques indolentes et il y avait dans la rue principale des bâtiments mitoyens à pignon, abritant de petites boutiques et des cottages. En dehors des antennes paraboliques dépassant du deuxième étage, je me dis qu'un endroit comme ça devait avoir le même aspect il y a cinq cents ans.

Le parcours du PGA Centenary, par contre, a ouvert il y a moins de deux décennies. Dans l'ombre de l'hôtel palatial de Gleneagles - un ouvrage colossal de style georgien construit en grès et en briques enduites de crépi –, il fait figure d'opulent imposteur. Tout d'abord, il y a le nom, Centenary, qui veut dire centenaire et donne un air très prestigieux. Le problème, c'est que quand il a ouvert, en 1993, ni Gleneagles ni la PGA britannique n'avaient cent ans. En fait, au début il s'appelait The Monarch's Course (Parcours du Monarque) et fut renommé en 2001 en l'honneur de l'anniversaire de la PGA – c'est un peu de la triche, à mon avis.

Il y a aussi le problème du style du parcours, que le site web de Gleneagles lie vaillamment au riche passé du pays : « Bien qu'ils ne soient pas situés près de la mer, les parcours de Gleneagles ressemblent aux plus anciens links écossais, dans la mesure où ils ont été construits sur du sable et du gravier. »

C'est un peu comme dire que mon swing ressemble à celui de Rory dans la mesure où nous utilisons tous les deux des clubs fabriqués en acier. En vérité, Gleneagles ressemble bien plus à un parcours américain que tout ce que vous pourriez trouver le long du littoral. Ce qui n'enlève rien à sa beauté : entouré par des champs et des collines qui passent d'un vert chasseur prononcé au brun, en passant par la couleur du trèfle et celle de l'olive foncée, les vallées ondulées se prêteraient à de jolies cartes postales. Le comté du Perthshire est aussi le « pays des grands arbres » (Big Tree Country) et des pins, hêtres, chênes, ifs et mélèzes donnent une stature un peu ancienne au paysage. Il n'y a absolument rien à reprocher au Centenary, si ce n'est que son caractère n'est pas du tout britannique et que c'est un peu bizarre qu'une compétition qui a lieu tous les quatre ans en Europe soit disputée sur un parcours qui rompe aussi totalement avec la tradition.

Alors pourquoi organiser la Ryder Cup à Gleneagles, alors qu'il y a une kyrielle de links légendaires dans toute l'Ecosse qui seraient heureux de le faire ? La réponse, comme Bob Harig l'expliqua sur ESPN cette semaine-là, c'est l'argent. C'est le European Tour qui organise la Ryder Cup en Europe, et comme il n'est pas aussi solide financièrement que le PGA Tour et doit subventionner ses propres tournois car il a des sponsors moins généreux, il presse son évènement phare comme un citron. D'après Golfweek, la différence en bénéfice annuel entre l'année 2010, où la Ryder Cup a été disputée en Europe, et la suivante, est de 16 millions de livres : 14 millions de bénéfices en 2010 et une perte de 2,2 millions en 2011.

C'est la Ryder Cup qui permet au circuit européen de survivre. En dehors de la somme qu'il lui paye, le club hôte doit s'engager à accueillir et fournir la dotation pour un tournoi du circuit pendant environ quinze ans après la Ryder Cup. Toutes les dépenses engagées pour la préparation du terrain lui incombent tandis que les recettes provenant de la vente de billets, de nourriture et de souvenirs sont reversées au European Tour. La note peut être très lourde et puisque la survie du circuit européen repose sur ses recettes, il attribue inévitablement la compétition au plus offrant, indépendamment de l'histoire ou du prestige. D'où Gleneagles.

La première Ryder Cup a eu lieu en 1927, dans le Massachusetts, où une équipe américaine comprenant Walter Hagen et Gene Sarazen avait battu une sélection britannique sur le score de 9,5 à 2,5. Les équipes se partagèrent les points pendant les six années suivantes, moment à partir duquel les Etats-Unis entamèrent une période de domination prolongée, avec vingt victoires en 22 éditions entre 1935 et 1983. Cette dynastie ininterrompue rendit la compétition un peu ennuyeuse – personne n'en avait grand-chose à faire, ce qui explique que le PGA Tour n'ait pas trop lutté pour l'arracher à la PGA quand les deux organisations se sont séparées.

Les choses commencèrent à changer en 1979, quand la sélection britannique et irlandaise fut étendue aux joueurs de toute l'Europe pour la première fois, dans le but de rendre la Ryder Cup plus compétitive. Les deux éditions suivantes produisirent deux nouvelles déroutes mais en 1983, une équipe menée par Nick Faldo, Seve Ballesteros et Bernhard Langer échoua à un point d'une victoire sur le sol américain, qu'aucune sélection européenne ou britannique n'avait jamais enregistrée. Le dimanche, alors qu'il restait deux matches en cours, le score était de treize partout et Lanny Wadkins endossa le costume de héros en plaçant un coup de wedge chirurgical au 18 pour partager son match contre José Maria Cañizares. Tom Watson battit Langer dans la dernière rencontre et les Etats-Unis survécurent - d'un rien.

Ce fut un choc pour le système et cela empira en 1985, quand les Européens s'imposèrent facilement en Angleterre. Deux ans plus tard dans l'Ohio, une équipe menée par Ballesteros et José Maria Olazabal prit tellement d'avance sur les deux premières journées que même la réaction américaine tardive du dimanche ne leur permit pas de combler leur retard. Pour la première fois en soixante années de rencontres, les Européens avaient gagné sur le sol américain.

En un rien de temps, une exhibition quelconque s'était transformée en l'un des week-ends les plus tendus et les plus excitants dans le golf. Les Européens avaient complètement modifié le modèle et rendirent rapidement la monnaie de leur pièce aux Américains en les battant encore et encore pendant des décennies. Avant l'édition 2014 à Gleneagles, ils avaient enregistré sept victoires sur les neuf dernières éditions depuis 1995. Seul un come-back miraculeux à Brookline en 1999 et un naufrage collectif européen à Valhalla en 2008 avaient permis aux Etats-Unis de remporter la moindre victoire, et cela faisait 21 ans qu'ils ne s'étaient pas imposés en Europe – cela remonte à 1993, quand ils avaient pour capitaine un Tom Watson plus jeune.

C'était de cette réussite que Paul McGinley avait hérité. Contrairement aux Colin Montgomerie de ce monde, McGinley n'était pas particulièrement imposant. Son visage fait penser à celui d'un écureuil et quand il sourit, ses dents deviennent prépondérantes et ses yeux s'ouvrent. Son sérieux efface toute impression de mystère ou de puissance.

Mais il est intelligent. Il avait voyagé avec les joueurs pendant deux années complètes, les observant et imaginant les meilleures associations. Il devint évident qu'il en faudrait beaucoup pour le prendre de court, mais avant d'arriver à Gleneagles aucun de nous ne comprenait l'envergure de ce que McGinley avait construit. Ce qui nous surprit vraiment, quand les détails en furent révélés, c'est la préparation, à la fois du point de vue de l'organisation et sur le plan psychologique, étudiée pour établir un esprit d'équipe et créer une ambiance positive à toute épreuve. Il avait pensé à tout.

Il parla pendant toute la semaine d'un « gabarit » qui avait été utilisé pour les équipes européennes de Ryder Cup depuis la victoire de celle de Sam Torrance en 2002 (ce n'est pas une coïncidence si ce dernier était l'un de ses vice-capitaines). Au début de la semaine, je plaisantai de ce gabarit avec des collègues dont la plupart pensaient que c'étaient des foutaises. Nous ne tarderions pas à ravaler nos propos.

Le gabarit de McGinley est remarquable non pas en raison de la profondeur de ses thèmes – qui sont aussi simples qu'éviter la suffisance, s'amuser et attaquer par vagues –, mais du caractère exhaustif de sa configuration.

Il avait adapté tous les aspects de la vie d'équipe pour qu'ils servent sa philosophie. Y compris les discours de motivation. Le mardi soir, les joueurs se réunirent pour écouter Sir Alex Ferguson, le légendaire manager de football de Manchester United, qui tout au long de sa carrière avait gagné ses matches à domicile, en étant le grand favori – exactement ce que devraient faire les Européens en 2014. McGinley ne craignait pas d'être donné favori. Il pensait que c'était quelque chose que l'équipe devrait accepter, et la venue de Ferguson était censée renforcer cet état d'esprit.

Cette cohérence thématique s'appliquait aussi aux vidéos de motivation et même aux images qui ornaient les murs de la salle dans laquelle l'équipe se réunissait.

« Je pense en particulier à l'une d'entre elles, dit McGinley le samedi. Elle est immense, sans doute deux mètres sur trois, et c'est une photo d'un rocher européen au milieu de l'océan en pleine tempête. Le message en-dessous dit ceci : "Nous serons le rocher quand la tempête arrive". »

McGinley se serait préparé avec la même obsession quelle qu'ait été la situation – c'est dans sa nature –, mais l'urgence était augmentée par le fait que les Américains avaient une motivation plus profonde. Le come-back européen à Medinah avait été un coup terrible porté aux Américains, surtout compte tenu du bon capitanat de Davis Love. Même s'ils avaient remonté le même retard que les Américains à Brookline, ce renversement de situation était arrivé en terrain ennemi, devant un public hostile. Incontestablement, il s'agissait de la pire débâcle dans l'histoire de la Ryder Cup et ils voulaient se venger.

La question sur toutes les lèvres, c'était quel genre de capitaine Tom Watson serait. Si le fiasco des wild cards constituait un départ peu prometteur, il n'était certainement pas mortel. Lors des conférences de presse du lundi, ses mots indiquèrent que le même style de leadership serait peut-être aussi de rigueur pendant la compétition, pour le meilleur ou pour le pire.

« Je pense que le capitaine, c'est la personne qui inspire l'équipe, dit-il. Vous commencez par prendre des décisions dont vous pensez qu'elles sont bonnes, et elles changent par la suite. Dans le feu de l'action, dans le feu de la compétition. »

A première vue, sa réponse était quelconque. A ce moment-là, il était impossible de savoir que « dans le feu de l'action », il s'isolerait et prendrait des décisions intuitives qui ne seraient pas dans l'intérêt de l'équipe, ou ne prendrait même pas en compte les opinions de ses joueurs. Il n'avait pas peur de changer d'avis au dernier moment et d'obéir à son instinct, comme il l'avait fait en en choisissant Webb Simpson, même si cela le faisait dévier de son plan établi. On eut pratiquement l'impression, en fait, qu'il romançait l'idée – un grand meneur, croyait-il, opère comme un franc-tireur sûr de lui. C'est un décideur unilatéral dont les motivations ne peuvent pas être remises en question - intrépide, décisif et un petit peu secret. Les gens sous ses ordres pouvaient être déconcertés par une décision peu orthodoxe de temps en temps, mais cela fonctionnait toujours en raison de son intuition acérée. C'était une idée très américaine.

C'est l'état d'esprit qui l'avait rendu si efficace en tant que joueur – une assurance telle qu'il n'y avait plus aucune place pour le doute. Paul McGinley, d'un autre côté, n'avait pas le même pedigree et à cause de son insécurité il avait planifié et planifié et planifié, contactant ses joueurs quand nécessaire afin d'élaborer un plan de bataille détaillé qui pourrait être ajusté à la volée dans l'adversité. Pour Watson, un tel niveau d'engagement n'était pas utile. Il était le franc-tireur et le chef de la meute, et son autorité morale l'emporterait. Cette approche lui avait amené huit titres du Grand Chelem et une carrière brillante. Pourquoi est-ce que cela ne marcherait pas en Ecosse ?

« Comme je l'ai dit le premier jour de mon capitanat, je ne me vois pas comme un franc-tireur, a dit McGinley comme pour mieux marquer le contraste avec son homologue. « Je me vois comme un gars qui a eu beaucoup de chance d'avoir un rôle de second plan dans tant de réussites, à la fois en tant que joueur et vice-capitaine. J'ai beaucoup appris des capitaines pour lesquels j'ai joué et été vice-capitaine. Ce n'est pas le moment pour moi ou pour l'Europe d'avoir un franc-tireur pour capitaine. »

« Rien ne vaut l'esprit d'équipe. Rien ne vaut le fait de jouer les uns pour les autres dans un jeu qui est foncièrement très individuel. Ce jeu est par nature égoïste, nous nous occupons de nous-mêmes semaine après semaine, il est basé sur la réussite individuelle et notre sort tient à nos propres réussites. Quand vous venez cette semaine et jouez les uns pour les autres, jouez pour onze coéquipiers, les liens que vous formez pendant cette semaine, le genre d'ouverture que tout le monde adopte, n'ont pas de prix… Nous ferons n'importe quoi pour les autres cette semaine. C'est très très spécial d'être impliqué dans ce genre de chose. »

Graeme McDowell, le mardi

La montée en puissance avant le début des hostilités, le vendredi, fut moins spectaculaire que lors des éditions antérieures de la Ryder Cup. Le seul fauteur de trouble fut Phil Mickelson, qui s'attaqua au meilleur joueur européen le mercredi lors de sa conférence de presse.

« Non seulement nous sommes capables de jouer ensemble », dit-il en réponse à une question sur la cohésion au sein de l'équipe, « mais nous ne nous poursuivons pas non plus en justice. Et je pense que c'est un vrai plus cette semaine. »

Ce commentaire, qui visait manifestement le procès en cours entre Rory McIlroy et Graeme McDowell, fut accueilli par des rires. Les joueurs nord-irlandais le passèrent sous silence, du moins en public, car dans son autobiographie, *No Limits*, Ian Poulter raconte que Rory était allé trouver Phil ce soir-là à une cérémonie pour les joueurs et lui avait asséné une boutade de son cru : « Au moins, je ne suis pas recherché par le FBI. »

En dehors de cela, les règles de la chevalerie prévalurent. Le soir précédant la première journée de la compétition, McGinley fit un dernier discours à ses joueurs : il savait qu'il n'avait jamais été à leur niveau et il leur faisait une confiance aveugle. Quand ils partirent, les joueurs se sentaient confiants et brillants, prêts pour ce que leur réservait le lendemain.

A 6h15 le vendredi, dans la salle de presse sombre, entouré de chaises vides et de quelques journalistes somnolents, j'entendis un faible grondement provenant de l'extérieur. Cela ressemblait au bourdonnement d'une armée, éloignée mais monstrueuse, et cela s'amplifia de minute en minute. Je finis par reconnaître un mot, répété à l'envi avec une insistance effrayante.

« EU-ROPE ! EU-ROPE ! EU-ROPE ! »

Les hordes européennes étaient déjà arrivées – amassées au tee du 1, chantant, scandant et donnant de plus en plus d'énergie à l'équipe. Dans le golf, il n'y a rien de tel qu'un public européen de Ryder Cup. J'avais regardé quelques centaines de spectateurs européens faire plus de bruit que des dizaines de milliers d'Américains à Medinah, et maintenant ils étaient sur leur propre terrain. Les traditions liées au football différencient les Européens de leurs homologues américains – ils sont organisés et sans gêne. C'est la mentalité de la foule – primaire et un peu effrayante – et il n'y a simplement rien de comparable aux Etats-Unis.

Les joueurs s'échauffèrent au practice avec des bonnets, et un peu après sept heures ils se rendirent au départ. Les voix bruyantes descendirent en cascade des trois tribunes. Les chansons s'enchaînèrent, lancées par un groupe de spectateurs portant des pulls aux couleurs écossaises assis juste derrière le départ. Quelques courageux américains tentèrent de commencer un « U-S-A, U-S-A » – le seul slogan qu'ils connaissaient – et se firent rapidement huer. Ils se turent, ayant appris la leçon, et les Britanniques entonnèrent un morceau en hommage à l'effort américain à Medinah : « Dix à six et vous ne gagnez même pas ! »

Ils applaudirent tout de même Tom Watson – un très grand honneur, compte tenu de leur ferveur. Il les salua de la main et fut peut-être plus acclamé que McGinley, qui arriva trois minutes plus tard. A droite du trou, quelques mètres plus loin, la cour était réunie dans le grand studio vitré de la chaîne britannique Sky Sports. A l'intérieur, Colin Montgomerie et Darren Clarke, qui avaient tous les deux essayé d'usurper la place de McGinley en vain, étaient déjà à l'attaque, décrivant la composition de ses doubles comme « surprenante » et « étrange ».

Le vendredi matin, c'était une session de quatre balles – les quatre joueurs jouent chacun une balle et le meilleur score sur chaque trou l'emporte – et McGinley avait envoyé Henrik Stenson et Justin Rose pour mener la charge. Les deux joueurs avaient discuté à l'occasion du BMW Championship quelques semaines auparavant, et décidé d'un commun accord qu'ils aimeraient jouer ensemble. Stenson avait transmis le message à McGinley, qui avait apprécié cette idée encore plus que si elle était venue de lui-même – ils étaient tous les deux en grande forme, contrairement au partenaire habituel de Rose, Ian Poulter.

Watson riposta avec une paire composée de Webb Simpson et Bubba Watson, et c'est à Simpson que revint l'honneur de taper le premier coup de la compétition. On pourrait se demander si c'était une sorte de déclaration : non seulement Watson avait suivi son instinct pour retenir Simpson, mais il le mettait en première ligne contre les meilleurs joueurs européens. S'il essayait d'envoyer un message, cela marcha – Simpson envoya son premier drive en chandelle. Ce doit être l'un des pires coups d'ouverture dans l'histoire de la Ryder Cup, et cela envoya un message clair comme de l'eau de roche : les Etats-Unis étaient bel et bien foutus.

Puis ce fut le tour de Bubba, qui agita la foule jusqu'à l'hystérie, l'encourageant à applaudir pendant qu'il swinguait son driver rose.

Alors que les spectateurs étaient concentrés sur lui, il joua et profita de leur attention.

Ce fut le meilleur moment de la journée, pour le duo américain. Rose et Stenson jouèrent avec une grande régularité, bien plus qu'il ne leur en fallait. En clair, Webb Simpson fut désastreux. Les commentateurs radio de la BBC le tournèrent en ridicule dès le 9, et Bubba ne s'en sortit pas beaucoup mieux. Aucun d'eux ne signa le moindre birdie sur les quatorze premiers trous, Rose et Stenson enregistrant une victoire facile, 5 et 4, pour marquer le premier point de la Ryder Cup. Les deux premières décisions de Tom Watson s'étaient retournées contre lui : il ne pourrait pas faire jouer Simpson à nouveau avant les simples du dimanche.

Dans le deuxième match, Rickie Fowler et Jimmy Walker furent rapidement menés de trois trous par Thomas Bjorn et Martin Kaymer mais ils arrivèrent à remonter lentement la pente. Ils étaient encore 2 down au 16 mais Walker y réussit un birdie, ainsi qu'au 18 pour partager les points.

La bonne note américaine est à mettre à l'actif de Patrick Reed et Jordan Spieth, qui furent alignés dans le troisième match contre Stephen Gallacher et la star européenne de Ryder Cup, Ian Poulter. Les Européens déraillèrent dès le début. Poulter rata un putt court pour le par au 1 – une vision choquante – et les Américains prirent l'avantage. Ils restèrent 1 up jusqu'au 6, où ils commencèrent à vraiment décoller. Ils s'avérèrent très complémentaires : quand Spieth était en difficulté, Reed excellait et vice versa. Ils alternèrent les birdies, s'encourageant mutuellement en criant et générant toute la dynamique positive possible.

Le match se transforma rapidement en surprenante déroute. Poulter n'arriva pas à mettre la machine en route et Gallacher eut toutes les peines du monde devant son public - pour une raison ou une autre, il était dépassé par l'évènement et sa première apparition en Ryder Cup devint un cauchemar.

Quand Reed, qui ressemblait à Baby Face Nelson (un braqueur de banque et assassin qui doit son surnom à son apparence juvénile, ndt) dans son pantalon à rayures, rentra un nouveau putt pour birdie au 11, les Américains s'étaient propulsés à 6-up avec sept trous à jouer. Ce n'était plus qu'une question de temps, et le match se termina au 14 sur le score de 5 et 4.

Poulter avait eu une saison difficile et tous les joueurs dans le vestiaire américain avaient voulu tenter de l'accrocher à leur tableau de chasse - il était ce qu'ils appelaient un gros scalp. Spieth et Reed, dont c'était la première Ryder Cup, étaient enchantés d'être les premiers à en avoir l'occasion et ils la saisirent avec l'énergie et la verve dont les Américains avaient manqué pendant les deux dernières décennies. Il sembla acquis qu'ils seraient à nouveau alignés dans l'après-midi.

Dans la dernière rencontre de la matinée, la dynamique paire composée de Phil et Keegan affronta Rory McIlroy et Sergio Garcia. Le score fluctua en faveur de l'une et l'autre équipe, une offensive des Européens au retour leur permettant de se trouver 1 up à trois trous de la fin. Pour la première fois, la tension propre à la Ryder Cup devint vraiment palpable - c'était le match sur lequel se jouerait la session du matin, une victoire de l'une ou l'autre équipe lui permettant de prendre les devants au score.

Le 16 est un par 5 de 474 mètres et Bradley y tapa une excellente approche. Alors que ses coéquipiers le regardaient depuis le flanc de la colline située à gauche du green, il joua son putt pour eagle et brandit le poing trois fois violemment quand la balle rentra dans le trou. A ce moment-là, son visage rougi et anxieux était triomphal. Il tapa dans la main de Reed, Spieth, Bubba et Webb Simpson, qui étaient tous venus voir le match. Bradley était dans son élément : un coéquipier-né dans sa compétition préférée.

Les équipes partagèrent le 17 et abordèrent donc le 18, un autre par 5, à égalité. Une série de mauvais coups relégua les Européens au par, préparant la voie au putt pour birdie de Mickelson. Sous les yeux de Watson, les mains dans les poches de son coupe-vent, le gaucher enquilla le putt de la victoire. Après avoir été menés dans trois des quatre matches, les Américains avaient contre-attaqué et ils menaient 2,5 à 1,5 avant les rencontres de l'après-midi.

« J'ai supposé à 100% que nous rejouerions, parce que le capitaine Tom avait dit "nous constituerons nos deux autres paires de l'après-midi en fonction des résultats de la matinée". »

Jordan Spieth

Au contraire (en français dans le texte, ndt), Monsieur Spieth. Quand il alla voir Watson avec Reed, celui-ci leur dit qu'ils ne joueraient pas l'après-midi. Oubliez un instant qu'ils étaient jeunes et excités, et le fait qu'ils avaient seulement joué quatorze trous – Watson remettait Keegan et Phil, qui avaient disputé un match stressant sur 18 trous (sans oublier l'arthrite de Mickelson) ainsi que la paire Walker/Fowler, qui avait juste tenu la route pour partager les points. Quand il le leur annonça, les jeunes américains acquiescèrent dans un premier temps avant que Reed ne change d'avis.

« Ça ne me va pas vraiment », dit-il. Watson avait une fois encore dit une chose et fait son contraire, et les joueurs étaient maintenant contrariés et perplexes. Ils gardèrent le silence mais leur langage corporel parla pour eux – ils étaient en colère. Watson n'avait pas encore perdu ses troupes – c'était trop tôt et les Américains gagnaient – mais c'était bien parti pour.

Du côté de McGinley, la tempête qu'il avait prédite était arrivée tôt et son équipe avait maintenant besoin de mettre en application un autre pan de la stratégie : attaquer par vagues.

La première session de foursomes – formule dans laquelle chaque équipe joue une balle par trou, les deux joueurs chacun leur tour - eut lieu le vendredi après-midi. Jamie Donaldson et Lee Westwood ouvrirent les hostilités pour les Européens contre Jim Furyk et Matt Kuchar. Rose et Stenson étaient ensuite alignés face à Hunter Mahan et Zach Johnson, Rory et Sergio se retrouvant contre Walker et Fowler dans le troisième match. Mickelson et Bradley allaient disputer leur deuxième rencontre contre l'équipe fringante composée de Graeme McDowell et Victor Dubuisson – un match idéal pour les Européens, même si certains pensaient que le foursome était une formule de jeu difficile pour le premier match d'un nouveau-venu en Ryder Cup. McGinley avait répondu à cette préoccupation en associant ses deux bizuts, Donaldson et Dubuisson, à des vétérans à grand succès - Westwood et McDowell.

Il n'y eut pas de coup de théâtre : la vague européenne décima les Américains. Chaque centimètre de terrain conquis pas l'équipe de Watson dans la matinée fut repris dans une avalanche d'excellence. Donaldson et Westwood signèrent trois birdies au milieu de leur partie et même si Furyk et Kuchar s'étaient battus pour revenir à 1 down grâce à un birdie au 16, un dernier birdie des joueurs européens au 17 leur donna une victoire 2 et 1.

Dans un match d'une qualité exceptionnelle, Rose et Stenson remportèrent au 17 leur deuxième point dans la compétition contre Mahan et Johnson grâce à cinq birdies, contre trois des Américains. L'une des seules bonnes nouvelles provint de Fowler et Walker, qui jouèrent extrêmement bien contre Rory et Sergio, et menèrent même 2 up avec deux trous à jouer. Les Européens furent au bord de la défaite au par 3 du 17, où Rory eut à jouer un putt de 14 mètres pour birdie. S'il le ratait, le match serait probablement perdu. Mais après un été riche en incroyables moments, il en asséna un de plus : Walker et Fowler regardèrent le putt rentrer, incrédules, et la foule explosa.

Les Américains n'avaient cependant besoin que de partager le dernier trou pour l'emporter et ils semblèrent bien partis pour y arriver quand Rory envoya son drive dans le rough à droite. Sergio avait un arbre devant lui et décida de jouer son bois 3 en sachant très bien qu'il devait mettre la balle près du drapeau. Le coup paraissait impossible mais le lie était bon et il tapa la balle proprement, la suivant à pied tandis qu'elle volait vers le green. « Sois gentille », supplia-t-il, et elle fut plus que gentille : elle fut spectaculaire, s'arrêtant à moins de huit mètres du trou. Deux putts et un birdie plus tard, ils remportaient le trou et volaient un incroyable demi-point. C'était le deuxième match nul pour la doublette Fowler/Walker, mais celui-ci leur donna plus l'impression d'une défaite.

Il ne restait plus que McDowell et Dubuisson contre la paire composée de Mickelson et Bradley, qui affichait quatre victoires et aucune défaite en deux éditions de la Ryder Cup. Cette série fut stoppée net par une série de beaux coups de fer de Dubuisson à l'aller qui permit aux Européens d'être 3 up. Il agita même la foule quand les Américains lui firent rentrer un putt d'1m20. Le héros de l'Arizona n'avait pas du tout l'air d'un débutant – il joua avec un calme ravageur. Phil et Keegan ripostèrent vaillamment mais les Européens étaient implacables et un dernier birdie au 16 scella une victoire 3 et 2 contre des adversaires fatigués.

Le tableau d'affichage avait été bleu toute l'après-midi et le désastre était maintenant total pour Watson. L'avance initiale avait complètement disparu et les Européens menaient 5-3 avant la deuxième journée. Les médias commencèrent à descendre le capitaine américain en flammes lors de sa conférence de presse, et il fut défensif et grincheux dans ses réponses. Il refusa de donner une explication concrète au fait qu'il n'avait pas aligné Reed et Spieth à nouveau, et il n'arrêta pas d'évoquer son instinct. Dans un éloge de ses jours de gloire, il qualifia même le putt de Rory au 17 de « Watson-esque » – pas exactement le genre d'auto-satisfaction que l'équipe américaine avait envie d'entendre à ce moment-là. Il conclut en parlant de la composition des paires du lendemain matin, dont ne faisaient pas partie Mickelson ou Bradley.

« Je les mets au repos demain matin, pour qu'ils retrouvent leurs jambes, dit-il, et il y a une grande chance qu'ils jouent demain après-midi d'une manière ou d'une autre. Peut-être ne joueront-ils pas ensemble, mais ils joueront. »

Les Américains débutèrent la journée de samedi avec un espoir renouvelé et la bouclèrent sur une réplique de la journée précédente.

Dans la matinée, Rose et Stenson s'imposèrent à nouveau dans le meilleur match de la Ryder Cup, leur équipe établissant un record en jouant -12 sur 16 trous. Bubba Watson et Matt Kuchar jouèrent très bien, en face, mais Rose et Stenson alignèrent une série de dix birdies de rang entre le 7 et le 16. C'était une véritable guerre et les Américains ne purent rien faire si ce n'est mourir les armes à la main, ce qu'ils firent, 3 et 2. Collectivement, les deux équipes terminèrent la partie à -21, autre record.

Cette rencontre fut la seule perdue par les Américains lors de la matinée. Furyk et Mahan s'imposèrent contre Donaldson et Westwood (4 et 3) et les jeunes américains - Spieth et Reed - firent à nouveau feu de tout bois, balayant Bjorn et Kaymer 5 et 3. Dans le dernier match, Ian Poulter rentra un chip énorme au 15 - sa première vraie contribution en deux rencontres - et signa un birdie au 16 pour ramener son équipe à égalité. Lui et McIlroy partagèrent les points sur les deux derniers trous avec Fowler et Walker, qui empochèrent leur troisième demi-point en trois matches.

Une fois encore, les Etats-Unis avaient remporté la session du matin 2,5 à 1,5, réduisant le score à 6,5-5,5. Et une fois encore, Tom Watson allait saper leurs avancées en prenant des décisions incroyablement mauvaises.

La paire composée de Graeme McDowell et Victor Dubuisson fut la dernière à prendre le départ de la session de foursomes du samedi après-midi, mais la deuxième à en terminer. Leur association remontait à six mois et la vision de McGinley avait déjà porté ses fruits le vendredi. Il leur demanda une nouvelle récolte.

Ils affrontèrent Jimmy Walker et Rickie Fowler, qui venaient de boucler leur troisième match sur 18 trous en à peu près 30 heures. Le Centenary est un parcours difficile à pied, avec des collines sans fin et de longues distances à parcourir entre les trous. Pour ne rien arranger, chacun de leurs matches avait été une odyssée forte en émotions se concluant sans victoire. Qui plus est, Watson les aligna en dernière position, dans laquelle ils étaient susceptibles d'affronter la doublette reposée McDowell/Dubuisson, qui avait joué en dernier la veille. Une fois encore, les piliers de McGinley se retrouvèrent face à des adversaires fatigués, chancelants, fin prêts pour la mise à mort.

Malgré ses affirmations, Watson n'aligna ni Bradley ni Mickelson le samedi – ni le matin, ni l'après-midi. Quand il leur annonça la surprise, Phil fit un plaidoyer désespéré à son capitaine. Quand celui-ci échoua, il essaya même de lui faire changer d'avis par SMS mais cette fois-ci, Watson ne se laissa pas influencer (apparemment, Webb Simpson a plus de réussite par texto).

Les Européens furent choqués de voir l'une des meilleures paires américaines sur le banc des remplaçants toute une journée. Comme l'écrivit Poulter par la suite, l'enthousiasme suscité par leur propre jeu fut à la hauteur de la mystification provoquée par les décisions de Watson, au premier rang desquelles cet étrange affront. La seule conclusion qu'ils purent en tirer, c'est qu'il y avait d'importantes divergences d'opinion dans le camp américain et cette idée leur donna de la force.

Ce qui est encore plus déconcertant, c'est que Watson ne fit pas non plus jouer Bubba Watson, qui avait signé six birdies dans la matinée. Au lieu de cela, son instinct lui avait dicté d'aligner Fowler et Walker qui sortaient de 54 trous de matchs nuls stressants.

Malheureusement, l'instinct de Watson s'était avéré très peu fiable. Au bout de deux trous, Jimmy Walker fut épuisé. Sur le 3, il fit un coup qui, d'après McDowell, aurait été considéré comme mauvais même pour un amateur. Le Nord-Irlandais sentit une fatigue profonde chez ses adversaires et il livra un message simple à Dubuisson : « Montrons-leur que nous sommes pleins d'énergie. Montrons-leur que nous sommes prêts à en découdre. »

Dubuisson tint compte de ses conseils, et la guerre commença. Au 9, ils menaient déjà 5 up contre des Américains en train de dépérir. Au 14, c'était terminé.

McGinley avait débuté cette même session avec Lee Westwood et Jamie Donaldson. Comme McDowell, McGinley voyait Westwood comme un fort leader expérimenté et quelqu'un qu'il pouvait associer à un nouveau en Ryder Cup. C'est la raison pour laquelle il l'avait sélectionné au détriment de Luke Donald. C'est l'histoire qui le guidait : lors des éditions antérieures, Westwood avait déjà fait des miracles avec des joueurs comme Nicolas Colsaerts et Martin Kaymer.

Cette fois-ci, il jouait avec Donaldson qui avait aussi obtenu sa place de façon mélodramatique. Le Gallois de 38 ans se serait qualifié automatiquement s'il n'avait pas manqué son approche-putt au dernier trou du Championnat US PGA à Valhalla. Quand il vit McGinley dans la salle réservée aux caddies après sa partie, il était bouleversé. Le capitaine lui dit qu'il désirait qu'il fasse partie de l'équipe mais que cela lui serait difficile de donner une wild card à un « rookie » - il devait trouver un moyen de se qualifier automatiquement. Deux jours plus tard, ils parlèrent au téléphone et McGinley l'aida à dresser un plan d'action. Donaldson allait se rendre en république Tchèque pour y disputer un tournoi du circuit européen et tenter de gagner les 20 000 dollars qui lui manquaient. McGinley lui conseilla de jouer agressivement, sans crainte, et Donaldson lui obéit. Non seulement il gagna les 20 000, mais il remporta le tournoi.

Westwood et Donaldson affrontèrent Zach Johnson et Matt Kuchar, qui ne s'étaient pas entrainés ensemble dans les jours précédant la compétition et comptaient trois défaites et aucune victoire à eux deux. Les Européens l'emportèrent au 17.

« Tout le mérite revient à Paul pour nous avoir à nouveau fait confiance. C'était culotté », commenta Westwood en référence à leur défaite matinale en quatre balles.

« Il semble que nous faisons ressortir le meilleur de chacun en foursome », ajouta Donaldson.

Sergio et Rory, qui avaient livré ensemble un spectaculaire match nul le vendredi après-midi, se retrouvèrent pour battre Furyk et Mahan – qui ne vivaient pas la rédemption dont ils avaient rêvé – et remporter la troisième victoire européenne de la session.

Seuls restaient Spieth et Reed, les improbables stars américaines, pour contenir l'offensive européenne et donner aux Américains l'ombre d'une chance.

Il y a des éléments sur lesquels un capitaine peut agir, mais sans jamais pouvoir les contrôler complètement. Les Européens avaient joué 33 coups de moins que les Américains sur les trois premières sessions, et si la composition des équipes et la stratégie mise en place avaient certainement influé sur cet écart, il est possible qu'aucun capitaine américain n'eut pu venir à bout des préparatifs de McGinley et de l'excellence de ses joueurs.

Il y a d'autres éléments, comme la chance, sur lesquels on ne peut agir. Même Spieth et Reed, qui avaient été les lueurs d'espoir de l'équipe américaine pendant ces deux journées de rudes combats, perdirent leur dynamique quand le soleil commença à se coucher. Après avoir mené pendant l'essentiel du retour, une série de putts ratés par Patrick Reed réduisit leur avance à un seul trou alors qu'il n'en restait qu'un à jouer. Le coup de grâce fut porté au 16, où Reed eut à jouer un putt de 60 centimètres pour passer 1 up. Quand la balle fit une virgule, le public en eut le souffle coupé et Reed se plia en deux, incrédule. En montant vers le tee du 17, il ignora les mains tendues de ses coéquipiers qui essayaient de l'encourager. Il avait les poings serrés et dans le froid, la colère semblait émaner de son corps comme de la fumée. Il sembla susceptible de perdre le contrôle.

Spieth joua le rôle du héros au 17, plaçant son coup de départ sur le par 3 à moins de deux mètres. Reed n'eut même pas besoin de putter - les Européens leur donnèrent le putt après un mauvais départ – mais il le fit quand même, rentrant le birdie pour des raisons personnelles. Watson et McGinley les observaient, sachant que si l'Europe partageait le match au 18 avec le dernier point de la journée en jeu, cela créerait un écart presque insurmontable de quatre points pour les Américains avant les simples du dimanche.

Reed et Kaymer envoyèrent leurs drives sur la piste mais les coups de Spieth et Rose terminèrent leur course dans le bunker de green à droite du drapeau. Après le coup de Spieth, un étrange gémissement à moitié étouffé se fit entendre dans les tribunes derrière le green. Quelques instants plus tard l'un des vice-capitaines américains, Andy North, se prit la tête dans les mains quand il découvrit que la balle s'était arrêtée dans le sable mais juste en-dessous du bord du bunker, dans un lie en descente, l'herbe derrière rendant une frappe directe impossible. Reed fut obligé de la jouer de côté et l'envoya par conséquent loin du trou. Mieux placé, Kaymer se mit à 1m50. Spieth ne put rentrer son putt pour birdie et après que Rose eut tapé le sien, il se retourna vers ses coéquipiers et leva son putter triomphalement. La balle rentra dans le trou.

Les spectateurs explosèrent et les Américains étaient consternés. Le caddie de Rickie Fowler venait d'arriver après la défaite concédée face à McDowell et Dubuisson. Bientôt, Miguel Angel Jimenez remonta le fairway dans une voiturette en agitant le drapeau européen comme un héros conquérant – il était porteur de bonnes nouvelles au sujet de Sergio et Rory, qui venaient de remporter leur match. Mais ce fut Rose la vraie vedette – il avait décroché un demi-point crucial au crépuscule.

Une fois la nuit tombée, Tom Watson passa vingt minutes en salle de presse à tenter de rationaliser ses décisions tout en minimisant sa responsabilité. Dans les rares moments où il sembla accepter une partie des critiques – il admit qu'un quatrième match d'affilée pour Fowler et Walker n'était peut-être pas la meilleure idée -, il redirigea l'attention sur les joueurs, sous-entendant que Walker les avait tous déçus en succombant à l'épuisement. Une citation en particulier illustre les grands détournements de Watson :

« Ils se sont un peu fatigués, dit-il. Je pensais qu'ils pourraient le gérer et je regrette peut-être de ne pas avoir compris qu'ils n'en étaient pas capables. »

En utilisant ses joueurs comme bouclier il sembla, comme la veille, vouloir persister à suivre son instinct. La plupart des joueurs ne semblaient pas comprendre la logique derrière ses décisions parce que, comme ils le notèrent plus tard, il était peu disposé à les intégrer dans la discussion.

« Vous savez, vous pouvez remettre en question mes décisions là-dessus. Pas de problème, poursuivit-il. Mais j'ai pris les meilleures décisions que je pouvais prendre. Je prenais mes décisions avec l'aide de mes vice-capitaines et de mon instinct. »

Paul McGinley n'avait pas besoin de l'aide de son instinct. A chaque fois qu'une vague de joueurs prenait le départ, il quittait le parcours et entrait en communication permanente avec ses vice-capitaines. Il prévoyait ses manœuvres suivantes en fonction d'informations qui provenaient du terrain, qu'il intégrait avec des données qu'il avait recherchées de façon obsessionnelle avant la compétition. Contrairement à Watson, il savait que ses joueurs n'avaient pas besoin d'une pom-pom girl et dans le cas contraire, il avait un vice-capitaine pour chaque groupe (ainsi qu'un cinquième qui restait avec les quatre joueurs qui ne jouaient pas et organisait leurs déplacements). Son but était de rester en avance d'une demi-journée sur ce qui se passait et de ne jamais se laisser surprendre.

Quand il parlait, je repensai au « gabarit » dont je m'étais moqué au début de la semaine. C'est une très bonne façon de structurer une équipe, mais cela demande un homme avec l'énergie, l'intelligence et un point de vue personnel pour la mettre en place. McGinley était cet homme et plus encore, un PDG charismatique qui a placé la barre très haut pour les futurs capitaines.

La leçon à tirer de cette Ryder Cup, me dis-je, c'est la façon dont elle avait répondu à la question de savoir si un capitaine avait une utilité dans une compétition de golf : oui. Absolument, oui. McGinley avait été un élément-clé dans tous les triomphes européens, et l'ombre de Watson assombrissait tous les échecs américains.

Samedi soir McGinley mit des vidéos pour motiver ses joueurs, dont une qui montrait une série de temps forts américains. La tempête pouvait revenir et il leur rappela qu'à deux reprises lors des quinze dernières années, une équipe était revenue alors qu'elle était menée 10 à 6 – le même score que celui au tableau d'affichage. C'était son dernier moment en tant que leader et un dernier appel à éviter la suffisance – le dernier iceberg pour l'insubmersible bateau européen.

Une fois que les douze simples ont commencé le dimanche, l'influence du capitaine devient pratiquement nulle. Il n'y a plus de stratégie – le bon golf, c'est tout ce qui compte. Sans restriction, les Américains jouèrent enfin de façon inspirée et le tableau d'affichage prit une teinte dangereusement rouge. Vous pouviez sentir l'angoisse croître dans la foule et l'espace d'un instant, vous pouviez vous permettre de croire que le miracle était envisageable. A 14h08, je regardai les scores et me rendis compte que si tous les matches en restaient là, le score final serait de quatorze partout – suffisant pour que les Européens conservent la coupe, mais proche d'une victoire américaine.

Jordan Spieth avait lancé la charge pour les Américains dans le premier simple, se retrouvant rapidement 3 up contre Graeme McDowell – comme quand il avait pris les devants face à Bubba Watson au Masters et Martin Kaymer au Players Championship. McGinley avait imaginé mettre le Nord-Irlandais en premier depuis des années, même avant de savoir qu'il serait capitaine, et pendant un court instant il sembla que ce serait l'une de ses rares décisions qui ne fonctionnerait pas.

Mais McDowell arrêta l'hémorragie, évitant de sombrer à 4 down, et à partir du 10 il commença à inverser la tendance. Après son birdie sur ce trou-là, il marcha vers le 11 avec une férocité renouvelée et les premiers signes de frustration apparurent sur le visage de Spieth. Le phénomène américain avait brillé pendant toute la Ryder Cup mais il se retrouvait maintenant isolé contre un vétéran, et il commença à ressembler au joueur découragé et renfrogné d'Augusta et Sawgrass.

Au 11, il manqua son putt pour birdie et il eut l'air irritable et en colère. Quand McDowell rentra le sien et remonta à 1 down, il brandit le poing – plus il avait le public derrière lui, plus Spieth trébucherait – et les spectateurs réagirent comme s'ils le savaient. Au 12, Spieth manqua un putt pour birdie d'1m80 et les joueurs furent à nouveau à égalité.

Alors qu'il restait six trous, il était temps de voir ce qu'il avait dans le ventre. Pas grand-chose, en fait – au 13 il parla durement à son caddie, Greller, et au 16 il avait repris sa vieille habitude de se crier dessus : « Pourquoi n'arrives-tu pas à toucher un fairway si ta vie en dépend ? », hurla-t-il alors que McDowell était à portée d'oreille. « Pas capable de toucher un fairway. » A ce moment-là, son adversaire avait gagné deux trous supplémentaires pour passer à 2 up et McGinley vint lui donner une tape sur l'épaule et lui offrir quelques mots d'encouragement.

Au 17, après leurs drives, Rory McIlroy se joignit à eux et les trois insulaires marchèrent côte à côte vers le green, les vieux désaccords oubliés. Graeme rentra son putt pour le par, lâcha son club et fêta sa victoire. Tout ce que Spieth put faire, c'est se plaindre auprès d'Andy North et ses mots furent perdus dans le tonnerre d'applaudissements européen. Il avait laissé passer un nouveau grand moment.

McIlroy avait pu les rejoindre parce qu'il avait battu Rickie Fowler à plate couture, signant des birdies sur chacun des six premiers trous pour mener 5 up d'emblée. L'idée d'une rivalité Rory-Rickie était devenue populaire lors de la saison, mais Rory avait construit un avantage psychologique énorme et on pouvait se demander : était-ce vraiment une rivalité ? Avant même le début de leur rencontre, elle sembla déséquilibrée – même si les deux joueurs étaient forts, personne ne se demandait qui l'emporterait. Rory le confirma en brisant la volonté de Rickie en moins d'une heure, et il s'imposa facilement 5 et 4.

Ce revirement de situation détruisit les Américains – pour que le miracle puisse se produire, ce match devait aller dans leur sens. Tant qu'il s'accrochait, ils pouvaient garder espoir, surtout que Patrick Reed se battait avec acharnement contre Henrik Stenson dans le deuxième match. Les spectateurs européens s'en étaient pris à lui, l'un d'eux criant même « est-ce que tu t'es entraîné au putting, Patrick ? » au départ du 1 – en référence à son gros loupé de la veille au 16. Tandis que la pression augmenta, l'intensité aussi. Quand il rentra son putt pour birdie au 7, il se tourna vers le public et leur fit même mine de se taire en plaçant un doigt sur sa bouche et esquissant un sourire démoniaque.

Le public détesta et adora à la fois, les huées se faisant clairement entendre autour de lui. Avant même la fin du match, les journalistes britanniques l'avaient qualifié de « méchant pantomime » - un autre coup à ses efforts nourris pour éviter l'empoisonnant mot commençant par la lettre M. Mais il assura, repoussant les attaques de Stenson pour s'imposer 1 up grâce à un birdie au 18 et boucler la Ryder Cup comme meilleur joueur américain avec 3,5 points à son actif – dans la lignée de ses résultats en match-play à Augusta State.

Kuchar, Walker et Mickelson enregistreraient aussi des victoires ce jour-là, tandis que Webb Simpson, Zach Johnson et Hunter Mahan partageraient les points. Néanmoins, à 15 heures les Américains avaient perdu tout espoir et le reste de la journée se résuma à deviner qui porterait le coup fatal. Cela fut Jamie Donaldson, dont le coup de wedge au 15 s'arrêta net à 30 centimètres du trou. Installés sur une colline au niveau du fairway, les Américains regardaient tristement, sentant la fin approcher. En arrivant sur le green, Keegan Bradley vit la balle, enleva sa casquette et déclencha une célébration déchaînée chez le public et les hommes en bleu.

Après avoir subi une lourde défaite, 16,5 à 11,5, Watson se retrouva à nouveau sur la sellette ce soir-là, devant la presse internationale, entouré cette fois-ci par tous les membres de son équipe. Au début, on eut l'impression que la conférence de presse serait plus ou moins normale : les nouveaux avaient adoré disputer la Ryder Cup, les joueurs expérimentés étaient déçus et les sessions de foursomes, bouclées 7 à 1 en faveur des Européens, avaient fait toute la différence. Quelqu'un demanda à Phil Mickelson d'expliquer la différence entre cette défaite et la victoire à Valhalla.

Mickelson fit un éloge de Paul Azinger et expliqua comment son organisation avait assuré que tous les joueurs étaient investis dans la réussite de l'équipe. Ils avaient eu une « vraie stratégie. » Et s'il ne mentionna pas le nom de Watson, le contraste qu'il décrivit en dit long. Comme nous sentions l'odeur du sang, nous en redemandâmes et les deux questions suivantes représentent les moments les plus bizarres et fascinants dont j'ai jamais été témoin à une conférence de presse sur un tournoi de golf.

Question : Vous avez l'air de condamner assez violement le leadership à l'oeuvre cette semaine.

Phil Mickelson : Ah, je suis désolé que vous le preniez comme ça. Je parle simplement de ce que Paul Azinger avait fait pour nous aider à donner le meilleur de nous-mêmes. Je ne comprends pas pourquoi vous le prendriez comme ça. Vous m'avez demandé ce que nous devrions, selon moi, faire pour donner le meilleur de nous-mêmes à l'avenir, je reviens sur le moment où nous avons le mieux joué, et je parle de reproduire cette formule.

Question : Ça ne s'est pas passé comme ça cette semaine ?

Phil Mickelson : Euh (il marque une pause) non. Non, personne ici n'a participé à aucune décision. Donc non.

Cette pause entre parenthèses ne permet pas de tout comprendre. A ce moment-là, on put voir sur le visage de Mickelson qu'il se posait la grande question : est-ce qu'il allait démarrer cette mutinerie en public ? Allait-il violer l'omerta en vigueur depuis des lustres et exposer ses griefs devant les médias ? Les secondes défilèrent et il regarda la salle, ses yeux semblant s'agrandir au fur et à mesure. Il finit par parler, et la rébellion commença.

Watson maintint un sourire forcé pendant que Phil Mickelson, six sièges plus loin, démontait son capitanat. Quand on l'interrogea, il adopta une ligne modérée et attribua cela à une divergence de vues, mais l'atmosphère était insupportablement tendue. Assis à côté de Mickelson, Hunter Mahan tenta de ne pas sourire – un rictus choqué sur son visage, stupéfait que son coéquipier ait dit quelque chose de si incendiaire dans une cadre aussi public – tandis que Keegan Bradley se couvrait le visage. Jimmy Walker sourit, incrédule, en direction de Furyk, qui leva une main comme pour l'avertir qu'il ne devrait pas être trop démonstratif dans un moment aussi pesant. Cela devint encore plus bizarre à partir de là. Quand je demandai l'opinion de Furyk, je décrivis par inadvertance l'échange entre Phil et Watson comme un « aller-retour ». C'est à ce moment que Mickelson intervint à nouveau.

« Je ne pense pas que votre question soit pertinente, dit-il. Je ne pense pas qu'il y ait eu d'échange. »

Un silence affreux régna tandis que le dénigrement resta en suspens dans l'air, et le sourire de Watson se fit plus crispé. Tous les yeux se tournèrent vers Furyk.

« Ben merci, dit-il, détendant un peu l'atmosphère. Si j'avais pu mettre le doigt sur ce qui n'allait pas, j'aurais changé ce merdier il y a longtemps. »

Après ce spectacle, nous attendîmes les Européens et toutes les têtes se tournèrent quand nous entendîmes un hennissement derrière la porte. Elle s'ouvrit un instant plus tard et je vis quelque chose de vraiment mémorable : manifestement éméché, Jamie Donaldson était sur le dos de Thomas Bjorn, lui donnant des coups sur les fesses et criant pendant que le Danois trottait et hennissait comme un cheval.

Cela ne me surprit pas vraiment. Entouré par des journalistes et portant le drapeau gallois comme une cape juste après sa victoire contre Bradley, Donaldson avait bu une bouteille de Moët & Chandon entière. Il ne s'était pas arrêté depuis, et ses coéquipiers avaient suivi son exemple. Ils arrivèrent bientôt, portant chacun le drapeau de leur pays autour du cou. La plupart étaient bien partis pour terminer ivres, et ils échangèrent quelques boutades d'un bout à l'autre de la table.

« Ils mettent toujours bébé dans le coin », dit Westwood à la vue de son siège situé à une extrémité. Donaldson fit le bruit d'un animal dans le micro. Quand Rory parla – il était devenu le premier joueur depuis Tom Watson en 1977 à remporter deux majeurs et une Ryder Cup dans la même saison – Westwood fit sauter le bouchon d'une autre bouteille de champagne, et de l'autre côté Sergio cria « gardez-moi une gorgée ». Quand les questions arrivèrent à Victor Dubuission, il dit modestement « Je pense que j'ai bien joué ». Rory sauta à sa rescousse.

« Tu as effectivement bien joué, dit-il. Personne ne pense que tu as bien joué, c'est un fait. »

Plus tôt dans la semaine, Nick Faldo avait fait des vagues en disant en direct à la télévision que Sergio Garcia avait été « inutile » à la Ryder Cup de 2008 à Valhalla, qu'il avait perdu son temps à diriger. L'intéressé fit un carton quand le sujet du capitanat de McGinley fut abordé. Westwood mentionna tous les capitaines précédents auprès desquels McGinley avait pris conseil, y compris Olazabal et Langer, et Sergio ne put se retenir.

« Est-ce que vous pensez qu'il a parlé à Faldo ? », demanda-t-il, et cela fit voler en éclat ce qui restait du décorum, ses coéquipiers applaudissant et la presse grondant. Les choses dégénérèrent à partir de là – à un moment, les joueurs chantèrent même une chanson pour se moquer du fait que McGinley portait un gilet – et bientôt ils partirent titubants dans la nuit.

Tandis que nous nous préparions à quitter l'Ecosse, je repensai aux derniers simples de la journée et deux images me frappèrent comme particulièrement poignantes.

La première mettait en scène Patrick Reed, qui avait essayé de faire taire les spectateurs. Après son match remporté face à Stenson, il avait comme ses coéquipiers regardé les autres rencontres et avait été bouleversé quand Donaldson avait tapé le coup de wedge victorieux. Mais pendant que le groupe s'était rendu au green du 18, quelque chose d'étrange était arrivé : il avait découvert que les Ecossais adoraient ce qu'il avait fait, pour son audace, pour son état d'esprit et surtout, pour sa réussite. Ils avaient crié son nom quand il était passé devant eux, et essayé de le toucher.

Lentement, le visage de Reed était passé d'une moue à un sourire hésitant, et enfin à quelque chose s'approchant d'un réel bonheur. Il leur avait tapé dans la main et avait réagi à leurs cris. Même s'il avait perdu, il avait marché comme un héros pendant l'espace d'un instant – le méchant s'avéra être l'Américain préféré du public.

Quelques instants plus tard, après que Victor Dubuisson et Zach Johnson eurent partagé les points pour mettre un terme à la journée, je regardai l'impressionnant regroupement de joueurs européens sur le green. Les bouteilles de champagne étaient sorties et au milieu de tout cela, j'entrevis le sourire timide de Dubuisson. Les autres joueurs – en particulier Rory – le tirèrent à eux, le prenant dans leurs bras et l'aspergeant de champagne. Et même si c'était dans la nature de Victor d'être sur ses gardes, de résister à ce genre de chose, je le vis baisser sa garde, ne fut-ce qu'un instant. Au milieu des cris et des flashes, on put voir le moment où il lâcha prise et laissa le bonheur le submerger.

Paul McGinley profita de ce moment calmement, à l'écart des célébrations. Il était destiné à ne jamais avoir la reconnaissance qu'il méritait, mais ça lui allait – ce n'est pas pour ça qu'il avait voulu être capitaine. Pour tous les autres, cela avait peut-être l'air d'une victoire européenne facile mais il savait exactement à quel point elle avait été difficile. La dynamique est une force capricieuse, mais à chaque fois que les Américains avaient menacé de voler la Ryder Cup il avait été là, avec deux années d'excellente préparation derrière lui – résolu pendant l'assaut. Il avait tout prévu. La tempête était arrivée et le rocher avait survécu.

OCTOBRE

ET TOUT CE QUI S'ENSUIT

27

LES SAISONS CHANGENT

La Ryder Cup prit fin, l'année prit fin et la tempête faisait toujours rage. Tiger Woods était le rocher que le golf s'était inventé, mais le rocher ne tenait plus. Les courants du changement balayaient maintenant le jeu, érodant les monuments qui avaient jadis semblé si permanents.

Tiger fit enfin son retour en février. Il inspirait la même crainte et le même respect chez ses pairs, mais leur déférence n'était désormais plus basée que sur sa réputation. Cela ne dura pas longtemps : son petit jeu l'avait abandonné et il endura un 82 humiliant à Phoenix. La semaine suivante, à Torrey Pines, il abandonna lors du premier tour en raison d'une nouvelle blessure au dos et annonça une « pause à durée indéterminée ».

Pourtant, il était plus présent que jamais. L'idée que sa carrière puisse connaître une fin prématurée angoissait l'establishment golfique. Qu'arrive-t-il à un âge d'or, quand les fondations s'écroulent ?

La seule réponse, c'est le changement. Aux Etats-Unis et à l'étranger, la liste de vainqueurs de tournois du début de saison 2015 respire la jeunesse : Rory McIlroy, Martin Kaymer, Jason Day, Patrick Reed, Dustin Johnson, Matt Every et Brooks Koepka. La nouvelle vague accumula de l'énergie avec chaque victoire, et le plus grand coup de tous fut frappé à Augusta en avril. Jordan Spieth y fit preuve des mêmes capacités extraordinaires qu'en 2014, mais pas des mêmes pulsions autodestructrices. A l'issue de quatre journées de rêve, le grand espoir blanc égala le score record de -18 établi par Tiger, repoussa Phil Mickelson et Justin Rose lors d'un dimanche tendu et revêtit la veste verte à l'âge de 21 ans.

Avec Spieth et McIlroy à l'avant-garde, les étoiles montantes s'étaient préparées à une nouvelle ère. Le golf pro était le leur désormais, même s'il était encore asservi à une icône qui l'avait changé à jamais.

Le printemps laissa la place à l'été et ils continuèrent de combattre le mythe et le souvenir – des ombres qui persisteraient bien après que l'homme se soit éloigné.

REMERCIEMENTS

Pour un livre comme celui-ci, il est inévitable que certains de ceux qui m'ont aidé en chemin ne soient pas ravis par le produit fini. A ces personnes-là, je peux seulement dire que j'ai fait de mon mieux pour être honnête.

Avant tout, je dois remercier Chris Reimer, Joel Schuchmann et Tom Alter du PGA Tour pour m'avoir aidé à avoir l'accès dont j'avais besoin à partir du McGladrey Classic en novembre 2013 – et dans le cas de Chirsnbien plus tôt. Ils continuèrent à m'aider pendant l'année, tout comme de nombreuses autres personnes du PGA Tour dont Doug Milne, John Bush, Mark Stevens, Laura Neal, D. J. Piehowski, Sean Martin, Kelly Barnes et Royce Thompson, ainsi que Ty Votaw et Tim Finchem. J'espère que les critiques mineures que j'ai saupoudrées ici et là ne vont pas éclipser l'immense respect et l'admiration que j'ai pour cette organisation et l'efficacité, le talent et le professionnalisme de ceux qui y travaillent.

Dans d'autres instances dirigeantes, j'ai une très grande dette à l'égard d'Una Jones, de la PGA of America, pour toute son aide depuis deux ans. J'aimerais aussi remercier Julius Mason à la PGA américaine, Pete Kowalski et Mary Rung de l'USGA, Mike Woodcock et Mary Flanagan du R&A, Frances Jennings et Gordon Simpson au European Tour et Patrick Stiegman et Chad Millman d'ESPN, qui ont tous aidé à faciliter mon accès à de merveilleux tournois.

Ce livre n'aurait pas été possible sans l'aide de mes amis et confrères dans les médias golfiques, un groupe de pros brillants qui sont drôles et sages, et que je considère comme la crème de la crème. Je dois citer Doug Ferguson, un pro de chez pro qui m'a accordé bien plus de temps et donné bien plus de conseils que je n'en méritais, notamment au début où je n'y connaissais rien. Je pense la même chose de Stephanie Wei et sans son aide, ses connaissances et ses encouragements je ferais sans doute encore tapisserie au practice. John Feinstein est de la même trempe : il n'aurait pas pu être plus gentil avec quelqu'un essayant d'accomplir l'ombre de ce qu'il avait réalisé deux décennies plus tôt avec *A Good Walk Spoiled*. Le talentueux Jim Moriarty m'a aidé à la fois dans la vraie vie et avec sa super plume. Je pourrais dire la même chose à propos d'Alan Shipnuck, Michael Bamberger et Tim Rosaforte. Jason Sobel a été une grande ressource tout au long de l'année, tandis que j'apprenais ce qu'était la vie sur le circuit, et l'occasion de le rencontrer à l'aéroport d'Edimbourg m'a empêché de commettre une erreur stupide. Adam Schupak a été un véritable ami et, comme il est l'auteur de *Dean Beman : Golf's Driving Force*, une source fiable de connaissances sur les débuts du PGA Tour. Michael Collins, qui était toujours prêt à faire une blague, raconter une bonne histoire ou jouer au ping-pong, a accepté de me parler de sa vie fascinante pour le livre et c'est à peine s'il m'a laissé l'inviter à dîner en remerciement. D'innombrables autres personnes m'ont aidé à grande ou petite échelle toute l'année, y compris Jim McCabe, Alex Miceli, Ben Everill, Bob Harig, Farrell Evans, Stephen Hennessey, Ashley Mayo, Will Gray, Ron Green, Steve Eubanks, François Scimeca, Benjamin Cadiou, Sean Zak, Igor Guryashkin, Bryan Curtis, Tommy Roy, Jeff Szklinski, Teddy Greenstein, Kevin Ryan, Bernie McGuire, Steve Elling, Curt Sampson, Brian Keogh, Stephen Schramm, Dan Weiderer, Bret Strelow et Brian Wacker.

Un grand merci à Sam Weinman et toute l'équipe de Golf Digest pour m'avoir laissé écrire pour eux en 2014 – c'était un immense honneur et en plus de ça, un plaisir de travailler avec vous. Ma reconnaissance va également à Dan Fierman et Bill Simmons de Grantland, ainsi que Tommy Craggs, Tim Marchman et Kevin Draper de Deadspin.

A tous les joueurs et caddies qui m'ont parlé pendant l'année, ainsi que leurs familles, merci. Aux agents qui m'ont donné un coup de main, surtout David Winkle et Matt Judy, qui m'ont permis de mieux comprendre leur point de vue, je vous suis redevable.

Aux coaches universitaires qui m'ont donné librement de leur temps – une liste incluant Frank Darby, John Fields, Mike McGraw, Josh Gregory, Buddy Alexander et surtout Chris Haack, dont les anciens joueurs ont tellement bien joué cette année que j'ai dû l'appeler sans cesse, le trouvant agréablement obligeant et intéressant à chaque fois –, merci à vous aussi.

Il y en a beaucoup d'autres auxquels je dois exprimer ma gratitude. A Stephen Hamblin, de l'AJGA, un super conteur avec une excellente mémoire, merci d'avoir partagé sa perspective et des récits hilarants sur les meilleurs joueurs du monde.

A Steven Bunn du College Golf Fellowship, merci de m'avoir parlé avec franchise de sa foi et de son travail avec les joueurs chrétiens.

A Roxane Coche, qui m'a aidé à traduire des interviews et articles du français à l'anglais, et l'a fait très rapidement dans l'urgence.

A Wade Liles et Johnny Thompson, pour l'aperçu dans l'étrange et merveilleux monde du matériel de golf.

A Amy Wilson, la présidente de la PGA Tour Wives Association, pour m'avoir parlé de la vie d'une femme de joueur dans ce cirque itinérant.

A Josh Jackson de Paste Magazine, pour son incroyable compréhension et sa patience. A Nick Purdy et sa famille pour m'avoir abrité.

A Byrd Leavell, un extraordinaire agent littéraire, auquel tout le mérite devrait revenir pour avoir imaginé et fabriqué ce livre à partir de rien. A Mark Tavani de Random House, qui l'a développé à partir d'un brouillon pour atteindre sa forme finale, et à Lucy Warburton et Melissa Smith d'Aurum Press, en Grande-Bretagne, pour des services similaires. Les corrections de dernière minute de Will Bennett étaient tout aussi indispensables.

A tous ceux qui ont lu des passages du livre et m'ont donné de super conseils, y compris Will Leitch, Andrew Westney, Spike Friedman, Adam Sarson, Chris Solomon, Kyle Porter, Chris Chaney, Robert Stewart et Spike Friedman, il vous appartient aussi.

A David Allen Sibley, pour son merveilleux guide sur les arbres, et à tous les green-keepers et autres qui m'ont aidé à identifier la flore et la faune que ne je pouvais pas distinguer moi-même, et notamment

Alistair Beggs, Todd Raisch, Roger Meier, Mike Giuffre, Missy Maxson, David Hallford, Don Thornburgh et Scott Walker.

A Wes Anderson et Scott Walker.

A ma merveilleuse famille, y compris mes parents, Tom Ryan et Kathy Fisch ; mon beau-père, Tom Fisch ; mes grand-parents, Harold et Joyce Ryan et Tom et Clare Cowell, Tommy et Carol, Maureen et Jim ; et mes trois frères et sœurs - Thomas, Keegan et Shannon – je vous remercie pour votre soutien.

A mon meilleur ami, Brandon Gardner, pour l'inspiration de toute une vie.

Enfin à ma femme, Emily – sans toi, il n'y a rien.

A PROPOS DE L'AUTEUR

Shane Ryan a écrit sur le golf, le basketball universitaire et le baseball pour diverses publications dont *ESPN the Magazine*, *Golf Digest*, *Deadspin* et *Grantland*. Il écrit aussi sur la musique, le cinéma et la télévision pour *Paste Magazine*. Il a grandi à Saranac Lake, dans l'état de New York, a étudié à l'université de Duke et habite à Durham, en Caroline du Nord, avec sa femme Emily.

tobaccoroadblues.com
grantland.com
@ShaneRyanHere

Édition française : Emmanuel Laureau
Relecture et corrections : Laure Drocourt
Montage et conception graphique : Éric Brognard

Imprimé en France par CPI
en février 2016

Dépôt légal : mars 2016
N° d'impression : 3015686